Die Stimme der Medusa

Sigrid Weigel

Die Stimme
der Medusa

Schreibweisen
in der Gegenwartsliteratur
von Frauen

tende

2. Auflage
1995 tende
Neustraße 28 · 48249 Dülmen-Hiddingsel
© tende. Alle Rechte vorbehalten
ISBN 3 88633 101 6
Gesamtherstellung: Clausen & Bosse, Leck
Printed in Germany

Sie sind eingeladen, uns zu schreiben:
Wir schicken Ihnen gerne und kostenlos
Verlagsprogramme und Leseproben zu.

Inhalt

1. Vorrede

Wird das Gesicht der Medusa als erstarrt und stumm dargestellt, so ist zwar von ihm der Schrecken abzulesen, der die
Erstarrung ausgelöst hat, sie selbst aber kann ihn nicht aus-
drücken — nicht anders jedenfalls als in der Erstarrung. Medusa sieht, was geschieht, ohne dafür eine Stimme zu haben.
Ihr eigenes Gesicht und damit *ihren* Ausdruck kann sie nur im
Spiegel sehen, der ihr von Perseus vorgehalten wird. Und dieser Spiegel ist ein Schild, mit dem er sich schützt — vor ihr
bzw. vor ihrer Wildheit und vor seiner Angst. Doch auch
nachdem er der Medusa das Haupt abgeschlagen hat, ist er vor
ihr nicht sicher. Von der kopflosen Medusa wird er verfolgt,
und noch ihr erstarrtes Gesicht flößt Furcht ein. Gebändigt ist
sie erst, als ihr abgeschlagenes Haupt der Göttin Athene geschenkt wird, damit die ihren Schild damit ziere. Athene, die
aus dem Kopf des Vaters entsprungene, gerüstete Tochter, die
gute Vater-Tochter, furchtlos und heroisch, eine gute Diene-
rin und Beschützerin der Götter, schmückt sich mit der erle-
digten Medusa, als Signum ihrer Stärke. Und Athene ist der
Sprache der Götter kundig.

Medusa aber, wenn sie zu reden begönne, müßte aus ihrer
erstarrten Position — sowohl im Stadium des Erschreckens als
auch in ihrer Funktion als Zierde — heraustreten und in die
Position jener hinüberwechseln, die an ihrer Bändigung und
Domestizierung beteiligt waren. Denn eine Stimme der Me-
dusa *als* Medusa gibt es nicht — es sei denn ihre andere, lautlose
›Sprache‹. Wenn sie aber zu reden beginnt, um ihrem Schrek-
ken Ausdruck zu verleihen oder gar um sich mitzuteilen, muß
sie ihren Ort verlassen, ist sie nicht mehr jene Medusa. Das
›Lächeln der Medusa‹ ist eine schöne Wunschphantasie, ein
Bild, das die Dialektik von Schrecken und Sprache, wie sie der
Mythos der Medusa beschreibt, leichter erträglich macht.

Wenn hier von der Stimme der Medusa gesprochen wird,

dann durchaus im Sinne dieser, vom Mythos erzählten nahezu unmöglichen Konstellation. Sie wiederholt sich in den Schriften und in der Sprache von Frauen. Wenn diese versuchen, das, was aus den herrschenden Redeweisen und Überlieferungen ausgeschlossen ist, zu beschreiben, dann müssen sie den Ort, von dem aus gesprochen wird, einnehmen; und dort sind sie immer schon die *Be*schriebenen. Die Stimme der Medusa bzw. die Sprache der Frauen ist daher nichts einfach Gegebenes oder zu Konstruierendes, sondern eine Bewegung, der ein ständiger Perspektivwechsel einhergeht, oder aber ein Zugleich — es sei denn, die Frau identifiziert sich mit der Position der Athene.

Wenn dieses Zugleich heute in der Formulierung ›das eine und das andere‹ vielfach positiv besetzt erscheint, so wurde und wird es von Frauen oft auch in der Negation formuliert als ›nicht dies, nicht jenes‹ oder ›weder das eine noch das andere‹. In der ›Schwierigkeit, ich zu sagen‹ drückt sich diese Empfindung von Frauen am häufigsten aus. Das Programm ›Überwindung der Sprachlosigkeit‹, wenn es lediglich als Bewegung heraus aus dem Schweigen hinüber in die Sprache, als eindeutige Zielsetzung und gradliniger Weg verstanden wird, verkennt die konfliktreiche Beziehung zwischen Frauen, Weiblichkeit und Sprache.

Die Dialektik dieser Beziehung ist eines der Motive, auf das ich bei der Darstellung der Gegenwartsliteratur von Frauen immer wieder zurückkomme. Insofern ist die im Mythos der Medusa beschriebene Szene nicht nur in dem Kapitel über Mythos-Bezug und Geschichtserinnerung wirksam. In anderer Gestalt und in Form anderer Geschichten wird jene Szenerie auch an anderen Stellen sichtbar, überall dort, wo Autorinnen sich auf bestehende Diskurse beziehen und sich mit deren ›Gesetzen‹ auseinandersetzen. In sozialen Termini, die dem gängigen Sprachgebrauch vertrauter sind, läßt sich der Ort, von dem aus Frauen schreiben und sprechen, so kennzeichnen: Indem Frauen teilhaben, teilnehmen an der herrschenden Sprache, sich ihren ›Zugang zur zeitlichen Bühne‹ erobern, sind sie an der bestehenden Ordnung beteiligt; sie benutzen dann eine Sprache, Normen und Werte, von denen sie zugleich als ›das andere Geschlecht‹ ausgeschlossen sind. Als Teilhaberin dieser Kultur dennoch ausgegrenzt oder abwesend zu sein, das macht den spezifischen Ort von Frauen in unserer Kultur aus. Autorinnen haben zahlreiche Schreibweisen entwickelt, um diesen doppelten Ort innerhalb *und* außerhalb des Symbolischen zum Ausdruck zu bringen: z. B. doppelte und vielfach verdoppelte Perspektiven, die Anwendung bestehender Genremuster und ihre gleichzeitige Zerstörung, Beschreibungen von innen und außen zugleich. Weil in den Schreibweisen die Art und Weise, wie Frauen mit den bestehenden literarischen Mustern verfahren, um ihre Wahrnehmungen und Erfahrungen zu thematisieren, zum Ausdruck kommt, stellt die Untersuchung von Schreibweisen das Leitmotiv dieser Arbeit dar.

Da das Ereignis der ›Frauenliteratur‹ deutliche Spuren in der Gegenwartsliteratur von Frauen hinterlassen hat, beginne ich die Darstellung mit der Rekonstruktion der Genese der ›Frauenliteratur‹, um dann, jeweils nach spezifischen thematischen oder ästhetischen Aspekten geordnet, Serien von Texten zu besprechen. Dabei werden einige zentrale Postulate aus der ›Frauenliteratur‹ im Hinblick auf die vorhandene Schreibpraxis befragt. Das Programm der ›Frauenliteratur‹ gilt dabei nicht als Modell, an dem die Texte von Frauen gemessen werden. Vielmehr geht es darum, dieses Programm selbst darauf hin zu untersuchen, welche Möglichkeiten und Un-Möglichkeiten es enthält.

Es wird keine chronologische Entwicklung dargestellt und kein Anspruch auf Vollständigkeit erhoben. Dieser wäre angesichts der Fülle der Publikationen schlechterdings auch nicht einzulösen. Es wird auch nicht beabsichtigt, einen Kanon der Frauen-Literatur zu erstellen; die dargestellten Texte haben exemplarischen Charakter, sie sind exemplarisch für die Geschichte weiblicher Schreibweisen in der Gegenwartsliteratur, aber durchaus subjektiv in der Einzelauswahl. Ich konzentriere mich dabei hauptsächlich auf Prosa-Veröffentlichungen aus der Bundesrepublik, beziehe aber Texte österreichischer und z. T. auch schweizer Autorinnen mit ein, wenn deren Texte in der BRD verbreitet sind. Unberücksichtigt bleibt die Literatur von Frauen aus der DDR mit Ausnahme der Texte Christa Wolfs, deren Publikationen im literarischen Diskurs der Bundesrepublik eine wichtige Rolle spielen. Diese Einschränkung ist notwendig, da ansonsten die anderen Bedingungen der kulturpolitischen Situation in der DDR berücksichtigt werden müßten.

Das vorliegende Buch stellt in gewisser Weise eine Zusammenfassung von Einzeluntersuchungen dar, die ich in den letzten Jahren an verschiedenen Stellen publiziert habe. Z. T. übernehme ich einige der dort entwickelten Deutungen, z. T. beziehe ich mich auf detailliertere Darstellungen dort.[1] Da bisher nur für die Anfangsphase der ›Frauenliteratur‹ umfangreichere Untersuchungen vorliegen, nicht aber über die weitere Geschichte, geht es mir hier darum, eine kleine Geschichte der zeitgenössischen Frauen-Literatur vorzulegen, ohne daß diese damit als abgeschlossen betrachtet werden soll.

1. Direkte Vorarbeiten sind meine Beiträge:
— »›Woman Beginns Relating to Herself.‹ Contemporary German Women's Literature«. In: »New German Critique«. Nr. 31, 1984. p. 53–94. »Overcoming Absence. Contemporary German Women's Literature« (Part Two). In: »New German Critique«. Nr. 32, 1984. p. 3–22.
— »Deutschsprachige Gegenwartsliteratur von Frauen nach 1945«. In: »Frauen sehen ihre Zeit. Katalog zur Literaturausstellung des Landesfrauenbeirates Rheinland-Pfalz«. Mainz 1984. S. 62–75.
— Der theoretische Exkurs (Kapitel 7) ist der Abdruck eines gleichlautenden Beitrages in den Akten des VII. Kongresses der IVG: «Kontroversen, alte und neue«. Hg. v. Albrecht Schöne. Tübingen 1986. Bd. 6. S. 108–118.
Auf andere Untersuchungen zu einzelnen Autorinnen oder einzelnen Motiven oder Problemen weiblicher Schreibpraxis wird an den entsprechenden Stellen verwiesen. Die Überlegungen zum doppelten Ort von Frauen gegenüber der Sprache sind ausgeführt in: »Der schielende Blick. Zur Geschichte weiblicher Schreibpraxis.« In: I. Stephan/S. Weigel: »Die verborgene Frau«. Berlin 1983. Und: »Der schielende Blick in der Schrift der Frau.« In: »Baseler Magazin« Nr. 7. 15. 2. 1986.

1.1. Zum Paradox einer Geschichte der Frauen-Literatur

Das Projekt, die Geschichte der Gegenwartsliteratur von Frauen — mit Blick auf die Genese der ›Frauenliteratur‹ und deren Konsequenzen — zu rekonstruieren, ist in mehrfacher Hinsicht waghalsig. Eine Literaturgeschichtsschreibung zeitgenössischer Literatur stößt ja stets auf größte Schwierigkeiten, sind doch in einem solchen Unternehmen die Praktiken der Selektion, Klassifizierung und Anordnung des ›Materials‹ quasi primär wirksam und in statu nascendi zu beobachten. Zudem ist die Literaturgeschichtsschreibung von Frauen-Literatur eigentlich ein Paradox, da die kritische Lektüre der Überlieferungen gezeigt hat, daß die Konstitution von Geschichte, Entwicklung und Fortschritt stets über einen Ausschluß des Weiblichen funktioniert. Geht dem Vorgang der Auswahl in der Geschichtsschreibung notwendigerweise immer ein Vergessen einher, so ist dieses Vergessene allzuoft mit dem Weiblichen identisch. (Vgl. 9.)

Wenn man den Versuch unternimmt, aus der Vielfalt und Vielzahl der publizierten Texte und aus der mehr oder weniger vorhandenen Lebendigkeit des literarischen Diskurses heraus eine Literaturgeschichte zu schreiben, und damit originäre Geschichtsschreibung betreibt, werden die grundsätzlichen methodischen Probleme dieser Disziplin besonders deutlich, verstärkt noch durch die Unbegrenztheit und Fülle des ›Materials‹, durch die zeitliche Nähe zu deren Veröffentlichung und durch die Befangenheit in einem Feld von Fragestellungen, Bewertungen und Bedeutungen, die dem derzeitigen Punkt kultureller Entwicklung entspringen. Die *jeder* Literaturgeschichtsschreibung impliziten Praktiken der Selektion und der Begründung von Entwicklungslinien, Kontinuitäten und Interpretationen, die in der Kanonbildung und im Entwurf von Epochen- und Stilbegriffen ihren deutlichsten Ausdruck finden, sind in den Literaturgeschichten zurückliegender Zeitabschnitte — oder entfernterer Kulturen — lediglich im vorliegenden Produkt verschwunden, d. h. unsichtbar geworden. Die Literaturgeschichtsschreibung ist eine Disziplin im wörtlichsten Sinne, d. h. ein disziplinierendes Verfahren, welches »internen Prozeduren der Kontrolle und Einschränkung des Diskurses« folgt.[1]

Angesichts der Tatsache, daß fast sämtliche vorliegenden Literaturgeschichten sich über die literarischen Produktionen von Frauen weitgehend ausschweigen, stellt sich für Frauen die Aufgabe der Dekonstruktion der vorhandenen Ergebnisse, bei der das fertige Bild einer kulturellen ›Epoche‹ oder einer ›Nationalliteratur‹ auf die Bedingungen und Mechanismen seiner Entstehung hin befragt wird, um die Begründung von Klassifizierungen, Bewertungen und Begriffen zu rekonstruieren und dabei jene Orte aufzusuchen, an denen die Ausschlüsse, die Verwerfungen oder Geringschätzungen weiblicher Kulturleistungen stattfinden. Unter dem Motto, »die Literaturgeschichte gegen den Strich lesen«, widmete die feministische Literaturwissenschaft dieser Arbeit ein Großteil ihrer Energie und Aufmerksamkeit, um die Praktiken des Verschweigens, des regelförmigen Vergessens und der Aburteilung, mit denen die bisherige Literaturgeschichtsschreibung der Literatur von Frauen begegnet, zu untersuchen und zu durchbrechen. Dabei wurde eine so große Zahl von Texten und Autorinnen-Namen zutage gefördert, daß man ohne Übertreibung davon ausgehen kann, daß das heutige Bild der weiblichen Kulturproduktion mit dem noch vor einem Jahrzehnt herrschenden Wissen darüber kaum noch Gemeinsamkeiten hat. Und die Umkrempelung der Literaturgeschichte wird noch einige Zeit andauern.

Nun scheint aber ein Zeitpunkt gekommen zu sein, da der Wunsch entsteht, die gefundenen Schätze zu ordnen und das angesammelte Wissen festzuhalten, d. h. die Arbeit der ›Lektüre gegen den Strich‹ in eine konstituierende Tätigkeit um-

---

1. Michel Foucault: »Die Ordnung des Diskurses« (1970). Frankfurt/M., Berlin, Wien 1977. S. 15.

zusetzen, indem eine neue, eigene Geschichte der Literatur von Frauen begründet wird. Die erste »Frauen Literatur Geschichte« liegt vor, andere Projekte sind in Arbeit bzw. in Planung.[1] Wird hierbei die Praxis der Dekonstruktion bzw. eine Tätigkeit der Negation in eine positive, darstellende Tätigkeit überführt, so stellt sich die Frage, wie diese mit den Verfahrensweisen der Literaturgeschichtsschreibung umgeht, konkreter, ob sie die Praktiken der Selektion und Klassifizierung an einem anderen Material wiederholt, um anhand der Literatur weiblicher Autoren eine andere, neue Kanonbildung vorzunehmen. Als schwierigstes Problem, aber auch als wichtigste Aufgabe, ergibt sich m. E. der Versuch, aus dem Projekt, die Literaturgeschichte gegen den Strich zu lesen, nicht nur neues *Wissen*, nämlich die Kenntnis über verschwiegene Quellen, zu gewinnen, sondern dabei auch die Verfahrensweisen der Literaturgeschichte zu dekonstruieren und ihrer disziplinierenden Funktionsweise entgegenzuwirken.

Da der Ausschluß von Frauen aus der Literaturgeschichte den besonderen Blick auf die Literatur von Frauen begründet, bei einer Geschichte der Frauen-Literatur aber notwendigerweise neue Ausschließungspraktiken stattfinden, bleibt ein solches Unternehmen paradox. Gerade weil es aus diesem Paradox keinen Ausweg gibt, ist es um so notwendiger, es zu reflektieren. Wichtig wäre es demnach, die Anordnung der Darstellung durchschaubar und revidierbar zu machen, den ausgewählten Textbeispielen ihren exemplarischen Charakter zu lassen und sie nicht als Kanon zu behandeln. Ebenso wichtig wäre es, in der Art der Fragestellungen, im Modus der Begriffsbildung und in der Beziehung, die man zum Material einnimmt, einschränkenden, festschreibenden und kontrollierenden Praktiken entgegenzuwirken. (Ich formuliere im

1. Renate Möhrmann/Hiltrud Gnüg (Hg.), Stuttgart 1985, und Gisela Brinker-Gabler (Hg.), München 1988.

Konjunktiv, weil ich nicht sicher sein kann, daß das in meinem Unternehmen gelingt.)

Schon in der Art und Weise, wie mit dem Begriff der ›Frauenliteratur‹ umgegangen wird, sind wesentliche Momente eines methodischen Verfahrens enthalten. Mir geht es *nicht* darum, die ›Frauenliteratur‹ als Gattung etwa oder als Phänomen zu definieren oder gar ihr Wesen festzulegen. Immer wieder schiebt sich, sobald über Literatur von Frauen diskutiert wird, eine Betrachtungsweise in den Vordergrund, bei der danach gefragt wird, was denn das Besondere dieser Literatur sei bzw. was an der Frauen-Literatur denn *anders* sei (als an *der* Literatur oder an der von Männern). Läuft diese Frage letzlich auf eine ontologische Bestimmung hinaus, so ist das Verhältnis des Begriffs zu den literarischen Erscheinungen, auf die er sich bezieht, ebenso kontrollierend wie normativ, ebenso festschreibend wie ausgrenzend. (Vgl. 1.2.)

Statt dessen werde ich die Genese des Begriffs und der Rede über die ›Frauenliteratur‹ auf ihre historischen Voraussetzungen hin untersuchen und die Geschichte der Literatur von Frauen seither nachzeichnen. D. h., ich werde die ›Frauenliteratur‹ als diskursives Ereignis betrachten, da die Einführung dieses Begriffs Mitte der 70er Jahre sowohl einen Bruch zur bestehenden literarischen Praxis markiert als auch weitreichende Konsequenzen für die schriftstellerische Praxis von Frauen und die Lektüre ihrer Texte hat. Es wird hier also nicht um einen Kriterienkatalog für weibliche literarische Produktionen gehen, sei er auch noch so differenziert und vorläufig, sondern um eine historische Beschreibung (1) der Situation, aus der heraus die ›Frauenliteratur‹ als Mangel und als Programm hervorgegangen ist, und (2) der Literatur von Frauen während dieser Situation und seit der Einführung der ›Frauenliteratur‹, wobei ich die Gegenwartsliteratur von Frauen nicht als Einheit oder kontinuierliche Entwicklung, sondern ihre Texte als Serie diskontinuierlicher Praktiken behandeln werde, die sich mit anderen Entwicklungen des literarischen Diskurses »überschneiden und manchmal berüh-

ren, die einander aber auch ignorieren oder ausschließen«.[1]
Wird einerseits danach gefragt, welche Bedingungen einen
Bedarf an ›Frauenliteratur‹ hervortreiben, so soll andererseits
auch untersucht werden, welche Regelungen dieser neue Diskurs in Gang setzt.

Literaturgeschichtsschreibung in diesem Sinne orientiert
sich an der ›Diskursgeschichte‹, wie sie von Foucault vorgelegt wurde. Diese begründet sich in Abgrenzung zur Ideengeschichte und den damit verbundenen Vorstellungen von Einheit, Bedeutung, Schöpfung und Ursprünglichkeit:

»Die geringfügige Verschiebung, die hier für die Geschichte der
Ideen vorgeschlagen wird und die darin besteht, daß man nicht Vorstellungen hinter den Diskursen behandelt, sondern Diskurse als
geregelte und diskrete Serien von Ereignissen — diese winzige Verschiebung ist vielleicht so etwas wie eine kleine (und widerwärtige)
Maschinerie, welche es erlaubt, den *Zufall*, das *Diskontinuierliche* und
die *Materialität* in die Wurzel des Denkens einzulassen.«[2]

Sie orientiert sich nicht an konstruierten kulturellen Höhepunkten, auch nicht am Epochen-, Werk- oder Autorbegriff.
Als Sozialgeschichte ist sie in dem Sinne zu verstehen, daß
sprachliche, literarische und andere Äußerungen als soziale
und sozial geregelte untersucht werden, nicht aber in dem
Sinne, daß die Geschichte der Literatur bzw. der literarischen
Systeme als Reaktion auf die Geschichte ökonomischer und
sozialpolitischer Entwicklungen der Gesellschaft, als Ausdruck gesellschaftlicher Verhältnisse, verstanden würde, sei
es in einer ›Abbild-‹ oder auch in einer Kontext-Text-Beziehung. Das Soziale kommt in der Diskursgeschichte nicht abhanden, allerdings wird es nicht in der Form von Daten oder
positivistischen Beschreibungen behandelt — die ja selbst
Produkt spezieller diskursiver Regelungen sind, sondern es
kommt als Symbolisches in den Blick. Wenn man die Kultur
als »Gesamtheit symbolischer Systeme« (Lévi-Strauss) be-

1. M. Foucault. A. a. O. S. 36.
2. Ebenda. S. 41.

greift und Sprache oder z. B. Familie als Teile der symbolischen Ordnung, die nach bestimmten Modalitäten funktionieren, dann lassen sich literarische Diskurse in diesem Zusammenhang im Hinblick auf die darin wirksamen Funktionsweisen und Praktiken der Sinnkonstitution untersuchen.

Eine solche Geschichtsschreibung ist nicht Subjekt- bzw. Autor-zentriert, sondern bewegt sich entlang der Darstellung literarischer Texte. Ich fasse jeweils eine Reihe von Texten zusammen, um daran bestimmte für die behandelte Geschichte signifikante Problemkonstellationen zu diskutieren, bei denen Gattungsfragen, thematische Motive, Probleme der Schreibweise oder Postulate der ›Frauenliteratur‹ im Mittelpunkt stehen können. Diese Textreihen sind wiederum in einer Serie angeordnet, die allerdings nicht mit einem historischen Verlauf — etwa vom Beginn der ›Frauenliteratur‹ bis heute — identisch wäre. Zwar steht die Darstellung der Situation, aus der heraus die ›Frauenliteratur‹ entstanden ist, am Anfang, und innerhalb der einzelnen Kapitel wird manchmal auch die historische Entwicklung von Schreibweisen innerhalb des untersuchten Zeitraumes nachvollzogen, doch Brüche und Diskontinuitäten werden dabei ebenso beachtet wie Verbindungslinien und Zusammenhänge. Die Darstellung beschreibt insgesamt *keine* chronologische Entwicklung, statt dessen gibt es bestimmte diskursive Ereignisse — z. B. die Entstehung des feministischen Diskurses, die Rede von der ›Frauenliteratur‹, die autobiographische Wende oder auch die Abkehr von der sogenannten Bekenntnisliteratur, auch die Renaissance von Avantgardekonzepten beispielsweise — die sich deutlich mit der Geschichte der Gegenwartsliteratur von Frauen berühren.

Die ausgewählten Texte haben exemplarischen Charakter, d. h., sie wären gegen andere austauschbar. Dadurch, daß Serien von Texten das Darstellungsprinzip bilden, treten autorinnenspezifische Beobachtungen in den Hintergrund. Dabei kann es passieren, daß ich bestimmten Autorinnen ›nicht gerecht‹ werde bzw. einzelne Texte von ihnen nicht in den Zu-

sammenhang ihrer Lebensgeschichte und literarischen Entwicklung stelle. Im Mittelpunkt der Darstellung stehen nicht
Personen oder Persönlichkeiten, sondern Texte und Schreibweisen. Ich habe deshalb auch auf ein Personenregister verzichtet, nicht zuletzt um einer personenorientierten, selekti-
ven Lektüre entgegenzuwirken, die — zumal wenn es sich um
noch lebende Personen handelt — immer durch literatur-
fremde Interessen und tendenziell klatsch- oder skandalför-
mige Verbindungen des Literaturbetriebs und der Frauenbewegung bestimmt ist.

»Diejenigen, welche irgend eine Partikularität, von der man ihnen
gesprochen, in dem Buche nachsehn möchten, sollen sich gefl. die
Mühe geben, das ganze Buch durchzulesen, und wenn sie vielleicht
nicht finden, was sie suchten, werden sie hoffentlich manchen Fund
machen, den sie nicht erwarteten.«
Personen bildeten die »Staffage« und »man käme auch auf die Idee,
daß ich nur Zeitungsnachrichten wiederkäue, statt daß meine Personen nur Träger und Anknüpfungsposten von Gedanken«.[1]

So Heine in begleitenden Briefen zur Publikation seiner Berichte über Politik, Kunst und Volksleben, »Lutetia«. Da die
Lektüre literarischer Texte niemals objektiv sein kann, kommen bei der Auswahl von Texten persönliche Interessen und
Vorlieben sowie subjektive Bewertungen zum Tragen. Neben
ein diskursgeschichtliches Verfahren, das — auch wenn ich
Geschichte hier nicht als Vergangenes, »Abgelebtes« (Bachmann) begreife — aus der Distanz, sozusagen von außen
beschreibt, tritt in meiner Darstellung eine Praxis der Subjektivität, schon deshalb, weil mein Ort mitten in dieser Geschichte ist. Nicht die vielzitierte ›Parteilichkeit‹, die oft als
Patentrezept der Frauenforschung benannt wird, kann einem
solchen Ort gerecht werden. Denn ›Parteilichkeit‹ meint immer eine intentionale Haltung oder Meinung, d. h. eine vom
Subjekt eingenommene Position, mit der eine objektive Tren-

1. Heinrich Heine: »Bitte an Detmold«. In: »Sämtliche Schriften«. Hg. von
Klaus Briegleb. Bd. 5. München 1974. S. 857.

nung zwischen dem sprechenden Subjekt und seinem Gegenstand überwunden werden soll. Als intentionaler Ausdruck impliziert die Parteilichkeit zumeist einen hilflosen Versuch, objektive Widersprüche und Gräben zu überbrücken. Zudem ist in der Vorstellung feministischer Parteilichkeit implizit die Idee einer Objektivität enthalten, die sich über vergleichbare bzw. verallgemeinerbare Interessen von Frauen herstelle.

Statt dessen eine Praxis der Subjektivität, die in dieser Darstellung in der Lektüre der einzelnen Texte wirksam wird; eine Betrachtung aus dem Innern des Diskurses, in der manchmal eine distanzlose Übereinstimmung mit einzelnen Sätzen, Bildern oder Konstellationen entsteht, manchmal auch Fremdheit bzw. Befremden zum Ausdruck kommt. Es wird nicht der Versuch unternommen, die Faszination durch z. T. sehr kontroverse und in der Schreibweise konkurrierende literarische Praktiken in Richtung einer einheitlichen Bewertung zu befrieden.[1]

So äußert sich der geschichtsschreibende Aspekt dieser Studie vor allem in der Anordnung der Serien und in der Untersuchung von Brüchen und Berührungen verschiedener literarischer Diskurstypen und der subjektive vor allem in der Darstellung einzelner Texte. In der Untersuchung der Schreibweisen überkreuzen sich beide. Bestimmt Roland Barthes die Schreibweise im Unterschied zur Sprache, der Struktur, und zum Stil, der persönlichen Komponente des Schriftstellers, als gesellschaftliche Funktion seiner Literatur bzw. als formale Identität des Schreibenden, denn »hier individualisiert sich ein Schriftsteller eindeutig, denn hier engagiert er sich«,[2] so drückt sich in den Schreibweisen der Frauen-Literatur sowohl deren Individualisierung als auch deren En-

1. Vgl. dazu meinen Beitrag »Frau und ›Weiblichkeit‹ — Theoretische Überlegungen zur feministischen Literaturkritik.« In: I. Stephan/S. Weigel (Hg.): »Feministische Literaturwissenschaft«. Berlin 1984. S. 103–113.
2. Roland Barthes: »Am Nullpunkt der Literatur« (1953). Frankfurt/M. 1982. S. 20.

gagement aus. Bei der Schreibweise handelt es sich um ein spezifisch literarisches Engagement, nicht um ein Engagement mit Hilfe von Literatur. Für weibliche Autoren wird dabei besonders wichtig, wie sie sich gegenüber überlieferten Literaturkonzepten, Genremustern, Erzählmodi, rhetorischen Figuren, sprachlichen und literarischen Konstellationen sowie den damit jeweils verbundenen Bedeutungen von Weiblichkeit verhalten. Die Beurteilung einzelner Texte richtet sich so nicht nach darin vertretenen Positionen, sondern nach den durch die Schreibweise konstituierten Entwürfen von weiblichem Subjekt und historischem Sinn.

1.2. Keine Frage ›Was ist Frauenliteratur‹ — ›Frauenliteratur‹ als diskursives Ereignis

Wenn man sich die vorliegenden Untersuchungen zur ›Frauenliteratur‹ ansieht, dann fällt auf, daß von weiblichen Verfassern überwiegend engagierte Beiträge vorliegen, in denen Darstellungen einzelner Textbeispiele und programmatische Überlegungen zur ›Frauenliteratur‹ sich mischen, oder aber detaillierte Analysen einiger weniger Texte (Schmidt, Brügmann), während die — im konventionellen Verständnis objektivere — Arbeit der eher deskripten Bestandsaufnahme bzw. der literaturgeschichtlichen Ordnung des Materials mehr von männlichen Verfassern vorgenommen wurde (Serke, Puknus, Jurgensen). Hierbei werden dann die bekannten Mechanismen der Kanonbildung und Ausgrenzung wieder wirksam, ganz zu schweigen von dem dabei gelegentlich vorkommenden Gestus besserwisserischer Belehrung und einem warnend erhobenen Zeigefinger, mit dem man sich gerne zum Fürsprecher der ›wahren Frauenliteratur‹ macht.

Puknus z. B. unterscheidet in seinem Nachwort zu einem

Band mit Autorinnenporträts, »Neue Literatur von Frauen«
(1980), unter dem Titel »Zur Geschichte der neuen Literatur
von Frauen« drei Phasen: (1) die der älteren Autorinnen mit
ihren »femininen Qualitäten« (S. 257), (2) einen nach 1965
einsetzenden heftigen »Protest-Schub der Jüngeren« (S. 258)
und (3) eine seit 1973 einsetzende »zweite Welle der neuen
Frauenliteratur«, deren Texte und Autorinnen dann von ihm
nach ideologischen Maßstäben sortiert werden. Sein Nachwort ist gespickt mit Werturteilen wie ergiebig, unfruchtbar,
gefährlich, allzu simpel, oder mit Unterscheidungen wie z. B.
zwischen »jenen rigorosen Feministinnen, die allzu sehr dazu
neigen, das Schreiben von Frauen lediglich ›operativ‹ zu verstehen, und die im übrigen den Ausschluß des männlichen
Lesers und Kritikers betreiben«, und »Fällen (von) Unab-
sichtlichkeit«, in denen Literatur entstanden sei, »die rech-
tens ›Frauenliteratur‹ heißen darf« (S. 256). In dieser Darstellung erscheint die ›Frauenliteratur‹ als Phänomen, das einem
Naturereignis gleichkommt — so die Rede vom »Schub« und
von der »Welle« — welches zu kanalisieren und in erträgliche,
geordnete Bahnen zu lenken ist.

Jurgensen, der selbstkritisch bekennt, daß seine Arbeiten
sich wohl noch im Feld eines »patriarchalischen Literaturwis-
senschaftskonzeptes« bewegten, unterscheidet zwischen
»weiblichen Autoren der Literaturgeschichte und dem engeren Begriff einer Frauenliteratur« (S. 7),[1] um diesen noch einmal in »Frauenliteratur« und »Feministische Literatur« zu
unterteilen. In einem Definitionsversuch wird Frauenliteratur dann durch einen Mangel an Fiktionalität gekennzeichnet.
Da der Verfasser an anderer Stelle Fiktionalisierung mit Literarisierung gleichsetzt, ist — bei allem Bemühen, als Fürsprecher der ›Frauenliteratur‹ aufzutreten — folgender Versprecher nicht verwunderlich: Im Anschluß an die Feststellung,
daß in der Geschichte viele Schriftstellerinnen sich in den Ka-

---

1. Manfred Jurgensen (Hg.): »Frauenliteratur. Autorinnen — Perspektiven
— Konzepte«. Bern und Frankfurt/M. 1983.

non einer männlichen Ästhetik gefügt hätten, billigt er ihnen zu, daß sie dabei »unter Beweis stellen konnte(n), daß sie auch im Rahmen einer vorgeschriebenen Kunst- und Weltanschauung Außerordentliches zu leisten imstande war(en)« (S. 19–20). Dem vordergründigen Einspruch gegen eine Einteilung in ›hohe‹ Literatur und ›bloße‹ Frauenliteratur (S. 31) steht eine tiefergreifende Norm entgegen, welche die weibliche Literatur als defizitär betrachtet, um dieses Defizit dann mit historischen Bedingungen zu entschuldigen und als Abstand zu einem noch nicht erreichten Ziel zu bestimmen, wenn sich erst »die ästhetisch-literarische Form einer geschlechtsspezifischen Individualität zur allgemeingültigen künstlerischen Norm geprägt hat« (S. 35). Verbunden mit dem Ziel einer derart normativen Ästhetik ist eine ontologische Fragestellung. Jurgensen mißversteht die Debatten um ›weibliche Ästhetik‹ als Suche nach einer der Frau »wesenseigenen Gestaltung« (S. 16). So lautet denn der einleitende Beitrag des Buches auch: »Was ist Frauenliteratur?« Auf diese Weise wird ›Frauenliteratur‹ zum Gegenstand von Definitionen, während einzelne Autorinnen je nach dem ihnen zugeschriebenen Standpunkt bewertet und klassifiziert werden. Dabei finden zwischen Zitaten und Kommentaren signifikante Verschiebungen statt, wird z. B. aus ›Subjekti*vität*‹ in einem Zitat Christa Wolfs im Kommentar des Verfassers »der charakteristische Subjekti*vismus* der Frauenliteratur« (S. 39).

Solche Beiträge könnten als Ausdruck einer geschlechtsspezifisch befangenen, d. h. bornierten Betrachtungsweise gewertet werden, ohne weiter beachtet zu werden, wenn nicht in ihnen — in besonders sprechender Weise — Praktiken deutlich würden, die im Umgang mit ›Frauenliteratur‹ verbreitet sind und z. T. auch im Diskurs, den Frauen über ›Frauenliteratur‹ führen, eine Rolle spielen. Dies trifft besonders auf die Fragestellung »Was ist Frauenliteratur« zu, deren Beantwortung auf eine Definition bzw. auf eine Bestimmung des Wesens oder Seins von Frauenliteratur abhebt. Die Reihe der diversen Definitionen geht meistens von der vielbemüh-

ten Formel ›Literatur von, für und über Frauen‹ aus, um diese
dann zu korrigieren oder zu differenzieren, z. B. ›im Interesse
von Frauen‹, ›aus der Perspektive von Frauen‹ u. ä. Um zu
belegen, daß diese Art der Fragestellung noch andauert, sei
nur ein Beispiel aus dem Jahre 1986 zitiert:

»Mit dem Begriff bezeichne ich eine Literatur, die von Frauen geschrieben ist, die sich direkt oder indirekt, in allen möglichen Formen, mit der Befreiung der Frauen auseinandersetzt und auf diese
aus ist. Die Art und Weise, der Weg, auf dem die Befreiung erreicht werden soll, wird durch den Begriff nicht festgelegt, er soll
im Gegenteil bewußt für Auseinandersetzungen offen gehalten
werden.«[1]

Dieses Zitat ist relativ zufällig ausgewählt, es könnte durch
eine Reihe anderer Begriffsbestimmungen ausgetauscht werden, die zwar im einzelnen unterschiedlich ausfallen, aber der
gleichen Struktur folgen. Bei jeder Definition wird ein Unbehagen zurückbleiben, immer wird es ein Veto geben. Einige
befürchten eine Ghettoisierung, die mit der Einschränkung
auf weibliche Leser verbunden sei, andere mißbilligen die Re-
duzierung auf frauenspezifische Inhalte und priorisieren dagegen formale Aspekte und Darstellungsmittel. Die Reihe der
Bestimmungen ließe sich parodistisch ergänzen durch die Formulierung ›gegen Frauen‹, die gar nicht so falsch wäre, wird
doch in den Definitionsversuchen die Bewegung eines Aufbruchs in die alte Struktur zurückgeholt. Der Gestus der Definition selbst ist es, der Festlegungen und Selektionen vornimmt, der dann dazu führt, daß, gemessen an einer Norm,
einige Texte als ›Frauenliteratur‹ gelten, andere nicht.
Manchmal wird auch der Versuch unternommen, den Fallen
der ›Frauenliteratur‹ aus dem Wege zu gehen:

»Unter ›Frauenliteratur‹ versteht man im weitesten Sinn ›von

---

1. Dorothee Schmitz-Köster: »DDR-Frauenliteratur der siebziger und acht-
ziger Jahre«. Sammelbesprechung in: »Feministische Studien« Nr. 1, 1986.
S. 164.

Frauen verfaßte Literatur‹, im engeren Sinn aber solche Literatur von Frauen, die bewußt eine Auseinandersetzung mit der Frauensituation bringt. Um die genannten Gefahren oder Mißverständnisse zu vermeiden, geht man neuerdings immer häufiger dazu über, ›Literatur von Frauen‹ als den eher zutreffenden Begriff zu verwenden.«[1]

Mit einem Verzicht auf den Begriff, d. h. mit einer Strategie sprachlicher Konfliktvermeidung, ist aber nichts gewonnen, wenn man auf dem Modus der Fragestellung beharrt. Die Frage, was ›Frauenliteratur‹ sei, mit ›Literatur von Frauen‹ zu beantworten, wäre ja eine Tautologie. Es ist auch deutlich, wie alle Versuche, eine differenzierte Bestimmung vorzunehmen, immer in vagen Formulierungen enden, wie z. B.: ›den Frauen *eigene* Ausdrucksmöglichkeiten‹, ›ihren Erfahrungen *adäquate* Formen‹ etc. Auf dem Hintergrund solcher Begriffsbestimmungen wird es verständlich, wenn immer mehr zeitgenössische Schriftstellerinnen sich gegenüber der ›Frauenliteratur‹ abgrenzen zu müssen glauben. Die negative Besetzung, die der Begriff heute, insbesondere im Feuilleton, erfährt, ist nur die Umkehr einer z. T. emphatischen Besetzung zuvor.

In diesem Buch wird daher keine Definition oder Begriffsbestimmung zu finden sein. Wenn ich dagegen ›Frauenliteratur‹ als diskursives Ereignis behandele, gehe ich *nicht* davon aus, daß der Begriff auf einzelne Texte als Charakterisierung anwendbar oder gar zur Beschreibung von literarischem Material tauglich wäre. Vielmehr frage ich danach, wie die Möglichkeitsbedingungen und Defizite aussahen, aus denen heraus der Diskurs der ›Frauenliteratur‹ entstanden ist, und welche Spuren er in der Gegenwartsliteratur von Frauen hinterlassen hat.

---

1. Magdalena Heuser: »Literatur von Frauen / Frauen in der Literatur. Feministische Ansätze in der Literaturwissenschaft.« In: Luise Pusch (Hg.): »Feminismus. Inspektion der Herrenkultur.« Frankfurt/M. 1983. S. 123.

Elvira Bach: Ich bin nicht gut, ich bin nicht böse. 1983.

2. Zur Genese der ›Frauenliteratur‹

»Was wir haben, ist die Erinnerung, oder vielmehr, wir werden von ihr besessen, ob es uns gefällt oder nicht.«
(Marlen Haushofer: »Die Tapetentür«)

2.1. Ungleichzeitigkeiten

In den Diskussionen und Veröffentlichungen über ›Frauen-literatur‹ und in den ersten literarischen Texten, die mit diesem Titel bezeichnet wurden, äußert sich die Forderung nach einer den Frauen eigenen Literatur, in der damit zugleich — wenn auch nicht immer explizit — die These formuliert wird, daß es eine solche Literatur nicht oder nur in Ansätzen gäbe. Der Diskurs der ›Frauenliteratur‹ ist Mitte der 70er Jahre aus sehr engagierten Diskussionszusammenhängen in der Frauenbewegung entstanden und hat ausgesprochen schnell eine differenzierte Öffentlichkeit begründet. Auffällig ist aber auch, wie rasch auf das Ereignis der ›Frauenliteratur‹ auch in den bürgerlichen Medien reagiert wurde.[1]

Obwohl der Zusammenhang zwischen Frauenbewegung und ›Frauenliteratur‹ offensichtlich ist, ist doch der Beginn der neuen Frauenbewegung in der Bundesrepublik um einiges früher zu datieren. Ihre Anfänge liegen historisch zwischen den

[1]. Vgl. die Artikel im »Spiegel«, Nr. 52, 1976, »Schreibende Frauen: Sagas von Sex und Leben«, und im »Stern« 1978, »Die Last mit der Lust«.

25

Frauenaktionen in der Studentenbewegung, d. h. dem Frankfurter »Weiberrat« und dem »Aktionsrat zur Befreiung der Frau« im Berliner SDS (»Sozialistischer Deutscher Studentenverband«), und den großen Aktionen gegen den Abtreibungsparagraphen 218 Anfang der 70er Jahre, in deren Zusammenhang der »Stern«-Artikel »Ich habe abgetrieben« 1971 eine zentrale Rolle spielte. Das erste ist ein Ereignis, mit dem Frauen in der Öffentlichkeit der Studentenbewegung ihre Verweigerung wie ihr Recht auf spezifische politische Interessen propagieren, das zweite ein Ereignis in der Medienöffentlichkeit, das im Sinne einer aufklärerischen Tabuverletzung einen Solidarisierungseffekt herbeiführen sollte. Der zeitliche Abstand zwischen diesen Ereignissen und der Genese der ›Frauenliteratur‹ dokumentiert eine Ungleichzeitigkeit zwischen dem politischen Diskurs der Frauenbewegung und dem der Frauenliteratur. Der ›Frauenliteratur‹ geht also eine vorliterarische Phase der Frauenbewegung voraus, in der unter Stichworten wie Gleichberechtigung, Emanzipation, Befreiung und Feminismus eine lebendige Diskussion geführt wurde, deren Organisations- und Protestformen wie auch deren Argumentations- und Redeweisen sichtlich durch die Studentenbewegung geprägt war. In diesem Zeitabschnitt, der ersten Hälfte der 70er Jahre, sind die Voraussetzungen für den Wunsch nach einer spezifischen Frauen-Literatur zu suchen; hier wurde ›Frauenliteratur‹ nötig, aber auch möglich gemacht.

Die Ungleichzeitigkeit meint aber nicht nur eine zeitliche Differenz. Denn der empfundene Mangel, der das Programm der ›Frauenliteratur‹ konstituierte, eröffnet ja die Frage, warum die vorhandene und zur gleichen Zeit publizierte Literatur von Frauen den Bedürfnissen der Frauenbewegung nicht entsprach. Diese verweist auf die Ungleichzeitigkeit zwischen der Literatur zeitgenössischer Schriftstellerinnen und den programmatischen Vorstellungen zur ›Frauenliteratur‹, die als Nebeneinander von politischem, feministischem Engagement der meist jüngeren Frauen und der literarischen Sprache und den Weiblichkeitsmustern von Autorinnen Ende der 6oer und Anfang der 70er Jahre zu kennzeichnen ist. Dieses Nebeneinander erscheint aus heutiger Perspektive besonders bemerkenswert, weil viele von den in jener Zeit veröffentlichten Texten jetzt in der Folge der autobiographischen Erfahrungsliteratur der 70er Jahre zur meistgelesenen Literatur von Frauen zählen. Als signifikantes Beispiel dieser Ungleichzeitigkeit kann die Nichtbeachtung von Bachmanns Roman »Malina« bei seinem Erscheinen 1971 durch die engagierten Frauen gelten, während derselbe Text heute zu einer Art Kultbuch avanciert ist.

Ein Blick auf die literarische Tradition von Frauen ist nötig, um den im Konzept der ›Frauenliteratur‹ bezeichneten Mangel genauer beschreiben zu können. Denn das Nullpunkt-Bewußtsein, das in den Debatten am Anfang der ›Frauenliteratur‹ zum Ausdruck kam, bezeichnet nicht nur den Beginn einer neuen Gattung, sondern auch einen Bruch gegenüber der Tradition. Daß heute die Aufgabe der Rekonstruktion weiblicher Kulturgeschichte bis in die jüngste Vergangenheit reicht, zeigt allerdings Traditionsbrüche an, die dem vorausgingen und mit der politischen Geschichte Deutschlands verknüpft sind. Auch für die Literatur von Frauen hatte die Zerstörung der Frauenbewegung, Arbeiterbewegung und künstlerischen Avantgarde durch den Faschismus einschneidende Folgen. Eine Kontinuität zur literarischen Produktion der Weimarer Republik wurde nach 45 nur durch sehr wenige, überwiegend konservativ und christlich orientierte Schriftstellerinnen repräsentiert, während die Spuren feministischer, avantgardistischer und sozialistischer Literatur weitgehend verschüttet und ›vergessen‹ waren. Jüngere und vor allem politisch engagierte Frauen mußten sich als traditionslos betrachten, weil die nachkriegsdeutsche Kulturpolitik diese Traditionslinien nicht wieder aufgenommen, ja sogar aktiv zerstört hatte, wie die Kriminalisierung der Friedensbewegung in den 50er Jahren, an der sehr viele Frauen beteiligt waren, und der kommunistischen Arbeiterbewegung belegen.

Nun gab es Anfang der 70er Jahre durchaus eine ganze

Reihe von Schriftstellerinnen. Neben den Österreicherinnen Ilse Aichinger, Ingeborg Bachmann, Friederike Mayröcker und Marlen Haushofer veröffentlichten in der BRD seit längerer Zeit z. B. Luise Rinser, Marie Luise Kaschnitz, Hilde Domin, Rose Ausländer, Geno Hartlaub, Ilse Langner, Oda Schaefer, Margot Scharpenberg, Gabriele Wohmann, Ingeborg Drewitz, Johanna Moosdorf, Annemarie Weber, Grete Weil, Gisela Elsner. Und es gab auch schon Publikationen der jüngeren Autorinnen-Generation, z. B. von Hannelies Taschau, Margarete Hannsmann, Angelika Mechtel, Jeannette Lander, Barbara Bronnen, Helga Novak, Renate Rasp, Unica Zürn, Heike Doutiné, Ruth Rehmann, Gudrun Pausewang und von den Österreicherinnen Jutta Schutting, Elfriede Jelinek und Barbara Frischmuth. Dies alles sind Autorinnen, die *vor* der ›Frauenliteratur‹ schrieben und publizierten.[1] Deren Texte entsprachen aber offensichtlich nicht den Emanzipationsvorstellungen und Lesebedürfnissen des feministischen Diskurses, weil ihre Literatur traditionellen Weiblichkeitskonzepten verhaftet oder dem männlichen Literaturbetrieb angepaßt sei. Als beispielhaft für eine solche Feststellung kann die nachträgliche Selbsteinschätzung Mechtels gelten:

»Jene Autorinnen also, die sich vom Ende der fünfziger bis Mitte der sechziger Jahre ihre Anerkennung erschrieben hatten, blieben mit ihrer Literatur im abgesteckten Bereich männlicher Maßstäbe. Ich habe mich selbst nicht anders verhalten.
Wir schrieben zwar auch von Frauen, weil wir glaubten, als Frau mit Frauenfiguren am besten umgehen zu können, verschlossen jedoch die Augen vor der eigentlichen und eigenen Situation.«[2]

Vor allem die Schriftstellerinnen, deren Karriere in den 60ern begonnen hatte, konzentrierten sich auf realistische Erzählliteratur mit gesellschaftskritischer Thematik. Eher die Auto-

---

1. Zur Neurezeption von Autorinnen dieses Zeitraumes vgl. Inge Stephan/Regula Venske/Sigrid Weigel: »Frauenliteratur ohne Tradition? Neun Autorinnenporträts«. Frankfurt/M. 1987.
2. Angelika Mechtel: »Der weiße Rabe hat fliegen gelernt«. In: »Die Zeit«, 16. 9. 1977. S. 49.

rinnen der älteren Generation wie Rinser, Kaschnitz, Domin, Haushofer oder Hartlaub schrieben über weibliche Erfahrungen und setzten sich mit verschiedenen Frauenbildern auseinander. Wenn in deren Texten Erlebnisse von Frauen thematisiert wurden, dann geschah das, ohne daß es mit einem programmatischen Titel als Besonderheit ausgewiesen wurde und fiel den Frauen aus der Bewegung nicht auf — jedenfalls nicht öffentlich. Insbesondere aber die expliziten, nicht-literarischen Äußerungen dieser Schriftstellerinnen wichen erheblich von den Erklärungen und Entwürfen der Frauenbewegung ab. Hier müssen einige exemplarische Belege zur Kennzeichnung der Differenz zwischen deren konventionellen und den in der Zwischenzeit entwickelten Überlegungen zur weiblichen Schreibweise genügen. Zu den wenigen expliziten Beiträgen über frauenspezifische Literatur im Zeitraum zwischen 1945 und der Frauenbewegung zählen die 1957 in der Deutschen Akademie für Sprache und Dichtung von Marie Luise Kaschnitz, Ilse Langner und Oda Schaefer vorgetragenen Referate unter dem Titel »Das Besondere der Frauendichtung«.[1] Schon das traditionsbeladene Wort Frauendichtung markiert deutlich die historische Distanz zum Sprachgebrauch und zu den kulturpolitischen Überlegungen Ende der 6oer Jahre. Die drei Autorinnen, so unterschiedlich ihre Standpunkte sind, gehen alle von einem quasinaturhaften, positiven Weiblichkeitsbegriff aus und warnen vor einer Angleichung an männliche Rationalität und Kälte. Kaschnitz und Schaefer sprechen vor allem über Lyrik und bewerten emotionale Intensität, das Motiv der Liebe, die Betonung von Traum, ›Unterbewußtsein‹ und Natur als positive Konstanten der ›Frauendichtung‹.

»Bei den Jüngeren und Jüngsten tritt die Traumwelt und die Welt des Unterbewußten als eine dank ihrer Irrationalität und Logikferne den Frauen besonders eigentümliche Sphäre zutage.« (Kaschnitz, S. 62)

1. In: »Jahrbuch 1957«. Deutsche Akademie für Sprache und Dichtung, Darmstadt. Heidelberg/Darmstadt 1958. S. 59–76.

Hierin sieht Kaschnitz eine lyrische Gegenbewegung gegen die von ihr befürchtete Tendenz, daß »auch die Frau von der gefährlich klaren Luft der Abstraktion umweht« werde (S. 63). Ganz ähnlich Schaefer, die vor einer »äußerlichen Emanzipation« und einer »mechanisierten Lebensauffassung« warnt (S. 72) und dagegen die Komponenten Gefühl, Liebe, Unbewußtes, Traum (S. 71) einklagt und den Mond — darin neueren matriarchalisch orientierten Feministinnen gleich — »als eines der frühesten Symbole der weiblichen Welt« bezeichnet (S. 70). Die Dramatikerin Langner dagegen geht vom androgynen Charakter der Kunst aus — sie nennt ihn männlich-weiblich — und beklagt den Verfall des Dramatischen, den sie auf die bedauerliche »Angleichung« und »Neutralisierung der Geschlechter« zurückführt (S. 69). Grundlage dieser Bewertung ist die von ihr hergestellte Verbindung zwischen biologischer und ästhetischer Schöpfung:

»Die Geburt ist die große tragische Schöpfung der Frau.« (S. 68)
»Sollte ihr dabei (beim Drama, S. W.) der Wurf großer Dichtung gelingen, würden wir freilich nicht mehr entscheiden können, ob das Werk, das immer Zeugung und Geburt in einem ist, von einer Frau oder einem Manne stammt.« (S. 69/70)

Im Gegensatz zu ihren beiden Kolleginnen schwärmt sie für das Heroische, für die »kämpferische Aktion« (S. 65). Die Auffassung Langners hat eine lange Tradition. Sie verheißt den Frauen in der Dichtung einen Aufstieg aus den Niederungen des Weiblichen in die hohe Sphäre androgyner Kunst. Der positive Rekurs auf weibliche Liebesfähigkeit von Kaschnitz und Schaefer aber hat eine ebenso lange Geschichte. Und die Kontroverse, die hier zutage trat, kann auch heute noch nicht als gelöst betrachtet werden. Auffällig ist, daß einige der Begriffe, die bei Kaschnitz und Schaefer positiv konnotiert werden, auch den Begriff der »weiblichen Ökonomie« bei Hélène Cixous füllen, vor allem die Komponenten Traum, Unbewußtes und Liebesfähigkeit. Gänzlich verschieden ist allerdings die Perspektive, aus der sie betrachtet werden. Bei Cixous sind sie nicht Teil einer biologischen wesensmäßigen Charakterisierung, sondern Teil einer kulturellen, phallozentrischen Ordnung:

»Außerdem wird kulturell im allgemeinen die Weiblichkeit und das, was gerade nicht in der Weiblichkeit kanalisiert werden kann, von der berühmten Genitalität schnell verboten, verdrängt, geordnet.«[1]

Der Unterschied zwischen traditionellen und aktuellen, durch die französischen Poststrukturalistinnen geprägten Weiblichkeitsdiskursen liegt oft weniger in inhaltlichen Motiven, als vielmehr in einer Ver-Rückung des Blicks. Das ›Weibliche‹ wird nicht mehr als ein der männlichen Rationalität und Logik (ob nun gleich oder unterlegen bewerteter) entgegengesetzter Naturzustand betrachtet, sondern als eine Ökonomie, die geeignet sei, den Logozentrismus der phallischen Ordnung zu unterlaufen. Hierbei handelt es sich nicht mehr — wie in dem jahrhundertewährenden Streit über die Geschlechter — um einen Werturteilsstreit, der letztlich folgenlos bleibt, sondern um eine Analyse des Ortes des ›Weiblichen‹ in der kulturellen Ordnung und um die Entwicklung einer subversiven Strategie.

Trotzdem werden im Zuge der Aufarbeitung literarischer Tradition und der Begründung einer feministischen Literaturkritik in letzter Zeit immer mehr von den genannten Schriftstellerinnen, die wegen ihrer affirmativen Äußerungen über Frauen vor zehn Jahren noch als indiskutabel galten, wiederentdeckt, weil in ihren *literarischen* Texten z. T. eine Ver-Rückung des Blicks enthalten ist, die von der Eindeutigkeit ihrer theoretischen Statements überlagert wird. Insofern ist die Bachmann-Renaissance in einem größeren Kontext zu sehen; und es wird weitere (Wieder)Entdeckungen geben.

1. Hélène Cixous: »Weiblichkeit in der Schrift.« Berlin 1980. S. 71.

2.2. Verborgene Frauen-Literatur

In der Nichtbeachtung der Literatur von Frauen vor der
›Frauenliteratur‹ durch den feministischen Diskurs wurde
aber keine Unterscheidung zwischen verschiedenen Literatur-
und Weiblichkeitskonzepten getroffen, denn eine Lektüre und
Kritik dieser Literatur fand praktisch nicht statt. Nicht zuletzt,
weil die vorliterarische Phase der Frauenbewegung durch die
kulturrevolutionären Thesen der 68er Bewegung geprägt und
insofern in ihrem Charakter a-literarisch war. Trotzdem ist
diese Nichtbeachtung besonders interessant im Hinblick auf
einige Autorinnen und Texte, denen heute nicht selten der
Status von Vorläufern zugeschrieben wird. Das Nebeneinander von Frauen-Literatur und Feminismus in der ersten Hälfte
der 70er Jahre zeigt aber, daß sie eben nicht als Vorläufer zu
kennzeichnen sind. Vielmehr stellt sich aus der heutigen
Beliebtheit einiger Texte dieser Zeit die Frage nach der spezifischen Dialektik zwischen einer als Emanzipationsästhetik
auftretenden ›Frauenliteratur‹ und damit unvereinbaren
Schreibweisen, die in einen an feministischen Zielsetzungen
orientierten Literaturbegriff keinen Eingang gefunden haben.
Ich nenne einige Beispiele von Veröffentlichungen aus dem
Zeitraum zwischen dem Beginn der neuen Frauenbewegung
und der Entstehung des ›Frauenliteratur‹-Diskurses, um die
skizzierte Ungleichzeitigkeit zu veranschaulichen.

— Von Ingeborg Bachmann erschien außer dem ersten Teil des »Todesarten«-Projektes, dem Roman »Malina« (1971), noch der Band mit
Erzählungen, »Simultan« (1972), die sämtlich Studien über verschiedene Frauenleben und -verhaltensweisen darstellen. Außerdem
schrieb Bachmann seit Mitte der 60er Jahre an dem unvollendet gebliebenen Roman »Der Fall Franza«, den sie sich nicht zu veröffentlichen getraute. Er wurde erst fünf Jahre nach ihrem Tod 1978 in der
Werkausgabe publiziert und spielt seit Anfang der 80er Jahre eine
zentrale Rolle in den Debatten über weibliches Schreiben bzw. Weiblichkeit und Schrift.

— 1969 erschien Unica Zürns Erzählung »Dunkler Frühling« und fand kaum Beachtung; erst nach der Neuherausgabe 1982 fand sie Leser/innen, nachdem die Autorin durch die Veröffentlichung von »Der Mann im Jasmin« (1977) sieben Jahre nach ihrem Freitod bekannt geworden war.

— Auch Ingeborg Drewitz' Buch »Bettine von Arnim« erschien 1969, wurde aber erst in den späten 70ern im Zuge der Romantik-Rezeption von Frauen entdeckt.

— 1970 erschien Caroline Muhrs Buch »Depressionen. Tagebuch einer Krankheit« ebenfalls ohne große Resonanz. Von der Taschenbuchausgabe, die 1978, in ihrem Todesjahr, erschien, wurden allein in den ersten beiden Jahren 40 000 Exemplare verkauft.

— Von Marlen Haushofer wurde 1968 eine Neuauflage ihres Romans »Die Wand« herausgegeben und 1969 erschien der Roman »Die Mansarde«, die beide erst Anfang der 80er Jahre (wieder)entdeckt wurden. Die Autorin starb 1970.

Wenn man sich die Serie dieser Texte ansieht, die bei ihrem Erscheinen außerhalb des Blicks der Frauenbewegung lagen, dann lassen sich — abgesehen von Drewitz' »Bettine von Arnim«-Buch, das einem nicht-fiktionalen Genre angehört — durchaus gewisse Gemeinsamkeiten feststellen. Alle diese Texte handeln nicht von Aufbrüchen, sie zeichnen keine Geschichte, die sich als Emanzipationsentwicklung lesen ließe, und sie entwerfen nicht das Bild eines autonomen weiblichen Subjekts. Im Gegenteil: Sie handeln vielmehr von Schädigungen, Kränkungen und Verunsicherungen ihrer Figuren oder Erzählerinnen. Es sind Texte, die nicht dem Erzählmodus realistischer Beschreibungsliteratur folgen, die die Gewaltzusammenhänge dieser Gesellschaft nicht im sozialkritischen Gestus — von außen —, sondern ganz und gar subjektiv beschreiben, indem sie deren Spuren und Einschreibungen im Innern und am Körper der Frau aufzeichnen.

»Depressionen« von Caroline Muhr enthält Tagebuchaufzeichnungen über vier Jahre. In ihnen wird die Befindlichkeit einer Frau ausgedrückt, die den ganz normalen Alltag nicht mehr erträgt, eine Person, deren Abwehrmechanismen nicht mehr funktionieren, die deshalb als krank definiert und den Prozeduren und Qualen einer konventionellen psychiatrischen Behandlung unterworfen wird. Die Darstellung der Odyssee durch die Institutionen dieser Psychiatrie sind verbunden mit Versuchen, den eigenen Zustand zu beschreiben und zu verstehen.

»Und ich wußte plötzlich genauer als sonst, wo die Wurzel meiner Krankheit zu suchen war: nicht allein im vielleicht schon übersteigerten Entsetzen, sondern darin, daß derartige Eindrücke und Vorstellungen sich zwar scheinbar in der Masse des Erlebten verloren, später aber und meist zu unvorhergesehenen Zeitpunkten, wieder auftauchen. Alle einmal vergegenwärtigten Qualen der Menschheit lagen in mir auf der Lauer und warteten darauf, wieder ins Bewußtsein zu dringen.« (S. 57).

Diese Beschreibung hat große Ähnlichkeiten mit dem Zustand der Personen, die Anne Duden in ihren Büchern »Übergang« (1982, vgl. 4.4.) und »Das Judasschaf« (1985, vgl. 9.3.), allerdings nicht in einer autobiographischen Schreibweise, gestaltet hat. Der ›Heilungsprozeß‹ der Tagebuchschreiberin in den »Depressionen« orientiert sich an dem Ziel, die Informationen und Bilder aus der äußeren Welt, aus der »Welt der Präsidententreffen, der Kriegsandrohungen und der Massenkrawalle« (S. 160) ohne psychische Einbrüche zu überstehen, sowie an dem Maßstab, sich nicht mehr von anderen zu unterscheiden (S. 165), d. h. an der Maßgabe des ›Überlebens‹, dem die Personen in Dudens Texten sich verweigern.

Muhrs Aufzeichnungen beziehen sich nicht explizit auf ein Ungenügen an der weiblichen Realität. Leitmotiv ist eher die Infragestellung von ›Normalität‹, die sich nach ihrer Erkenntnis lediglich einem genügenden Maß an Gleichgültigkeit verdanke, welche ihr eben fehle. Ihre Beschreibung einer Krankheit ist aber implizit als Reaktion auf die latente Schizophrenie des weiblichen Lebenszusammenhanges zu lesen, denn die Schlüsselerlebnisse ihres Berichtes kreisen um typische Widersprüche im Leben einer ›emanzipierten‹ Frau. Aus der Angepaßtheit ihrer Vorfahren — gottesfürchtige und dem

Manne gehorsame Frauen und selbstherrliche, starrsinnige Männer (S. 35) — ist sie durch ihre akademische Ausbildung ausgebrochen, um ihnen in ihrer bürgerlichen und leidenschaftslosen Ehe wieder allzu nahe zu kommen. In den psychiatrischen Institutionen begegnet man ihr mit männlicher Autorität und mit bekannten Sterotypen eines traditionellen Frauenbildes, in dem Krankheit und ›Weiblichkeit‹ nicht weit auseinander liegen. In ihrer Depression wird die latente Enttäuschung über ihre Existenz manifest. Der Widerspruch zwischen ihrem Vermögen und ihrer Praxis sowie die Schizophrenie zweier sich »widersprechender Bewußtseins- und Bewertungsebenen« (S. 54), der Leidenschaft und der Ehe, nimmt in der Krankheit zunächst die Form von Verzweiflung, dann von totaler Ohnmacht an. Solche Aufzeichnungen machen später einen wichtigen Teil der durch die ›Frauenliteratur‹ beförderten Veröffentlichung weiblicher Erfahrungsberichte aus. (Vgl. 4.3.)

Für den von Muhr beschriebenen Zustand gibt es seit Sylvia Plaths Roman das Bild der »Glasglocke«, das die empfundene Trennung von der als ›Realität‹ definierten Welt kennzeichnet. Es hat nicht allein den Status einer Metapher, sondern beschreibt die psycho-physische Empfindung eines Subjekts. In Haushofers Roman »Die Wand« nimmt diese Glasglocke im Rahmen einer Endzeit-Vision eine soziale Gestalt an. Die Ich-Erzählerin befindet sich als einzige Überlebende hinter einer Wand, die sie vom Außen trennt, welches kein menschliches Leben mehr birgt. Ihr Versuch, sich mit einigen Tieren ein Überleben zu organisieren, impliziert einen Rückblick, auf die »Frau, die (sie) einmal war« (S. 44, S. 83), und das Abstreifen ihrer früheren weiblichen Identität, indem sie ein neues Verhältnis zu sich und zur Natur aufbaut. Ein Leitmotiv ihrer Reflektionen stellt die Diskrepanz zwichen weiblicher Erfahrung und der Ordnung und Rationalität der von Männern dominierten Existenz dar. Z. B. wird die Zeiteinteilung als Gewaltzusammenhang reflektiert, ebenso der Zwang, den Dingen und Geschehnissen einen Sinn zuzuschreiben und sie in einem »Zusammenhang von universeller Bedeutung« zu sehen (S. 238). Die Ängste und Empfindungen, die sich in der Einsamkeit einstellen, werden als ein »Hindurchgehen« gewertet, die Veränderung im Denken und Verhalten der Ich-Erzählerin als ein Übergang in eine andere, noch nicht geahnte Existenz:

> »Etwas ganz Neues wartete hinter allen Dingen, nur konnte ich es nicht sehen, weil mein Hirn mit altem Zeug vollgestopft war und meine Augen nicht mehr umlernen konnten. Ich hatte das Alte verloren und das Neue nicht gewonnen.« (S. 134)

Der Mann, der noch in diese Einsamkeit einbricht, tritt als Aggressor auf und wird von der Ich-Erzählerin, da er die Rudimente ihres neuen Lebens bedroht, erschossen. In dem Roman entwirft Haushofer eine Situation, die ihre spezifische Bedeutung dadurch gewinnt, daß sie weder auf Vergangenes noch auf Zukünftiges bezogen ist und somit keinen Platz in der Kontinuität einer als Fortschritt gedachten Geschichte einnimmt, eine Situation, die heute gerne als ›posthistoire‹ bezeichnet wird. Haushofer aber nimmt keine Ästhetisierung dieses Zustandes vor, der Entwurf hat eher experimentellen Charakter und provoziert — aus einer Perspektive hinter der Wand der Geschichte sozusagen — eine Infragestellung der gesamten symbolischen Ordnung. Man könnte diesen Ort, von dem aus die Darstellung erfolgt, auch als Kehrseite der Kultur betrachten, als Ort, von dem aus — wie es später z. B. von Wolf entwickelt wurde — Frauen schreiben. Das Bild der Wand wird ja auch in anderen Frauen-Texten verwendet, z. B. in Bachmanns »Malina«, in den »Memoiren einer Überlebenden« von Doris Lessing und in Jutta Heinrichs »Das Geschlecht der Gedanken« (Vgl. 6.2.). In Haushofers Roman ist dieser Ort mit einer Auflösung der festen Ich-Identität verbunden, deren Bild als Verkennung empfunden wird, ein Prozeß, der die Fähigkeit der direkten Wahrnehmungen und des (Er)Lebens im Augenblick eröffnet. Die Ich-Erzählerin erlebt in ihrer Einsamkeit eine Dialektik zwischen der Auflö-

sung ihrer Persönlichkeit, Übergängen in einen Naturzustand, der Intensität ungeordneter Empfindungen und praktischen Überlebenshandlungen.

Eine ähnliche Dialektik durchzieht Bachmanns Roman
»Malina«, allerdings unter Einbeziehung verschiedener
Sprach- und Bewußtseinstypen, zwischen denen die Artikulationen der Ich-Erzählerin wechseln. Die Beziehung zwischen dem weiblichen Ich des Romans und seinem männlichen alter ego Malina beschreibt eine Dialektik zwischen
Leben und Überleben, die sich aus einer Unvereinbarkeit
von Leidenschaft und Rationalität, von Hingabe und Überleben ergibt. Die Zeiteinheit des Romans, die mit »heute« benannt wird, situiert das Ich außerhalb einer sinnkonstitu-
ierenden Zeiteinteilung. Die Totalität in der Ausrichtung
seiner Existenz auf den Geliebten Ivan tötet die Selbständigkeit des Ichs und hat den Effekt der Selbstaufgabe, während
umgekehrt sein Überleben, das sich einer Unterwerfung unter Malinas Führung verdankt, seine Leidenschaft tötet und
damit jenes Ich, das mit dieser Existenz in »pathologischer
Erregung« identisch ist, zum Verschwinden bringt – in der
Wand.

Also auch hier wird kein Aufbruch in eine weibliche Autonomie entworfen, statt dessen rekonstruiert der Text die Widersprüche weiblicher Identität und ihrer psychosexuellen
und sprachlichen Bedingungen. Die Genese weiblicher Identität ist im zweiten Kapitel, dem Traum-Kapitel, als gewaltsame Unterwerfung der Tochter unter den symbolischen
Vater bzw. das Gesetz des Vaters beschrieben. Die Unterwerfung unter den Vater, der im Traum alle Instanzen besetzt,
wird von dem Ich ständig wiederholt, was zu der unausweichlichen Erfahrung führt, daß es das liebt, was bzw. den,
der es tötet. Aus der Perspektive dieses Ichs erscheint die
Gesellschaft als »Mordschauplatz«. Wichtig im Unterschied
zu anderen Texten von Frauen, die im Zuge der ›Frauenliteratur‹ entstanden sind, ist die Tatsache, daß es sich bei diesem Ich nicht um eine Frau handelt, sondern um jene Exi-

stenzweise, welche dem Eintritt der Frau in die symbolische Ordnung geopfert wurde.[1]

Das Traumkapitel in »Malina« hat Ähnlichkeiten mit der Erzählung »Dunkler Frühling« von Unica Zürn, die eine knappe, auf paradigmatische Erlebnisse komprimierte Aufzeichnung über die psychosexuelle Entwicklung eines kleinen Mädchens und dessen Phantasien enthält. Der Text beschreibt in sehr sprechenden Konstellationen die Genese einer sexuellen Struktur von Frauen, die in einer narzißtischen Kränkung gefangen bleiben. Während die Abwesenheit des Vaters seine Anbetung durch das kleine Mädchen bewirkt, reagiert es aus Abwehr gegen den bedrängenden, großen Körper der Mutter und aufgrund der von ihr ausgesprochenen Verbote mit Haß auf diese. Die Beobachtung, daß die beiden Geschlechter immer in Paar-Konstellationen auftreten, evoziert bei dem Mädchen den Wunsch nach einer Ergänzung und sexuelle Phantasien, wogegen eine Vergewaltigung durch den Bruder eine andauernde Feindschaft zwischen den Geschwistern herbeiführt. Die sexuellen Phantasien des Mädchens bewegen sich immer in einer Ambivalenz zwischen Schrecken und Faszination. Verstärkt sich die Diskrepanz zwischen der empfundenen Leere nach körperlichen sexuellen Erlebnissen und seinen imaginären Szenerien immer mehr, so steigern sich seine Phantasien zu Phantasmen. Aus dieser Situation entwickelt es eine Selbstverliebtheit in die Rolle des schönen Opfers und identifiziert sich mit dem Mythos von der Einsamkeit und Unnahbarkeit der Liebenden, aus der das Konzept von der ›Liebe in der Distanz‹ entsteht (vgl. 8.1.). Es bleibt nur der Freitod des Mädchens, der das Bild, mit dem es sich identifiziert, materialisiert und zugleich zerstört; mit ihm endet die Erzählung. Der Mann, erst der Vater, dann ein je anderer,

---

1. Zur Schreibweise Bachmanns vgl. meinen Beitrag »›Ein Ende mit der Schrift. Ein andrer Anfang.‹ Zur Entwicklung von Ingeborg Bachmanns Schreibweise.« In: »Ingeborg Bachmann.« Sonderband. »Text und Kritik«. München 1984. S. 58–92.

bildet das Zentrum in den Gedanken und Phantasien des Mädchens, obwohl er als realer meistens abwesend ist.

Die Erzählung beschreibt, auch wenn sie sich auf autobiographische Erlebnisse bezieht, die *Struktur* einer sexuellen weiblichen Entwicklung unter der Dominanz des Imaginären. Dabei bedient die Autorin sich einer synthetischen Erzählperspektive, denn die Ereignisse sind aus der Sicht des kleinen Mädchens geschildert, aber mit dem Vokabular und den Einsichten der erwachsenen Frau gedeutet. Mit dieser Schreibweise weist sie über die Darstellung einer individuellen Erfahrung hinaus, ohne allerdings sich einer repräsentativen Beschreibung zu bedienen, in der individuelle Erlebnisse verallgemeinert würden. Das Mädchen bleibt wie das Ich in »Malina« namenlos, ist als »sie« im Text präsent, in seiner Geschichte rekonstruiert die Autorin strukturelle Funktionsweisen im familialen Dreieck, indem sie dafür signifikante Szenen aneinanderreiht.[1]

All diese Texte stießen bei ihrem Erscheinen auf Ignoranz, Abwehr, Unverständnis oder aber auf diskriminierende Beurteilungen, in denen sie als weiblich-neurotisch bezeichnet wurden. Für die rationalitätskritischen und psychoanalytischen Aspekte dieser Texte gab es im deutschsprachigen Raum (noch) keinen diskursiven Zusammenhang. Sie konzentrieren sich auf die Thematisierung der psychischen Verstrikkungen von Frauen in den Konzepten und Mythen von ›Weiblichkeit‹ und weiblicher Sexualität, indem sie eine Durchquerung der darin eingeschriebenen Träume, Sehnsüchte, Schädigungen und Kränkungen beschreiben (vgl. 7). Indem sie von der realen Gewalt des Imaginären ausgehen, bewegen sie sich jenseits einer Schreibweise gesellschaftskritischen Realismus, welche derzeit den Literaturbetrieb bestimmte. Sie gehören einem Typ des literarischen Diskurses an, der sowohl mit dem Literaturbegriff nach 68 als auch mit dem feministi-

---

1. Zu Unica Zürn vgl. meine Beiträge in »Frauenliteratur ohne Tradition?« (a. a. O.) und in Stephan/Weigel (Hg.): »Weiblichkeit und Avantgarde«.

schen Diskurs unvereinbar war, denn sie beziehen sich nicht auf ein Aufklärungsmodell; allenfalls die Aufzeichnungen Muhrs berühren sich im Genre mit Intentionen der Protokoll- und Dokumentarliteratur, nicht aber in ihrem Thema. Die Rezeption dieser Texte wurde damals nicht nur durch die Voreingenommenheit der überwiegend männlichen Literaturkritik verstellt, sondern auch durch den Diskurs der Frauenbewegung. Statt das Patriarchat zu kritisieren, setzen sie sich mit dem Ort des Weiblichen im Symbolischen und im Imaginären auseinander und zeichnen die destruktiven Strukturen der männlichen Ordnung auf, so wie sie sich bis in den Körper, ins Denken und in die Träume der Frauen eingeschrieben haben. Vor allem, daß die Frau hier nicht als *Thema* fungiert, markiert eine deutliche Differenz zum Emanzipationsdiskurs. Exemplarisch dafür ist Bachmanns Antwort 1971 in einem Interview mit Ilse Heim.

»Für mich stellt sich nicht die Frage nach der Rolle der Frau, sondern nach dem Phänomen der Liebe — wie geliebt wird. (...) Vielleicht ist das sehr merkwürdig für Sie, wenn ausgerechnet eine Frau, die immer ihr Geld verdient hat, sich ihr Studium verdient hat, immer gearbeitet hat, immer allein gelebt hat, wenn sie sagt, daß sie von der ganzen Emanzipation nichts hält. Die pseudomoderne Frau mit ihrer quälenden Tüchtigkeit und Energie ist für mich höchst seltsam und unverständlich gewesen.«[1]

Bachmanns Skepsis gegenüber der Rede über die Rolle der Frau und gegenüber zeitgenössischen Emanzipationsvorstellungen ist heute wahrscheinlich für mehr Frauen verständlich als vor fünfzehn Jahren, als der Emanzipationsdiskurs gerade begann, in dem es ja darum ging, für Frauen Rechte zu fordern, damit ihnen die von Bachmann benannten Erfahrungen überhaupt zugänglich würden. Dennoch ist in der Literatur Bachmanns eine Transformation des ›Politischen‹ vorgenommen, mit der sie einen veränderten Politikbegriff vorweg-

1. »Wir müssen wahre Sätze finden. Gespräche und Interviews«. Hg. v. Ch. Koschel/I. v. Weidenbaum. München, Zürich 1983. S. 109.

nimmt, wie er in Teilen des deutschen Feminismus etwa Ende der 70er Jahre entwickelt wurde.

Ich gehe davon aus, daß weniger die Inhalte als die Art und Weise, wie Haushofer, Bachmann und Zürn beispielsweise mit dem ›Weiblichen‹ verfahren, dazu führte, daß ihre Literatur ohne Verbindung zur sich entwickelnden Frauenbewegung in den gleichen Jahren blieb. Vor allem die bedeutungskonstituierende Differenz zwischen der Schreibweise, dem literarischen Subjekt-Entwurf und den Bezügen zum Symbolischen und Imaginären in dieser Literatur auf der einen und den Mechanismen des feministischen Diskurses auf der anderen Seite begründete die Ungleichzeitigkeit, aus deren Mangel dann das Konzept der ›Frauenliteratur‹ entstand. Für die betroffenen Autorinnen bedeutet diese Situation eine wohl kaum noch vorstellbare Isolation, die nicht wenig zu ihrem biographischen, individuell je unterschiedlichen ›Scheitern‹ beigetragen haben mag.

2.3. Die vorliterarische Kultur der Frauenbewegung

Die skizzierte Ungleichzeitigkeit soll nun nach der anderen Seite hin befragt werden, d. h. danach, welche Ausdrucksformen sich die Anfänge der neuen Frauenbewegung bedienten. Diese bewegte sich, obwohl sie einen Bruch gegenüber der Studentenbewegung manifestieren wollte, vielleicht sogar gerade weil sie sich als Gegensatz zu den Exponenten der APO (Außerparlamentarischen Opposition) konstituierte, zunächst in ihren Aktions- und Äußerungsformen in Übereinstimmung mit der Studentenbewegung. Spektakuläre Aktionen, öffentlichkeitswirksame und tabuverletzende Provokationen sowie eine beabsichtigte Verbindung von politischer Analyse und agitatorischem Effekt stehen an ihrem

Beginn. Die legendäre Rede von Helke Sander im Namen des »Aktionsrates zur Befreiung der Frau« auf der 23. Delegierten-konferenz des SDS im September 1968, in der sie die beste-hende Trennung zwischen Politik und Privatheit kritisiert, kann dies veranschaulichen:

»Genossen, eure Veranstaltungen sind unerträglich. Ihr seid voll von Hemmungen, die ihr als Aggressionen gegen die Genossen auslassen müßt, die etwas Dummes sagen oder etwas, was ihr schon wißt. (...) Warum sprecht ihr denn hier vom Klassenkampf und zu Hause von Orgasmusschwierigkeiten? Ist das kein Thema für den SDS? (...)Ge-nossen, wenn ihr zu dieser Diskussion, die inhaltlich geführt werden muß, nicht bereit seid, dann müssen wir allerdings feststellen, daß der SDS nichts weiter ist als ein aufgeblasener konterrevolutionärer Hefe-teig. Die Genossinnen werden dann die Konsequenzen zu ziehen wissen.«[1]

In der dazu vorgelegten Resolution, in der die Trennung von Politik und Privatleben thesenhaft analysiert wird, wenden die Frauen vom »Aktionsrat« die Rede vom Herr-Knecht-Ver-hältnis auf die Beziehung zwischen Mann und Frau an und übertragen probeweise Begriffe wie Klasse und Ausbeuter auf diese Beziehung. In dem berühmten Flugblatt des Frankfurter »Weiberrates« dann wird eine satirische Zuspitzung vorge-nommen, indem der Text die sexuelle Identität der männlichen Exponenten im SDS direkt angreift und in den Aufruf mündet: »Befreit die sozialistischen Eminenzen von ihren bürgerlichen Schwänzen!«[2]Die Aktionen richteten sich aber auch nach ›au-ßen‹, gegen etablierte politische Institutionen und Parteien, so z. B. in dem Flugblatt zur SPD-Veranstaltung anläßlich des 50. Jahrestages zum Frauenstimmrecht in Deutschland mit der Überschrift »50 Jahre Betrug sind genug!«- in dem es heißt:

1. Zit. nach: »Provokationen. Die Studenten- und Jugendrevolte in ihren Flugblättern 1965–1971«. Hg. von Jürgen Miermeister/Jochen Staadt. Darmstadt und Neuwied 1980. S. 218–9. Vgl. dazu auch Ulrike Meinhofs Bericht »Die Frauen im SDS oder In eigener Sache.« In: »Die Würde des Menschen ist antastbar«. Berlin 1980. S. 149ff.
2. Ebenda. S. 224.

»Zwar haben sie das Recht zu wählen zwischen ›Keine Experimente‹
und ›Sicherheit für Alle‹ — aber nicht das Recht, zu wählen
zwischen Beischlafpflicht und eigenem Lustgewinn. 50 Jahre
Frauenwahlrecht haben aus der Frau kaum mehr gemacht als einen
Kleiderständer für — wenn sie ›Glück‹ hat — Nerzmäntel, die doch
nur dem Prestige der Männer dienen.«[1]

Aus diesen agitatorischen Anfängen werden dann sehr bald
Frauengruppen gebildet, deren Aktivitäten sich zunächst auf
sozialpolitische und ›kulturrevolutionäre‹ Bereiche konzentrieren wie z. B. die Arbeit in Kinderläden, Jugendgruppen
und Wohngruppen. Im Programm der ›antiautoritären Erziehung‹ und der ›sexuellen Befreiung der Frau‹ sind Interessen
von Kindern und Frauen zusammengedacht in einer Politik,
die sich die Abschaffung der bürgerlichen Kleinfamilie zum
Ziel gesetzt hat. Entstehen hier, vor allem in der Arbeit mit
Kindern und Jugendlichen, bald aber auch im Medienbereich
und im Verlagswesen, erste autonome, von den etablierten
Institutionen unabhängige Einrichtungen, so kann das als Beginn einer Entwicklung angesehen werden, in deren Verlauf
bis heute eine differenzierte, breit gefächerte ›Alternativkul-
tur‹ entstanden ist. Der dabei vorerst vorgenommene Ausschluß des Literarischen begründet sich durch den Bruch der
68er Bewegung mit der politischen und kulturellen Vergangenheit und Gegenwart. Mit der Absage an die Literatur als
Form wurde aber auch die Möglichkeit einer zu den etablierten Redeweisen disparaten Artikulation ausgeschlossen,
welche andere als die durch die Öffentlichkeitsstruktur geprägten Wahrnehmungsweisen eröffnete.
    Die Absage an die (bürgerliche) Literatur und die Entwick-
lung eines kulturrevolutionären Programms, das der Literatur
im Rahmen einer »propagandistischen Funktion der Kunst«
(Peter Schneider) revolutionäre Aufgaben zuwies, ist nachzulesen im »Kursbuch« 16 (März 1969), das den Titel »Kulturre-

1. Ebenda. S. 222.

43

volution – Dialektik der Befreiung« trägt. Der dort propagierte Tod der Literatur und das dokumentarische Erbe der Studentenbewegung sind Voraussetzung für die Kultur in den Anfängen der Frauenbewegung, die insofern eine anti-ästhetische oder vorliterarische Öffentlichkeit darstellt.

Die Nummer 17 des »Kursbuches«, in dem sich die kulturpolitischen Debatten der Neuen Linken exemplarisch spiegeln, ist den Frauen gewidmet: »Frauen — Familie — Gesellschaft« (Juni 1969). Es ist meines Wissens das erste Schwerpunktheft zum Thema Frau in der BRD und signalisiert den Beginn des öffentlichen Diskurses über die Situation von Frauen. Der einzige literarische Beitrag dieses Heftes heißt »Dossier: Emanzipationen. Auszüge aus vier Lebensläufen. Protokolliert von Erika Runge«.

Die Dokumentar- und Protokolliteratur galt nach dem propagierten Tod der bürgerlichen Literatur als favorisierte Gattung, weil sie geeignet schien, eine Funktion in der Bildung von Gegenöffentlichkeit zu übernehmen. In der Tradition von Tretjakovs Theorie der operativen Literatur und im Anschluß an die Proletkult-Debatten der Weimarer Republik entstand nach 68 eine Fülle von Dokumentar-, Reportage- und Protokolliteratur. Das Prinzip, der/die Intellektuelle als Agitator und Medium für die Interessen der Unterdrückten, galt auch in den Anfängen der Frauenbewegung. Beispiele aus dieser dokumentarisch-agitatorischen Phase der neuen Frauenbewegung sind folgende Veröffentlichungen:

1969 — Erika Runge: »Frauen. Versuche zur Emanzipation.« Frankfurt/M.

1971 — »Frauen gegen den § 218.« 18 Protokolle, aufgezeichnet von Alice Schwarzer. Frankfurt/M.

1971 — Ulrike Meinhof: »Bambule. Fürsorge – Sorge für wen?« Berlin. (Fernsehspieltext mit dokumentarischem Charakter).

1972 — Hubert Fichte: »Interviews aus dem Palais d'Amour« etc. Reinbek bei Hamburg.

1973 — »Liebe Kollegin. Texte zur Emanzipation der Frau in der Bundesrepublik.« Hg. v. Britta Noeske u. a. Frankfurt/M.

1975 — Alice Schwarzer: »Der ›kleine Unterschied‹ und seine großen Folgen. Frauen über sich. Beginn einer Befreiung.«
Frankfurt/M.
1976 — »Ledige Mütter.« Protokolle Hg. v. Freia Hoffmann.
Frankfurt/M.

Im Konzept der ›Gegenöffentlichkeit‹ [1] wenden solche Texte
sich an »bestimmte homogene Basisöffentlichkeiten, die zu
kritischer Reflexion ihrer Situation und diese Situation verän-
derndem Handeln angeregt werden«[2] und selbst als sprechende Subjekte einbezogen werden sollen. Darüber hinaus
hat die Veröffentlichung unterdrückter Erfahrung im Rahmen größerer Öffentlichkeit aufklärerische Intentionen. Auf
Frauen angewendet, muß dieses Konzept differenziert werden, weil sie ja keine »homogene Basisöffentlichkeit« bilden.
Deshalb wendet sich auch ein Teil dieser Publikationen an
interessenidentische Gruppen unter den Frauen, z. B. an Fürsorge»zöglinge«, an Arbeiterinnen, an ledige Mütter. Aber
schon bei dem Buch gegen den § 218 kann von einer homoge-
nen Gruppe nicht mehr die Rede sein. Und die Bücher von
Runge und Schwarzer wenden sich an Frauen im allgemeinen, an *die* Frauen. Die Erfahrung, daß trotz sozialer Inhomo-
genität solidarische Aktionen möglich sind, prägt die Anfänge
der neuen Frauenbewegung sehr stark. Erörterungen über das
Verhältnis von Klassenfrage und Geschlechtsverhältnissen
bestimmen denn auch die Theoriebildung dieser ersten
Phase. Als Öffentlichkeits- und Organisationsformen entsprechen ihr Frauengruppen, regionale Zeitschriften,
Aktionen und Demonstrationen. D. h. Texte und politische
Öffentlichkeit stehen in der ersten Hälfte der 70er Jahre in
engem Zusammenhang.
Die feministischen Analysen dieser Zeit sind geprägt durch

1. Vgl. zum Begriff der ›Öffentlichkeit‹ Oskar Negt/Alexander Kluge: »Öffentlichkeit und Erfahrung. Zur Organisationsanalyse von bürgerlicher und
proletarischer Öffentlichkeit.« Frankfurt/M. 1972.
2. Peter Kühne: »Arbeiterklasse und Literatur«. Frankfurt/M. 1972. S. 85.

die Suche nach einem gemeinsamen Nenner ›weiblicher Unterdrückung‹, nach einer für Frauen universell gültigen Beschreibung ihrer Erfahrungen. In der Tradition von Klassenanalysen *und* im Bruch damit wird die Kategorie des Geschlechts dabei immer wieder in Relation zum Klassen- und Rassenbegriff diskutiert. »Nichts, weder Rasse noch Klasse, bestimmt so sehr ein Menschenleben wie das Geschlecht. Und dabei sind Frauen und Männer Opfer ihrer Rolle – aber Frauen sind noch die Opfer der Opfer.« (Alice Schwarzer)[1] Da die Veröffentlichung von Interviews oder Protokollen meist mit analysierenden Texten verbunden wird, erhält die Dokumentation von Erfahrungen im politischen Diskurs eine Funktion im Sinne einer Beweisführung bzw. einer Entlarvung von Ideologie mithilfe ›authentischer‹ Frauen-Erlebnisse. Die Organisierung in der Frauenbewegung, verbunden mit individuellen Emanzipationsschritten wie Berufstätigkeit, Trennung oder allgemeiner Veränderung des Lebenszusammenhanges dahingehend, daß mehr gemeinsame Erfahrungen mit Frauen ermöglicht würden, ist das konkrete Handlungsziel. Die aktiven Frauen definieren sich dabei unausgesprochen als Avantgarde, indem immer wieder *einzelne* bewußte Frauen der Masse der angepaßten gegenübergestellt werden, z. B.: »Nicht einzelne versuchen, einer Mehrheit von ›zufriedenen‹ Frauen den Männerhaß einzureden, sondern diese einzelnen gestehen ihn nur ein.«[2] In solchen Formulierungen sind die einzelnen als vorbildlich vorgestellt. Kommen auf diese Weise auch nicht-intellektuelle Frauen zu Wort, so besteht andererseits die Tendenz, ihre Rede für eine feministische Programmbildung zu funktionalisieren.

1. »Der ›kleine Unterschied‹ und seine großen Folgen.« A. a. O. S. 178.
2. Ebenda.

2.4. ›Frauenliteratur‹ als Programm

Aus diesen Voraussetzungen entsteht allmählich ein Mangel an subjektiver Aufarbeitung der persönlichen Erfahrungen bei den aktiven Frauen, der zur Bildung von Selbsterfahrungsgruppen führt. Der Wechsel vom ›Wir‹ zum ›Ich‹ und der Übergang vom politischen/öffentlichen Diskurs zur subjektiven Redeweise kennzeichnet den kulturellen feministischen Kontext, in dem dann die Rede von der ›Frauenliteratur‹ entsteht. Anfangs sind die Bedürfnisse, die sich auf die Literatur richten, sehr stark durch den Modus der ›Selbsterfahrung‹ geprägt, deren Verfahren des ›counsciousness-raising‹ bei den Beteiligten selbst eine individuelle Wende herbeiführen soll. Der agitatorische Gestus der Frauenbewegung wird hier reflexiv, d. h. zurückbezogen auf das handelnde weibliche Subjekt. Insofern steht die Thematisierung ›weiblicher Subjektivität‹ im Mittelpunkt der ersten Entwürfe zur ›Frauenliteratur‹.

Als das Programm Mitte der 70er Jahre formuliert wird, besteht vorerst eine sichtliche Diskrepanz zwischen theoretischen Debatten und vorhandener Literatur. Gibt es anfangs nur wenige Texte, die aber eine extensive Diskussion zur ›Frauenliteratur‹ auslösen und bestärken, so entsteht gleichzeitig eine lebhafte Frauenkultur, die sich nunmehr um künstlerische und wissenschaftliche Interessen organisiert; so daß in den Jahren 1974 bis 1977 etwa die Rezeption sehr viel weiter entwickelt ist als eine schriftstellerische Produktivität, welche sich auf das Konzept der ›Frauenliteratur‹ bezöge. Als kulturelle Foren bilden sich vor allem Zeitschriften, Verlage und überregionale Treffen von schreibenden Frauen, Leserinnen, Studierenden und Wissenschaftlerinnen.

1974 — Gründung der Zeitschrift »Frauen und Film«.
— Gründung des Verlages und des Journals »Frauenoffensive«.
1975 — Gründung der Zeitschrift »Protokolle. Informationsdienst für Frauen.«

1976 — Gründung der Zeitschriften »Courage«, »Schwarze Botin« und »Mamas Pfirsiche – Frauen und Literatur«.
— Gründung des »Frauenbuchverlages« und des »Verlages Frauenpolitik«.
— Erstes Treffen »Schreibender Frauen« (München).
— Erste Berliner »Sommeruniversität«.
— Berliner Autorentag des »Verbandes Deutscher Schriftsteller« zum Thema »Schreib das auf, Frau!«
— Die Zeitschrift »Ästhetik und Kommunikation« bringt eine Nr. zum Thema »Frauen, Kunst, Kulturgeschichte« (Nr. 25), die Zeitschrift »alternative« eine mit dem Titel »Das Lächeln der Medusa« (Nr. 108/9).
1977 — Gründung der Zeitschrift »Emma«.
— Autonome Tagung »Erfahrungen beim Schreiben von und im Umgang mit Frauenliteratur« in Hamburg.
— Die Zeitschrift »Kursbuch« bringt eine Nr. zum Thema »Frauen« (Nr. 47).
— Der Rowohlt-Verlag gründet die Reihe »die neue frau«.

Der empfundene Mangel zeitgenössischer ›Frauenliteratur‹ führt in dieser Zeit außerdem dazu, daß viel Literatur aus den USA, z. T. auch aus Frankreich gelesen wird, und zwar von Autorinnen, die dem Feminismus nahe stehen wie z. B. Kate Millett und Simone de Beauvoir. Daraus erklärt sich z. T. der starke Einfluß des amerikanischen Feminismus in den 70er Jahren. In dieser Situation existiert ein enormer Erwartungsdruck gegenüber jedem einzelnen literarischen Text, der veröffentlicht wird. Man könnte fast von einer Kollektiverwartung sprechen, die durchaus normative Züge trägt; dementsprechend sind viele in diesen Jahren publizierte Texte als Bewegungstexte zu betrachten, die sehr eng mit den Reflektionen der Frauenbewegung verknüpft sind.

Die ersten programmatischen Diskussionen *über* ›Frauenliteratur‹ fanden in den Jahren 1975/76 statt. Die Gründung des Verlages »Frauenoffensive«, die Publikation von Verena Stefans »Häutungen« 1975 in diesem Verlag, das erste »Treffen schreibender Frauen« im Mai 1976 und die Verarbeitung dieses Treffens im »Frauenoffensive Journal« und in der »alternative« bilden die Kulminationspunkte, an denen sich die ›Frauenliteratur‹ als diskursives Ereignis formiert. Wenn man die Programmpunkte, die in diesem Kontext den Begriff der ›Frauenliteratur‹ ausmachen, betrachtet, erweist sich, daß in dessen Begründung durchaus mehr eingegangen ist, als spätere Definitionsversuche — wie z. B. von, für, über Frauen etc. — vermuten lassen. Die Vorstellungen über ›Frauenliteratur‹ und das Schreiben von Frauen setzen sich aus einer Reihe von Postulaten und Überlegungen zusammen, die ich im folgenden anhand der vorliegenden Artikel aus dem genannten Zeitraum zusammenfasse.[1]

1. Die Bewegung schreibender Frauen sei ein *kollektiver Prozeß*. So werden einzelne Texte beispielsweise als »›individueller‹ Ausdruck eines ›kollektiven‹ Lernprozesses« verstanden (FO 3/1). In der Literatur könnten Frauen die »eigene Geschichte als kollektive wiedererkennen«. »Das Wiedererkennen, das Anerkennen des eigenen — mitgeteilten — Leidens im Leiden anderer ist sowohl Selbstaffirmation als auch ›Ausweg‹. Die Isolation wird überschritten, ein Gefühl der Solidarität stellt sich ein« (LM 115—7).

2. Im Zusammenhang damit löst der Begriff der *»schreibenden Frau«* den der Schriftstellerin ab; er ist sogar als eine Art Opposition zu ihm gedacht, weil sich mit dem Begriff der Schriftstellerin Professionalität und Integration in den männlichen Kulturbetrieb verbinden. In der Identifizierung als »schreibende Frau« drückt sich dagegen die Verbundenheit mit der Frauenbewegung aus.

3. Die von Frauen geschriebenen Texte werden als Teil eines *Bewußtwerdungsprozesses* verstanden. Als Maßstab für die

---

1. Ich beziehe mich auf Berichte über »Treffen schreibender Frauen«, auf Artikel aus der sich konstituierenden Frauenkultur und auf eigene Erinnerungen. Direkte Zitate, die als exemplarische Belege gelten können, werden angegeben. FO = »Frauen Offensive Journal«. LM = »Das Lächeln der Medusa«. Nach dieser Angabe folgt bei FO Nr. und Seitenzahl, bei LM die Seitenzahl.

Beurteilung gilt daher, wieweit Geschriebenes noch in die herrschenden Normen verstrickt sei oder sich bereits davon unterscheide (FO 5/11). Diskutiert wird, ob und wie Literatur Erkenntnisse über die Veränderbarkeit der Lage zugänglich machen könne, um Eingriffspunkte zu benennen (LM 116). Der intendierte Bewußtwerdungsprozeß zielt damit auf praktische Veränderung.

4. Der Begriff der ›*weiblichen Subjektivität*‹ ist in den Berichten und Artikeln unterschiedlich konnotiert. Einmal heißt es, »Frauen beginnen, ihr Zentrum in sich selbst zu entdecken« (FO 3/1), ein anderes Mal wird das Motto »Politik in erster Person machen« als Schreibmotiv benannt (FO 5/6). Allgemein wird darunter die Suche nach der eigenen Identität verstanden. Dann wird ausgeführt: »Diese Subjektivität wird in Opposition zum männlichen, ›objektivierenden‹, von sich absehenden Denken begriffen. Frauen wollen nicht länger ›von sich absehen‹« (LM 115). Und im Hinblick auf das schreibende Ich: »Ich glaube, daß die Durststrecke der weiblichen Ichlosigkeit hinter uns liegt.« (FO 5/50)

5. Es ginge darum, das ›*spezifisch Weibliche*‹ von Erfahrungen, Wahrnehmungen, Kenntnissen, Sehweisen etc. zu entdecken und dafür Ausdrucksformen (in der Sprache) zu finden. Hierin steckt das Postulat, daß Frauen *anders* schreiben.

6. Daraus folgt, daß die herrschende *Sprache* als männliche erkannt wird, um entweder eine andere, »neue« Sprache zu finden oder einen anderen Umgang mit ihr zu entwickeln bzw. einen anderen Gebrauch von ihr zu machen.

7. Ein wesentliches Merkmal weiblicher Texte sei es, daß Frauen »mit dem *Körper* schreiben« (LM 116). »Weibliches Denken leitet sich aus der Erfahrung der Körperlichkeit ab.« (FO 5/50)

8. Mit dem Motto ›*Schreiben als Arbeit*‹ formuliert sich eine Kritik an einer »falsch verstandenen ›Unmittelbarkeit‹ des Schreibens« (LM 117). Daraus wird die Forderung nach anderen literarischen Formen — neben den Erfahrungsbe-

richten — abgeleitet, wie z. B. Ironie und Witz. Die Suche nach Kriterien einer feministischen Literaturkritik bzw. die Unsicherheit bei der Beurteilung einzelner Texte, etwa bei den Frauen vom Verlag »Frauenoffensive«, war direkter Anlaß für das Treffen schreibender Frauen.

9. Immer wieder wird ›Frauenkultur‹ mit ›*Gegenkultur*‹ gleichgesetzt. »Die Subjektivität von Frauen (...) ist Ausgangspunkt für eine Kulturrevolution, für neue Bedingungen von Arbeit und Leben« (FO 5/11). Der Titel des »Frauenoffensive Journals« Nr. 5 ist denn auch »Aufständische Kultur«. Schreiben wird in diesem Sinne als Widerstandshandlung definiert, »eine neue Praxis, die die Entwertung der männlichen Welt ›in Angriff‹ nimmt« (LM 117). Hier schon taucht die Vorstellung auf, Schreiben sei eine subversive Praxis.

10. In Ergänzung zu diesen qualitativen Postulaten ist die Forderung nach *mehr Frauenkultur* allgemein, sie bezieht sich sowohl auf zeitgenössische literarische Produktionen, und enthält damit eine Schreibaufforderung, als auch auf die unzureichenden Kenntnisse über die historische Literatur von Frauen. »Wir brauchen Analysen, Anthologien, Übersetzungen, Biografien! Das Feld ist riesig.« (FO 5/2)

Auffällig ist, daß der Begriff ›Frauenliteratur‹ in diesen Diskussionen explizit kaum auftaucht, sondern sich erst allmählich in der Rede über, in der Distribution und Rezeption von literarischen Texten durchsetzt, welche aus dem hier zusammengefaßten Programm entstanden sind. Deshalb besteht leicht die Tendenz, daß in der Rede über ›Frauenliteratur‹ sich eine Produktorientierung durchsetzt, in der die kulturelle und politische Situation vergessen ist, aus der die entsprechenden Texte ebenso wie die Nachfrage nach ihnen entstanden sind.

In den genannten Programmpunkten zeigen sich die Spuren der ›kulturrevolutionären‹ Thesen aus der Studentenbewegung sehr klar. Indem diese Thesen durch die Optik ›weiblicher Subjektivität‹ verändert werden, mit Bezug auf Frauen-

Erfahrungen und mit einer Aufwertung des Privaten, sind von Anbeginn an unauflösbare Widersprüche zwischen konkurrierenden Diskurstypen in dieses Programm eingeschrieben.

3. ›Politik in erster Person‹

»Das Private ist politisch«, so lautet ein zentrales und populä-
res Postulat des Feminismus. Diese Parole enthält mehr als die
Forderung, den als ›privat‹ verstandenen Lebenszusammenhang zu politisieren und in die politische Reflektion miteinzu-
beziehen; sie verweist vielmehr auf eine grundsätzliche Trennung von ›Öffentlichkeit‹ und ›Privatheit‹, die bis heute das
soziale Leben der Individuen bestimmt. Diese Trennung hat
für Frauen so weitreichende Folgen, weil sie ihnen die als politisch definierten Bereiche der beruflichen Arbeit, der großen
Ökonomie sowie der institutionellen und medialen Leistungs-
funktionen regelhaft verschließt und ihnen statt dessen den als
privat verstandenen Bereich der materiellen, emotionalen und
psychosexuellen Reproduktion reservieren will. Als Begründung dafür steht eine Ideologie, die mit der soziologischen
Kategorie des ›Familiarismus‹ beschrieben wird und deren
Genese historisch mit dem Konzept der ›Geschlechterdicho-
tomie‹ verbunden ist.[1] In dem Maße, wie diese Ideologie gesellschaftlich allgemein ist, selbst dann, wenn sie, wie in der
deutschen Nachkriegsgesellschaft, real überholt ist, bleibt
den Frauen die Familie als privater Ort zugewiesen. Das
schließt ein, daß auch die Beziehung zwischen Männern und
Frauen der Familie zugeordnet und so zur Privatsache dekla-
riert ist.

Wenn auch die Frauen im 20. Jahrhundert längst nicht
mehr im »Gängelwagen der Unmündigkeit« (Kant) gehalten
werden, so wird ihre Arbeit außer Hause doch vielfach immer

---

1. Vgl. Karin Hausen: »Die Polarisierung der ›Geschlechtscharaktere‹ —
Eine Spiegelung der Dissoziation von Erwerbs- und Familienleben.« In: »Seminar: Familie und Gesellschaftsstruktur«. Hg. v. Heidi Rosenbaum. Frank-
furt/M. 1978. S. 161–191.

noch als ›uneigentliche‹ betrachtet.[1] Und der politische Bereich ist noch immer — in bürgerlichen wie in linken politischen Organisationen — überwiegend Männersache, was nicht ohne Auswirkungen auf das dort herrschende Politikverständnis geblieben ist. Hier vor allem setzt die Kritik des Feminismus an, indem sie den derart verfaßten Ort von Frauen — Ort ihrer verborgenen Arbeit, die im politischen Diskurs ›vergessen‹ ist — als Begrenzung des ›weiblichen Lebenszusammenhanges‹[2] beschreibt, den Ausschluß von Frauen aus dem Politischen und die Tabuisierung der sogenannten privaten Verhältnisse beklagt. Eine Politisierung und radikale Veränderung dieser Verhältnisse war ja bereits in den ersten Aktionen der Frauenbewegung das Ziel, das in praktischen Projekten der Erziehungsarbeit, in Kinderläden z. B., und in veränderten Lebens- und Arbeitsformen, in Wohngemeinschaften und Kollektiven, angestrebt wurde, die sich sämtlich über die Abgrenzung zur ›bürgerlichen Kleinfamilie‹ konstituierten. Nicht selten aber war das konkrete Ergebnis solcher Projekte, daß sich die Belastung für die Frauen vervielfachte, daß zwar eine Kollektivierung und Politisierung der Erziehungs- und Reproduktionsarbeiten, nicht aber eine geschlechtsspezifische Umverteilung erreicht wurde. Im weiteren Verlauf der Diskussionen verschob sich der Blick dann besonders auf die emotionale und sexuelle Beziehung der Geschlechter, die nicht länger als Privatsache verstanden werden sollte. Es war zugleich eine Verlagerung von gesamtgesellschaftlichen Analysen unter dem Titel der ›bürgerlichen Gesellschaft‹ hin zu einer Kritik an den Verkehrsformen und politischen Strategien der Protestbewegungen selbst und, inso-

1. Selbst in der Gesetzgebung der BRD ist die Erwerbsarbeit der Frau nicht ohne Widerstände und nicht ohne Einschränkungen als autonomes Recht formuliert worden. Vgl. Ines Reich-Hilweg: »Männer und Frauen sind gleichberechtigt«. Frankfurt/M. 1979.
2. Vgl. Ulrike Prokop: »Weiblicher Lebenszusammenhang. Von der Beschränktheit der Strategien und der Unangemessenheit der Wünsche«. Frankfurt/M. 1976.

fern diese Kritik von Frauen formuliert wurde, eine feministische Kritik an linken Strategien.

Indem in dem Satz »das Private ist politisch« der Familie, der Erziehung, der Liebe und Sexualität eine politische *Bedeutung* zugewiesen wird, ist damit zugleich auch die Rede über diese Themen aufgewertet. Die Frage ist nun, ob diese Rede sich mit einer bloßen Umwertung des Privaten als politisch relevant begnügt und ansonsten sich in alten Bahnen bewegt, oder ob damit auch Bemühungen um eine Veränderung des Politischen und um die Entwicklung einer ›Politik des Privaten‹[1] verbunden sind. Diese Frage entscheidet sich u. a. darin, wie das genannte Postulat gelesen wird. Kann man den Satz, daß das Private politisch sei, einerseits als Ausdruck feministischen Verlangens, als Hinweis auf bestehende Trennungen und auf die Utopie ihrer Überwindung lesen, so läßt er sich auch als Feststellung verstehen, in der die Trennung durch eine Umwertung bereits voluntaristisch aufgehoben und versöhnt ist, eine Feststellung, die zum Wunschdenken und zur Illusionsbildung tendiert und nicht selten zu einer Privatisierung des politischen Diskurses führt, vor allem dann, wenn das ›Private‹ mit dem Persönlichen gleichgesetzt wird.

Es ist ja nicht zufällig, daß die hier skizzierte Verschiebung der Diskussionen, die in der ersten Hälfte der 70er Jahre zu beobachten ist, mit einer (Wieder)Aufwertung persönlicher Redeweisen im allgemeinen und der literarischen Ausdrucksweise im besonderen verbunden war —— und dies eben nicht nur im Feminismus. Peter Schneiders Erzählung »Lenz« (1973) und Karin Strucks »Klassenliebe« (1973) trugen in gleichem Maße zur Begründung eines literarischen Trends bei, der unter dem Titel der ›Neuen Subjektivität‹ für die 70er Jahre sprichwörtlich geworden ist. Gerade weil mit der Aufwertung des ›Privaten‹ die Thematisierung der Geschlechterbeziehung einherging, mußte sich in diesem Feld auch eine Un-

---

1. So der Untertitel von Barbara Sichtermann: »Weiblichkeit. Zur Politik des Privaten«. Berlin 1983.

terscheidung zwischen männlicher und weiblicher Perspektive entwickeln. Die Publikation von Verena Stefans Buch
»Häutungen« (1975) kann dann als Zeichen dafür gelten, daß
die ›Frauenliteratur‹ als eigenständige literarische Bewegung
aus dieser Geschichte heraus entsteht.

3.1. Aufbrüche, Verweigerungen

Ist mit der Verlagerung des Interesses hin zum ›Privaten‹, zu
den Einzelindividuen, zu ihrer Geschichte und zu ihren Beziehungen untereinander auch ein Wechsel der Redeweisen
und ein Wechsel vom kollektiven zum einzelnen Subjekt, vom
›wir‹ zum ›ich‹ verbunden, so verweist dies auf einen Wechsel
im Diskurs, dessen Problematik im Postulat, daß das Private
politisch sei, eher verdeckt bleibt. Als individuelle und als soziale Organisationsform der Existenz und als differente Lebensäußerungen bringen ›private‹ und ›politische‹ Artikulationen auch unterschiedliche Diskursformen hervor, die nicht
ohne weiteres austauschbar sind. Die soziale Verfassung des
Subjekts ebenso wie die vergesellschaftete Reflektion privater
Verhältnisse impliziert immer Verallgemeinerung und insofern auch Abstraktion vom je Individuellen und Konkreten,
das darin ein Stück weit zum Verschwinden gebracht ist. Aus
dieser Problematik erhalten literarische Äußerungen ihre besondere Bedeutung, verbindet die Literatur doch durch den
öffentlichen Charakter ihrer Verbreitung eine soziale Funktion mit einer individuellen, subjektiven Erfahrungssprache.
Beharrt die Literatur auf dieser ihrer spezifischen Funktion,
der Akzentuierung des Besonderen und Konkreten sowie der
Subjektivität ihrer Beschreibungen, so ist damit allerdings der
Anspruch universeller und repräsentativer Aussagen im Medium der Literatur infrage gestellt. Geht es in der Literatur

um die Erinnerung eben jener Momente, die einer politischen Äußerungsform und einer öffentlichen Redeweise geopfert wurden, so erhält die Literatur ihre politische *Bedeutung* gerade daher, daß sie sich als grundsätzlich unterschieden von den *Artikulationsweisen* eines politischen Diskurses darstellt.

Da die Entstehung der ›Frauenliteratur‹ mit der Genese der Frauenbewegung aus der Studenten- und Protestbewegung und mit ihrer Abgrenzung gegenüber dieser Vorgeschichte zusammenfiel, sind viele literarische Reflektionen am Anfang der ›Frauenliteratur‹ darin motiviert, die privaten Kehrseiten politischer Diskussions- und Lebenszusammenhänge zu thematisieren. Wie schwierig und problematisch solche Bemühungen zur Politisierung des Privaten sind, kann das Beispiel von Karin Strucks »Klassenliebe« zeigen. Die bloße Ver-Öffentlichung persönlicher Erlebnisse und Aufzeichnungen führt nicht selten zu einer Unterwerfung unter die Mechanismen der Medien-Öffentlichkeit. So geriet Karin Strucks Darstellung, deren Szenerie im Milieu zwischen Gewerkschaftsseminaren, Kulturbetrieb und Studentengruppen angesiedelt ist, zum Stoff für den Markt sensationeller Nachrichten über spektakuläre Persönlichkeiten. Ihr Text wurde vielfach schlicht als Liebesgeschichte aus dem Kulturbetrieb gelesen, die in erster Linie als Schlüsselroman von Interesse war. Eine Fülle von Publikationen, die in der Schreibweise dem Text von Struck nicht unähnlich sind, haben zu dem paradoxen Ergebnis geführt, daß heute eher ein Verlust an Intimität und an individueller, d. h. von der allgemeinen Rede unterschiedener, Sprache beklagt wird.

Literarische Entwürfe, die einer Vermittlung privater und politischer Erfahrungen und Perspektiven verpflichtet sind, fördern oft dagegen gerade die Brüche, Differenzen und Widersprüche zwischen beiden zutage. Daß dies überhaupt zu einem so zentralen Motiv der ›Frauenliteratur‹ wurde, erklärt sich dadurch, daß in ihren Publikationen etliche, im einzelnen doch sehr unterschiedliche Diskurse zusammenlaufen, da viele ihrer Autorinnen zuvor z. B. in der Studentenbewegung, in den Gewerkschaften, im »Werkkreis«, in Frauengruppen, in etablierten Institutionen — oder auch gar nicht organisiert — engagiert waren. Indem Frauen, deren politische und literarische Vorgeschichten so verschieden sind, beginnen, jeweils ihre eigene subjektive Geschichte als Frau in ihrer Öffentlichkeit zu beschreiben, führen sie einerseits eine andere, weibliche Perspektive in die in ihrem Kontext gewohnte Betrachtungsweise und Konstitution von Frage-, Themen- und Problemstellungen ein; andererseits treten sie aus ihrem jeweiligen Kontext heraus und begründen gemeinsam eine literarische Bewegung, die den Namen ›Frauenliteratur‹ erhält. Sind sie einerseits durch die ästhetischen und sprachlichen Traditionen ihrer politischen Herkunft geprägt, so vollziehen sie andererseits einen Bruch gegenüber dem dort herrschenden Diskurs. Durch eine Reihe solcher im einzelnen sehr verschieden vollzogener Schritte konstituiert sich die ›Frauenliteratur‹, die damit bestehende Diskursformen aufnimmt und diese zugleich verschiebt.

Ein anschauliches Beispiel für eine solche Verschiebung und einen dadurch in der Folge notwendig gewordenen Bruch stellt die Entstehungsgeschichte von Margot Schröders Roman »Ich stehe meine Frau« (1975) dar. Die Autorin arbeitete im »Werkkreis Literatur der Arbeitswelt«, einem Zusammenschluß von Schreibenden und Arbeitern mit Werkstattcharakter, der einem Konzept aufklärerischer ›Betroffenen‹-Literatur im Interesse der ›abhängig Beschäftigten‹ verpflichtet war und über eine eigene Buchreihe verfügte.[1] Schröder mußte die Konzeption ihres Romans ändern, da ihr Vorhaben — der Alltag einer Heldin unter Dreifachbelastung: Ehefrau, Mutter, Verkäuferin — dem Literaturprogramm des »Werkkreises« nicht entsprach. Die infolge dieses Eingriffs nunmehr beschriebene Gründung einer Mieterinitiative für einen Aben-

1. Zum »Werkkreis Literatur der Arbeitswelt« vgl. Peter Kühne: »Arbeiterklasse und Literatur«. Frankfurt/M. 1972. — Peter Fischbach u. a. (Hg.): »Zehn Jahre Werkkreis Literatur der Arbeitswelt«. Frankfurt/M. 1979.

teuerspielplatz in einer Neubausiedlung, die jetzt das Handlungsmotiv der Fabel bildet, sorgte dafür, daß das Buch in der »Werkkreis«-Reihe erscheinen konnte. Im Zuge dieser Veränderung geriet die Heldin zu einer Frau mit Vierfachbelastung, die dennoch, wenn auch mit viel Alkohol und Selbstironie, »ihre Frau steht«. Die Brüche zwischen dem literaturpolitischen Umfeld und dem Text sind offensichtlich.

Im Klappentext wird das Buch so vorgestellt:

»Über dieses Buch
Dies ist der Roman über eine Mieterkampagne. Ein Fall von vielen wird herausgegriffen. (...) Wie auf die Initiative einer Mieterin der Kampf um einen Abenteuerspielplatz entbrennt, welcher Mittel sich der Arbeitnehmer (sic!) bedienen kann, um Mitbestimmung zu erreichen, welche Anregungen und Erlebnisse weitervermittelt werden müssen und können, schildert hier eine Hausfrau aus eigenem Erfahrungsbereich.« (S. 4)

Obwohl die Autorin in der Personenangabe sich als »Nur-Hausfrau« bezeichnet, ist die Frau, aus deren Perspektive die Handlung erzählt wird, Hausfrau, Arbeitnehmerin und Initiatorin der Mieterkampagne in einer Person. Das Buch handelt dann im wesentlichen auch von der Schufterei einer solchen Existenz, vom Mangel an Lust und Glück, den die Heldin durch ihre Aufbrüche (zu den Frauen in der Nachbarschaft, zu einer Demonstration, zu Versammlungen) und Ausbrüche (in einen »Seitensprung« mit einem Studenten) punktuell auszugleichen weiß, wenn sie auch dadurch zeitweise noch mehr unter Druck gerät. Ein Dialog zwischen einer finanziell besser gestellten, aber durch mangelnde Berufstätigkeit unselbständigen Nachbarin und der Ich-Erzählerin liest sich z. B. so:

»Bewundernswert, wie Sie das machen, Frau Bieber. Zwei Kinder, den Haushalt, halbtags beschäftigt und die Gewerkschaft.
Ich würd sonst eingehn wie'n Primelpott. Nur son abgedrucktes Frauenklischee in 'ner Illustrierten? Den Kochtopf als Werbetrommel, die modischen Jeans als Emanzipationsfahne, das Gesicht ein Ersatzteillager aus der Drogerie? Alles unter dem Motto: So gefallen

Sie Ihrem Mann. Nee, ich laß mich nicht kleiner machen, als ich bin.« (S. 63)

Ernsthafte aufklärerische Rede und ironisch-selbstironischer Tonfall wie in diesem Zitat sind im Text miteinander verwoben. Es ist der Versuch, durch einen volkstümlichen Jargon Nähe zum dargestellten Milieu herzustellen. Diese Methode, den beschriebenen Mühen durch die sprachliche Präsentation und Kommentierung Lach-Effekte abzugewinnen und sie auf diese Weise auch zu distanzieren, wird dort problematisch, wo die sprachliche Ironie selbst schon — in der Form von ›Sprüchen‹ — stereotyp geworden ist. Der Text von Schröder wurde von der feministischen Kritik sehr kontrovers gewertet. Sehen Torton Beck/Martin in der Ironie Schröders und in der Erzähltechnik des selbstkritischen Monologs ein Verfahren, die eigene Widersprüchlichkeit zu thematisieren, welches »zur Entmystifizierung politischer und persönlicher Gewißheiten beiträgt«,[1] so kritisiert Schmidt den didaktischen Impetus des Textes, »dessen Zeigefinger-Gestus in die Intimität und Identifikation erzeugende Ich-Erzählform und die Du-Anrede eingewickelt ist«.[2] Empfindet sie die Sprach- und Wortspiele als »zur Masche« erstarrt, so deutet Brügmann diese wiederum als Widerstandsmoment, wertet die Schreibweise Schröders — mit Bezug auf Julia Kristevas Literaturtheorie — als ›polylogisch‹, d. h. vielstimmig, als offen und assoziativ und interpretiert die Selbstdarstellung der Heldin Charlie Bieber als »Spiel mit Maskierungen und Kostümierungen«,[3] wobei sie deren Namen symbolisch versteht und als Hinweis auf das Clowneske des Textes liest: Charlie verweise

---

1. Evelyn Torton Beck/Biddy Martin: »Westdeutsche Frauenliteratur der siebziger Jahre«. In: Paul Michael Lützeler/Egon Schwarz (Hg.): »Deutsche Literatur in der Bundesrepublik seit 1965«. Königstein/Ts. 1980. S. 143/4.
2. Ricarda Schmidt: »Westdeutsche Frauenliteratur in den 70er Jahren«. Frankfurt/M. 1982. S. 36.
3. Margret Brügmann: »Amazonen der Literatur. Studien zur deutschsprachigen Frauenliteratur der 70er Jahre.« Amsterdam 1986. S. 129.

auf Charlie Chaplin, und die Ich-Erzählerin bezeichne sich mehrfach selbst als ›Clown‹. Der Name Charlie verweist aber, ebenso wie der Titel des Romans, auch auf eine Vermännlichung in der Existenzweise der Heldin, indem er eine kollektivierte, ›kumpelhafte‹ Anrede aus dem Arbeitermilieu zitiert. Ich vermute, daß die Beurteilung des Romans im wesentlichen davon abhängig ist, welche Effekte Tonfall und Sprachspiele bei der Leserin hervorrufen, da die sprachliche Präsentation bei diesem Roman so deutlich im Vordergrund steht.

Mit ihrem zweiten Buch wechselte Schröder Verlag und Szenerie der Handlung und vollzog damit ihren Übertritt vom gewerkschaftlich orientierten »Werkkreis« zur feministischen Öffentlichkeit. »Der Schlachter empfiehlt noch immer Herz« erschien 1976 im »Frauenbuchverlag«, und die Geschichte des Buches spielt in der Frauenbewegung. Die Ich-Erzählerin, die noch deutlicher autobiographische Züge trägt als im ersten Roman — es wird darauf verzichtet, sie als ›abhängig Beschäftigte‹ zu präsentieren; sie ist Hausfrau und Schriftstellerin wie Margot Schröder selbst — erzählt aus dem Kampf einer Frauengruppe um die Erhaltung eines Frauenhauses[1] und reflektiert ihre eigene Entwicklung in der Beziehung zu anderen Frauen und zu ihrer Familie. An diesem Text wurde seinerzeit die enge Verbindung von Subjektivität und Gesellschaftlichkeit gelobt.[2] Dadurch, daß diese Verbindung als geglückt und die weiblichen Figuren als starke, aktive Persönlichkeiten erscheinen, auch wenn deren

1. Es handelt sich um die Aktionen der F.R.A.U. um die Erhaltung des Frauenhauses in der Uferstraße in Hamburg. Schröders Buch enthält einige Dokumente dieser Aktionen.
2. »Schröders Weigerung, weder die persönliche noch die gesellschaftliche Sphäre bevorzugt zu behandeln, ihr Insistieren auf der Darstellung der Wechselwirkung beider, resultierte in einer stilistisch wie thematisch brillanten Herausarbeitung der ganzen Komplexität des Verhältnisses von Subjektivität und gesellschaftlicher Veränderung. Für Schröder beginnt dieser Prozeß der Veränderung weder beim Individuum noch bei der Gesellschaft, sondern in der Wechselbeziehung beider.« Torton Beck/Martin. A. a. O. S. 143.

Verhalten im einzelnen manchmal kritisch kommentiert wird, geraten Handlung und Heldin zum Vorbild. Die Vermittlung des Persönlichen mit dem Politischen ist durch die Fabel inszeniert, die einen Ausschnitt aus der aktiven Frauenbewegung vorführt, einen Ausschnitt aus dem Frauenleben dort, wo politisches (feministisches) Handeln und individuelle Entwicklung *per definitionem* zusammenfallen. Man kann den Roman als literarisches Manifest aus der Frauenbewegung betrachten, ein teils dokumentarisches Manifest, das die feministische Perspektive der aktiven Frauen Mitte der 70er Jahre in narrativer Form formuliert. Der Roman enthält die typische Emphase, aber auch die typischen Schwächen von propagandistischen Texten, die Handlungs- und Entwicklungsmodelle anbieten wollen. Er ist damit charakteristisch für die Anfänge der ›Frauenliteratur‹, als feministische Einsichten und Interessen z. T. unmittelbar literarisch umgesetzt wurden. Aber gerade die Schreibweise einer an praktischen Handlungsentwürfen orientierten, ›realistischen‹ Darstellung ist noch dem Literaturkonzept des »Werkkreises« verbunden, während sich der Ort der Handlung von der Mieterinitiative zur Frauengruppe verlagert hat.

Marianne Herzog knüpft mit ihrem Buch über Frauenarbeit »Von der Hand in den Mund. Frauen im Akkord« (1976) an andere literaturpolitische Überlegungen aus den Debatten über ›Arbeiterliteratur‹, ›Dokumentar- und Protokollliteratur‹ an. Ihr Text ist eher einer gewerkschaftskritischen, betriebsorientierten Schreibpraxis verpflichtet, wie sie nach 68 von Intellektuellen aus der Außerparlamentarischen Opposition entwickelt wurde. In diesem Zusammenhang war von ihr im Kursbuch 21 (1970) ein Protokoll über ihre Arbeit bei AEG-Telefunken erschienen. Die Betriebsarbeit von Schreibenden hatte die Funktion, eines der Grundprobleme der ›Arbeiterliteratur‹, die Trennung von Arbeitenden und Schreibenden, dadurch zu überwinden, daß Schreibende ihre eigenen Arbeitserfahrungen im Betrieb aufzeichnen. Die Betriebserfahrungen, die Herzog in »Von der Hand in den Mund« beschreibt, sind nun nicht mehr nur Ergebnis politischen Programms, sondern auch der Notwendigkeit. Als sie nach zwei Jahren Untersuchungshaft aus dem Gefängnis kommt (vgl. 3.2.) und in ihrem Beruf als Buchhändlerin keine ihrem Interesse und Engagement entsprechende Arbeit findet, entscheidet sie sich für die Arbeit in der Fabrik. Insofern *ist* hier die Autorin, anders als in der Reportageliteratur, die Arbeiterin, von der sie schreibt, und nicht nur besuchsweise. Und trotzdem — und damit setzt sich die materielle Trennung von Literatur und Betrieb wieder durch — ist Herzog zu dem Zeitpunkt, als sie den Text aufschreibt, nicht mehr diese Arbeiterin.

Das Buch enthält subjektive, tagebuchartige Aufzeichnungen aus der Realität ungelernter Arbeiterinnen: Arbeitshetze, Akkord, Demütigungen bei der Arbeitssuche und die kleinen Versuche, sich gegen die Verkümmerung der eigenen Persönlichkeit zur Wehr zu setzen. Herzog bemüht sich vor allem, die sinnlichen, konkreten Eindrücke der Arbeit zu beschreiben: den Rhythmus des Akkordes, der den »Kopf zerhackt« (S. 75), die Bewegungen der Maschinen und des Bandes, die sich in den Körper und in die Person einschreiben. Daten, Lohn und Stückzahlen werden eher nüchtern notiert. Fotos und Dokumente aus der Geschichte der Frauenarbeiten ergänzen die subjektive Darstellung, außerdem knappe Berichte von aktuellen Arbeitskämpfen von Frauen, z. B. bei Lip und in Pierburg, die derzeit in der Frauenbewegung viel diskutiert wurden, weil sie als Beispiel für eine Radikalisierung des Arbeitskampfes durch die aktive Beteiligung von Frauen galten, die durch die Artikulation ihrer Interessen die Abschottung der betrieblichen Öffentlichkeit gegenüber dem ›Reproduktionsbereich‹ durchbrechen.[1] Herzog konzentriert sich darauf, ihre Arbeitskolleginnen als Individuen wahrzunehmen und darzustellen, mit je spezifischen Eigenheiten und Reaktionen auf die Arbeitsbedingungen. Ihr Text kann als Ent-

---

1. Vgl. Monique Piton: »Anders leben. Chronik eines Arbeitskampfes: Lip, Besançon.« Frankfurt/M. 1976.

wurf einer Subjektivierung der ›Arbeiterliteratur‹ gelesen werden, die sich über eine konsequente Dramaturgie weiblicher Perspektive herstellt.

Aus einem ähnlichen politischen Kontext, nämlich aus den aktiven Kreisen der 68er-Bewegung, kommt Inga Buhmann, die Autorin des Buches »Ich habe mir meine Geschichte geschrieben« (1977). Schon der Titel zeigt an, daß es der Autorin sowohl um eine Aufarbeitung der eigenen Geschichte geht als auch darum, aus ihrer Perspektive einen Beitrag zur Geschichtsschreibung der ›Studentenbewegung‹ zu leisten, die eben nicht nur eine Bewegung der Studenten war. Der Titel verweist auch auf die Möglichkeit, das Leben einer einzelnen Frau als Geschichtshandeln zu lesen. Im Text ist eine äußerst widerspruchsvolle Beziehung zwischen individueller Entwicklung und politischer Praxis in der Dimension lebensgeschichtlicher Erinnerung bearbeitet. Es ist das Protokoll einer Konfrontation mit den schriftlichen Dokumenten der eigenen Lebensgeschichte. Das Buch setzt sich aus authentischen autobiographischen Dokumenten — Tagebuchaufzeichnungen, Briefen, Gedichten, Lektüreaufzeichnungen und -kommentaren, aus selbst hergestellten Flugblatt- und Zeitungstexten — der Jahre 1960 bis 71 und aus kommentierenden, teils deutenden Rückblicken aus der Perspektive der Schreibzeit (1975/76) zusammen.

»Man befreit sich von einer Sache nicht, indem man sie vermeidet, sondern indem man durch sie hindurchgeht.« (S. 127) Dieses Motto aus dem Tagebuch von 1965 könnte als Leitmotiv der ganzen Entwicklung dieser Frau gelten. Ihre Aufzeichnungen dokumentieren eine gelebte Durchquerung von literarischen, philosophischen und politischen Weiblichkeitsmustern, sei es z. B. des Existenzialismus oder des Surrealismus, welche die Verfasserin, immer auf der Suche nach Intensität und nach einem eigenen Leben, teils wörtlich genommen, erprobt und desillusioniert bzw. zerstört hat. Krankenhaus, Psychiatrie und Selbstmordversuch sind ebenso Stationen dieser Lebensgeschichte wie emphatische Glücks-

momente, sexuelle Obsessionen, intellektuelle Lust, entgren-
zende Reisen, Mitarbeit in literarischen Zirkeln vor 68 und in
politischen Organisationen, wie SDS und ›Basisgruppe Span-
dau‹.

Besonders auffällig ist das intensive Verhältnis zu Texten,
ein Leben in der Sprache und im Imaginären und eine Lektü-
reweise, bei der die Ideen und Bilder fast körperlich werden.
In einem Kommentar zu Aufzeichnungen der 23jährigen
heißt es z. B.:

»Da ich selbst nicht tanzen konnte — erst sehr viel später erlaubte ich
mir den Ausdruck meiner Zerrissenheit in körperlichen Bewegungen —, blieben mir die Worte. Sie wurden für mich die eigentliche
Welt, dicht an der Grenze zur Sprachlosigkeit, zum Schweigen.«
(S. 41)

Ist die Sprache hier als Ersatz für körperlichen Ausdruck beschrieben, so nehmen andererseits die Worte und Bilder des
Gelesenen körperliche Gestalt an, indem sie quasi nachgelebt,
im eigenen Leben nachgeahmt werden. Die Abwehr gegenüber der familiären Enge führt die Verfasserin zunächst auf
die Suche nach dem ›Anderen‹, nach dem aus dem bürgerlichen Normen Verdrängten, wobei sie auf die geläufigsten
Muster des ›Anderen‹, auf die zahlreichen verlockenden und
verstrickenden Frauenbilder stößt. Die Auseinandersetzung
mit den Bildern der Madonna, der Hure, der Mutter, der
Muse und der Intellektuellen, mit dem Begehren, diesen Bildern zu entsprechen, mit dem Durchleiden derartiger Spal-
tungen, sowie Mangel-Gefühle und Enttäuschungen durch-
ziehen weite Passagen der Aufzeichnungen. Die Radikalität
und Intensität, die sie in ihrer politischen Arbeit während der
antiautoritären Bewegung praktiziert, reichten als Spur in die
individuelle Vorgeschichte dieser Frau zurück. »Es genügt,
daß du die Möglichkeit kennst, alle (imaginären) Grenzen zu
überschreiten«, lautet eine Aufzeichnung aus dem Jahre 1965
(S. 109). Dieses Verlangen nach Grenzüberschreitung strukturiert die dokumentierte Entwicklung, so verschieden die

einzelnen Lebens- und Handlungsfelder sich auch darstellen. Die meisten Teile der Aufzeichnungen sprechen von den Brüchen, den Dissonanzen zwischen Zeitgeschichte und individueller Geschichte und von den Widersprüchen zwischen Subjektivität und Politik. Nur ›1968‹ in Berlin hat sie sich wirklich identisch gefühlt:

»Wenn die politische Gesamtsituation in Berlin nicht so desolat gewesen wäre, könnte ich diese Zeit als eine betrachten, in der ich auf den verschiedensten Ebenen mit mir selbst identisch sein konnte. Ich brauchte mich weder als Intellektuelle, noch als Frau, noch als ›Basisarbeiterin‹ verleugnen. Ich konnte in einem kurzen Moment das alles zusammenbringen.« (S. 272)

Trotzdem sind auch in diese Darstellung Spuren des Mangels eingeschrieben, des Mangels an Ruhe, an ›privater‹ Zeit und des Mangels an Schreibzeit. Betrachtet man das Verhältnis von Schreiben und Handeln in der lebensgeschichtlichen Erinnerung Inga Buhmanns, dann wird ein deutlicher Kontrast sichtbar. Während der Zeit, in der sie sich als ›identisch‹ erfahren hat, während der handlungsintensiven Jahre in Berlin, schweigt ihr Tagebuch z. B. Und mit zunehmender politischer Praxis werden die individuellen Texte durch kollektiv produzierte, wie Flugblatt und Zeitung, ersetzt. Subjektive und politische Artikulation werden damit im Hinblick auf ihren lebensgeschichtlichen Ort als Dialektik und als diskontinuierliche Bewegung sichtbar.

Da Buhmann den für sie selbst schon zur Geschichte gewordenen Texten mehr Raum zugesteht als der nachträglichen Erinnerungsarbeit, ist ihre ›Geschichte‹ nicht einer einheitlichen Perspektive und Schreibweise unterworfen. Der Text ist daher vielstimmig und wiederholt den Wechsel verschiedener Diskursformen, an denen die Autorin während ihrer Geschichte teilhatte. Gerade darin, daß die somit eingeschriebenen Brüche nicht im gewohnten autobiographischen Schreibmuster, einer teleologischen Entwicklung hin zum heute schreibenden ›Ich‹, geglättet wurden, liegt m. E. der produktive Beitrag dieses Buches. Es verwendet das autobiographische Genre in paradoxer Verfahrensweise.

Da die Vermittlung von weiblichem Lebenszusammenhang und politischer Praxis in den genannten Texten z. T. auf biographische Entwicklungen bzw. Entscheidungen im Leben der Autorinnen zurückzuführen ist, können sie auch als *Dokumente* aus einer Phase der Frauenbewegung gelesen werden, die durch eine Politisierung weiblicher Lebensläufe gekennzeichnet ist. Im Unterschied dazu stellt Birgit Pauschs Erzählung »Die Verweigerungen der Johanna Glauflügel« (1977) einen fiktionalen Entwurf dar, der die Beziehung zwischen der Zeitgeschichte und der Geschichte vom Aufbruch einer Frau literarisch gestaltet. Es ist meines Wissens der erste Text der ›Frauenliteratur‹, der nicht aus der Ich-Perspektive erzählt ist (wenn man von Jelineks »Liebhaberinnen« absieht, ein Buch, das zunächst von der Frauenbewegung abgelehnt wurde). Wie bei den bisher erwähnten Texten handelt es sich auch hierbei um eine Erstveröffentlichung der Autorin.

Die Erzählung beschreibt Ausschnitte vom Übergang aus den Beschränkungen eines normalen Frauenlebens zur individuellen Befreiung, die der Protagonistin auch einen anderen politischen Ort zuweist. Sie wird meist nur mit ihrem Nachnamen »Glauflügel« benannt, ein Verfahren, das eine identifikatorische Lektüre immer wieder irritiert. Durch diese Benennung wird sie aber auch an den Namen und damit symbolisch an die Geschichte ihrer Eltern gebunden, an die Vergangenheit in der Gegenwart, in die sie selbst verwickelt erscheint. Ihr Ausbruch aus diesen Verhältnissen — aus der Beziehung zu ihrem Partner, der sich längst in seiner beruflichen Karriere eingerichtet hat und von seinen alten Idealen abgerückt ist, aus dem Krankenhaus, in dem sie arbeitete, in dem hierarchische Strukturen herrschen und die Kranken nur verwaltet werden, aus der Abhängigkeit von ihren kleinbürgerlichen Untertanen-Eltern und aus der Ordnungsgewalt der bundesrepublikanischen Verhältnisse — mündet nicht in einen optimistischen Entwicklungsroman. Er setzt sich eher

Diego Velazquez de Silva: Las Meninas. 1666.

aus einer Summe zahlreicher, oft stummer Proteste und Verweigerungen zusammen und hat nichts Heroisches. Insofern kann der Titel »Verweigerungen« als Entwurf einer *anderen* Politik gelesen werden, die nicht in ein gesamtgesellschaftliches Konzept zu münden beansprucht. Die Schritte Glauflügels werden durch eine Auseinandersetzung mit Theorie und Geschichte begleitet, zu der sie durch einen Freund, den Maler Dortrecht, provoziert wird. Fragmente aus der politischen Theorie und aus der marxistischen Kunsttheorie, wie sie Anfang der 70er Jahre in der Bundesrepublik diskutiert wurden, sind durch diese Figur im Text präsent. Wenn Glauflügel mit abstrakten Postulaten aus politischer Ökonomie und marxistischer Subjekttheorie konfrontiert wird — z. B.: »Also ist der wirkliche Ausdruck ihres Wesens das Geld« (S. 21), so Dortrecht in einer Lektion über die Arbeit einer Schneiderin. Oder: »Ihr ganzes Selbst stehe auf der Negation ihres Selbst« (S. 23), so ebenfalls Dortrecht — reagiert sie mit heftigem Widerspruch. Indem sie die Differenz solcher Aussagen zu ihren konkreten Erlebnissen, aber auch zu ihren tradierten Vorstellungen beschreibt, wird eine Verunsicherung ihrer Vorstellungen eingeleitet, die sie zum Überdenken ihrer Situation und zu veränderten Wahrnehmungen führt. So wird die Abstraktion im analytischen Diskurs zurückgewiesen, ohne daß die darin enthaltenen Anregungen verweigert würden.

Die Kunstgespräche mit dem Freund verweisen, obwohl sie von darstellender Kunst handeln, auf die Schreibweise Birgit Pauschs und reflektieren so das Dargestellte noch einmal. Mit Bezug auf ein Gemälde aus dem 17. Jh., die »Meninas« von Velazquez, wird eine Kritik am Konzept der Kunstautonomie, am »radikalen Subjektivismus« (S. 26) entwickelt und dagegen eine historische Kunstpraxis eingefordert: »(...) sondern er sehe Gegenwärtiges im Vergangenen und die Überreste des Vergangenen im Gegenwärtigen« (S. 27). Die Vielschichtigkeit der Darstellung und eine Verfahrensweise, bei der Maler und Objekt auf einer Ebene stehen, gehören ebenso zu dieser Praxis wie der Versuch, eine Veränderung im Sehen zu erzielen, damit nicht schon Bekanntes nur bestätigt werde. Sind diese kunstgeschichtlichen Erörterungen für die Schreibweise der *Autorin* interessant, so erhalten das Gemälde und andere historische Darstellungen für ihre *Figur* die Bedeutung eines Gedächtnisses, das die Geschichte der Klassenverhältnisse und -kämpfe ebenso wie das Wissen um die Möglichkeiten des Widerstandes erinnert, — Bezugspunkte für die eigenen Hoffnungen und Enttäuschungen. Als sie nach ihrem Aufbruch nach Italien im Kontext von Klassengegensätzen lebt, die im Vergleich mit der BRD offener und krasser sind, erhält ein Film für Glauflügel die Bedeutung eines Erinnerungsbildes, ein Film über den Aufstand der Ciompi, der Florentinischen Wollentucharbeiter, die in den Sommermonaten des Jahres 1378 für zwei Monate einen eigenen Staat errichteten. Aus diesem Film erwachsen ihr Bilder, die neben die Bilder der eigenen Geschichte treten, wodurch sie sich eine andere Geschichte aneignet, als sie ihr durch ihre Herkunft zugänglich gemacht wurde. (Vgl. 9. 3.)

Die Schilderung eines Weihnachtsabends bei ihren Eltern z. B. beschreibt einen Ausschnitt aus einer spezifisch deutschen Geschichte, der Kontinuität des Faschismus in den Köpfen, eine Szene, in der der Zusammenhang nationalsozialistischer Konsensbildung und herrschender Geschlechtsrollenmuster sinnfällig vergegenwärtigt und in beklemmende Nähe gerückt wird. Glauflügels Mutter hatte beim Ansehen des Fotoalbums und beim Erzählen eines Vorfalls aus der Nazizeit die angelernte Distanz gegenüber ihren völkischen Emotionen verloren und war, die Emphase von damals wiederholend, mit den Worten »Ich bin eine deutsche Frau« aufgesprungen:

»Diesen unerwarteten Einbruch deutscher Geschichte in die Weihnachtsstube konnte niemand billigen. Ein Fehltritt war geschehen. Er konnte aus der Welt geschaffen werden, wenn er verschwiegen wurde. Mora, das kleine Mädchen, zog blitzschnell seinen Rock hoch und runter und kreischte, wir sind eine deutsche Frau. Für Mora eine Ohrfeige. Matthis verrenkte seinen Kopf wie ein Stier und brüllte:

Massaker, Massaker. Die Männer schlugen sich auf die Seite der Kinder. Die Bestürzung über den bruchlosen Übergang vom heiligen Abend in die Anfänge des dritten Reiches kehrte sich bei ihnen angesichts der tobenden Kinder zu angespannter Schaulust um. Das Lachen des Uhrmachers steckte an. Mora auf dem Ledersessel: Rock hoch, Rock runter, kreischend, wir sind eine deutsche Frau.« (S. 42/3)

Als Glauflügel in ihrem Märchen, das sie im Anschluß den Kindern erzählt, auf die Erzählung der Mutter Bezug nimmt, kommt es zum offenen Bruch und auch zur Trennung von ihrem Partner, ein doppelter Abschied von der Familie, von ihren Eltern und der Familie, die der Mann in seinen Plänen mit ihr schon ›gegründet‹ hat. Im vollzogenen Bruch gegenüber *dieser* Geschichte und in der Sehnsucht Johanna Glauflügels nach subjektiver Befreiung und historischen Alternativen ist deren Verbindung im Vor-Schein enthalten, ohne daß Privates und Politisches als deckungsgleich behauptet werden müßten.

Die Erzählung ist nicht chronologisch komponiert und hat auch kein eigentliches Ende. Vergangenes, Gegenwärtiges und Zukunftsphantasien, Erlebnisse, Visionen und Reflektionen stehen nebeneinander, Episoden und Eindrücke aus verschiedenen Lebenssituationen wechseln einander ab, so daß eine Schreibweise der Gleichzeitigkeit entsteht, eine Vielschichtigkeit, ohne daß diese durch die herausgehobene Position eines auktorialen Erzählers geordnet würde. Alles wird aus der Perspektive Johanna Glauflügels betrachtet, wodurch der Erzählraum mit dem Raum ihrer Erinnerungen, Wahrnehmungen und Vorstellungen identisch ist. »Sie sah sich, wie sie(...)«, »sie stellte sich vor, wie(...)‹ oder »sie wird(...)«, das sind sprachliche Formulierungen, mit denen in der Erzählung Vorstellungsbilder eingeleitet werden, in denen Glauflügel ihre Gefühle, Aggressionen und Wünsche ausdrückt, in denen sie aber auch Möglichkeiten antizipiert und durchspielt. Im Text haben solche Imaginationen dieselbe ›Realität‹ wie die Erinnerungsbilder und Erlebnisse der

Figur. Der Text endet damit, daß Glauflügel sich vorstellt, mit ihrer Kollegin aus dem italienischen Krankenhaus »in den Film über die Ciompi zu gehen«, während die Bilder des Films, der Blick in die Geschichte, mit dem Blick auf die Straße zusammenfallen: »Sie werden ans Fenster treten« (S. 94). »Die Verweigerungen der Johanna Glauflügel« ist damit als eine *mögliche* Geschichte einer Frau zu lesen; — und darin berührt dieser fiktionale Text sich mit dem eher autobiographischen von Buhmann, die ihre Rekonstruktion entlang ihrer lebensgeschichtlichen Dokumente als Versuch, »eine mögliche Geschichte zu rekonstruieren«, bezeichnet und insofern von ihrem »eigenen« Leben auch in Anführungszeichen spricht.

Erzählt Buhmanns »Geschichte« die Entwicklung *bis* 68, so gibt es auch Literatur, die die veränderten Lebenskonzepte verfolgt, die aus der Studentenbewegung hervorgegangen sind und sich im wesentlichen auf eine Umgestaltung der ›Verkehrsformen‹ beziehen. Neue kollektive Formen des Zusammenlebens stellen ein Stück konkreter Utopie der 68er-Bewegung dar; in der Erprobung werden sie zugleich zu dem Ort, an dem soziale und geschlechtsspezifische Differenzen im Alltagsverhalten am krassesten zutage treten.

Der erste utopische Roman der ›Frauenliteratur‹ ist noch den Debatten über eine Politik des Privaten in der Studentenbewegung verpflichtet. Ilse Braatz' »Betriebsausflug. Roman einer imaginären Reise in das Portugal von 1975« (1978) verlagert die konkrete Utopie in eine revolutionäre Situation. Auf der Schiffsreise, bei dem Zusammenleben dort, und beim Besuch verschiedener Projekte im revolutionären Portugal werden Ideen aus der politischen Diskussion der Linken in der BRD experimentell erprobt. Da die Gruppe sich aus Mitgliedern verschiedener ›Lager‹ zusammensetzt, treffen in den politischen Kontroversen ebenso wie im ›Privatverhalten‹ die eingeschliffenen Strukturen aufeinander. Insofern setzt der Roman bekannte Debatten in eine fiktionale Handlung um, damit sie konkretisiert und überprüft werden. Gerade die typischen Konflikte im Rollenverhalten von Männern und Frauen werden so z. T. ironisch als ›private‹ Kehrseite politischer Identität sichtbar. Kann man den Text einerseits als Wunschphantasie eines alternativen Alltags lesen, werden darin auch Schwächen und Defizite des politischen Diskurses beleuchtet.

Nachdem über ein Jahrzehnt Wohngemeinschafts-Erfahrungen vorliegen, erscheint Ursula Krechels Roman »Zweite Natur« (1981), der sich um eine präzise Beschreibung der inneren Entwicklungen der an einem solchen Projekt Beteiligten bemüht. Der Titel des Romans spielt auf die von Marx formulierte These von den längst zur ›Natur‹ gewordenen Verhaltensweisen der Individuen in einer arbeitsteilig organisierten Gesellschaft an. Schon in der Zusammensetzung der von Krechel beschriebenen Wohngemeinschaft sind soziale Differenzen und auseinanderlaufende Hoffnungen angelegt: eine Assistenzärztin, ein Sozialarbeiter und ein Studenten-Paar, das vom Lande in die Großstadt gekommen ist. Später wird der Sozialarbeiter durch eine weitere Frau ausgetauscht, eine Frau, die als Nadja-Gestalt in den Text eingeführt wird und die die anderen provoziert, weil sie auch die Träume kollektivieren möchte. Die Autorin nennt den Text »Szenen eines Romans« und deutet damit das Fragmentarische ihrer Darstellung an, wodurch sie dem Stoff gerecht wird, da ja in dem Experiment jeweils nur Ausschnitte aus dem Leben der beteiligten Individuen sichtbar werden. Abrupte Nähe in einer Situation, in der sich die Lebensläufe mehrerer Personen berühren, und die plötzliche Distanz bei räumlicher Entfernung, diese Bewegung beschreibt eine typische Erfahrungsstruktur der 70er Jahre.

3.2. Texte aus der ›bleiernen Zeit‹

Eine Episode in Pauschs »Verweigerungen« verweist auf eine
Geschichte, die für einige aktive Frauen aus der 68er-Bewe-
gung, freiwillig oder unfreiwillig, ihre politische und persönliche Existenz in den folgenden Jahren ununterscheidbar
werden ließ. Insoweit die Frauenbewegung sich aus der antiautoritären Bewegung heraus konstituierte, gab es für viele
ihrer Exponentinnen eine gemeinsame Vorgeschichte mit
jenen Gruppierungen, die nach 68 eine Strategie des ›bewaff-
neten antiimperialistischen Kampfes‹ entwickelten und in die
Illegalität gingen: Freundschaften oder persönliche Kontakte
bzw. Situationen in der politischen Biographie, die eine Nähe
zu Personen, die später der RAF angehörten, bzw. *zur Fahndung*
nach diesen Personen begründeten.

In Birgit Pauschs Erzählung ist es die Freundin Glauflügels, die Schauspielerin Ingrid Merks, die ihr eigenes Spiel,
das sie den Zuschauern so »hingebend« erscheinen läßt, nicht
mehr aushält, da sie nur auf Kosten einer permanenten Selbst-
erniedrigung und Zerstörung ihrer emotionalen und sexuellen
Identität in der Lage ist, die von Männern erdachten Rollen zu
spielen, —— die schließlich ihre bürgerliche Existenz aufgibt
und in die Illegalität geht. Pausch deutet in ihrer Beschreibung einen Konflikt Glauflügels an zwischen ihrer inneren
Abwehr gegenüber diesem Schritt der Freundin und der Abwehr gegenüber der Gewalt der Medienöffentlichkeit, die
sich über die Diskriminierung weiblicher Emanzipation formiert:

> »In der Sonne, die durchkam und sie blendete, rückten die Bilder
> weg, bei dem Versuch, sich Ingrid Merks bewaffnet in der Bank-
> schalterhalle vorzustellen, lenkte sie ab, sie wehrte sich gegen diese
> Vorstellung. Unter der Sonne lösten sich die Unebenheiten in den
> Gemäuern auf, der braune Überzug der Sitzbänke schimmerte.
> Glauflügel zog sich die Zeitungsberichte vor Augen, die damals er-
> schienen waren. Ein Banküberfall, ein Angestellter wollte die ge-

suchte Schauspielerin Ingrid Merks wiedererkannt haben, ein Flugblatt führte politische Hintergründe an. In einer Zeitung stand: Verrückte Schauspielerin probt Bankraub, in einer Abendausgabe: Emanzipation macht Frauen kriminell.« (S. 76)

Während der Debatten ›68‹, in denen es darum ging, der Arbeit von Intellektuellen eine politische bzw. ›kulturrevolutionäre‹ Bedeutung zuzuschreiben, haben besonders viele Frauen versucht, die Grenzen ihrer intellektuellen Berufsarbeit zu durchbrechen und ihren sozialen Ort zu wechseln: in der Arbeit mit Lehrlingen, Berufsschülern, Gefangenen, Trebegängern und anderen ›sozialen Randgruppen‹ beispielsweise und in den Bemühungen, in subkulturellen Zusammenhängen Perspektiven zu einer politischen Veränderung zu entwickeln. So dokumentiert Inga Buhmanns »Geschichte« z. B. ihre Arbeit mit einer Mädchengruppe, einer Lehrlingsgruppe und in einer Berufsschule für ungelernte Arbeiterinnen. So berichtet Marianne Herzog, die u. a. am »Aktionsrat zur Befreiung der Frauen« beteiligt war, in ihrem Buch »Nicht den Hunger verlieren« (1980) von einem Praktikum in einem Frauengefängnis und von einem Praktikum in einem geschlossenen Heim für Mädchen, dem Berliner »Eichenhof«, in eben dem ›Fürsorgeheim‹ also, in welchem Ulrike Meinhof im Jahre 1970 ihr Drehbuch »Bambule« fürs Fernsehen realisierte.[1] Der Film, der im Mai 70 von der ARD ausgestrahlt werden sollte, wurde dann aber vom Programm abgesetzt, weil Ulrike Meinhof kurz vor der geplanten Ausstrahlung an der Befreiung des Gefangenen und Kaufhausbrandstifters Andreas Baader beteiligt war.[2] Kann dieser Schritt Ulrike Meinhofs als Symbol dafür gelten, daß die Arbeit mit Rand-

1. Ulrike Marie Meinhof: »Bambule. Fürsorge — Sorge für wen?« Berlin 1971. Fast ein Jahrzehnt nach der verhinderten Fernsehausstrahlung inszenierte das Schauspielhaus Bochum »Fürsorgezöglinge. Ein Stück anhand Ulrike Marie Meinhofs Bambule«, vgl. das Textbuch, Bochum 1979.
2. Zu Meinhof s. ihre Essays: »Die Würde des Menschen ist antastbar. Aufsätze und Polemiken.« Berlin 1980. — Peter Brückner: »Ulrike Marie Meinhof und die deutschen Verhältnisse.« Berlin 1976.

gruppen in der 68er-Bewegung den historischen Punkt markiert, an dem die Gemeinsamkeiten auseinanderbrachen und die Beteiligten sich in verschiedenste Gruppierungen, Strategien und Praxisfelder aufteilten, so wurden auch viele politische Biographien von Frauen von dieser Geschichte der Differenzierungen, Trennungen und Abspaltungen berührt.

Die Fahndungs- und Verfolgungspolitik, die in den 70er Jahren unter dem Titel der ›Terrorismusbekämpfung‹ von staatlicher Seite entwickelt wurde, richtete sich bekanntermaßen nicht nur gegen Mitglieder der Baader-Meinhof-Gruppe und deren Nachfolgeorganisationen, sondern leitete einen Ausbau des Überwachungsapparates ein, der die ganze politische Kultur veränderte und das politische Klima der 70er Jahre bestimmte. Überwachung, Abhörmaßnahmen, ›Anhörungen‹, Berufsverbote, Hausdurchsuchungen, Verhaftungen und langdauernde Untersuchungshaft werden zu konkreten Erfahrungen, die für viele, die ihren politischen Ort außerhalb der etablierten Parteien bestimmen, in eine erschreckende Nähe gerückt sind, womit derartige ›Repressionen‹ auch zu einem zentralen Thema des politischen Diskurses werden.[1] Historische Höhepunkte in dieser Geschichte sind die Fahndungsaktionen Anfang der 70er Jahre gegen die RAF, die Großrazzia unter dem Namen »Aktion Winterreise« Ende 1974 und die bundesweiten, zur ›Volksfahndung‹ verallgemeinerten Aktionen im »Deutschen Herbst« 1977.

Texte, in denen Frauen ihre Erlebnisse als Überwachte und Inhaftierte aufschreiben, überkreuzen sich nun mit der Entstehung der ›Frauenliteratur‹ Mitte der 70er Jahre, so daß solche Schriften, Texte aus dem Gefängnis oder Beschreibungen aus dem »Deutschen Herbst«, als Erinnerung an eine politische Vor- und Nebengeschichte des Feminismus gelten können. Außerdem konnten und können ihre Verfasserinnen damit rechnen, daß ihre Erfahrungen bei einem größeren Kreis

---

1. Vgl. etwa Sebastian Cobler: »Die Gefahr geht vom Menschen aus. Der vorverlegte Staatsschutz«. Berlin 1976.

von Lesern/innen auf Interesse stoßen, da mit der ›Frauenliteratur‹ die Neugier gegenüber der Beschreibung weiblicher
Erfahrungen, auch ganz anderer, fremder Erfahrungen, ge-
wachsen ist.

Gertraud Will in ihren Gefängnisbriefen[1] aus den Jahren
1974 und 75, die 1976 publiziert wurden, und Marianne Herzog in ihrem Buch »Nicht den Hunger verlieren«, das von
ihrer Inhaftierung in den Jahren 1972 und 73 handelt und im
Jahre 1979 entstanden ist, beziehen sich in dem Interesse an
ihren weiblichen Mitgefangenen und deren Lebensläufen
schon deutlich auf einen solchen Kontext. Ganz selbstver-
ständlich sprechen ihre Aufzeichnungen von spezifisch weiblichen Erfahrungen im Gefängnis und nehmen damit eine
Perspektive ein, aus der sich ihre Versuche zur Überwindung
der Trennung zwischen ›politischen‹ und ›sozialen Gefangenen‹ motivieren. Bei beiden Verfasserinnen spielt der Kontakt
zu anderen Frauen im Gefängnis eine wichtige Rolle für das
eigene Überleben in der Internierung. Für die Sensibilisierung der Wahrnehmung des Gefängnisses als soziales System
ist es dabei nicht ohne Auswirkungen, daß sie bereits Erfahrungen in der Zusammenarbeit mit Frauen haben und durchaus bewußt aus weiblicher Perspektive schreiben. Im Rückblick auf die 68er-Zeit schreibt Marianne Herzog z. B., daß sie
entdeckt habe: »Frauen leben offener als Männer. Radikaler«
(S. 9). Kann es nicht darum gehen, eine solche Aussage, da sie
ja eine subjektive Erfahrung ausdrückt, auf ihre Allgemein-
gültigkeit oder ›Wahrheit‹ hin zu überprüfen, ebensowenig
wie Herzogs Feststellung, daß in diesen Jahren »politische Ereignisse und mein Leben zusammengerückt waren zu einem
Ganzen«, (S. 8), so manifestieren sich darin Erinnerungen an

---

1. »Daß du untergehst, wenn du dich nicht wehrst, das wirst du doch wohl
einsehen. Nachrichten aus einem westdeutschen Gefängnis. Ein Bericht über
Gertraud Will.« München 1976. Vgl. auch Margit Czenki: »Frauenknast«.
In: »Innen-Welt. Verständigungstexte Gefangener.« Frankfurt/M. 1979,
S. 253–8.

Erlebnisse politisch-persönlicher Identität, auf die die Frauen in der Situation der Inhaftierung Bezug nehmen und die so auch zur Orientierung des eigenen Verhaltens dort dienen. Ein durch politische Analyse geschulter Blick, der doch die Individuen meint, um die es geht, und sich auch gegenüber neuen Erfahrungen nicht verschließt, — so etwa könnte man ein Schreibkonzept kennzeichnen, an dem sich Herzog und Will orientieren.

In verschiedenen Texten von Frauen aus dem Gefängnis zeigen sich auch die Differenzen und Übergänge zwischen einer Schreib- und Publikationspraxis, die in der Tradition aufklärerischer Gegenöffentlichkeit und im Vertrauen auf politische Effekte von Empörung Einzelfälle dokumentiert, einerseits und literarischer Erfahrungsliteratur, die die subjektive Wahrnehmung und Selbstwahrnehmung betont, andererseits. Die Veröffentlichung von Brigitte Heinrichs »Knasttagebuch«, 1975 in Teilen in der Frankfurter Studentenzeitung »diskus«, dessen Mitarbeiterin Heinrich war, und 76 als Ganzes im »Jahrbuch Politik 7«[1], ist als operative Praxis zu verstehen, insofern sie ›Öffentlichkeit herstellt‹ und in ein laufendes Verfahren einzugreifen sucht. In ihrem »Knasttagebuch« beschreibt die Frankfurter Wirtschaftswissenschaftlerin Heinrich, die maßgeblich an der Vorbereitung des »Russeltribunals zur Situation der Menschenrechte in der Bundesrepublik Deutschland« beteiligt war und im Rahmen der »Aktion Winterreise« verhaftet wurde, über ihre Isolation in der Untersuchungshaft, die vom November 1974 bis zum April 1975 andauerte. Neben dem Verlust des politischen und sozialen Umfeldes, den sie als schmerzhaften Einbruch in ihre Persönlichkeit erlebt, notiert sie die bekannten psychosomatischen Folgen der Isolation: Konzentrationsstörungen, Kopfschmerzen, Atemnot, Schwindelgefühle und Krämpfe. Lesen, Schreiben und die Fortsetzung der eignen Arbeit werden zu wesentlichen Identitätsmomenten, zu einer Art Nabel-

1. Hg. v. Wolfgang Dreßen. Berlin 1976, S. 80–122.

schnur, mit der sie sich mit dem Leben »draußen« verbunden weiß. Es ist eine Identität, die sich auf die politische Kultur bezieht, der sie sich zugehörig fühlt; ein solches Selbstverständnis wird, als Abwehr gegen die äußere und innere Kälte des Gefängnisses und als Stütze gegen drohende Persönlichkeitsverluste in der Isolation, eher noch bestätigt.

»Sie können unseren Körper einsperren, aber nicht unseren Geist... Aber den Geist muß man ganz schön verteidigen, man fürchtet Realitätsverluste und daß man irgendwann mit all dem, was draußen vor sich geht, nichts mehr zu tun hat...« (S. 101)
»Bei körperlicher Folter haben sie die Erfahrung gemacht, daß die Niederlagen schließlich nicht auf Seiten der Gefolterten waren. Deshalb foltern sie nicht den Körper, sie martern den Geist, meinen damit die Ideen zu treffen, die Idee der Freiheit, Autonomie, den Willen zur Umwälzung.« (S. 111)

Waren die Vorstellungen vom ›autonomen Subjekt‹ in der deutschsprachigen Diskussion zu diesem Zeitpunkt noch weitgehend ungebrochen vorhanden, so wird hier — in einer extremen *Über*lebenssituation — ein Identitätskonzept aktiviert, das sich wie ein Leitmotiv durch die Geschichte der Gefängnisliteratur zieht: das idealistische Bild vom ›freien Geist‹ im ›gefangenen Körper‹.[1] Insofern kann Heinrich es nur als »Provokation« empfinden, als ein Besucher ihr vorschlägt, etwas »zur Frage der Identität von Gefangenen zu schreiben« und dabei den Begriff der Identität in die Nähe zur Anpassung rückt. Unbefragt bleibt dabei, daß gerade in der von ihr angestrebten Stärke sich eine heroische Haltung reproduziert, die als umgekehrtes Spiegelbild des Zwangssystems der Institution die Gefahr beinhaltet, die eigene Persönlichkeit diesem System anzugleichen. Gilt ihr zunächst die Devise Che Guevaras, »Man muß hart werden, ohne seine Zärtlichkeit zu verlieren«, als Leitbild (S. 92), so steigert sich der heroische Gestus anläßlich eines Brecht-Zitates:

1. Vgl. meine Untersuchung zur Geschichte der Gefängnisliteratur: »›Und selbst im Kerker frei...!‹ Schreiben im Gefängnis.« Marburg/Lahn 1982.

»›Die Starken kämpfen eine Stunde lang. Die noch stärker sind, kämpfen viele Jahre. Die Stärksten kämpfen ihr Leben lang.‹ Den häng' ich mir an die Wand. Ich will zu den Stärksten gehören.« (S. 94)

Gerade in diesem Punkt aber unterscheiden sich viele weibliche Beiträge aus der Gefängnisliteratur von den Aufzeichnungen männlicher Verfasser: sie sind durch das Bemühen geprägt, der Notwendigkeit eigener Härte zu widerstehen. Das Ringen um Identität bedeutet dann Rettung der eigenen Sensibilität, Emotionalität und Phantasie unter Bedingungen, die eine Panzerung gegenüber der permanenten Überwachung und Reglementierung erforderlich machen. Nachzulesen ist dies z. B. in den Gefängnisbriefen Rosa Luxemburgs oder in den Berichten der russischen Anarchistin Vera Figner über ihre Einkerkerung in der »Schlüsselburg«, eine Beschreibung, deren Lektüre Herzog z. B. in der Isolation dazu verhilft, in ihrer Zelle »Leben herzustellen« (S. 119). Eine explizite Abgrenzung gegenüber politischen Strategien, die im Widerstand den Heldenmythos und Männlichkeitswahn des Systems, das sie bekämpfen, zu reproduzieren drohen, hat Lina Haag in ihren 1944 entstandenen Aufzeichnungen vollzogen, in denen sie die Geschichte ihrer eigenen Internierung und der ihres Mannes in Gefängnissen und Konzentrationslagern des Naziregimes erinnert und dabei sehr behutsam Differenzen zwischen seinem Verhalten und ihrer eigenen Praxis markiert, in der sie sich »eine eigene Meinung über Mut und Tapferkeit gebildet« hat.[1]

In heutigen Frauengefängnissen sind Ansätze zu einer *anderen* Praxis, die sich nicht am heroischen, männlichen Identitätskonzept orientiert, möglicherweise dadurch erschwert, daß die ganze Institution nach überkommenen Weiblichkeitsvorstellungen organisiert ist. Sind die Ausbildungsmöglichkeiten dort sowieso geringer, so sind sie auf ›typisch weib-

---

1. Lina Haag: »Eine Handvoll Staub« (1947). Frankfurt/M. 1977, S. 103.

liche‹ Arbeiten beschränkt, wie überhaupt die Beschäftigung in der Hausarbeit dominiert. Reglementierungen des Verhaltens werden nicht selten mit Hinweisen auf Weiblichkeitsnormen verbunden, Obstruktionen nicht nur geahndet, sondern als »unweiblich« bestraft; und in den Büchereien findet sich überwiegend Trivialliteratur.[1] Gertraud Will wurde beispielsweise mit Hinweis auf ihr Geschlecht das Tragen von Hosen zunächst verboten. In dieser Situation ist es besonders schwierig, einen Weg jenseits der Klemme zwischen tradierten Rollenzwängen und der Angleichung an männliche Strategien zu finden. Für die Münchner Kindergärtnerin Gertraud Will[2], die sich seit April 1974 in Untersuchungshaft, größtenteils in Isolationshaft befand, waren es die briefliche Kommunikation nach »draußen«, die in ihrem Falle extrem zensiert und verzögert wurde, die gedankliche und konkrete Beschäftigung mit den Kindern und spärliche Kontakte mit anderen gefangenen Frauen, woraus sie ihre Überlebensenergie bezog. Besonders in einem Brief an die Kinder versucht sie, ihre Situation so mitzuteilen, daß sie sinnlich vorstellbar wird. Die materielle Erfahrung der Einsperrung löst bei ihr Überlegungen über die Situation »draußen« aus, in der sie — über die Metapher des Gefangenseins — Analogien zu »drinnen« beobachtet.

»man erfährt sich totaler, begreift anders, löst langsam die *gitter*, die kopf und herz und körper getrennt haben. der abbau der *mauern* in unserer psyche und die sprengung der *gitter* in uns führt zu einer viel größeren betroffenheit, als wenn wir die herrschende realität nur über den kopf begreifen.« (S. 18, H. v. m)

1. Vgl. Marlis Dürkop/Gertrud Hardtmann (Hg.): »Frauen im Gefängnis.« Frankfurt/M. 1978. — Helga Einsele/Gisela Rothe: »Frauen im Strafvollzug.« Reinbek bei Hamburg 1982. — Ute Dege/Christine Hecht (Hg.): »Die doppelte Unterdrückung.« Pfungstadt 1983.
2. Zum politischen Hintergrund vgl. Klaus Dethloff u. a. (Hg.): »Ein ganz gewöhnlicher Mordprozeß. Das politische Umfeld des Prozesses gegen Roland Otto, Karl Heinz Roth und Werner Sauber.« Berlin 1978.

Die Rede vom »gesellschaftlichen knast« (S. 27) wird zu einem der Leitmotive ihres Textes, so spricht sie z. B. vom »gefängnis der angst« (S. 28), und im Hinblick auf die Lebensläufe inhaftierter Frauen von »schicksalshaft« (S. 30) und vom »ehe-knast« (S. 31). Wird durch diese —in der Gefängnisliteratur geläufige —Metaphorik dem Gefängnis ein Ort im Kontext gesamtgesellschaftlicher Kritik zugewiesen, so wird andererseits der eigene Ort mit dem »Draußen« in eine gedachte Beziehung gesetzt. Eine *reale* Ortsbestimmung versucht Will für sich dadurch zu erlangen, daß sie die Mitgefangenen, die ihr zeitweise als Begleitung zum Hofgang zugeteilt werden und die aus desolaten sozialen Verhältnissen kommen, mit ihrem sozialen know-how zu unterstützen sucht. Von dem in der Öffentlichkeit und in der Anklage aufgebauten Schreckbild ihrer Person weiß sie sich nur durch Ironie zu distanzieren, eine Ironie, durch die hindurch ihre Kränkung noch zu entziffern ist.

Während die Briefe von Will insofern dokumentarischen Charakter haben, als sie als private Briefe geschrieben sind, die nachträglich zur Publikation zusammengestellt wurden, eine Tatsache, die deutlich Schreibweise und Sprachgebrauch bestimmt, hat Herzog erst fünf Jahre nach ihrer Entlassung begonnen, sich ihrer Inhaftierung in der Form literarischer Bearbeitung zu erinnern. Ihre sprachliche Präsentation ist so mehr durch das Bemühen um Genauigkeit und sinnlich-konkrete Vergegenwärtigung als durch eine Kommunikationsabsicht geprägt. Literarisierung dient hier der Vermeidung von sprachlichen Formeln und Stereotypen, d. h. einer Schreibweise, die den Sprachjargon des politischen Diskurses nicht wiederholen will. Das Buch enthält auch einige, aber sehr wenige Aufzeichnungen, die während der Haft entstanden sind:

»Ich habe das Schreiben durch die Fahndung und in der Isolation mehrmals verlernt. (...)Im Gefängnis lernte ich das Briefeschreiben wieder. Darüber hinaus schrieb ich kaum etwas, weil ich denen, die mich gefangen hielten, nichts erzählen wollte. Ich wußte, sobald ich in der Freistunde bin, liest jemand meine Aufzeichnungen in der Zelle.« (S. 11)

»Ich habe es nicht geschafft, nicht verwickelt, beim Schreiben nicht wieder gefangen zu sein.« (S. 13)

Von den zwei Jahren Untersuchungshaft war Herzog 14 Monate isoliert. Vergleiche ihrer Erlebnisse bei der Verhaftung, bei Verhören und in der Haft mit anderen Verhör-Erfahrungen werden in ihrem Text in der Form von *Erzählungen*, nicht metaphorisch hergestellt: Unter dem Leitmotiv der Verhörsituation sind Erinnerungsbilder aus der eigenen Kindheit in der DDR und aus der Berufstätigkeit in der BRD aneinandergereiht, während Lebensläufe anderer gefangener Frauen mit Hilfe der Erinnerung an ein früheres Praktikum im Frauengefängnis beschrieben werden, da der reale Kontakt zum Leben anderer in der Isolation verhindert ist. Daneben steht die Erzählung von intensiven Lektüre-Erlebnissen; außer Vera Figners »Nacht über Rußland« berichtet und zitiert Herzog aus Jewgenija Semjonowna Ginsburgs Buch über ihre Jahre in Stalinistischer Gefangenschaft, »Marschroute eines Lebens«. Die wenigen direkten Berührungen mit anderen Frauen im Gefängnis erhalten eine zentrale Bedeutung, während die briefliche Kommunikation nur als schlechter Ersatz empfunden wird: »Ich soll schreiben und schreiben, aber die Worte sind mir zu festgelegt, weil ich sie beim Sprechen gar nicht mehr trainieren kann« (S. 175). Es fehle ihr vor allem die Kommunikation über »Alltägliches«. In der Darstellung ihrer Gefängnissituation versucht sie dagegen, z. B. wenn sie die Einkäufe beschreibt, die Bedeutung des Alltäglichen zu betonen, — auch die Alltäglichkeit der Institution, z. B. wie Überwachen, Kontrollieren und Befehlen den Schließerinnen in Fleisch und Blut übergegangen sind, wird notiert. Der ganze Bericht ist durch das Bemühen der Autorin gekennzeichnet, ihre eigene Sensibilität nicht zu verlieren und unter dem Zwang, sich wehren zu müssen, nicht hart zu werden.

Der Bericht bricht mit dem Ende der Isolation ab, früher als die Autorin es vorgehabt hatte, als sie mit den Aufzeichnungen begann (S. 13). Daß sie über die verbleibenden acht Monate nichts mitteilt, ist besonders bedauerlich, da sie in dieser Zeit zu anderen Frauen im Gefängnis Kontakt hatte und wiederholt die Bedeutung dieser Monate betont. So bleibt es unverständlich, warum an der Stelle, wo ausführliche Dokumente über die Lebensläufe von Frauen zitiert werden, die die Autorin während ihres Praktikums in einem Frauengefängnis 1968 kennengelernt hatte, nicht Erzählungen über Mitgefangene stehen, denn damals war ihre Perspektive ja eine andere. Aufgrund dieses Mangels gerät die Rede über die anderen Gefangenen in Gefahr, in der Wirkung abstrakt zu werden; so besonders auf den ersten Seiten des Buches, wo die Situation unmittelbar nach der Entlassung beschrieben wird. »Als könnte jemand von draußen mir nahe sein, mir nahe kommen. Die Gefangenen will ich neben mir, sonst niemand« (S. 8). Durch solche Formulierungen erzeugt die Autorin eine Distanz zwischen ihrem Ort (dem der Gefangenen) und dem Ort ihrer Leser/innen »von daußen«, den zu überbrücken doch ihr Schreibvorhaben motivierte.

Eine Verhör- und Hafterfahrung ganz anderer Art hat Inga Buhmann in ihrer Erzählung »1971: Makedonischer Grenzfall« (1984) beschrieben. Über ein Jahrzehnt liegt zwischen dem Vorfall und der literarischen Bearbeitung. Der Text bricht mit einem Tabu, da er sich im Rückblick kritisch und selbstkritisch mit den Vorstellungen und Praktiken des ›antiimperialistischen Kampfes‹ militanter Gruppierungen der deutschen Linken nach 68 auseinandersetzt. Denn angesichts der Überwachungspolitik und der Verdächtigung sogenannter Sympathisanten hat die Linke über lange Jahre kaum eine Sprache gefunden — jenseits einer Rhetorik der Distanzierung — sich mit dem Terrorismus zu beschäftigen. Werden dessen Akteure in der Öffentlichkeit und in der Kritik an ihrer staatlichen Behandlung vor Gericht und in Haft, die ja immer eine Rede *über* sie bleibt, weitgehend als Objekte und Opfer betrachtet, so behindert dieser Status andererseits eine kritische Auseinandersetzung mit ihren Schriften und ihrer Politik. Buhmanns Erzählung stellt nun nicht den Anspruch, diesem Mangel mit einer *grundsätzlichen* Erörterung Abhilfe zu schaffen; in der Form autobiographischer Erinnerung enthält der Text vielmehr ein Stück gelebter Erfahrung, einen Ausschnitt vom Rande dieser Geschichte, und damit eine *konkrete Voraussetzung*, die derartige Erörterungen erst ermöglichte.

Die Erzählung handelt von einem Paar, das sich als Fahrer für den Transport von Sprengstoff zur Verfügung gestellt hat, der im Tank seines Wagens versteckt wurde und von ihm aus der BRD nach Griechenland transportiert werden sollte, um den dortigen Kampf gegen die Junta-Regierung zu unterstützen. Die Aktion scheitert, weil die beiden an der jugoslawischen Grenze entdeckt und inhaftiert werden. Der Text handelt vor allem von den tagelangen Verhören, die von Vertretern des kommunistischen Geheimdienstes, ehemaligen Widerstandskämpfern, durchgeführt werden. Diese glauben zunächst, sie hätten es mit »faschistischen Spitzeln« zu tun, da sie sich nicht vorstellen können, daß von ernsthaften »Genossen« eine derart dilettantisch und schlecht organisierte Aktion vorbereitet worden sein könne, bis sie schließlich, nachdem sie sich von der Sachlage überzeugt haben, versuchen, die beiden für den jugoslawischen Geheimdienst zu gewinnen. Die Verunsicherungen und Demütigungen, an die sich die Ich-Erzählerin erinnert, hängen nicht nur mit den äußeren Bedingungen dieser prekären Situation zusammen, sondern auch damit, daß ihre ›Identität‹ in dieser Konstellation vollständig in Verwirrung gerät. Mißtrauen gegenüber ihren Verhörern und deren Informationen über die eigene Lage mischt sich mit Verständnis für deren Fragen und Verwunderung; Wut gegenüber denjenigen, die die Aktion verantwortungslos vorbereitet und sie schlecht informiert haben, wechselt mit der Scham über die eigene Naivität und mit der Angst, zum »Verräter« zu werden. Sie befindet sich in einer Lage, in der sie jeglicher Orientierung für das eigene Verhalten entbehrt. Hinzu kommt die Konfrontation mit typisch weiblichen Varianten derartiger Erlebnisse. Wird sie zunächst in einem Hotel un-

tergebracht, da im Gefängnis »kein Platz für eine Frau« sei
(S. 23), während ihr Partner dort eingesperrt wird, so begeg-
net man ihr, als sie dann doch inhaftiert wird, in physischer
Hinsicht etwas zuvorkommender, setzt sie aber mit drakoni-
schen Maßnahmen gegen den Freund psychisch unter Druck.
Was sie »für ihn« tut, entfernt sie aber nur weiter von ihm:

»Während Arthurs Gefühle mir gegenüber in dieser Situation von
einem zunehmenden Mißtrauen bestimmt waren, glaubte ich, für
ihn aus Liebe Handlungen zu begehen, die ich nie für mich selbst
getan hätte.« (S. 45)

»Heute denke ich, daß diese Situation, in der ich nur mit Männern
zusammenkam, und die so durch und durch von Männern verschiedenster politischer Prägung bestimmt war, meine Einsamkeit in diesem Wirrwarr um so bedrohlicher machte.« (S. 47)

In der Erinnerung motiviert sich das verstärkte Engagement
der Ich-Erzählerin in der Frauenbewegung danach aus den
Erfahrungen dieses Vorfalls (S. 47), obwohl sie, wie sie
schreibt, nie ganz in dieser Arbeit aufging. Ihr »zweites, ge-
heimes Ich«, von dem Buhmann berichtet (S. 60), daß es sie in
den folgenden Jahren begleitet habe, scheint mir typisch zu
sein für eine Konstellation der Sprachlosigkeit. Angesichts eigener Überwachung »über ein ganzes Jahrzehnt« (S. 59) und
angesichts der Haftbedingungen von politischen Gefangenen
sowie der öffentlichen Fahndung bleibt dieses abgespaltene —
nicht nur ›private‹, sondern im Innern verschlossene — Ich
emotional an die »verfolgten Kämpfer« gebunden, »obwohl
ich ihre Handlungsweise immer mehr als unverantwortlich
ablehnte« (S. 60). Nicht zufällig endet der Text »Ich habe mir
eine Geschichte geschrieben«, der in den Jahren 1974/75 entstanden ist, 1971, d. h. kurz vor dem »Makedonischen Grenzfall«, also kurz vor der eigenen Verwicklung in eine Geschichte, deren öffentliche Behandlung keine Voraussetzung
für eine subjektive, auch ungeschützte und offene Erzählung
abgab. Die beschriebene Spaltung in ein öffentliches, (in der
Frauenbewegung) tätiges, sich artikulierendes Ich und in ein
schweigendes, zensiertes Ich verweist auf eine andere Tren-

nung, die mit der vom Feminismus kritisierten Trennung in
›privat‹ und ›politisch‹ nicht identisch ist.

Im selben Jahr wie Buhmanns Erzählung erschien der Roman »Scheintod« von Eva Demski; auch das darin beschriebene Geschehen liegt lange zurück. Der Roman spielt während der Osterzeit im Jahre 1974 und behandelt zwölf Tage
aus dem Leben einer Frau nach dem Tod ihres Mannes, der
Anwalt in der linken und subkulturellen Szene Frankfurts
war. Obwohl der Roman eine fiktionale Bearbeitung präsentiert, verweist der Text auf einige reale Personen und verwendet auch reale Namen von Mitgliedern der Baader-Meinhof-
Gruppe. Von der Protagonistin, die freiberuflich für den
Funk und für Verlage tätig ist, und von dem Anwalt wird aber
immer nur in namenloser Form gesprochen: »der Mann« und
»die Frau«. Der Tod des Mannes, von dem sie seit drei Jahren
getrennt lebt, fordert die Frau dazu heraus, sich erneut inten-
siv mit seiner Person auseinanderzusetzen, so daß Aneignung
und Abschied miteinander verwoben sind. Als sie sich plötzlich, mit 29 Jahren, in der Rolle der »unechten Witwe« vorfindet, muß sie sich entscheiden, wie sie mit seinem »Erbe«
umgehen will, wobei sich seine Hinterlassenschaften — symbolische Verkörperungen seiner verschiedenen Persönlich-
keitsaspekte — als äußerst vieldeutig und uneinheitlich erweisen. Durch diese Hinterlassenschaften sieht sie sich gerade
auch mit jenen Momenten seines Lebens konfrontiert, von
denen sie ausgeschlossen war.

In zwölf Kapiteln stellt der Text jeweils einen Tag in der
Zeitspanne zwischen dem Tod und der Beerdigung des Mannes dar. Aus der Perspektive der Frau und auf ihren Wegen,
auf denen sie die Orte seines Lebens aufsucht, entsteht dabei
ein Bild seiner Person. In seiner Wohnung und Kanzlei, in
Gesprächen mit seinen Kollegen und Freunden, beim Besuch
seines Referendars und im Gericht, in der Begegnung mit seinen Eltern, mit dem Jungen, der zuletzt bei ihm wohnte, mit
Mitgliedern einer konspirativen Gruppe und mit früheren
Klienten sowie beim Besuch von Treffpunkten der linken und

der homosexuellen Szene folgt die Frau den Spuren seiner Identität. »Das Bild des Mannes gewann immer mehr Farben und Einzelheiten durch die Tränen und Wörter anderer, egal ob Freund oder Feind« (S. 263). Indem die Frau sich dabei Erinnerungsbilder und Episoden aus der gemeinsamen Geschichte vergegenwärtigt, gestaltet sich diese Spurensuche auch als Befragung des eigenen Standortes. Da sie eine Rolle am Rande seiner beruflichen und politischen Praxis gespielt hatte, war ihr eine politische Identität zugewachsen, die jetzt, da sie allein zurückbleibt, daraufhin befragt wird, ob sie auf eigenständigen Entscheidungen beruhe. Die Notwendigkeit zur selbständigen Handlungsweise wird dadurch forciert, daß sie jetzt *direkt*, und nicht mehr vermittelt über den Mann, in die Geschichte des Terrorismus verwickelt wird. Während einerseits ein Ermittlungsverfahren gegen sie eingeleitet wird, fordert andererseits die konspirative Gruppe von ihr Unterstützung.

Dieser Konflikt, die Klemme zwischen Staatsschutz und Solidaritätsforderungen, kann als literarische Darstellung einer für die politische Kultur der Linken in den 70er Jahren nicht untypischen Konstellation gelesen werden. In der Konstruktion der Romanhandlung wird dieser Konflikt durch die problematische Hinterlassenschaft des Mannes verkörpert: In seinem Keller befindet sich eine Tasche, die er für die Gruppe aufbewahrt hat und die die Frau ihr jetzt übergeben soll. Daß die Frau sich entscheidet, die Tasche weder an die Gruppe noch an die Polizei auszuliefern, sondern deren Inhalt beiseite schafft, wird im Roman als Schritt in die Selbständigkeit gewertet. Man könnte es auch als Verweigerung *dieses* Erbes deuten.

Der Roman enthält daneben eine konkrete Auseinandersetzung mit dem Tod, auf den die Frau durch ihre intellektuelle Sozialisation nicht vorbereitet ist, denn »bei Marx kam das Sterben überhaupt nicht vor« (S. 101). Die Beschäftigung mit dem toten Körper des Mannes und seinem Verfall steht neben der Vorstellungs- und Erinnerungsarbeit am Bild seiner Persönlichkeit. Entfernt sich die Arbeit an seinem Bild immer mehr von seinem Körper, so wachsen daneben der Wunsch und die Angst, diesen Körper noch einmal zu sehen. Wenn sich ihre Gedanken mit dem Toten beschäftigen, so wehrt sich die Frau damit auch gegen die gängige Behandlung des Todes, die im Roman von der Figur des Beerdigungsunternehmers und der von ihm vertretenen Strategie des »Spurlosmachens« vertreten wird (S. 86).

Die Tendenz der Frau, von dem Mann, der sich lebend immer auf Distanz gehalten hat, nachträglich Besitz zu ergreifen, ebenso wie die Neigung, ihn zum Helden zu stilisieren, werden in der Darstellung beschrieben und kritisch kommentiert. Da die Handlung durchgängig aus ihrer Perspektive (in der dritten Person) erzählt ist, steht die Artikulation ihrer Wünsche auf der gleichen Ebene wie die kritische Kommentierung und Reflektion ihres Verhaltens, so daß der Text wie eine Selbstbeschreibung und -beobachtung erscheint. Dennoch entgeht der Roman nicht der Gefahr, den Anwalt als allzu außergewöhnliche und herausragende Persönlichkeit zu präsentieren, wird er doch auf allen Ebenen als leidenschaftlich und überlegen, als gleichermaßen vernünftig wie hedonistisch charakterisiert. Aus den Mosaiksteinen seines Bildes, das — folgt man der Perspektive der Frau — in kein Forderungsmuster paßt und sich dergestalt jeglichen Versuchen zur Besitzergreifung entzieht, entsteht vor den Augen der Leser eine wahrhaft schillernde Gestalt.

Mit ihrem Roman »Scheintod« hat Demski es unternommen, eine längst fällige Aufarbeitung in einem populären Genre zum Thema zu machen. Schon durch den Publikationsort sind die zuvor besprochenen Texte — Will bei »Trikont«, Herzog im »Rotbuch Verlag« und Buhmann bei »Pendragon« — auf eine Öffentlichkeit bezogen, in der Kenntnisse über den historischen Kontext der dargestellten Problematik vorausgesetzt werden können. Mit der Veröffentlichung von »Scheintod« im »Hanser Verlag« und mit der Wahl einer Gattung und Schreibweise spannender Erzählliteratur bezieht die

Autorin sich auf eine breitere Öffentlichkeit. Erfahrungen im Kontext der Geschichte der RAF werden ansonsten in populärer Form eher im Medium des Films aufgearbeitet, wofür Margarethe von Trottas Film »Die bleierne Zeit« (1981) wohl das bekannteste und auch gelungenste Beispiel darstellt.

Vor Demski hatten schon einige Schriftstellerinnen, die bereits durch andere Veröffentlichungen bekannt waren, schreibend auf das durch die Fahndung veränderte Klima der BRD reagiert, so z. B. Gisela Elsner mit ihrer Erzählung »Zerreißprobe« (in dem gleichnamigen Band mit Erzählungen, 1980) und Hannelies Taschau mit ihrem Roman »Erfinder des Glücks« (1981). Und von Helga Novaks Gedichten aus den Jahren 1976–78 verweisen etliche direkt oder metaphorisch auf Ereignisse im »Deutschen Herbst«[1]. Alle diese Texte bringen Wahrnehmungen weiblicher Gestalten und ihrer Reaktionsweisen auf die politische Situation zum Ausdruck. Sprechen die Gedichte Novaks von einem »ich« oder »wir«, sind die Erzählung Elsners und der Roman Taschaus in der ersten Person geschrieben, so verkörpern diese Stimmen subjektive, aber beispielhafte Erfahrungen von Opfern eines Überwachungsstaates. Taschaus Roman enthält Beobachtungen aus der Perspektive einer Schriftstellerin, die, von einer Lesereise aus Norwegen kommend, nach dem Tod der Gefangenen in Stammheim in die BRD zurückkehrt. Impressionen von der vergangenen Reise, Episoden aus der Beziehung zum Sohn und zum Mann und ihre Empfindungen angesichts der politischen Lage, Verunsicherungen, Ängste und Unmut, sind in der Form assoziativer Aufzeichnungen notiert, verbunden mit Erinnerungen aus der deutschen Geschichte. Auch Elsners Ich-Erzählerin ist eine Schriftstellerin, sie stellt eines Tages fest, daß ihre Wohnung häufiger während ihrer Abwesenheit durchsucht wird. Mit diesem Text weicht die Autorin von ihrer sonst praktizierten Schreibweise der Satire

---

1. Helga Novak: »Grünheide Grünheide. Gedichte 1955–1980.« Darmstadt und Neuwied 1983.

oder Groteske ab und wählt außerdem zum ersten Mal eine weibliche Hauptfigur. Es ist eine Art Psychogramm, in dem die Ich-Erzählerin ihre Reaktionen und Verhaltensweisen beobachtet. Während ihre anfängliche Panik in ruhelose Aktivität umgesetzt wird, wobei die Frau der Fahndungsarbeit ihrer »ungebetenen Besucher« mit einer eigenen Spurensicherung begegnet, indem sie nach Zeichen fahndet, mit denen sie sich und anderen die heimlichen Hausdurchsuchungen beweisen könne, fixiert sie sich mit ihren Gedanken immer mehr auf diese Geschichte, bis sie ihren Wahrnehmungen nicht mehr traut, Realität und Projektionen nicht mehr zu unterscheiden vermag und Angst hat, verrückt zu werden. Allmählich wird aus der Beobachtung ihrer Beobachtung ein alltägliches regelhaftes Verhalten, Bestandteil ihrer häuslichen Verrichtungen, in dem die Ich-Erzählerin wieder Fassung gewinnt:

»Es ist eine Wut, die mich nicht übermannt, die mich nicht mehr dazu bringt, außer Rand und Band zu geraten. Vielmehr handelt es sich um eine Wut, die eine ungemein heilsame, kräftigende Wirkung hat.« (S. 89)

Dieses Sicheinrichten in der Überwachung, mit dem die Erzählerin wieder handlungsfähig wird, ist eine einsame Strategie, denn sie hat es aufgegeben, sich mit Freunden über ihre Situation auszutauschen. Auch die Frau in Demskis Roman macht einen ausgesprochen einsamen Eindruck; und Buhmann spricht in ihrer Erzählung explizit von der Einsamkeit während der beschriebenen Ereignisse. Ich nehme an, daß das Gefühl der Einsamkeit in Texten weiblicher Autoren deshalb so dominant ist, weil sich Frauen in der »bleiernen Zeit« einem extrem männlich organisierten Apparat konfrontiert und ausgesetzt fühlen, eine Situation, die sie nicht selten in ihrer Identität vollständig verunsichert, da ihre eingeübten Verhaltensmuster hier unwirksam werden. Als Gemeinsamkeit der besprochenen Texte kann man die Bemühungen betrachten, sich den Identitätsmustern von ›Opfer‹ und ›Heldin‹ gleichermaßen zu verweigern. Handlungsfähig zu sein bzw. zu werden, ohne die eigenen Ängste und Schwächen zu verdrängen, so könnte die Formulierung für eine *andere* Politik lauten, jenseits tradierter Strategien, denen im Topos des »Kampfes« Männlichkeitswahn und Heroismus angehören.

Gisela Breitling: Zum Gedenken an Jan van Eyck. 1976.

4. Von der ›neuen Subjektivität‹ zur Subjektkritik

»*Jede bisherige Theorie des Subjekts hat dem ›Männlichen‹ entsprochen. In der Unterwerfung unter eine solche Theorie verzichtet die Frau, ohne es zu wissen, auf die Besonderheit ihrer Beziehung zum Imaginären.*«
(Luce Irigaray: »Speculum«)

»*Man kann eben nicht ungestraft durch Generationen das Fleisch verachten und mit dem Hirn allein leben. Eines Tages rächt sich das Fleisch.*«
(Marlen Haushofer: »Die Tapetentür«)

›Weibliche Subjektivität‹ ist eines der Glitzerwörter des Feminismus. Mit dem Postulat weiblicher Subjektivität begannen die Debatten über Frauenliteratur, ausgehend von der Klage über mangelnde öffentliche und literarische Repräsentanz von Frauen und »in Opposition zum männlichen, ›objektivierenden‹, von sich absehenden Denken«.[1] Vorerst ist damit also der Wunsch nach weiblicher Selbstthematisierung gemeint. Obwohl Frauen in der Geschichte zu »Spezialistinnen der Subjektivität«[2] wurden, da sie für die privaten, individuellen Aspekte des Subjekts zuständig waren, hat ihre Perspektive kaum eine öffentliche Artikulationsform erhalten. Da die literarische Sprache als Medium subjektiver Äußerung par excellence gilt, formiert sich der Blick auf die eigene Persönlichkeit und ihre Erfahrungen Anfang der 70er Jahre als

1. Johanna Wördemann: »Schreiben um zu überleben oder Schreiben als Arbeit.« In: »Alternative 108/109. Das Lächeln der Medusa.« 1976. S. 115.
2. Brigitte Nölleke: »In alle Richtungen zugleich. Denkstrukturen von Frauen.« München 1985. S. 128.

literarischer Diskurs. Wenn Frauen dann ihre Subjektivität von der der Männer abgrenzen, steht zunächst das Motiv im Vordergrund, verallgemeinerbare, also ›frauenspezifische‹ Erfahrungen zu beschreiben. Mit dieser Zielsetzung verbindet sich ein Literaturkonzept, das es auf Identität und auf Identifikation (der Leserinnen) abgesehen haben muß. Unausgesprochene Orientierung ist dabei der Entwurf eines emanzipierten weiblichen Subjekts: selbständig, selbstbewußt und unabhängig von tradierten Rollenmustern und männlichen Zuschreibungen und Bevormundungen.

Im Laufe der 70er Jahre ist dieses Programm immer fragwürdiger geworden, sowohl hinsichtlich seiner Orientierung am Emanzipationsbegriff als auch im Hinblick auf das darin implizierte Identitätskonzept. Von einer Kritik an misogynen Frauenbildern und sexistischen Verhältnissen und Verhaltensweisen hat sich der Feminismus in kürzester Zeit zu einem großen Projekt der Relektüre und Dekonstruktion theoretischer und literarischer Traditionen entwickelt, um jene Strukturen nachzuzeichnen und außer Kraft zu setzen, die den Ausschluß der Frauen aus der öffentlichen Geschichte begründet haben. Dabei wurde das Konzept des identischen, autonomen Subjekts immer grundsätzlicher in Frage gestellt. Vollzog sich historisch die Subjektkonstitution über die Ausgrenzung des ›Anderen‹, u. a. der Weiblichkeit, so kann sich die Frau nicht in den vom männlichen Subjekt entwickelten Äußerungsformen bewegen, ohne selbst an dieser Ausgrenzung des Weiblichen teilzuhaben. Mit dieser Erkenntnis, die durch die Rezeption der französischen Theoretikerinnen, insbesondere Luce Irigarays und Hélène Cixous', ebenso wie durch konkrete Erfahrungen mit der Kehrseite einer am Gleichheitspostulat orientierten Emanzipationsbewegung, mit den »Frösten der Freiheit« (M. Fleißer), hervorgebracht wurde, begannen die Frauen, sich auf die produktiven und subversiven Aspekte einer Existenzweise an ›den Rändern‹ oder den verschwiegenen Orten der bestehenden männlichen Ordnung zu besinnen. Weibliche Subjektivität wird jetzt als *andere* Subjektivität bzw. als das Andere des Subjekts begriffen.

Damit ist auch der Telos der ›Emanzipation‹, verstanden als Autonomie und gleiche Teilhabe an allen gesellschaftlichen Funktionen, obsolet geworden und mit ihm all jene literarischen Genremuster und Erzählmodi, die einem solchen Telos verpflichtet sind. Für die Literatur von Frauen folgt daraus, daß sich Schreibweisen weiblicher Subjektivität herausbilden, die im Hinblick auf die etablierten und vergesellschafteten Diskursformen disparate Wahrnehmungs- und Äußerungsweisen praktizieren. So verstanden, ist weibliche Subjektivität vergleichbar mit dem Subjektivitätsbegriff Elisabeth Lenks in ihrer Untersuchung über die »mimetische Grundstruktur in der Literatur und im Traum«. »Die menschliche Subjektivität hat die souveräne Macht, die Formen, die sie geschaffen hat und die ihr als stabile Dauergebilde entgegentreten, wiederaufzulösen.«[1] Darin sei sie der Traumform ähnlich, die der Vernunftsform gegenübergestellt wird. Im Traum und in der Kunst komme die Vielheit der Person zum Ausdruck, die in der Einheit der sozialen Person, ihrer Identität, verschwunden sei. Im Unterschied zur Psychoanalyse konzentriert Lenks Studie sich nicht auf den Status und die Zeichen des Traums, sondern auf seine Struktur und die *Form*elemente seiner Sprache.

Ist dieses Konzept aber als allgemeines entworfen, bleibt die Frage nach dem besonderen, anderen Charakter weiblicher Subjektivität. Da der Ort, von dem aus Frauen schreiben und sprechen, sich von dem der Männer unterscheidet, muß das auch Konsequenzen für die Art und Weise haben, wie sich ihre Subjektivität äußert bzw. äußern kann. So kommt es darauf an, nicht nur die aus dem etablierten Diskurs ausgeschlossenen weiblichen Erfahrungen zu *thematisieren*, sondern auch an die dort vorhandenen Artikulationsweisen

---

1. Elisabeth Lenk: »Die unbewußte Gesellschaft. Über die mimetische Grundstruktur in der Literatur und im Traum.« München 1983. S. 90.

anzuschließen, denn auch das Schweigen der Frauen ist beredt — wenn man seine Zeichen nur zu lesen versteht: die Gestik des Körpers und die Sprache der Krankheit z. B. Aufgrund solcher Überlegungen erhält der Körper der Frau eine immer wichtigere Bedeutung für Schreibweisen weiblicher Subjektivität, nicht der Frauen-Körper als Hort der Natur etwa, sondern als Ort, an dem die Einschreibungen von ›Weiblichkeit‹ abzulesen sind, und als Ort, an dem weibliches Begehren sich ausspricht.

Neben der hier skizzierten Veränderung weiblicher Subjektivität, deren Schreibweisen sich in Kontakt mit dem feministischen Diskurs und der Relektüre von Weiblichkeitskonzepten entwickelt, hat sich eine ästhetisierte Variante weiblicher Subjektivität herausgebildet, die eher durch das Feuilleton gefördert wird. Beispielhaft dafür sind Johanna Walsers Aufzeichnungen »Vor dem Leben stehend« (1982), Zsuzsanna Gahses Prosabuch »Zero« (1983) und Brigitte Kronauers Roman »Rita Münster« (1983), an dem »artistische Präzision«, »Beobachtungsfanatismus«, »Indifferenz« und »Gleichgültigkeit« gelobt wurden. Aus der Opposition gegen die Gewalt von Sinnkonzepten ist in dieser ›neuen Ästhetik‹ in schlichter Umkehr die Norm des Sinn-Losen geworden, die ja insofern wieder Sinngebung impliziert, als sie den formal-ästhetischen Sinn favorisiert.

4.1. »Der Mensch meines Lebens bin ich«? — Tagebücher und Ich-Texte [1]

Der Entwurf ›weiblicher Subjektivität‹ war zunächst eine — im Effekt politische — Arbeit an weiblichen Erfahrungs- und Wahrnehmungsperspektiven in der Literatur. Dabei ist von

---

[1] Das Zitat entstammt Verena Stefans »Häutungen«. München 1975. S. 124.

zentraler Bedeutung, daß diese Perspektive nicht an die Position einer irgendwie herausragenden Persönlichkeit oder Situation gebunden ist, sondern an ›normale‹ alltägliche Erfahrungen von Frauen. Insofern beinhaltet dieser Anspruch eine beabsichtigte Entprofessionalisierung des Schreibens, die dann in dem problematischen Konzept der ›Authentizität‹ Programm geworden ist.[1] Die Aufwertung normaler weiblicher Erfahrung wird dabei über eine Zentrierung des Textes um ein weibliches ›Ich‹ vollzogen, wobei dieses als ein Subjekt gedacht ist, das sich im Prozeß der ›Emanzipation‹ befindet. Weibliche Subjektivität ist deshalb zunächst identisch mit den Wahrnehmungen und Überlegungen eines im Alltag sich-selbst-gewiß-werdenden weiblichen Ichs, welche in Abgrenzung zu männlichen Verhaltensweisen und Bewertungen entworfen werden. Sich selbst ernst zu nehmen und eigene, unabhängige Normen und Ansprüche zu begründen, in diesem Gestus artikuliert sich das Selbstbewußtsein weiblicher Subjektivität, dem als Schreibweise tagebuchartige Reflektionen entsprechen.

Obwohl Karin Strucks Roman »Klassenliebe« nicht aus dem Kontext der Frauenbewegung entstanden ist — sie gehörte dem ›Werkkreis Literatur der Arbeitswelt‹ und zeitweise der DKP an — trug dieser Text wesentlich zur Begründung der ›Frauenliteratur‹ bei. Wenn auch die ideologischen Positionen der Autorin, insbesondere ihre Weiblichkeitsvorstellungen, mit den kardinalen Maximen der Frauenbewegung nicht übereinstimmten, wie die vielen heftigen Reaktionen feministischer Kritikerinnen belegen,[2] so nahm ihre Publikation doch viel von dem vorweg, was in den Debatten über ›Frauenliteratur‹ Programm werden sollte.

1. Vgl. Ursula Krechel: »Leben in Anführungszeichen, das Authentische in der gegenwärtigen Literatur.« In: »Literaturmagazin 11. Schreiben oder Literatur.« Hg. v. Nicolas Born u. a. Reinbek bei Hamburg 1979, S. 80–107.
2. Z. B. das Interview im »Frauenoffensive Journal Nr. 5. Aufständische Kultur.« München 1976, S. 42–47. — S. auch: »Karin Struck«. Hg. v. Hans Adler und Hans Joachim Schrimpf. Frankfurt/M. 1984.

Neu und folgenreich war vor allem die Schreibweise Strucks. Der ›Roman‹, der keinerlei formale Elemente dieser Gattung enthält, besteht aus Tagebuchaufzeichnungen der Ich-Erzählerin Karin, die von Mai bis August 1972 datiert sind. Die ›Authentizität‹ besteht hier darin, daß keine ästhetische Ich-Konzeption vorliegt, die Erzählerin also mit der Person Strucks identisch ist, wie auch die geschilderten Erlebnisse und die auftretenden Personen auf reale Personen verweisen. Statt einer Verschlüsselung sind allenfalls Namen geändert bzw. durch Initialen ersetzt. So ist der geliebte Schriftsteller z. B. zum großen Unbekannten Z. geworden. Der Wahrheits-anspruch konkreter Erfahrung wird im Text in dem Wunsch evident, sich selbst »unverstellt« darzustellen. Insofern ist der Erfahrungs- und Realitätsbegriff dieser Literatur noch geprägt durch die Interview- und Protokolliteratur, nur daß Erfahrung jetzt nicht mehr in einem sozialen Paradigma als Wirklichkeit anderer Frauen, sondern als eigene Wirklichkeit beschrieben wird. Ist die Rückbesinnung auf den literarischen Diskurs als Modus subjektiver Artikulation mit einer sozialen Perspektiv-verschiebung verbunden, so steht Strucks Text auf der Schwelle dieser Kursänderung, weil sie sich als Frau und als Angehörige der Arbeiterklasse artikuliert. Ihre Abgrenzung vollzieht sie insbesondere gegenüber den intellektuellen und männlichen Aspekten eines linken politischen Selbstverständ-nisses, obwohl von eben diesen Momenten auch die größte Faszination für die Schreibende ausgeht. Die Tagebuchauf-zeichnungen, die dem leitmotivisch geäußerten Wunsch, »Ich zu werden«, unterworfen sind, sind durchsetzt von Literatur-zitaten, die teils als Botschaft, teils als Folie für die Deutung eigener Erfahrung fungieren. Der Klappentext spricht in die-sem Zusammenhang von »kollektivem Erzählen«:

»Durch Zitate aus Büchern, Briefen und Gesprächen entsteht ein kollektives Erzählen von unverwechselbarer Subjektivität und kon-kreter Sinnlichkeit, das durch seine leidenschaftliche Sprache, durch seine Sensibilität für Verhaltensweisen und durch sein kritisches Wahrnehmungsvermögen fasziniert und betroffen macht.« (S. 2)

Ist damit das Programm der ›Bekenntnis- und Erfahrungsliteratur‹ vorweggenommen, so wird in diesem Zitat schon der
Verallgemeinerungsanspruch derartiger Literatur formuliert.
Die Rede von der ›Betroffenheit‹ ist ja zu einer der populär-
sten und zugleich abgegriffensten und leersten Formeln in der
Literaturdebatte der 70er Jahre geworden. Indem die Relevanz von Publikationen darin nicht über ästhetische oder
theoretische Erklärungen bestimmt wird, sondern allein über
diffuse emotionale Effekte, wird ein Widerspruch überbrückt, der sich daraus ergibt, daß der Anspruch unverwechselbarer Subjektivität mit dem Anspruch auf Allgemeingül-
tigkeit eigentlich unverträglich ist. Stellt sich die ›Betroffenheit‹ über eine Identifikation mit den Aussagen des Textes
her, so muß das Subjekt in der Gewißheit schreiben, sich für
viele zu äußern. Das ›Ich‹ unterliegt damit einem Anspruch
auf Repräsentativität der eigenen Überlegungen und Empfindungen. Bei Struck ist dies schon durch den Titel »Klassenliebe« formuliert. Die Repräsentanz des Ichs ist zudem durch
mehrfache Legitimation abgesichert: gewinnt es als »Arbei-
terkind« seine politische Bedeutung, als weibliches Subjekt
seine oppositionelle Originalität, so ist seine Belesenheit und
die Tatsache, in einen intellektuellen Kontext eingebunden zu
sein, Voraussetzung für die Literarisierung des eigenen Lebens.

Tagebuchaufzeichnungen, meist in einem Atemzug mit
Briefliteratur genannt, gelten gemeinhin als ›weibliches‹
Genre. Mit Blick auf die Genese der Frauenromane aus der
Briefliteratur im 18. Jahrhundert[1] und auf so faszinierende
Autorinnen wie z. B. Rahel von Varnhagen und Bettina von

---

[1]. Vgl. Silvia Bovenschen: »Die imaginierte Weiblichkeit. Exemplarische
Untersuchungen zu kulturgeschichtlichen und literarischen Präsentationsformen des Weiblichen.« Frankfurt/M. 1979. Besonders den Abschnitt II C6
über den Briefroman. — Barbara Becker-Cantarino: »Leben als Text. Briefe
als Ausdrucks- und Verständigungsmittel in der Briefkultur und Literatur
des 18. Jahrhunderts.« In: Hiltrud Gnüg/Renate Möhrmann (Hg.): »Frauen
Literatur Geschichte.« Stuttgart 1985, S. 83–103.

Arnim stehen beide Gattungen für eine weibliche Literatur-
tradition jenseits der ›großen Literatur‹, die als Genealogie
männlicher Ästhetik gelten kann. Die Unabhängigkeit von
Formzwängen, die Nähe zum Alltag und die Unmittelbarkeit
der Äußerungen machen die unbearbeiteten ›authentischen‹
Aufzeichnungen — unter der Metapher ›Leben als Text‹ —
zum Vorbild für eine Schreibweise ›weiblicher Subjektivität‹.
Dabei wird übersehen, daß die Autorinnen, die als historische
Vorbilder herhalten, durchaus bedacht haben, ob sie im Hinblick auf eine Veröffentlichung geschrieben haben oder nicht,
und daß ihren Texten durchaus eine Konzeption zugrunde
lag. Zudem sind Tagebuchaufzeichnungen, die in ihrer monologischen Perspektive nur durch das schreibende Subjekt
und äußere Ereignisse als Auslöser für seine Reflektionen
strukturiert werden, nicht mit Briefliteratur vergleichbar, die
vielfältige Variationen der Inszenierung zuläßt, seien es Spiele
mit der Intimität und dem ›Geheimnis‹ von Briefbeziehun-
gen, seien es spannungsvolle, durch die Differenz der Brief-
partner bestimmte Texte. Konnten André Bretons Vorhaben,
ein »Leben im Glashaus« zu führen, sowie seine Polemik gegen die Verschlüsselung realer Personen in literarische Figuren[1] seinerzeit noch als Affront gegen den Literaturbetrieb
gelten, so ist die Veröffentlichung privater Lebensläufe in der
Mediengesellschaft längst Bestandteil der öffentlichen Neugier geworden.

Strucks Text zeigt die Problematik einer weiblichen Subjektivität, deren Literaturkonzept sich mit der Veröffentlichung persönlicher Aufzeichnungen begnügt. Bei ihrem Roman handelt es sich um relativ sprunghafte Assoziationen der
Schreibenden, die ohne Distanz, ohne Begriffsanstrengung,
ohne thematische und formale Konzeption aufgeschrieben
sind. Nicht aus formal-ästhetischen oder wie auch immer ge-
arteten, meist dubiosen Qualitätsansprüchen erscheint mir
diese Schreibweise problematisch, sondern weil sie sich im

1. André Breton: »Nadja« (1928). Frankfurt/M. 1983. S. 14–5.

Aufzeichnen von Erlebnissen, Empfindungen und Gedanken in einer Reproduktion vorhandenen Bewußtseins erschöpft. Daher die bekannten Bestätigungseffekte solcher Bekenntnisliteratur.

Wie bemüht Karin Struck und andere Autorinnen nach ihr das eigene Ich zum Zentrum ihrer Texte machen, ist zu verstehen und zu bewerten als Versuch, die bestehende Abwesenheit weiblicher Subjektivität in der Öffentlichkeit zu überwinden. Wie gereizt, deutlich provoziert und affiziert die Literaturkritik z. T. auf dieses Buch und auch andere Veröffentlichungen Strucks reagierte, zeigt auf der anderen Seite, wie unerhört dieses Unterfangen anmutete, während die Nöte und privaten Leiden männlicher Individuen doch seit langem zur anerkannten Literatur gehören, ohne daß diese unbedingt immer eloquenter vorgetragen würden.

Verena Stefans Buch »Häutungen« (1975), im Jahr der Frau erschienen, kann dann als Symbol für den Durchbruch der ›Frauenliteratur‹ gelten. Zwischenzeitlich war das Reden über die ›Frauenfrage‹ bis in die Medien-Öffentlichkeit vorgedrungen, so daß eine große Bereitschaft vorhanden war, sich mit dem Buch auseinanderzusetzen, und zwar nicht nur in Kreisen der Frauenbewegung. Der Text ist heute nicht unabhängig davon zu beurteilen, welche Initialfunktion er für die Debatten über ›Frauenliteratur‹ hatte. Im Unterschied zu Strucks »Klassenliebe« kann »Häutungen« als Bewegungstext betrachtet werden, denn die Autorin kommt aus der aktiven Frauenbewegung und vollzieht quasi stellvertretend den allgemein ersehnten Schritt zur Selbstthematisierung und -reflektion. Die Bemerkung im Vorwort, es handele sich um ein Buch, »dessen Inhalt hierzulande überfällig ist« (S. 3), deutet das Bewußtsein Stefans an, im Namen vieler Frauen zu schreiben.

Verena Stefan hatte zuvor, zusammen mit der Berliner Frauengruppe ›Brot ♀ Rosen‹, am »Frauenhandbuch 1« gearbeitet, das sich mit dem weiblichen Körper, mit Fragen der Verhütung und Abtreibung beschäftigte. In »Häutungen«

beschreibt sie, aus der Perspektive der Ich-Erzählerin Veruschka, welche Veränderungen eine solche Praxis im individuellen Leben einer Frau bewirkt. Im Mittelpunkt des Textes steht die beabsichtigte Sensibilisierung für den alltäglichen Sexismus. Und in dieser Hinsicht hat »Häutungen« wohl, da das Buch zum Gegenstand zahlreicher Diskussionen in Frauengruppen, Seminaren, Klassenräumen, Wohngemeinschaften etc. wurde, die intensivste Wirkung erreicht. Um eine veränderte Wahrnehmung zu erzielen, versucht die Autorin, den weiblichen Körper zum Ausgangspunkt ihrer Beobachtungen zu machen; sie beschreibt die Unterwerfung des weiblichen Körpers unter die Bedürfnisse und Verfügung des Mannes, eine Unterwerfung, welche qua Übernahme der männlichen Perspektive durch die Frau funktioniert. Gegenstand direkter Kritik sind dabei vielfach die »linken Männer« bzw. Dogmen aus dem zeitgenössischen politischen Selbstverständnis der ›Linken‹. Indem sie bestehende ›Wahrheiten‹ in Frage stellt, werden allerdings neue Dogmen kreiert, so z. B. wenn da, durch Kursivdruck hervorgehoben, der Satz steht: »*Sexismus geht tiefer als Rassismus und Klassenkampf.*« (S. 34)

Der Text beschreibt Szenen vom Aufbruch einer Frau aus gewohnten Lebensverhältnissen, welche in der Metapher der »behausung« oder der »alten häute« gefaßt werden. Dabei fällt der Text grob in zwei Teile; in die Kritik am Ist-Zustand, der für die Erzählerin allerdings als Vergangenheit gilt, deren Erlebnisse im Perfekt erzählt werden und somit weitgehend als überwunden erscheinen, und in Ausschnitte aus Experimenten mit alternativen Lebensmöglichkeiten, d. h. aus dem Übergang und der Entwicklung von Gegenentwürfen, die als Gegenwart erscheinen. »Häutungen« trägt den Untertitel »Autobiografische Aufzeichnungen Gedichte Träume Analysen«. Der Text verhält sich insofern z. T. skeptischer gegenüber authentischen Tagebuchaufzeichnungen, als eins seiner wichtigen Momente die Auseinandersetzung mit der bestehenden Sprache ist. Gedichte und metaphorische Darstellungen dienen der Autorin z. B. dazu, sich von der ›Alltagssprache‹ zu entfernen und neue Wahrnehmungen auch sprachlich zu erproben. Auch Stefans Umgangsweise mit Sprache, die übrigens als Beginn der feministischen Sprachkritik gelten kann, fällt in zwei Teile. Einerseits versucht sie, durch Verfremdung den alltäglichen Gebrauchssinn vieler Wörter zu befragen und auf ihre buchstäbliche Bedeutung zu verweisen. Hierzu dient zuerst ihre Praxis getrennt geschriebener Wörter wie z. B. »unter leib«, »büsten halter«, »liebes geschichte« etc.¹. Andererseits versucht sie durch Neuschöpfungen, insbesondere für den weiblichen Körper, neue Benennungsmöglichkeiten zu finden in Abgrenzung zum herrschenden sexistischen Jargon und greift dabei auf Naturmetaphern zurück. In einer Vorbemerkung betont die Autorin diesen Aspekt ihrer Schreibweise:

»Beim schreiben dieses buches, dessen inhalt hierzulande überfällig ist, bin ich wort um wort und begriff um begriff an der vorhandenen sprache angeeckt. (...) Die sprache versagt, sobald ich über neue erfahrungen berichten will. angeblich neue erfahrungen, die im geläufigen jargon wiedergegeben werden, können nicht wirklich neu sein. artikel und bücher, die zum thema sexualität verfasst werden, ohne dass das problem sprache behandelt wird, taugen nichts. sie erhalten den gegenwärtigen zustand.
Ich zerstöre vertraute zusammenhänge. ich stelle begriffe, mit denen nichts mehr geklärt werden kann in frage oder sortiere sie aus. — beziehung, beziehungsschwierigkeiten, mechanismen, sozialisation, orgasmus, lust, leidenschaft — bedeutungslos. sie müssen durch neue beschreibung ersetzt werden, wenn ein neues denken eingeleitet werden soll. jedes wort muß gedreht und gewendet werden, bevor es benutzt werden kann — oder weggelegt wird.« (S. 3–4)

Ist die Sprache einer der wesentlichsten Aspekte ›weiblicher Ästhetik‹, so ist ihre Thematisierung hier, am Beginn der deutschsprachigen Diskussion, noch auf die Ebene der Sprachkritik an einzelnen Wörtern beschränkt. Problema-

1. Eine ausführliche Analyse der Stefanschen Sprachkritik bei R. Schmidt. A. a. O. S. 60 ff.

tisch ist dabei vor allem der Glaube an die befreiende Bedeutung neuer Wörter, ein Sprachoptimismus, der schon von Ingeborg Bachmann gründlich kritisiert wurde.[1]

Die Naturmetaphorik wurde zum Stein des Anstoßes in den heftigen Kritiken, die auf die Veröffentlichung folgten. Strittig war zudem die Perspektive, die Stefan anbietet: ihre Andeutung einer anderen Lebensweise im Zusammenleben von Frauen, ihr positiver Rekurs auf matriarchale Mythen und ihr Plädoyer für ein neues Naturverhältnis und für ein positives Verhältnis zum weiblichen Körper.[2] Dagegen stimmten ihre kritischen Beobachtungen im wesentlichen mit dem zeitgenössischen feministischen Diskurs überein. Der Erfahrungsbericht Stefans verallgemeinert die beschriebenen Erlebnisse so weit, daß sich sehr viele Leserinnen damit identifizieren konnten. Die Erzählerperspektive erweckt zudem Vertrauen, denn auch wenn der Prozeß der »Häutungen« als unabgeschlossen beschrieben wird, berichtet da eine Frau über Ohnmachtsgefühle und Abhängigkeiten, die sie inzwischen weitgehend überwunden hat. So schwer Wirkungen von Literatur zu beurteilen sind, bei diesem Buch kann man feststellen, daß es eine wichtige Funktion hatte für die Verbreitung des Interesses an der ›Frauenliteratur‹ und für die Herstellung einer öffentlichen Diskussion über weibliche Sexualität.

Tagebuchartige Aufzeichnungen bleiben auch in der weiteren Entwicklung der ›Frauenliteratur‹ populär. Dadurch, daß sich dabei aber sehr unterschiedliche Frauen zu Wort melden, dokumentieren diese Ich-Texte insgesamt eher die Komplexität und Verschiedenheit des weiblichen Lebenszusammenhanges, als daß sie ein einheitliches Bild vermittelten. Das

1. Vor allem in dem Erzählungenband »Das dreißigste Jahr« und in den »Frankfurter Vorlesungen«.
2. Z. B. Brigitte Classen/Gabriele Goettle: »›Häutungen‹, eine Verwechslung von Anemone und Amazone.« In: »Die schwarze Botin«. Nr. 1, 1976, S. 4f.

Genre wird oft für Darstellungen benutzt, die um eine bestimmte Lebenssituation und -problematik kreisen. Sind diese auch nicht für »die Frauen« verallgemeinerbar, so gibt es doch mehr und mehr Texte, die Momentaufnahmen aus weiblichen Lebensläufen beleuchten, die als exemplarisch für eine bestimmte soziale, psychische oder biographische (Ausnahme)Situation gelten können.

In dem Buch »Die Vogelspinne. Monolog einer Trinkerin« (1982) von Margot Schröder z. B. werden die Erlebnisse, die Einsamkeit, die (Alb)Träume und Gedanken einer Alkoholikerin beschrieben. Am Ende des Buches steht die Utopie, »wie schön es sein wird, wenn ich nicht mehr trinke« (S. 137). An die Stelle der flüssigen Droge ist dann die Fähigkeit getreten, zu weinen und sich der eigenen Situation auszusetzen. Mit ihrem Buch hat die Autorin das Schweigen über ein Thema gebrochen, das erst allmählich in die Gespräche der Frauenöffentlichkeit aufgenommen wurde. In dem Monolog werden die Schwierigkeiten deutlich, die Frauen mit der erstrebten Autonomie haben, sozusagen die Kosten der Emanzipation: Isolation als Preis für den Ausbruch aus der tradierten Rolle.

Einige Jahre älter als Schröder (geb. 1937) ist Jeannette Lander (geb. 1931), die Autorin des Romans »Ich, allein« (1980), in dem sie aus dem Leben einer »Mittvierzigerin« erzählt. Die ›Heldin‹ — geschieden, die Kinder sind »aus dem Haus« — ist nicht gewillt, beim Übergang in ihr neues Leben allein auf Aktivität und Freude zu verzichten. Langsam lernt sie, ihr Leben in Freiheit und Unabhängigkeit zu gestalten, die sie vor allem im Kontrast zu den Verwicklungen, in denen sich ihre Tochter befindet, zu schätzen lernt. Mit diesem Buch hat die Autorin auch gegen die Diskriminierung von Frauen angeschrieben, die als alt gelten, wenn sie ein Alter erreicht haben, in dem Männer sich angeblich in ›ihren besten Jahren‹ befinden.

Die beiden letzten Beispiele stehen für Publikationen, die nicht als ›authentische‹ Aufzeichnungen gelesen werden wollen. In ihnen werden Erlebnisse, Impressionen und Reflektionen als subjektive tagebuchartige Notizen *gestaltet.* Bei Schröder geht es mehr um das Monologische dieser Aufzeichnungen, die in Abschnitte gegliedert sind, die atmosphärische oder biographische Motive thematisieren, wie z. B. »Jens oder die Vernunft«, »Helen oder die Sehnsucht«, »Die Enge«, »Altwerden«, »Die Mutter« u. a. Dabei müßte man eigentlich von *Nacht*aufzeichnungen sprechen, denn der ganze Monolog ist als Ablauf einer schlaflosen Nacht konzipiert. Bei Lander dagegen bildet die Datierung der Aufzeichnungen vom 15. Oktober bis zum 14. Mai eine zeitliche Einteilung, die mit einer thematischen kombiniert ist. Die vier Kapitel unter den Überschriften »Tochter«, »Lebensunterhalt«, »Sohn« und »Umraum« wiederholen jeweils die Datierung, so daß dadurch ein Parallelgeschehen nacheinander erzählt wird. Zudem ist der Text mit dem programmatischen Titel »Ich, allein« in der dritten Person erzählt, aus der Perspektive der Protagonistin Harriet Wende. Die Darstellung dieses Subjekts folgt keiner einheitlichen Perspektive, sein Leben läßt sich nicht als eindimensional beschreiben.

Ein Spiel mit dem Ich macht sich Katja Behrens in ihren Erzählungen »Die weiße Frau« (1978). Z. B. ist die Erzählung »Das Spiel« eine Ich-Erzählung; die Ich-Erzählerin verdoppelt sich darin aber, indem sie sich als einer anderen Frau mit ganz anderer Lebensweise begegnet oder sich mit anderen zusammen imaginiert, um sich so mit den Un-Möglichkeiten, d. h. den von ihr nicht gelebten Möglichkeiten ihres Lebensentwurfes zu konfrontieren.

4.2. Der Mythos vom Schreiben

Häufiger allerdings sind Texte von jüngeren Frauen, die sich auf der Suche nach einer eigenen Lebensweise bzw. in einer bestimmten Entscheidungssituation befinden. In der Reihe »die neue frau« gibt es viele solcher Publikationen von nichtprofessionellen Autorinnen: z. B. »Examen« von Monika Feth (1980); »Das Dritte. Geschichte einer Entscheidung« (1977) von Elisabeth Albertsen, das Protokoll einer Abtreibung; dann die Erlebnisse einer ›Aussteigerin‹ von Margit-Heide Irgang »Einfach mal ja sagen« (1981); »Abrechnung« (1979) von Herrad Schenk, die Geschichte einer ungleichen Beziehung zwischen einem verheirateten Professor und einer Studentin. Auch andere Verlage beteiligen sich an dem Geschäft, wie z. B. der Suhrkamp-Verlag mit dem Buch »Sonja. Eine Melancholie für Fortgeschrittene« von Judith Offenbach (Pseudonym). Es sind Texte, die meist auf literarische Gestaltung verzichten und eigene Erlebnisse der Schreibenden dokumentieren, die offenbar aber ein hohes Maß an Identifikation anbieten, wie die Auflagenzahlen belegen. Sie sind leicht konsumierbar und dazu angetan, eigene Gefühle und Überlegungen der Leserinnen zu bestätigen, nicht in Frage zu stellen. Problematisch ist vor allem die Unmittelbarkeit, mit der hier persönliche Erlebnisse ohne Umschweife zu Literatur werden. Der Verzicht auf sprachlich-literarische Bearbeitung des Erlebten impliziert vielfach den Verzicht auf Reflektionsarbeit. Die selbstverständliche Anwesenheit des ›Ich‹ in diesen Texten ist oft ein Merkmal ästhetischer Naivität, die unter dem Titel der ›Authentizität‹ positiv besetzt wird. Häufig hat das Schreiben dabei eher Entlastungsfunktion, als daß es die radikale Einsicht in die Problemkonstellation beförderte.

Die große Popularität der sogenannten authentischen Literatur entspricht einer Vermarktung der im Topos des ›Schreibens‹ enthaltenen Tendenz zur Entprofessionalisierung, die in ihrem Ursprung ein genau entgegengesetztes Ziel verfolgte, nämlich die Befreiung der Literatur aus den Gesetzen des Marktes. 1979 widmete das »Literaturmagazin« eine Nummer dem Thema »Schreiben oder Literatur«. In der Debatte über ›Frauenliteratur‹ spielte der Begriff des Schreibens aber schon vorher eine zentrale Rolle: als Gegensatz zum herrschenden männlichen Literaturbetrieb und als Ersatz für einen noch nicht vorhandenen eigenen Literaturbegriff. Die Konstituierung von Gruppen »Schreibender Frauen«, die Mitte der 70er Jahre begann, hatte mehrere Motive. Erstens wurde damit der Einbindung der Frauenliteratur in einen größeren Diskussionszusammenhang entsprochen, indem eine direkte Verbindung zwischen Produktion und Rezeption hergestellt wurde. Zweitens wollten sich Frauen unabhängig vom Markt Foren schaffen, in denen sie sich ihre Texte vermitteln und darüber sprechen konnten. 1976 fand das erste überregionale »Treffen schreibender Frauen« statt, das dann in unregelmäßigen Abständen fortgesetzt wurde.[1] Die ersten Treffen galten vor allem der Verständigung über Prinzipien ›weiblicher Sprache‹ und ›feministischer Ästhetik‹, während die vorhandenen Texte, die man sich vorlas, den Ansprüchen kaum genügen konnten. Im Laufe der Jahre nahmen die Treffen immer mehr Werkstattcharakter an, d. h. die kritische Arbeit an einzelnen Texten und grundsätzliche Darstellungsprobleme traten in den Vordergrund. Insofern sind in dieser Entwicklung, bei der der Topos des Schreibens anfangs gegen die etablierte, professionelle Literatur stand, die handwerklichen Probleme literarischer Professionalität immer dominanter geworden. ›Schreiben‹ hat also einen Bedeutungswandel

---

1. Einige Berichte: Johanna Wördemann: »Schreiben um zu überleben und Schreiben als Arbeit.« In: »alternative 108/109. Das Lächeln der Medusa.« 1976.—Christa Reinig: »Eindrücke auf dem Treffen schreibender Frauen.« In: »Frauenoffensive Journal Nr. 5. Aufständische Kultur.« 1976. —»Die gelben Socken und ihre Grenzen.« In: »Courage« Nr. 7/1978.—Sonderheft »Treffen schreibender Frauen«. Bremen 1978. »Schreiben« Nr. 4, Juni 1978.—»Viertes Treffen schreibender Frauen, Bremen Juni 1981«. In: »Schreiben« Nr. 15, September 1981.

durchgemacht. Es steht nicht mehr für eine kulturpolitische Opposition, sondern markiert gemeinsame Interessen derjenigen, die sich unter dem Stichwort versammeln: die Probleme des Schreibens.

Andererseits sind die Produkte nicht-professioneller Autorinnen, verstanden als authentische Belege weiblichen Lebens, vom Literaturbetrieb aufgesaugt, vermarktet und damit von der Institution her professionalisiert worden. Dies ist eines der negativen Paradoxe, die beim Zusammentreffen der herrschenden Kultur mit der ›Frauenliteratur‹ entstanden sind.

Die Popularität der sogenannten authentischen Literatur, vor allem sensationeller Bekenntnisliteratur wie z. B. Svende Merians »Der Tod des Märchenprinzen« (1980), haben das Bild der ›Frauenliteratur‹ in der Öffentlichkeit geprägt. Solche Publikationen werden in der Literaturkritik gerne mit dem Begriff der ›Frauenliteratur‹ gleichgesetzt, um die ganze Gattung dann als inferior und indiskutabel abtun zu können. Die pejorative Verwendung des Begriffs Frauenliteratur, die heute fast schon auf vollständigen Konsens zählen kann, hat ihre Entstehungsgeschichte im Feuilleton. In völlig selektiver Rezeption der Literatur von Frauen, bei der eine einfache Traditionslinie von Strucks »Klassenliebe« über Texte aus der Reihe »die neue frau« bis zu Merians »Der Tod des Märchenprinzen« gezogen wird, ist Frauenliteratur auf diese in der Wirkung ja harmlose autobiographische Bekenntnisliteratur festgelegt und abgeurteilt, — und auferstehen können ganz konventionelle, vom Inhalt absehende Kriterien ästhetischer Qualität. Bezeichnend für diesen Vorgang ist auch, daß Literatur von Frauen in letzter Zeit, sofern sie im Feuilleton positiv rezensiert wird, zunächst von »*der* Frauenliteratur« abgegrenzt wird. Eine solche Ausgrenzung der Frauenliteratur aus der Literatur ist dazu angetan, eine größere ›Gefahr‹ abzuwenden, die in den radikaleren literarischen Entwürfen von Frauen schlummert: daß sie nämlich nicht nur die Gewaltverhältnisse dieser Gesellschaft thematisieren, sondern die

Strukturen der kulturellen Ordnung antasten und die Gültigkeit verabredeter Bedeutungen grundsätzlich in Frage stellen.

Der Mechanismus der Ausgrenzung kann aber nur funktionieren, weil Frauen selbst in ihn involviert sind. Eingeschüchtert durch den schlechten Ruf der ›Frauenliteratur‹ und abhängig vom Feuilleton, z. T. aber auch erschüttert über die Verkaufserfolge marktgängiger Bekenntnisliteratur und deren begeisterte Aufnahme bei vielen Leserinnen, distanzieren sich immer mehr Autorinnen selbst von »*der* Frauenliteratur« — anstatt regressive Tendenzen offen zu kritisieren und einen offensiven Streit über produktive und widerständige Wege in der Literatur anzuzetteln. Gerade in den Frauenmedien ist eine kritische Rezeption von ›Frauenliteratur‹ weitgehend tabuisiert.

4.3. *Vom Körper schreiben – Krankheitsberichte*

»Mit dem Körper schreiben«[1] bzw. »den Körper schreiben« (Hélène Cixous) ist eines der Motive, das in den Debatten über ›weibliche Ästhetik‹ immer wieder zu hören ist. Da die Frauen eine andere Beziehung zur Sprache unterhalten als die Männer, dadurch daß wesentliche ihrer Erfahrungen aus der logischen Struktur der Sprache ausgeschlossen sind, müßten sie, um »sich zu schreiben«, ihren Körper ins Spiel bringen, um damit die herrschende Syntax zu unterminieren.[2] Häufig bleibt aber in der Rede von der ›Körper-Sprache‹ unklar, in welcher Weise Körper und Sprache dabei in Verbindung tre-

1. Vgl. J. Wördemanns Bericht zum »Treffen schreibender Frauen«.
2. Hélène Cixous: »Schreiben, Feminität, Veränderung«. In: »alternative« 108/109, 1976, S. 134–147.

ten. Wenn man Literatur von Frauen betrachtet, die auf den Körper Bezug nimmt, bleibt zu fragen, ob es sich um die Darstellung körperlicher Erfahrungen handelt, d. h. um ein Schreiben *über* den Körper, ob die Körper-Sprache als Metapher oder Symbol Bedeutung erhält oder ob es um eine Schreibweise geht, die eine andere Beziehung zwischen Sprache und menschlichem Körper begründet als die der Benennung, indem etwa Sprach-Körper und Körper-Sprache sich berühren. (Vgl. 10.3.)

Ist der weibliche Körper eines der hervorragenden Objekte literarischer Imaginationen männlicher Autoren, so ist er darin meist als Wunschobjekt festgeschrieben und dagegen als leiblicher, unkontrollierbarer Körper abgewehrt. Andererseits sind Selbstthematisierungen aus der Perspektive von Frauen weitgehend tabuisiert, da der Eintritt in eine intellektuelle Sphäre für sie immer noch damit verbunden ist, daß sie von ihrem Geschlecht, also auch von ihrem Körper, absehen müssen. So ist es verständlich, wenn der Entwurf weiblicher Subjektivität zu Beginn der Frauenliteratur sehr stark durch den Impuls geprägt ist, eine Ausdrucksweise für ›authentische‹ weibliche Körpererfahrungen zu finden, wie die Texte von Struck und Stefan zeigen. Dabei verbindet sich mit dem Postulat ›mit dem Körper schreiben‹ zunächst vor allem die Vorstellung vom leidenden weiblichen Körper, die dann durch sehr bemühte Versuche abgelöst wird, ein positives Verhältnis zum Frauenkörper und seinen Funktionen zu gewinnen. Wenn man sich aber heute die Literatur von Frauen ansieht, dann muß man feststellen, daß das genannte Postulat noch weitgehend auf seine Einlösung wartet. Es gibt nicht viele Texte, die den Körper ins Spiel bringen.

Da sind zunächst die Texte, in denen Frauen über ihre Krankheit berichten, subjektive Aufzeichnungen über Krankheitsgeschichten, aus denen hervorgeht, daß das Schreiben für die Verfasserin eine therapeutische Funktion hat. Schreiben um zu überleben, gegen den defekten Körper anschreiben, so präsentiert sich z. B. die Schreibweise in dem Roman »Jessica mit Konstruktionsfehlern« von der Schweizerin Claudia Storz (1977). Andere Texte sind nicht primär aus einem Veröffentlichungsmotiv entstanden, sondern erst nachträglich ›Literatur‹ geworden. Solche authentischen Krankheitsberichte haben eine wichtige Funktion für die Dokumentation verdrängten Wissens über das Leben von Frauen und als Gegen-Rede zum medizinischen und psychiatrischen Diskurs über Weiblichkeit. Zudem sind sie geeignet, die mythischen Bilder kränklicher, fragiler oder hysterischer Frauen in der Literatur zu entzaubern und statt dessen den Zusammenhang zwischen der Krankheit und den Zwängen der Frauenrolle zu erhellen. Am häufigsten sind Berichte von Depressionserfahrungen, z. B. in Caroline Muhrs »Depressionen. Tagebuch einer Krankheit« (1970) und in Elisabeth Opitz' »Horch in das Dunkel. Ein Bericht über Depression« (1979), und Aufzeichnungen magersüchtiger Frauen, wie z. B. »Der Hunger nach Wahnsinn« von Maria Erlenberger (1977) und der autobiographische Text »... und Liebe eimerweise« von Katharina Havekamp (1977). Die schriftlichen Aufzeichnungen sind bei diesen Publikationen insofern als sekundäre Ausdrucksform zu betrachten, als ihnen eine primäre, die der somatischen oder psychosomatischen Symptome vorausgegangen ist.[1]

An dem Bericht Erlenbergers ist dabei klar erkennbar, daß das Schreiben in der Psychiatrie das Hungern ablöst und ersetzt. Der destruktive Mitteilungsmodus der Magersucht, in dem der Protest gegen Weiblichkeitsnormen selbstzerstörerische Formen annimmt, wird in die kreative Mitteilungsform des Schreibens überführt. In ihrem Bericht beschreibt sie rückblickend ihre Krankengeschichte und den Aufenthalt in der Psychiatrie. In der Erinnerung wird die Beredsamkeit der Sprache ihres Körpers als Semiotik der Krankheit lesbar. Das

---

1. Jacques Lacan vergleicht das Symptom mit einer »Metapher, in der das Fleisch oder die Funktion als signifikantes Element genommen werden.« Die Bedeutung sei darin, dem bewußten Subjekt unzugänglich, festgehalten. »Schriften II.« Olten 1975, S. 44.

Fasten stellt sich für sie als eine Strategie dar, dem »Chaos zu entweichen« und eine »Lebensregel zu finden« (S. 51), um der Öde des Frauenalltages zu entfliehen und sich Gefühle, wenn auch nur Hungergefühle, zu verschaffen (S. 119). Indem das Hunger-Unternehmen im Bericht nacheinander als »Spiel«, als »Beruf«, als »Ordnung«, als »System« und als »Lebensregel« bezeichnet wird, erhält es eine Sinn-stiftende Bedeutung für den ansonsten bedeutungslosen Alltag. Im Hinblick auf die gültigen Weiblichkeitsmuster ist die Magersucht eine Verweigerung in der Form der Übererfüllung.[1] Wird das Ideal der schönen, schlanken, begehrenswerten Frau übertrieben erfüllt — »ich bin viel zu elegant geworden«, heißt es (S. 95) — so zerstört die magersüchtige Frau das schöne Bild an sich selbst, indem sie sich es buchstäblich vom Leibe schafft. Mit dem offensichtlichen Zusammenbruch und der Einlieferung in die Psychiatrie wird vorübergehend die Krankheit als neues Rollenangebot angenommen, das insofern positiv beschrieben ist, als es als Befreiung vom Geschlechtsrollenzwang verstanden wird: »Hier muß man die männliche und die weibliche Rolle nicht spielen« (S. 104). Mit dem Abbruch des Hungerunternehmens setzt dann eine Auseinandersetzung mit der empfundenen Leere ein, eine Konfrontation mit dem Gefühl »nichts zu sein«, ein »gestaltloses Ich« (S. 91). Wenn so das Selbstbild den Empfindungen angeglichen wird, dann ist damit die ehemals vorhandene Diskrepanz zwischen den ›Weiblichkeits‹-Versprechungen und der Alltagsöde quasi negativ ausgeglichen: eine Destruktion der schönen Bilder, eine Enttäuschung und das Absinken der Erwartungen auf das Niveau des realen Frauenlebens, d. h. aber auch eine Offenlegung des Mangels.

In dem Bericht Erlenbergers ist die Geschichte ihrer Magersucht beschreibend rekonstruiert, so daß die Ausdrucks-

---

1. Vgl. Hilde Bruch: »Der goldene Käfig. Das Rätsel Magersucht.« (1978) Frankfurt/M. 1978. Marilyn Lawrence: »›Ich stimme nicht‹ — Identitätskrise und Magersucht.« (1984) Reinbek bei Hamburg 1986.

weise des magersüchtigen Körpers indirekt zur Sprache kommt. Dagegen kann in dem autobiographischen Text Katharina Havekamps ».. .und Liebe eimerweise« (1977), der aus zeitlicher Distanz reflektierend von der Magersucht erzählt, die primäre Sprache der Krankheit nicht mehr vergegenwärtigt werden. Die Autorin unterliegt der Versuchung, die Magersucht zum Thema zu machen, Untersuchungen von Ursachen, von gesellschaftlichen und psychischen Zusammenhängen, die theoretischen Erklärungen entstammen, in die Darstellung einzubeziehen und ihre Geschichte in Form einer entwicklungslogischen Abfolge zu präsentieren. Diese Rede *über* die Krankheit steht allerdings im Widerspruch zum sprachlichen Konkretismus der Beschreibung und zu den Bildern, in denen das ambivalente Frauenbild der Magersüchtigen z. T. wiederholt wird.

Psychische und psychosomatische Leiden von Frauen sind nicht unabhängig von der latenten Schizophrenie zu betrachten, in der Frauen heute leben müssen. Die Anteile von ›Weiblichkeit‹, die Frauen moralisches Ansehen verleihen und die auch die Utopie einer *anderen* Lebensweise in sich bergen (Sensibilität, Verständnis- und Liebesfähigkeit, Sozialverhalten, Konkretheit, Nähe etc.), begründen gerade ihren gesellschaftlichen Ort als Unterlegene. Und die herrschenden Frauenbilder und Weiblichkeitsmuster stehen in einem eklatanten Widerspruch zur sozialen und psychischen Realität von Frauen. Diese Widersprüche sind als Risse in die weibliche Identität eingeschrieben. Mit der Geschwätzigkeit des hysterischen, magersüchtigen oder depressiven Körpers verschaffen sich nun Frauen, die in der männlichen Ordnung zum Schweigen verurteilt sind, Gehör. Doch diese ›Sprache‹ zerstört mit den alten Bildern auch die Persönlichkeit der Redenden selbst. Am Körper der Frau, dem Repräsentationsort von ›Weiblichkeit‹, wird die Ent-Täuschung notiert und ausagiert.

4.4. Vom Körper schreiben –
Schreibweisen radikaler Subjektivität

In ihren Thesen zur Hysterie geht Luce Irigaray davon aus,
daß in der ›Gestik des Körpers der Frau‹ sowie in Symptomen
und im Schweigen sich eine andere Ausdrucksweise andeutet
neben der Sprache, die die Frau »in der Familie, in der Schule
und in der Gesellschaft gelernt hat«, neben der Sprache also,
welche sie mime, mimetisch reproduziere, wenn auch jene andere Ausdrucksweise oft gelähmt und eingeschlossen er-
scheine. »Ist die Hysterie nicht vielleicht ein privilegierter
Ort, wo das, was spricht, allerdings ›latent‹, ›leidend‹ aufbewahrt wird?«[1] Sieht sie in der Körper-Sprache, genauer in
Symptomen und in der Gestik des weiblichen Körpers, Hinweise für eine andere Syntax, eine ›Syntax des Weiblichen‹,
so sagt Irigaray damit nicht, daß diese andere Syntax sich rein
äußere oder positiv existent sei, sondern sie reflektiert deren
Verhältnis zum herrschenden Diskurs sowie die Frage, wie
diese Syntax in der Verbalsprache zum Tragen kommen
könne:

»Da aber diese Gestik oft gelähmt oder tatsächlich in die Maskerade
eingegangen ist, ist sie schwer ›abzulesen‹. Es sei denn in dem, was
›darüberhinaus‹ widersteht und übersteht. Im Leiden, aber auch im
Lachen der Frauen. Und auch: in dem, was sie – zu tun oder sagen –
›wagen‹, wenn sie unter sich sind. Diese Syntax kann man auch hören, wenn man sich die Ohren nicht mit Sinn zustopft, in der Sprache der Frauen in der Psychoanalyse.
Es gibt auch immer mehr Texte von Frauen, in denen eine andere
Schreibweise anfängt, sich ausdrückt, auch wenn sie noch oft vom
herrschenden Diskurs unterdrückt wird.« (S. 140)
»Das Problem des ›Frau-Sprechens‹ besteht gerade im Finden einer
möglichen Kontinuität zwischen jener Gestik oder Sprache des Begehrens, die zur Zeit nur in der Form von Symptomen und Pathologie

---

1. Luce Irigaray: »Das Geschlecht, das nicht eins ist.« (1977) Berlin 1979.
S. 142.

erkennbar sind, und einer Sprache, die auch eine verbale Sprache umfaßt.« (S. 142–3)

Es geht also um eine andere Schreibweise, die der Sprache des Körpers Raum läßt, ohne auf die verbale Sprache zu verzichten, eine Schreibweise, welche die Artikulationen und Wahrnehmungen des Körpers nicht abtrennt, die aber auch nicht im sprachlosen Symptom verharrt. Diese Problemstellung ist vergleichbar mit Julia Kristevas Entwurf eines ›Subjekts in Bewegung‹, das sich in der poetischen Praxis äußere, indem es vorsymbolische bzw. vorsprachliche Momente in die Setzungen der Sprache einbrechen lasse.[1] Diese Momente, die sie unter dem Begriff des ›Semiotischen‹ faßt, sind z. B. Gestik, Mimik, Rhythmus des Sprechens und der Atmung, Intonation, Melodie, Reim, Lautmalereien und Artikulationen, die wie die ›Glossolalie‹, das Zungenreden, der Wortgestaltung vorausgehen. Impliziert das Sprechen, indem es das Dargestellte in Bildern, Worten bzw. eindeutigen Benennungen festhält, immer einen Schnitt gegenüber der pulsierenden Bewegung des Lebendigen, so vollzieht sich in den Äußerungen des ›Semiotischen‹ ein Einbruch der Triebe in die Sprache. Soweit die genannten Momente die Materie der Sprache bzw. den Sprach-Körper betreffen, läßt sich eine entsprechende poetische Praxis vor allem als sprechende, d. h. mündliche Sprache denken oder aber in Schriftformen, die dem Lyrischen verwandt sind. Für Prosa oder erzählende Genres wird damit der Bezug zur Materie und zum Körper um so bedeutsamer.

In dem 1958 entstandenen Text »Haus der Krankheiten« von Unica Zürn haben Krankheit und Körper eine Mehrfachbedeutung. Einmal ist der Text als Tagebuch einer Krankheit während einer Gelbsucht der Autorin entstanden. »Geschichten und Bilder einer Gelbsucht« heißt es im Untertitel.

1. Julia Kristeva: »Die Revolution der poetischen Sprache« (1974). Frankfurt/M. 1978.

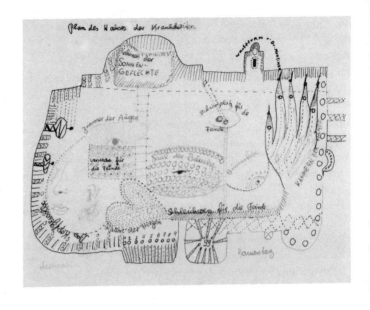

Unica Zürn: Plan des Hauses der Krankheiten. 1958.

Dann befindet sich die Ich-Erzählerin »eingesperrt« in einem Haus, das einem Sanatorium oder einer psychiatrischen Anstalt vergleichbar wäre, und wird darin von einem Arzt diagnostiziert. Zudem sind die Räume dieses Hauses Körper-Räume; so gibt es z. B. ein »Kabinett der Sonnengeflechte«, eine »Kammer der Hände«, eine »Busenstube«, einen »Saal der Bäuche« und ein »Kopfgewölbe«, dann ein »Fieber-Zimmer«. In Zeichnungen, die Zürn zum Text angefertigt hat, sind diese Räume topographisch dargestellt. Als Grund für den Aufenthalt der Ich-Erzählerin in diesem Haus wird eine Augenkrankheit angeführt, und zwar seien ihr die Herzen der Augen durchschossen, so daß die Augen keine Herzen mehr hätten. Der Schütze oder auch »Meisterschütze« dieser Schüsse wird als ihr »Todfeind« bezeichnet. In dieser phantastischen Erzählung wird ein Befinden in Körperbildern beschrieben, das sich nicht in eine begriffliche Sprache übersetzen läßt. Offensichtlich geht es darum, daß die Ich-Erzählerin sich schutzlos Blicken ausgeliefert fühlt, die ihr ›Herz‹ — als metaphorischen Sitz des Gefühls — treffen, sich aber als kalte Blicke erweisen, und darum, daß sich in der Beziehung zu dem Arzt, ihrem ›Meister‹, Erfahrungen wiederholen, die sie mit anderen ›Meistern‹ schon gemacht hat. Sinneswahrnehmungen, Empfindungen und Emotionen sind im Text als körperliches Ereignis dargestellt oder aber im Körper-Raum situiert, so daß metaphorische Redewendungen, die sich auf den Körper beziehen, materialisiert werden.

Es gibt einige jüngere Texte, in denen der Ausschluß des Weiblichen aus der Sprache im Kontext von Gewaltverhältnissen gesehen wird, die in den herrschenden Sprachregelungen zum Verschwinden gebracht sind. Die Einschreibungen von Gewalt am eigenen Körper und der Krieg draußen treten in Zusammenhang, wenn die Zerstörungen mit allen Sinnen aufgezeichnet werden. Es sind Beispiele für eine Schreibweise radikaler Subjektivität, die zu einer Dezentrierung des Subjekts auf dem Wege der Durchquerung seiner Beschädigungen und Schmerzen führt.

Der erste literarische Text von Libuše Moníková, die 1971 aus Prag in die Bundesrepublik emigrierte, »Eine Schädigung« (1981), handelt von einer Mißhandlung und Vergewaltigung durch einen Polizisten, bei der die Frau aus ihrer Lähmung heraus zurückschlägt und den Mann dabei tötet. Das Geschehen, das am Anfang der Erzählung steht, verändert die Empfindungen und Wahrnehmungen Janas, aus deren Perspektive erzählt wird, vollständig. Die Konfrontation mit Gefühlen von Scham und »Angstschuld« und mit den körperlichen Schmerzen aktivieren Ohnmachtsgefühle, die sich auf eine politische Situation beziehen, in welcher sich die Staatsmacht sichtbar formiert. Hier wird auf die Situation nach dem ›Prager Frühling‹ angespielt.[1] Die Schädigung und Kränkung ihres Körpers verweist die Frau so total auf ihr Geschlecht, wie sie es noch nie erlebt hat: »Zum erstenmal ist der Geschlechtsunterschied so kraß, in dieser Totalität ist er nicht mehr auszugleichen« (S. 58). In der Beschreibung der Vergewaltigung und der Tötung erfolgt im Text eine Reflektion des Opferdenkens, eine Auseinandersetzung mit der Bereitschaft, sich als Opfer zu identifizieren: »Dort, wo von dem Boden des Bewußtseins sich im Opfer Bereitschaft hebt, Zweifel, ob die Mißhandlung nicht zu Recht geschieht« (S. 25). Gefühle von Angst und Schuld vermischen sich zu einer »Angstschuld«. Während die Vergewaltigung die Persönlichkeit der Frau gänzlich auslöscht, kommt sie in der Aktion des Sich-wehrens wieder zu Bewußtsein, bleibt sich dabei aber äußerlich und wird sich erst durch die Begegnung mit einer anderen Person, einer Frau, ihrer ›Identität‹ wieder bewußt. In der Darstellung dieses Vorgangs ist die Funktion von Wörtern, Körper und Stimme wesentlich:

»Das Gesicht des Polizisten verendete ehe sie voll bewußt wurde, sie kannte ihr Geschlecht, weil es brannte und blutete, sie wußte, daß es weiblich war, und ergänzte die entsprechenden Organe, setzte den

1. Das Buch ist Jan Pallach gewidmet, der sich aus Protest gegen den Einmarsch der sowjetischen Truppen in Prag selbst verbrannt hat.

Kopf auf, aber da lag ihr der Polizist bewegungslos zu Füßen, und der Faden der Selbsterinnerung, die Kette der Wörter, die aus den Schlägen geflogen kamen, brach ab, die Konstruktion blieb unfertig. Ihr Körper, neu zusammengestellt aus Begriffen, stand da. Sie entfernte sich ohne Einmaligkeit, ohne Vergangenheit und ohne einen Sinn von sich zu haben, bis ein ausgestreckter Arm sie aufhielt, und die Stimme, die vervielfacht von der Brückenwölbung zurückgehallt hatte, klar wurde. In dem Moment, als sie sie verstand, fand sie ihre Besonderheit wieder. Der Aufenthalt durch Mara hatte ihr das Gefühl zurückgebracht, daß sie gemeint wurde, und wer das war. Sie bekam ein neues Gedächtnis (...)« (S. 24–5)

Wird hier die momentane Rückkehr der individuellen Identität beschrieben, so handeln die folgenden Episoden von dem Schwinden sozialer Identität. Die körperliche Schädigung wird als Symptom einer »eigentlichen Schädigung« empfunden, die nicht »auszugleichen« ist, auch nicht durch die Tatsache, daß sie sich gewehrt hat. Das Erlebnis absoluter Verzweiflung macht sie der Umwelt fremd und bringt sie anderen, politischen Außenseitern näher. Mit Mara, der Frau, die ihr geholfen hat, scheint kurz eine Utopie auf von einem Leben in einer Kolonie außerhalb der Stadt, die aber eher als Hoffnungsbild denn als reale Alternative erscheint.

Der zweite Text Libuše Moníkovás, »Pavane für eine verstorbene Infantin« (1983), ist in der ersten Person aus der Perspektive einer Frau geschrieben, die sich als mehrfache Außenseiterin erfährt: als Frau aus der Tschechoslowakei, die in der BRD lebt, als Intellektuelle und Germanistin, der die Spielregeln des akademischen Lebens fremd sind. Ein Hüftleiden der Ich-Erzählerin wird hier als Körper-Sprache behandelt, indem sie es als Symptom einer weitergehenden Beschädigung liest. Statt es zu verdrängen, besorgt die Frau sich einen Rollstuhl und spielt in ihm die Rolle der Behinderten durch. Indem sie sich so ihrer Behinderung in totaler Weise aussetzt und den symbolischen Ort der Behinderung *be*setzt, materialisiert sich in ihrem Blick aus dem Rollstuhl auf die Umgebung das Gefühl der Fremdheit zu einer realen Ausgrenzung. Sie konfrontiert sich mit ihrer eigenen Schädigung und erhält mit dem Rollstuhl ein sichtbares, demonstratives Zeichen dafür. Die Körper-Sprache des Hüftleidens wird mit Hilfe eines sichtbaren Zeichens nach außen, in die Kommunikation mit der Umgebung, übersetzt. Ist das Hüftleiden hier als Symptomsprache für psychische Leiden bzw. Konflikte gedeutet, so wird in der Strategie der Ich-Erzählerin dies Zeichen wörtlich genommen und damit materialisiert, unübersehbar. Es wird zwingend, das Zeichen zu beachten. Aus dieser Perspektive registriert sie mit sehr genauen Beobachtungen klare wie subtilere Zeichen von Beschädigungen bei sich und bei anderen, die z. T. unter einer glatten Fassade der Sicherheit verborgen sind. Sie lernt die Beredsamkeit anderer Körper, die Mimik und die Gestalt anderer zu lesen.

Die Alltagsszenen und -beobachtungen sind vermischt mit Phantasiebildern, in denen sich der Wunsch nach eigener Größe und Vollkommenheit artikuliert, und mit Literaturzitaten. »Mein Leben ist eine Abfolge von Literatur- und Filmszenen, willkürliche Zitate, die ich nicht immer gleich einordnen kann« (S. 18). Der Rollstuhl kann auch als Ersatz für *diese* Art »Stützen« betrachtet werden, als Bemühen, sich von literarischen Vorbildern zu lösen. Im Rollstuhl erprobt die Ich-Erzählerin eine Unabhängigkeit, die keine Vollkommenheit und Größe voraussetzt. Eine Vernichtung des Rollstuhls — inszeniert als symbolische Zerstörung all dessen, was sie an dieser Art Unabhängigkeit hindert —, mit der sie »den Tod austreibt« (S. 143), steht am Ende des Buches. In Anlehnung an volkstümliche Rituale wird der Rollstuhl, bevor sie ihn anzündet und einen Abhang runterstürzt, mit einer Puppe und Symbolen, wie einer Schachtel Appetithemmer und einem Foto ihrer Schwester, ausgestattet: »Meine Schwester hatte den Kopf zum Streicheln für Politiker« (144). Diese rituelle Zerstörung läßt sich als Verabschiedung von Normen deuten, wodurch auch die ›Krücken‹ überflüssig werden: eine Annahme der eigenen Unvollkommenheit.

»Es ist der dritte Juni, der Winter ist längst vorbei, ich habe den Tod ausgetragen.

An diesem Tag starben Franz Kafka und Arno Schmidt, meine Widersacher, meine Stützen. Ich begehe die Todesfeier stehend, ohne meinen ambulanten Thron.« (S. 146)

Während der Rollstuhl-Zeit erprobt die Ich-Erzählerin auch einen anderen, unakademischen und distanzlosen Umgang mit Literatur; sie nimmt sich z. B. die »Berichtigung literarischer Schicksale« vor und erfindet Varianten zu Kafkas »Schloß«. Der Buchtitel zitiert ein Musikstück von Ravel und weist auf Episoden des Textes hin, in denen Bilder aus der böhmischen Geschichte erinnert werden. Doch ebenso wie die große Königin sich als häßliches Kunstprodukt erweist (S. 140), endet der Weg zum »Ursprung« als Desillusionierung: »Ich bin am Ort meines Ursprungs; wir stehen uns gegenüber, am Ausgang unserer vergeblichen Geschichte – die Fürstin und das Wappentier« (S. 80). Auf dem Buchumschlag ist das Gemälde »Las Meninas« von Velazquez abgebildet, dasselbe Bild also, das in den »Verweigerungen« von Pausch eine so wichtige Rolle spielte (Vgl. S. 68). Die Art und Weise, wie die historischen und literarischen Verweise im Text aufgenommen sind, eine Art Durchquerung ihrer Bildräume, entzieht ihnen die Bedeutung von Autoritäten oder ›Wahrheiten‹. In der Inszenierung von Symbolen wird deren Verfestigung durchbrochen, indem der darin eingeschlossene Prozeß der Verkörperung wiederholt wird.

In anderer Weise bringt Anne Duden in ihrer Schreibweise den Körper ins Spiel, als Wahrnehmungsort, an dem die in der Frau verkörperten Bilder von Weiblichkeit ins Wanken geraten. Ausgangspunkt ihres ersten Prosa-Buches »Übergang« (1982) ist die Geschichte einer körperlichen Beschädigung. Die Zerstörung des Kiefers bei einem Überfall wird von der Betroffenen als Einbruch in ihr Leben im Bild der ›schönen Seele‹ empfunden und als Möglichkeit eines Neubeginns verarbeitet. Mit der Verletzung und mit der medizinischen Behandlung werden Empfindungen körperlich eingeholt, die auch vorher schon vorhanden waren: der verwüstete Körper der Frau als Symbol für ein Leben ohne Schutzhaut, für ein zerbrochenes Gehäuse, dessen Abwehrmechanismen nicht mehr funktionieren; und der zugedrahtete Mund als Symbol für die »tobende Sprachlosigkeit«, die zum empfundenen Wahrnehmungsüberschuß in unerträglicher Diskrepanz steht.

Indem die Erzählerin den Zusammenbruch nicht zu beschwichtigen sucht, sondern durchquert und radikalisiert, zerstört sie das alte Bild, das sie verkörperte. Ich lese »Übergang« als einen Text, der die Dekonstruktion von ›Weiblichkeit‹ am Körper der Frau beschreibt, indem er die totale Zerstörung einer imaginären Identität vollzieht. Das Erlebnis des zerstückelten Körpers aktualisiert die Verkennung, die dem Vorgang der Ich-Bildung innewohnt. Am Beispiel des ›Spiegelstadiums‹ hat Lacan die der ›Identität‹ zugrundeliegende Struktur beschrieben, bei der durch die Identifikation mit dem (Spiegel)Bild des ganzen Körpers bzw. mit dem Bild seiner Einheit die Desorganisation und Hilflosigkeit des Subjekts verkannt werden, während diese Empfindungen in Träumen und im Phantasma vom zerstückelten Körper zurückkehren.[1] Wie schon von Freud und der Psychoanalyse mehrfach bemerkt, gelingt die ›Identitäts‹-Bildung bzw. ›die Versammlung der Partialtriebe unter ein vereinheitlichtes Ich‹ bei Frauen nur ungenügend, so daß die Frau als hervorragende Kritikerin jener Verkennung geeignet scheint, die der Ich-Bildung zugrunde liegt. Bei Duden wird der ›Schnitt‹, der das Äußere vom Inneren trennt, das Chaos von der Ordnung, das imaginäre Subjekt von seinem Körper, quasi in umgekehrter Richtung wiederholt.

---

1. Jacques Lacan: »Das Spiegelstadium als Bildner der Ichfunktion, wie sie uns in der psychoanalytischen Erfahrung erscheint.« In: »Schriften I.« Frankfurt/M. 1973, S. 61–70. – Vgl. auch Dietmar Kamper: »Das Phantasma vom ganzen und vom zerstückelten Körper.« In: »Die Wiederkehr des Körpers.« Hg. v. D. Kamper und Christoph Wulf. Frankfurt/M. 1982, S. 125–136.

Die Titelgeschichte des Buches beginnt mit einer sach-
lichen Erzählung des Überfall-Geschehens in der dritten Person, wie von außen betrachtet, auch wenn aus ihrer Perspektive erzählt wird, und wechselt dann bei der Operation in die
Ich-Perspektive, wodurch die Wahrnehmung vollständig verändert wird. »Mit einem unblutigen, präzisen Schnitt trennte
der Arzt mich ab von dem, was war« (S. 67). Wenn von nun an
vor allem der Körper als Wahrnehmungsorgan funktioniert,
dann holt er das ein, was vorher schon vorhanden, aber unsichtbar war, wodurch auch das ins Unbewußte Verdrängte
lebendig wird.

»Endlich aber spielten auch die Träume nicht mehr mit. Es wurde
langsam manifest, daß alle einzeln niedergerungenen und abgetriebe-
nen Momente meines Lebens heimlich in meinem Körper geblieben
waren.« (S. 88)

Diese Passage ist aus einer der kursiv gesetzten, in den Text
hineinmontierten Erinnerungen und Assoziationen an die
Kindheit. Um die Titelerzählung sind einige kürzere Prosa-
texte gruppiert, denen eine Struktur gemeinsam ist: Sie beschreiben einen Einbruch des Draußen ins Innere, wie z. B. in
dem Text »Tag und Nacht«, wo der Körper wie eine »Mem-
bran« funktioniert und die Gewalt und den Lärm von draußen
aufnimmt; oder sie beschreiben die Projektion von Ängsten
und Vorstellungen ins äußere Geschehen, wie z. B. in dem
Text »Im Landhaus«, wo Reales und Imaginäres ununterscheidbar werden, wo die Grenzziehung zwischen Subjekt
und Objekt aufgehoben ist:

»Hinter und vor den Lidern war es ein und dasselbe. Überhaupt war
es angenehm, bequem geradezu, daß ich mittlerweile eine Art Verhältnis geworden war, ich meine, eine Partikel, eine Funktion dessen, was war.« (S. 41)

Ebenso wie am Ende des Landhaus-Textes die Beendigung
dieses Zustandes ganz abrupt erfolgt, so sind auch andere
Übergänge, wie z. B. der Übergang vom Schlafen zum Wa-
chen, quasi als Schnitte organisiert. Als tägliche Verankerung

in der sozialen Identität ist der Vorgang des Aufwachens in dem Text »Tag und Nacht« als gewaltsame, abrupte Einrastung des Ichs beschrieben: »Nur muß man wissen, daß es eigentlich zwischen dem Zustand und dem Kommenden keinen Übergang gibt, keine Dämmerung und keine Versöhnung« (S. 113). Damit benennt Dudens Text sehr genau die Voraussetzungen wie die Konsequenzen einer Perspektive jener ›anderen Syntax‹ der Frau, wie sie Irigaray anvisiert.

Auch das Verhältnis der Frauen zur Sprache ist im »Übergang« thematisiert. Der Ausschluß der Frauen aus der Sprache erscheint in der Erinnerung nicht nur als eigene Sprachlosigkeit, sondern reziprok auch darin, wie die Erzählerin Wahrnehmungen an ihrem Körper notiert und wie sie Bilder und Schriften verschlingt. D. h. sie *wird* beschrieben, ihr *wird* erzählt, ohne daß sie einen eignen Text daraus machen könnte:

»Das einwärts Gegessene wurde zur Grammatik einer schwerzungigen, nicht zu sich kommenden Sprache, einer Sprache im Traumzustand, jenseits der Sinn- und Formenschwelle. Augenlos und dunkel.« (70)

»Daß dieser Mund kaum einmal stillstand, daß ich auch sie immer wieder verputzte, ihre Migränen, Kotzanfälle und Krampfadern, ihre Niederlagen und Traurigkeiten, die Blässe ihrer Gesichter und die Schweißfüße am Abend. Daß ich wegsteckte, was sie eingesteckt hatten. Ich tat es nur, ich hätte nichts darüber sagen können, da die Sprache ja das Gegessene und Verschluckte selber war. Und ich war wie eine Tafel, auf der ununterbrochen geschrieben wird, aber nie ein einziger Buchstabe stehenbleibt und nachzulesen ist: der Körper das unbeschriebene Blatt, Beweis für das Verschwinden von Kriegen.« (77)

Die Frau steht also in einem doppelt problematischen Verhältnis zur Sprache. Sie kann sich nicht artikulieren, weil das Weibliche sich nicht im Erzählbaren ausdrückt. Und sie nimmt das Erzählte in sich auf bzw. auf sich. Insofern steht dem Entwurf einer anderen Syntax die Struktur des Erzählbaren entgegen. Es gibt Aspekte in Anne Dudens Text, welche die Struktur der Erzählung durchkreuzen; wenn sie z. B. die Identität von Personen auflöst, statt dessen aber die Liebe

und den Wahnsinn quasi als personifizierte Gestalten beschreibt (vgl. 8.3.), oder wenn sie Musik als körperliches Ereignis darzustellen versucht: »Magiersprache, dessen Grammatik ich nicht verstand« (S. 90). Die Übergänge zwischen
der Sprache und dem, was in Sprache nicht faßbar ist, werden
am Ende des Textes in einem nahezu schwindelerregenden
Bild beschrieben.

»Noch zu ihren beharrlich sich hinziehenden Lebzeiten unter Wasser wurde in den Grabstein dieser Person ein sehr langer Satz gemei-
ßelt, dessen Anfang schon zur Unlesbarkeit verwitterte, als an sein
Ende noch überhaupt nicht zu denken war. « (139)

Es ist ein Bild dafür, wie beim Versuch, das Leben der Frau in
Worte zu fassen, die Schrift zerfällt. Das Bild erinnert aber
auch an das Verhältnis von Tod und Schrift, wie es in Derridas »Grammatologie« entwickelt wurde: »Jedes Graphem ist
seinem Wesen nach testamentarisch.«[1] D. h. jedes Schriftzei-
chen konstituiert sich durch die Abwesenheit bzw. den Tod
des Dargestellten. In den Analysen zur weiblichen Kulturgeschichte wurde ein solches Verhältnis von Anwesenheit und
Abwesenheit im Hinblick auf die Frau noch sehr viel pronon-
cierter formuliert. Die männliche Kunstproduktion bzw. die
Konstitution der kulturellen Ordnung verdanke sich der Ausgrenzung und Abtötung des Weiblichen. Oder, um im Bild zu
bleiben: die Entstehung der Schrift korrespondiere mit der
universellen Bildfunktion des Weiblichen und der Abwesenheit der realen Frau.
Dudens Text greift diesen Ort des Weiblichen auf. Das
eben zitierte Bild artikuliert den Wunsch, die Verhältnisse
umzukehren — indem nämlich die Frau die Schrift überdau-
ert. Zugleich aber bleibt sie in dem von Derrida beschriebenen Spiel des Anwesend-Abwesenden der Spur (S. 124) gefangen. Das Verhältnis zwischen Schrift (Grabstein) und
Frauenleben ist nicht umkehrbar — wenn sich die Schrift nicht

1. Jacques Derrida: »Grammatologie« (1967). Frankfurt/M. 1974. S. 120.

veränderte. Ein letzter Abschnitt im »Übergang« beginnt mit dem Satz: »Mein Gedächtnis ist mein Körper. Mein Körper ist löchrig« (S. 141). Dieser, aus der erzählbaren Existenz ausgeschlossene Modus der Person notiert Bewegungen und Wahrnehmungen, die das beinhalten, was Luce Irigaray mit dem Anderswo-Sein der Frau, außerhalb der ihr zugeschriebenen Identität und außerhalb der Sprache, meint.

Der Autorin wurde vorgehalten, daß ihr Text rassistische Bilder benutze in der Weise, wie sie den Überfall durch schwarze GIs und die Ängste, die bei der Frau dadurch ausgelöst werden, beschreibt. Obwohl Leslie Adelson[1] genau herausgearbeitet hat, daß im »Übergang« schwarz und weiß, dunkel und hell, Nacht und Tag nicht als Gegensatzpaare verwendet werden, so daß also kein symbolischer und bildlicher Kontext hergestellt wäre, in dem das Schwarze eindeutig negativ besetzt und das Weiße eindeutig positiv besetzt ist, empfindet sie die Darstellung des Überfalls als rassistisch, u. a. deshalb, weil die Täter nicht als Individuen präsentiert würden. Die Titelgeschichte vom »Übergang« beginnt mit der fast nüchternen Feststellung: »In der Nacht von Samstag auf Sonntag wurde in einer Diskothek in West-Berlin ein 25jähriger Mann (der Bruder der Erzählerin, S. W.) von einer Gruppe schwarzer GIs zusammengeschlagen« (S. 61). Und etwas später heißt es, »...als ihr Tisch von einer Gruppe Schwarzer umringt wurde, einer beweglichen, aber undurchdringlichen Mauer.« Wird hier von einer Gruppe gesprochen, so ist diese nicht nur als Gruppe von Schwarzen, sondern auch als solche von Soldaten und Tätern identifiziert. Die Darstellung erfolgt aus der Perspektive des Opfers; die Täter-Opfer-Beziehung aber entindividualisiert die Beteiligten. Wollte man aber die Norm aufstellen, daß schwarze Täter nicht als Täter beschrieben werden dürften, dann würde das einem hilflosen Anti-

---

1. »Rassismus und feministische Ästhetik in Anne Dudens ›Übergang‹.« In: »Eurozentrismus. Zum Verhältnis von sexueller und kultureller Differenz.« Reader, Sekt. II, 3. Tagung v. Frauen i. d. Literaturwissenschaft »Frauen – Literatur – Politik«. Hamburg 1986. S. »Signs« 13, 1988, p. 234–252.

Rassismus oder gar umgedrehten Rassismus gleichkommen, ebenso wenn Schwärze und Dunkelheit nur noch positiv dargestellt werden dürften. Dudens Text reflektiert dagegen Strukturen des Eurozentrismus nicht auf der Ebene von Haltungen und Intentionen, sondern in einer ganz anderen Weise.

Konstituierte sich in der Aufklärung das ›Licht der Vernunft‹ durch die Ausgrenzung des ›anderen‹, so ist dadurch, daß es als Irrationales, Weiblichkeit, Wahnsinn, und auch als andere Rasse [1] gedacht ist, alles ›andere‹ nivelliert, — Voraussetzung dafür, daß es für Symbolisierungen in Anspruch genommen werden kann. Duden durchbricht in ihrer Schreibweise nicht nur die herrschenden Gegensatzpaare, sondern sie gibt dem Dunklen in ihrem Text seine Mehrdeutigkeit zurück. Vor allem aber benutzt sie das Dunkle nicht als Metapher, sondern ihre Schreibweise bemüht sich gerade um Rematerialisierung und Konkretisierung metaphorischer Vorstellungen. Ihr Text spricht nicht von Symbolen, sondern von der konkreten Nacht und von konkreten Schwarzen.

Ihr zweiter Text, »Das Judasschaf« (1985), setzt sich zudem mit rassistischen Strukturen der Kultur auseinander, in die die Person, von der der Text handelt, als Überlebende eingebunden ist und die ihr in ihren Träumen und Visionen in krassen Bildern begegnen. Statt eine Analogisierung zwischen der Frau als Opfer und dem Schwarzen als Opfer vorzunehmen, reflektiert der Text das Überleben als strukturelle Teilhabe an der Schuld sowie die Problematik, wie mit dem Wissen über die permanente Gewalt überhaupt ein Weiterleben oder Überleben möglich sei. (Vgl. 9.3.)

1. So wird in der Begründung von Rassentheorien in der Aufklärung eine Hierarchie der Rassen aufgestellt, die mit der Skala der Hellig- bzw. Dunkelheit der Hautfarbe übereinstimmt. S. etwa Kants Entwurf »Von den verschiedenen Rassen der Menschen«, aber auch Herder in seinen »Ideen zur Philosophie zur Geschichte der Menschheit«. – Vgl. Uta Sadji: »Der Negermythos am Ende des 18. Jh. in Deutschland.« Frankfurt/M.–Las Vegas 1979.

Gegen die vorherrschende Tendenz zur täglichen Verdrängung des Schreckens ist auch Jutta Heinrichs zweites
Prosabuch »Mit meinem Mörder Zeit bin ich allein« (1981)
geschrieben, ein Text, der aus einem abgebrochenen Roman-
projekt entstanden ist und so in der Montage von Bruchstük-
ken und Aufzeichnungen der Angst vor der Atombedrohung
Ausdruck verleiht. Auch Ulrike Kolbs erste Erzählung »Die
Rabe« (1984), die den asozialen Ausbruch einer Frau beschreibt, enthält Ansätze zu einer Schreibweise radikaler
Subjektivität.

4.5. Subjektivität als Diskurskritik

Neben der Entwicklung einer ›anderen Syntax‹, die sich auf
die gestischen und körperlichen, aus der Logik ausgeschlossenen Ausdrucksweisen von Frauen bezieht, empfiehlt und
praktiziert Irigaray eine Durchquerung der herrschenden
Diskurse, »ein spielerisches und verwirrendes Wiederdurchqueren, das der Frau erlaubte, den Ort ihrer ›Selbstaffekta-
tion‹ wiederzufinden (S. 79–80).« Auch in literarischen Texten, welche die problematisch gewordene weibliche Identität
thematisieren, nehmen einige Autorinnen auf klassische institutionalisierte Diskurse Bezug, welche zur Subjektbegrün-
dung beitragen und dabei das weibliche Subjekt abwehren
und es statt dessen als Objekt festlegen. Kritik wird hier nicht
von außen geübt, es wird kein Gegenentwurf formuliert, sondern weibliche Subjektivität artikuliert sich im Innern der
Diskurse aus der spürbaren Diskrepanz gegenüber den dort
produzierten ›Wahrheiten‹, indem deren Strukturen aufgebrochen werden. Nicht selten ist es auch hier der Körper, der
— indem er die Diskrepanz notiert — aufgrund seiner Symptomsprache eine Bewegung in Gang setzt.

Eher sprachkritisch ironisch allerdings verfährt Friederike Roth in ihrer ersten Erzählung »Ordnungsträume« (1979), die einen männlichen Helden mit Ordnungswahn vorstellt. Es ist eine Kritik am lebenabtötenden Ordnen philosophischen Denkens, in dem die Frau keinen Platz hat. Der Held Pfaff will die Welt in seinen Kopf packen und einer Ordnung unterwerfen und muß sie dafür auf die Größe seines Kopfes zusammenschrumpfen lassen (S. 63). Seine Lebensgefährtin ist eine Schildkröte. Wie mit dem Leben überhaupt, geht er auch mit Frauen um. Eine reale Frau empfindet er als störend und liebt statt dessen eine ideale fiktive Geliebte. Die Wittgenstein-Anspielungen in der Erzählung sind wie Fingerzeige auf die Desillusionierung der Annahme, in der Übereinstimmung von Tatsachen und Sprache ließe sich die Welt erfassen. Die Erzählung ist mit zahllosen Fußnoten und teils erfundenen Zitaten gespickt und ironisiert in dieser Form noch einmal das Vorhaben ihres Protagonisten. Roth skizziert damit die Voraussetzungen, von denen aus weibliche Subjektivität in den anderen Texten sich herschreibt.

In Magdalena Palfraders Buch »Das Diplom« (1981) ist es die Migräne der Erzählerin, die ihre Diplomarbeit immer wieder blockiert. In dem Text, der als Ergebnis eine andere Diplomarbeit vorlegt, reflektiert die Erzählerin über die Zurichtung ihrer Subjektivität und ihrer Erfahrungen durch die Institution des ›Diploms‹ beim Schreiben an der akademischen Abschlußarbeit. Da sie ihre eigenen Erfahrungen als Frau, die über den zweiten Bildungsweg an die Universität gekommen ist, als Ausländerin und Lehrerin in der Untersuchung aufarbeiten will, gelingt es ihr nicht, den Anforderungen nach Gliederung, Systematisierung, Abstraktion und methodischer Stringenz im Hinblick auf ein Ziel nachzukommen, wie ihr Prüfer sie ihr abverlangt. Indem nun dieser Text ihre Erfahrungen sowie die Erfahrungen beim Schreiben der Arbeit thematisiert, stellt das Buch die Diplomarbeit dar und weicht zugleich von ihr ab. Auf diesem Wege wird eine Kritik an phallischen und logozentrischen Strukturen der Institution entwickelt, deren Spuren bis ins eigene Denken und in die eigene körperliche Gestalt und Lebensrhythmik zu verfolgen sind. Dabei erinnert sie sich der Geschichte ihres eigenen ›Willens zum Wissen‹, der Faszination, die Bücher auf das Kind ausübten, das sie einmal war.

»›Das verstehst du ohnehin nicht‹, sagten sie (ihre Brüder, S. W.), als sie von einem Bücherzettel seltsame Wörter las. Sie klangen wie Musik, weither aus der Fremde. Sie waren wie verheißungsvolle Zeichen einer uralten Wahrheit, und sie spürte, und daher wußte sie, daß sie sich ihr eines Tages erschließen würden. Sie würde wissen.« (S. 9)

In der Zwischenzeit, auf dem Weg über die vielen Hürden des zweiten Bildungsweges, die die Akkumulation von abfragbarem Wissen von ihr erforderten, sind Musik und Sprache (S. 34) auseinandergetreten und das Wissen hat sich gegen sie gekehrt. Dabei begründet der Text keine grundsätzliche Theoriefeindlichkeit, so daß es offensichtlich um die Perspektive einer *anderen* Form von Wissen geht. Die Autorin schreibt aus subjektiver Perspektive mit Hilfe theoriegeleiteter Reflektion gegen die institutionalisierten, verkrusteten und männerdominierten Formen der Wissenschaft an. Im Vergleich zu den ersten Texten weiblicher Subjektivität im Kontext der ›Frauenliteratur‹ ist die Kritik von den Erscheinungen zu den zugrundeliegende Strukturen und psychoanalytischen Mustern vorgedrungen, was sich auch auf der Ebene der sprachlichen Präsentation zeigt. Im Unterschied zur konkretistischen Sprache und Metaphorik in den Anfängen ist der Text jetzt vielschichtiger geworden. Die vielen Facetten weiblicher Subjektivität sind in dem Buch Palfraders nicht auf eine stimmige Erzählposition hin zentriert, von der aus Verallgemeinerung erst möglich wäre. Die einzelnen Episoden haben eher paradigmatischen Charakter; so gibt es z. B. Dialoge Magdalenas mit dem Professor, mit dem Analytiker und mit verschiedenen Freundinnen, außerdem Erzählungen in der dritten und in der ersten Person. Dabei verweisen die einzelnen Passagen aufeinander. In der Analyse kann die Erzählerin ihre Probleme mit der Diplomarbeit besprechen, was ihr hilft, ihre Verstrickung in die männlichen Strukturen der Wissenschaft zu erkennen, nicht aber ihren eigenen Ort darin zu bestimmen. Die Angebote des Analytikers für eine identische Position muß sie wiederum abwehren, da diese sie auf eine ›natürliche‹ Weiblichkeit festlegen würden.

Ist der akademische Diskurs vielleicht derjenige, in dem das männliche Subjekt am deutlichsten im Zentrum steht und sich als verfügendes konstituiert, indem es Material, Methoden, Argumentationsweisen handhabt, [1] so stellt die Psychoanalyse *den* klassichen Diskurs der Subjekt- und Sinnkonstitution dar. Die theoriegeleiteten Begründungen weiblicher Subjektivität stellen sich in immer stärkerem Maße als Abarbeitung von Frauen an der Psychoanalyse dar, weil, wie Irigaray formuliert, das weibliche Begehren in diesem Diskurs als Mangel eingeschlossen ist.

Ein ähnliches Verfahren wie Palfrader, nämlich mit der Psychoanalyse gegen die Psychoanalyse, genauer: mit der Energie des psychoanalytischen Denkens gegen die Dogmen der Klassiker, verfolgt Pola Veseken (Pseudonym) in ihrem opulenten Werk »Altweibersommer?« (1982). Obwohl die Autorin die Lebensgeschichte ihrer 60jährigen Figur erzählt, folgt sie nicht dem Persönlichkeits- und Entwicklungsmodell der Autobiographie. Die Schreibweise ist teils assoziativ, teils erzählend oder reflektierend. Darüber hinaus sind surrealistische Momente enthalten: Passagen, die der écriture automatique folgen und so dem Sprachbegehren bzw. dem sich versprechenden Begehren Raum lassen. Im Hinblick auf die Psychoanalyse kann das Buch als Fortschreibung *und* als Durchbrechung gelesen werden. Wird das Verfahren der ›Redekur‹ bzw. der assoziierenden Erinnerungsarbeit über die Sitzungen hinaus verlängert und auf die Erinnerung an ver-

---

1. Vgl. Karin Hausen/Helga Nowotny (Hg.): »Wie männlich ist die Wissenschaft?« Frankfurt/M. 1986.

schiedene Therapie- und Analyseerfahrungen selbst angewendet, wird die Autoritätsstruktur der analytischen Praxis
dabei aber umgestoßen. Die Arbeit des Unbewußten, die
Traumarbeit z. B. oder die der Versprecher, steht gegenüber
einer Deutungsperspektive im Vordergrund. Der dogmati-
sche Lehrsatz orthodoxer Analytiker, »Wo Es war, soll Ich
werden«, wird quasi neu und gegen den Strich gelesen — damit durchaus der strukturalen Lektüre der Psychoanalyse vergleichbar — und aus der Perspektive einer Frau dem darin
enthaltenen Prinzip der Konstituierung eines vernunftsgelei-
teten, einheitlichen Subjektes widersprochen. Der Widerspruch, der Freuds »Traumdeutung« eingeschrieben ist, da
sein Text mit dem Titel, d. h. der Benennung des Projekts, in
die Perspektive der Deutung und damit des Analytikers geht,
während dessen ›Herzstück‹, das Kapitel über die »Traumarbeit«, sich an die Seite des Unbewußten stellt und aus der
Perspektive von dessen »Arbeit« argumentiert, dieser Widerspruch wird ja in der analytischen Praxis allzu häufig durch
eine Dominanz der Deutungsperspektive in Person des Analytikers geglättet. Vesekens Text, eine literarische Selbstana-
lyse, trägt diesen Widerspruch noch lebendig in sich. Insbesondere die Weiblichkeitsvorstellungen der Psychoanalyse
stehen dabei zur Diskussion. In einem programmatischen Kapitel »Auszug aus Ödipalien« werden Ausbrüche aus dem
klassischen System angedeutet. Freuds Titel vom »Gegen-
sinn der Urworte« ironisch aufnehmend, schreibt Veseken sozusagen den Gegen-Sinn der psychoanalytischen Urworte,
der in der Körper-Sprache der Frau darauf wartet, zur Sprache gebracht zu werden.

Leitfaden des Textes ist die Erinnerung des eigenen Ortes in
der triadischen Konstellation der Familie, die mit gegenwärtigen Erlebnissen in Beziehung gesetzt ist. Das problematische
Verhältnis Mutter – Tochter spiegelt sich in der Beziehung zur
eigenen Tochter, während die eher libidinöse Beziehung zum
Vater im Hinblick auf die Inzest-Problematik und auf die weibliche Variante des Ödipuskomplexes befragt wird. Nahezu

am Ende des Textes taucht eine Gegenthese zur orthodoxen Deutung auf: daß die Tochter den Vater begehre, sei durch diesen selbst, und zwar durch eine über den Blick funktionierende Sexualisierung der Beziehung erzeugt worden. Besonders im letzten Kapitel, das eine Art Resümee versucht bzw. Alternativen spielerisch erprobt, erfolgt eine Auseinandersetzung mit konkurrierenden psychoanalytischen Konzepten wie z. B. dem »Anti-Ödipus« von Deleuze/Guattari, die den Zusammenhang von Kapitalismus und Schizophrenie untersuchen, sowie mit Irigarays Thesen zum Verhältnis von Weiblichkeit und Psychoanalyse. Die Lektüre solcher Theorieangebote geht aber nicht dem Text voraus, sondern ist in die Arbeit am literarischen Text eingebunden und durch die Erinnerungsarbeit provoziert.

Um die Schreibweise des Textes zu skizzieren, möchte ich noch jene formalen Momente beschreiben, in denen er von einer üblichen Autobiographie abweicht. Die Identität von erzähltem und erzählendem Subjekt, die in der Autobiographie oft im ›Ich‹ vereinheitlicht wird, ist hier mehrstimmig. Der Text handelt von einer Frau namens Gisela G., deren Selbstreflektion z. T. in einem Dialog zwischen einer Ich-Stimme und einem »Mummelchen«, dem im Ich eingeschlossenen und zum Schweigen gebrachten Kind, erfolgt. Das Pseudonym Veseken spielt auf dieses kleine Wesen an, das der Autorin sozusagen die Feder geführt hat. Der Text ist weder fortlaufend entstanden noch chronologisch geordnet. Geht der früheste Text auf das Jahr 1965 zurück, so ist das übrige Manuskript über einen Zeitraum von über fünf Jahren entstanden; Tagebuchaufzeichnungen aus der Schreibzeit sind in den Text hineinmontiert. In vielen Abschnitten sind — wie in Erinnerungsbildern angeordnet — mehrere Zeiten übereinandergeschichtet bzw. gleichzeitig, so daß die lebensgeschichtliche Situierung von Eindrücken oft schwerfällt. Am deutlichsten ist das in dem Abschnitt »Therapiegeschichte«, in dem Therapiestunden erinnert werden, die sich mit Tonbandaufnahmen einer anderen, zurückliegenden Therapie beschäftigen, so daß

die jeweils assoziierten Kindheitserinnerungen und zwei The-
rapiebeziehungen gleichzeitig zur Sprache kommen. Personen und Orte sind z. T. mit ›sprechenden‹ oder mythischen
Namen bezeichnet, so z. B. die Analytikerin Anne*lisa*, der
Kindheitsort »Paradeisen«, der Berg »Kithairon«, Ort ge-
meinsamer Bergwanderungen mit dem Vater, und »Ödipalien« oder »Symbosion«. Die Verlegung des Geschehens in
diese dem Mythos entlehnten Orte erlaubt es, daß in der Darstellung eine Gleichzeitigkeit von Imaginärem und Realem
hergestellt wird, d. h. lebensgeschichtliche Ereignisse Gise-
las, ihre Vorstellungen, Träume, Ängste ebenso wie fiktionale
Entwürfe werden als gleichwertig behandelt.

Vesekens Umgangsweise mit Sprache prägt den Charakter
des Textes sehr stark.[1] Ein wichtiges Motiv ist die Thematisierung der Körpersprache. Kopfschmerzen, das Gefühl, einen
Ring um den Kopf zu haben, und entzündete Hände, die das
Schreiben erschweren, werden in immer wieder neuansätzen-
den Assoziationen auf symbolische Kindheitserlebnisse bezogen. Die Hände führen zum Vater und die familiär inszenierte
»Faust«-Lektüre, während der Ring auf die Wagner-Begeiste-
rung der Mutter verweist, so daß das Haus der Kindheit in der
Erinnerung als »Haus Wahnfried« erscheint. Andere Text-
verfahren entstehen durch eine spezifische Umgangsweise
mit Wörtern. Einerseits werden Phrasen, die in der Umgangssprache ideologische Funktion haben, hervorgehoben, indem
sie in einem Wort geschrieben werden wie z. B. »denenistes-
jaallengarnichtsoschlechtgegangen« (S. 433), oder festste-
hende Redewendungen und Begriffe werden im Verfahren
des »Wörterbrechens«, einem assoziierenden Verfahren, auf

---

1. Ilse Braatz liest »Altweibersommer?« als literarisches Pendant zum »Anti-
Ödipus«. S. ihr Referat »Hypothesen zum literarischen Prinzip in Pola Vesekens Roman ›Altweibersommer?‹« in der Sektion I der zweiten Tagung von
Frauen in der Literaturwissenschaft »Frauen—Weiblichkeit—Schrift«. Bielefeld 1984. — Zur Entstehungsgeschichte des Textes s. das »gespräch zwischen j. monika walther und pola veseken« in: »mamas pfirsiche — frauen
und literatur 8«. o. J.

mehrdeutige Konnotationen hin beleuchtet. Andererseits gibt der Text der Eigenbewegung der Signifikantenkette nach, wenn die Versprecher und Vertipper, und damit der außer Kontrolle geratene Sinn, Bedeutung erhalten. »Sie (die Sprache, S. W.) hilft mir (...) am meisten mit dem, womit ihre Laute, ihre Buchstaben kokettieren, spielen, eigensinnig Verrat treiben« (S. 243). Indem den Wörtern freier Lauf gelassen wird, nähern sich einige Passagen des Assoziierens einer ›paranoiden Schreibweise‹. Andere Textgebilde, an konkrete Poesie erinnernd, variieren einzelne Begriffe durch Laut- und Bedeutungsverschiebungen, um aus ihnen einen verborgenen Sinn hervorzutreiben.

Insgesamt macht der Text einen chaotischen Eindruck, da die Autorin sehr konsequent versucht hat, ihn durch die Struktur und die Bewegungen des Unbewußten ›ordnen‹ zu lassen. Vielleicht ist es *der* Text in der zeitgenössischen deutschsprachigen Frauenliteratur, in dem der Triebartikulation am meisten Platz gegeben ist, der am deutlichsten semiotische Momente in die Textpraxis hineinläßt und ein weibliches Subjekt in Bewegung präsentiert. Zugleich zeigt dieses Buch aber auch die Probleme und Kehrseiten einer derartigen Schreibweise: Indem seine Schrift und seine Bilder dem spezifischen Begehren eines einzelnen Individuums entspringen und die Textbewegungen seinen ganz eigenen Assoziationen und Erinnerungen nachkommen, sind die Leser/innen gezwungen, den dabei sich ereignenden Wiederholungen, Redundanzen und Abschweifungen zu folgen. So heterogen sich das schreibende Subjekt im Text präsentiert, es wird zum unausweichlichen, alleinigen Gegenstand des Textes. Weibliche Subjektivität, die ihre im Verhältnis zu den vergesellschafteten Diskursformen disparate Artikulationsweise so weit vorantreibt wie in Vesekens Text, wird im buchstäblichen Sinne a-sozial, d. h. nicht mehr auf soziale, auf Kommunikation abzielende Diskurse bezogen. Sie erfordert auch eine andere Art zu lesen.

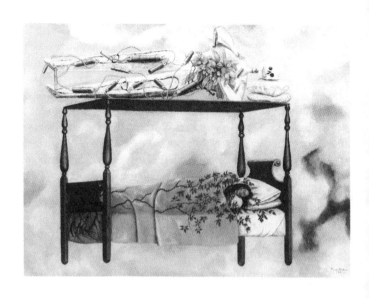

Frida Kahlo: Der Traum. 1940.

5. Geschichte und Geschichten von Frauen

»Ich beginne ein Unternehmen, das ohne Beispiel ist und das niemand nachahmen wird. Ich will meinesgleichen einen Menschen in der ganzen Naturwahrheit zeigen, und dieser Mensch werde ich sein.
Ich allein. Ich lese in meinem Herzen und kenne die Menschen.«
(Jean-Jacques Rousseau: »Die Bekenntnisse«)

»(...) keine Erinnerungsplatte, die ich auflege, die nicht mit einem schrecklichen Nadelgekratze losginge.«
(Ingeborg Bachmann: »Der Fall Franza«)

Wenn der Begriff der ›Frauenliteratur‹ heute zum größten Teil mit autobiographischer Erinnerungsliteratur oder mit ›Bekenntnisliteratur‹ gleichgesetzt wird, dann hängt das damit zusammen, daß der Durchbruch der ›Frauenliteratur‹ über die Öffentlichkeit der Frauenbewegung hinaus mit der Etablierung einer autobiographischen Schreibweise zusammenfiel. Die Popularisierung der ›Frauenliteratur‹ ist dort auszumachen, wo sich die autobiographische Wende in der Literatur der 70er Jahre und die Veröffentlichung weiblicher Erfahrungsliteratur überkreuzen. Etwa seit 1977 nimmt die Zahl der sogenannten Frauen-Titel bei den Neuveröffentlichungen deutlich zu, wobei autobiographische Texte über viele Jahre das Gesicht der› Frauenliteratur‹ im Literaturbetrieb prägen. Insofern muß die herausragende Bedeutung der autobiographischen Schreibweise für die ›Frauenliteratur‹ auch als Effekt ihrer Popularisierung betrachtet werden. Ein nicht unbeträchtlicher Teil jener literarischen Bewegung der 70er Jahre, die Michael Rutschky mit dem Begriff des »Erfahrungshungers« beschrieben hat, wird ja von Frauen getragen. Dem beklagten Mangel weiblicher Geschichte und Subjektivi-

tät in der Literatur wird dadurch begegnet, daß die Autorinnen ihre eigene Entwicklung zum zentralen Thema machen.
Erinnerungsarbeit beinhaltet hier in erster Linie den Versuch,
die Prägungen der eigenen Lebensgeschichte durch familiäre
und gesellschaftliche Erfahrungen zu untersuchen.

Daneben geht es aber auch darum, den Ort von Frauen in
der Geschichte zu befragen und die historische Relevanz
weiblicher Erfahrungen zu begründen. Da traditionell ein
normales Frauenleben, sofern es in Bahnen konventioneller
Weiblichkeitsnormen verlief, als nicht literaturfähig galt,
stellt die weibliche Autobiographie, die sich nicht durch einen
bekannten Autornamen ausweist, eine programmatische Aufwertung weiblicher Lebensgeschichten dar. Neben Schreibweisen, die durch eine solche Perspektive der Aufwertung
motiviert sind, gibt es andere Texte, die eher den Brüchen
zwischen Geschichte und Frauen-Geschichten auf der Spur
sind. Manchmal wird auch die Perspektive der *Auto*biographie in einer Verdoppelung oder Vervielfachung durch eine
Beschreibung mehrerer Frauenleben und ihrer Unterschiede
oder Beziehungen zueinander ersetzt und so zu einer Art Duo-
oder Polybiographie.

5.1. Erinnern und erzählen — zur Problematik weiblicher Autobiographien

Die Hinwendung zu autobiographischen Schreibweisen in
den 70er Jahren erklärt sich durch mehrere Motive. Geht es
dabei einerseits um die Bedeutsamkeit des ›Privaten‹ und
Alltäglichen, so ist darin das Postulat eingeschlossen, daß
›normale‹ Lebensgeschichten literarisch interessant und literaturfähig seien. Damit verbunden ist die Absicht, ein bürgerliches Genre zu demokratisieren, denn die Bedeutung des

›Gegenstandes‹ zeigt sich nicht mehr am Maßstab großer Persönlichkeiten und extraordinärer Erlebnisse. So wird auch die herrschende Vorstellung von der Autorschaft angegriffen, denn als Verfasser der eigenen Lebensgeschichte kann jede/r zum Autor werden, zumindest vorübergehend. Die Abgrenzung gegenüber schriftstellerischer Professionalität wie gegenüber Konzepten künstlerischer Autonomie konstituiert dabei unter dem Begriff der ›Authentizität‹ die Forderung, daß die Wirklichkeit unmittelbar in die Literatur Eingang finden solle. Der alte Topos von der Verbindung von Kunst und Leben wird reaktiviert.

Mit dem Motiv, sich der eigenen ›Identität‹ zu vergewissern *und* mit dem Anspruch der Unmittelbarkeit, dem Wunsch nach »unverstellter« Literarisierung der eigenen Lebensgeschichte, greift diese Bewegung auf vormoderne Traditionen zurück, sind doch die autobiographischen Projekte des 20. Jahrhunderts durch eine Verkehrung der alten Strukturen autobiographischen Schreibens gekennzeichnet. Sowohl das Persönlichkeits- und Entwicklungsmodell jener am ›Bildungsroman‹ orientierten Lebensgeschichte eines autobiographischen Subjekts als auch die Vorstellung einer »daseinsunmittelbaren Schrift«[1] dieses Subjekts sind obsolet geworden und in einer Thematisierung der komplizierten Beziehung zwischen Erinnerung, Lebens- und Erzählstruktur problematisiert. In ihrer zweiten »Frankfurter Vorlesung« mit dem Titel »Das schreibende Ich« hat Ingeborg Bachmann die Geschichte der verschiedensten Ich-Entwürfe und -Präsentationen in der Literatur rekonstruiert und dabei als zentrale strukturelle Veränderung beschrieben, daß das Ich sich nicht mehr *in* der Geschichte aufhalte, sondern die Geschichte im Ich (S. 4/230). Diese Veränderung kennzeichnet den Schritt

---

1. Manfred Schneider: »Die erkaltete Herzensschrift. Der autobiographische Text im 20. Jahrhundert.« München 1986. S. 34. — Schneider untersucht Proust, Benjamin, Leiris und Sartre und sieht in ihren autobiographischen Texten Verkehrungen alter »autobiographischer Regularitäten«.

von dem klassichen autobiographischen Entwicklungsmodell eines Subjekts, das über *seine* und *die* Geschichte zu verfügen glaubt, zum ortlos gewordenen Ich, dem seine Identität problematisch geworden ist. Bachmann dagegen ging in ihrer Schreibweise von einem »Ich ohne Gewähr« aus:

»Das könnte sein: Myrriaden von Partikeln, die ›Ich‹ ausmachen, und zugleich scheint es, als wäre Ich ein Nichts, die Hypostasierung einer reinen Form, irgendetwas wie eine geträumte Substanz, etwas, das eine geträumte Identität bezeichnet, eine Chiffre für etwas, das zu dechiffrieren mehr Mühe macht als die geheimste Order.« (S. 4/218)

Mit dem Roman »Malina« hat Bachmann denn auch die Unmöglichkeit einer weiblichen Autobiographie gezeigt und sich besonders gegen das »Erzählen von Lebensläufen, Privatgeschichten und ähnlichen Peinlichkeiten« abgegrenzt.[1] Der Roman bricht mit allen Selbstverständlichkeiten autobiographischen Schreibens, indem er sie gebraucht und *durch*streicht oder kritisch kommentiert. Das Ich des Textes ist nicht als personale Instanz identifizierbar, es verfügt nicht über seine Geschichte, ist vielmehr in den unterschiedlichen Erinnerungs- und Erzählweisen verstrickt. Erinnerung ist weder als Kontinuität noch als Vergangenes, »Abgelebtes« greifbar, zudem ist es nicht einfach im Erzählen zu präsentieren. Als einmal Kindheitserinnerungen in den Blick geraten, handeln sie von »jemand, der einmal ich war« (S. 3/25), doch ist dieses gewesene Ich nicht mit der namenlosen Ich-Erzählerin deckungsgleich. Mehrfach wird im Roman eine Öffentlichkeit kritisiert, die in ihrem Bedarf an Nachrichten über persönliche Geschichten als zerstörerisch betrachtet und mit einem »Gemetzel« verglichen wird. Mit dem Personenregister am Anfang spielt der Text auf die Form erkennungsdienstlicher Personenerfassung oder steckbrieflicher Personalien an und verweist damit auf historische Zusammenhänge zwischen der polizeilichen, kriminalistischen, psychologischen und päd-

---

1. In: »Wir müssen wahre Sätze finden. Gespräche und Interviews.« München 1983. S. 88.

agogischen Ausforschung des Subjekts und dem Diskurs literarischer Selbstbeobachtung und Selbsterkenntnis, dessen Artikulationen nicht selten dem Modus des Bekenntnisses folgen, Zusammenhänge, wie sie von Foucault untersucht und zuletzt von Schneider für die Geschichte der Autobiographie reklamiert wurden. Wenn Bachmann auf diese Form der Selbst-Darstellung verweist, dann nur, um sie im gleichen Atem- bzw. Schriftzug zu verrätseln: »Um keine unnötigen Verwicklungen für Ivan und seine Zukunft heraufzubeschwören«, »aus Gründen der Tarnung« bei Malina und beim Ich mit zweimal durchgestrichener und überschriebener Berufsbezeichnung und dreimal durchgestrichener Adresse (S. 3/11-2). Indem die Autorin sich auf eine erkennungsdienstliche Diskursform bezieht und die dazu nötigen Informationen zugleich unkenntlich macht, läßt sich dieses Verfahren einmal mehr als Schreibweise der Dekonstruktion kennzeichnen.[1]

Wird die Geschichte des Ichs auch als »eine unvermeidliche dunkle Geschichte, die seine (Malinas, S. W.) Geschichte begleitet, ergänzen will, die er aber von seiner klaren Geschichte absondert und abgrenzt«, bezeichnet (S. 3/22-3), so beschreibt diese Geschichte der verschwiegenen, ausgeschlossenen weiblichen Existenz des Subjekts exakt die sprachlichen und erzählerischen Voraussetzungen für die Darstellung weiblicher Geschichten. Die Problematik des schreibenden bzw. geschriebenen Ichs verschärft sich für Bachmann aus der Perspektive von Frauen, indem die Instanz des Erzählers als männlich charakterisierte Figur des vernünftigen, affektlosen Malina erscheint. Als Erzähler stört diese Instanz die »verschwiegene Erinnerung«, zugleich ist er notwendig, damit überhaupt erzählt werde. (Vgl. 9.3)

In dem größten Teil der jüngeren autobiographischen Texte wird diese Problematik im Gestus der Unmittelbarkeit übersprungen. Der Autor ebenso wie die Autorin autobio-

---

1. Vgl. meinen Aufsatz »›Ein Ende mit der Schrift. Ein andrer Anfang.‹ Zur Entwicklung von Ingeborg Bachmanns Schreibweise.« A.a.O.

graphischer Literatur beziehen ihre ›Glaubwürdigkeit‹ geradezu aus ihrer ästhetischen Unschuld. Auch wenn die meisten Texte sich nicht mehr an der geschlossenen Form einer klassischen Autobiographie orientieren und auch wenn viele Erkundungen der eigenen Kindheit eher einer negativen Bildungsgeschichte gleichkommen — unter der Fragestellung »Wie bin ich so geworden, wie ich bin?« —, so lassen sie doch das Subjekt im Zentrum seiner Geschichte und in der Position des Autors seiner Erinnerungen (lat. auctor = Schöpfer, Garant, Urheber, Verfasser). Zudem liegt den meisten Texten ein Wirklichkeitsbegriff zugrunde, der in der Tradition der Beschreibungsliteratur von einer direkten Abbildbarkeit des Realen ausgeht, statt die kulturell und sprachlich vermittelten Muster zu untersuchen, in denen Erfahrungen Gestalt annehmen. Gerade die vermeintlich unschuldigen, ästhetisch unbelasteten Autoren erliegen dabei allzu leicht literarischen und genrespezifischen Stereotypen, rhetorischen Figuren imaginärer Authentizität.

Durch die lange Geschichte der Privatisierung des weiblichen Lebenszusammenhanges erhalten die Autobiographien für Frauen eine besondere Bedeutung. In ihnen scheint die Trennung zwischen dem als privat gewerteten Ort von Frauen und der öffentlichen Sphäre von Kunst und Politik im Medium der Literatur aufgehoben. Angesichts der großen Zahl solcher Veröffentlichungen können die Autobiographien als eine favorisierte Form betrachtet werden, in der Frauen den lange ersehnten Subjektstatus endlich zu erlangen suchen. Die verlorene Selbstbezüglichkeit der Frau, die nach Irigaray ihrem Eintritt in die Sprache geopfert ist, wird hier auf sprachlichem Wege wiederherzustellen versucht. Dies geschieht in vielen Texten ohne Umschweife durch die Gestaltung einer Ich-Instanz, in der die Erzählerin mit der Person, über die erzählt wird, identisch ist. Diese Instanz ist zudem zur Selbstreflektion und zum Erzählen der eigenen Geschichte begabt, wobei diese eigene Geschichte als beispielhaft für weibliche Realität begriffen wird. Auch die Fähigkeit zur Bewertung einzelner Erlebnisse und zur Einordnung von Erfahrungen in die Entwicklung der eigenen Persönlichkeit scheint dieser Ich-Instanz nicht zu fehlen, so daß sie mit allen Merkmalen eines ›Subjekts‹ ausgestattet ist. Dabei konstituiert die Darstellung der realen Frauen-Opfer zumeist in einer schreibenden Wiederholung die Frauen als Objekte der Literatur. Statt das Ich als »geträumte Substanz« (Bachmann) zu behandeln, folgen viele autobiographische Texte von Frauen dem Traum von einer weiblichen Identität.

Im Hinblick auf die Erinnerungsarbeit unterscheiden die Texte sich darin, ob sie Erinnerung als verfügbaren Stoff der eigenen Lebensgeschichte behandeln oder die Erinnerung selbst als einen produzierenden Vorgang verstehen, dessen Artikulationen immer durch eine Differenz zu vorausgegangenen Erlebnissen gekennzeichnet sind. In ihrem Roman »Kindheitsmuster« hat Christa Wolf den Modus der autobiographischen Erinnerung zu überprüfen versucht. Ihre Zweifel und ihre Schreibanstrengung richten sich vor allem gegen die Fertigprodukte der Erinnerung, Erinnerungsbilder oder erzählbare und wiederholt erzählte Versatzstücke individueller Geschichte:

»Diese Medaillons sind für die Erinnerung, was die verkalkten Kavernen für den Tuberkulosekranken, was die Vorurteile für die Moral: ehemals aktive, jetzt aber durch Einkapselung stillgelegte Lebensflecken. (...) So enden Kindheiten in jener Zeit, das glaubt jeder, das wird blank poliert beim häufigen Erzählen, das ist schön wehleidig, das hat seinen festen Platz im Medaillonschrein und seine Unterschrift ›Ende der Kindheit‹.«[1]

Solche Erinnerung sei ohne weiteres verfilmbar. Dagegen bemüht sich Wolf, die Muster von Kindheitserfahrungen ebenso wie die Muster ihrer verklärenden Erinnerungsbilder zu rekonstruieren. Ihr Text ist als Roman bezeichnet und dadurch geprägt, daß zentrale Einheiten autobiographischer Schreib-

1. »Lesen und Schreiben«. In: »Lesen und Schreiben. Neue Sammlung.« Darmstadt und Neuwied 1984⁵. S. 24–5.

weise aufgelöst sind: Das Ich ist in die dritte Person, »das Kind«, und in die zweite Person, die der Selbstreflektion der Erzählerin dient, aufgespalten. Die »Sehnsuchtsorte« der Kindheit sind in einer Reise der Erwachsenen nach Polen, an den Ort ihrer Kindheit, gespiegelt. Die Zeit der Kindheit ist in der Zeit der Reise und in der Schreibzeit — Entstehung des Romans und zugleich politische Gegenwart — reflektiert. Die Differenzen, Brüche und Lücken, die bei diesem Verfahren zutage treten, werden hinsichtlich des Problems erzählender Erinnerungsarbeit grundsätzlich thematisiert, wodurch die Darstellung z. T. den Status einer Möglichkeitsrede über die Wirklichkeit erhält. Die Erinnerungsarbeit Wolfs ist einer archäologischen Arbeit vergleichbar, wie sie Benjamin in seinem kurzen Text »Ausgraben und Erinnern« beschrieben hat. Darin vergleicht er das Gedächtnis mit dem Erdreich, in dem alte Städte verschüttet liegen, und die Durchforschung von Schichten mit einer Ausgrabung:

> »Und der betrügt sich selber um das Beste, der nur das Inventar der Funde macht und nicht im heutigen Boden Ort und Stelle bezeichnen kann, an denen er das Alte aufbewahrt. So müssen wahrhafte Erinnerungen viel weniger berichtend verfahren als genau den Ort bezeichnen, an dem der Forscher ihrer habhaft wurde. Im strengsten Sinne episch und rapsodisch muß daher wirkliche Erinnerung ein Bild zugleich von dem der sich erinnert geben, wie ein guter archäologischer Bericht nicht nur die Schichten angeben muß, aus denen seine Fundobjekte stammen, sondern jene andern vor allem, welche vorher zu durchstoßen waren.« [1]

In diesem Sinne behandelt Wolf die Kindheit nicht als Vergangenes, sondern als »Vergangenheit in der Gegenwart«, die für die Auseinandersetzung mit dem Faschismus eine besondere Bedeutung erhält.

In den jüngeren Texten, die im Kontext des feministischen Diskurses entstanden sind, wird die Thematisierung der eige-

---

1. In: »Gesammelte Schriften«. Hg. v. Rolf Tiedemann und Hermann Schweppenhäuser. Frankfurt/M. 1980. Bd. IV. 1. S. 400–1.

nen Lebensgeschichte im autobiographischen Genre besonders fragwürdig, wenn die Behandlung von Kindheitserinnerungen als »Medaillons« mit einem Gestus emanzipativer Be-
wußtwerdung und Aufklärung verbunden wird, so daß die
Vergangenheit als Negativbild erscheint, als schlechte, aber
derweil überwundene Befangenheit des Ichs im traditionellen
Frauenbild, während der in der Gegenwart erreichte Standpunkt als absolute Wahrheit dasteht. Wird aus der Perspektive
einer Wissenden auf die Unfreiheit der eigenen Vorgeschichte
zurückgeblickt und die Darstellung eigener Lebensgeschichte
einer Motivierung der gegenwärtigen Position unterworfen,
verstärkt sich die Gefahr, daß die notwendige Erinnerungs-
arbeit gerade nicht geleistet wird. Tatsächlich ist die weibliche
Entwicklung ja voller Widersprüche und Brüche, und die
Entwicklung bestimmter Fähigkeiten bzw. die Entscheidung
für eine bestimmte Lebensweise impliziert immer Verluste
anderer Möglichkeiten. Statt diese Verluste in der Darstellung zu verdoppeln, könnten die Widersprüche schreibend in
Bewegung gebracht werden. »Im Widerspiel des Unmöglichen mit dem Möglichen erweitern wir unsere Möglichkeiten«, wie Bachmann 1959 formulierte, ohne allerdings die
Voraussetzungen einer solchen Strategie zu verschweigen:
»daß man enttäuscht, und das heißt, ohne Täuschung, zu
leben vermag« (S. 4/276–7). Wenn statt dessen der teleologi-
sche Verlauf einer klassischen Autobiographie mit dem
Emanzipationsprozeß der Verfasserin, mit ihrem feministischen coming-out sozusagen, identifiziert wird, dann sind alle
Widersprüche scheinbar befriedet — und die Texte einer
Wende, die einen erneut veränderten Standpunkt repräsentie-
ren, werden nicht lange auf sich warten lassen, wie Anja Meu-
lenbelts »Die Scham ist vorbei« (1978) und »Die Gewöhnung
ans alltägliche Glück« (1985) belegen.[1]

1. Vgl. die Kritik von »Die Scham ist vorbei« von Jutta Kolkenbrock-Netz/
Marianne Schuller: »Frau im Spiegel. Zum Verhältnis von autobiographi-
scher Schreibweise und feministischer Praxis.« In: »Entwürfe von Frauen.«
Hg. v. Irmela v. d. Lühe. Berlin 1982. S. 154–174.

5.2. Autobiographische Texte

Literarische Kindheitserinnerungen von Frauen gab es vor der
Frauenbewegung vor allem von Autorinnen, die schon ander-
weitig Bedeutung erlangt oder sich erschrieben hatten, z. B.
Simone de Beauvoirs »Mémoires d'une jeune fille rangée«
(1958), die in der deutschen Übersetzung den bezeichnenden
Titel »Memoiren einer Tochter aus gutem Hause« tragen. Die
›Frauenliteratur‹ behauptet nun das Literaturrecht für alle
Töchter, nicht nur für die aus ›gutem Hause‹.

Die vorliegenden Texte unterscheiden sich je nach dem Alter der Autorinnen. Am problematischsten sind diejenigen
der 30- bis 40jährigen — ein relativ junges Alter für autobiographische Rückschau. Sie sind begründet nicht durch die
Einmaligkeit oder Besonderheit der eigenen Geschichte, sondern im Gegenteil durch die Repräsentativität der Erfahrung,
wie häufig schon die Buchtitel andeuten. Der Titel von Angelika Mechtels Roman »Wir sind arm wir sind reich« (1977)
und Monica Streits Roman »Joschi. Eine Kindheit nach dem
Krieg« (1984) spielen gleich auf eine ganze Generation an, auf
die Nachkriegsjugend in den 50ern, Maria Wimmer mit »Die
Kindheit auf dem Lande« (1978) auf eine ganze soziale
Gruppe, Barbara Frischmuth mit »Die Klosterschule« (1968)
auf eine konfessionelle Dressur, Karin Reschkes »Memoiren
eines Kindes« (1980) auf Kindheit überhaupt. Und Ellen Diederichs nimmt mit ihrem Buch »Und eines Tages merkte ich,
ich war nicht mehr ich selber, ich war ja mein Mann« (1981)
die Vermittlung von Privatem und Politischem schon in ihrer
Genrebezeichnung »eine politische Autobiographie« für sich
in Anspruch.

Die Autorinnen, geboren zwischen 1940 und 1944, sind
Töchter der Nachkriegszeit und betrachten ihre Lebensgeschichte als zeittypisch. Sie konzentrieren sich jeweils auf
unterschiedliche Ausschnitte dieser Geschichte. Wimmers
Aufzeichnungen umfassen den längsten Abschnitt, von der

frühen Kindheit bis zur Jetzt-Zeit. Ihr geht es vor allem um die Problematik des sozialen »Aufstiegs« aus landproletarischen Verhältnissen zur Lehrerin und Psychologin, der im Schreibakt der Vergegenwärtigung eigener Lebensgeschichte wieder rückgängig gemacht werden soll. »Die Frau (eine Frau aus unterprivilegierten Verhältnissen, S.W.) war mir tausendmal näher als der Arzt. Im Grunde weiß ich doch, wohin ich gehöre« (S. 167), lautet der Schluß des Textes, nachdem die Erzählerin vorher ihre Enttäuschung über die Äußerlichkeit und das Karrieredenken bürgerlicher Berufe beschrieben hatte und kritisch feststellt, daß sie selbst nun zu denen zähle, die von den Eltern bewundert wurden. Die Infragestellung erfolgt aber erst auf den letzten Seiten, wodurch der Rückblick in die Kindheit auf dem Lande zu einer Art Rückeroberung der sozialen Heimat gerät.

Mechtels Roman, ebenfalls eine Ich-Erzählung, konzentriert sich auf die Jugend in den 50ern. Leitmotivisch zieht sich die Figur des Landstreichers Sebastian durch den Text, der als Antipode zur kleinbürgerlichen Familie auftritt. Bei der Wiederbegegnung mit ihm, die den Schreibanlaß darstellt, besteht der Wunsch, »daß ich noch immer ein Sebastian sein möchte« (S. 236), unverändert wie in der Kindheit. Reschkes Text, aus der Perspektive des Mädchens Marie erzählt, konzentriert sich auf die frühe Kindheit. Der Text ist vom Zauber kindlicher Wahrnehmung und Phantasie geprägt — so wie Erwachsene sie sich vorstellen. Stärker noch als die beiden vorher genannten wirft dieses Buch einen eher sentimentalen Blick zurück ins verlorene Paradies der Kindheit, die — auch wenn man arm war – eben doch reich war.

Die Dimension des Politischen wird von Frauen zumeist eher als Einbruch ins Private erlebt, d. h. eher passiv erlitten als aktiv hergestellt. Ob die Kindheit und Jugend der Autorin in die Zeit des Nationalsozialismus zurückreicht oder in die 50er Jahre fällt, immer werden die Ideologie von »Ruhe und Ordnung« und das Zwangsbild des normalen Verhaltens eines (deutschen) Mädchens über die Elterninstanzen an das

Mädchen vermittelt. Zeitgeschichtliche Ereignisse werden als Gesprächsstoff am Familientisch oder als Einbruch in die familiäre Ordnung erlebt. Diederichs »politische Autobiographie« konzentriert sich dagegen auf die Phasen bewußter politischer Entwicklung. Sie beginnt mit der Lehre und endet mit der Schreibzeit. Die Gedanken über die Erfahrungen in der Studenten- und Frauenbewegung sind in der Darstellung an die Umgangssprache dort gebunden: »Diese Zeit war so schlimm, es war so viel, was da rein gespielt hat, ich kann das gar nicht alles sagen« (S. 96). Die Aufzeichnungen reproduzieren so einen zum Jargon geronnenen Sprach- und Bewußtseinsstand und enthalten Feststellungen, die auf Konsens zählen können: Gedankensätze aus politischer Theorie, Feminismus und Psychoanalyse, die zusammen den Schein vollkommener selbstkritischer Deutungskompetenz erzeugen.

Die zweiteilige Autobiographie Helga Novaks, Jahrgang 1934, umfaßt ganz andere zeit- und lebensgeschichtliche Erfahrungen. Faschismus, Krieg, Nachkriegszeit — das sind historische Einschnitte, die die dargestellte Lebensgeschichte entscheidend strukturiert haben. Der erste Teil der Autobiographie Novaks, »Die Eisheiligen« (1979), beschreibt die Kindheit unter der Fuchtel mütterlicher Dressur und nationalsozialistischer Gewalt bis zum sechzehnten Lebensjahr, d. h. bis in die Aufbaujahre der DDR. Der zweite Teil, » Vogel federlos« (1982), enthält Erfahrungen aus dem Leben als Siebzehn-/Achtzehnjährige in einem Kaderinternat der DDR. Im ersten Teil wird aus der Perspektive des Kindes, das sie einmal war, dessen Erlebnishorizont nachgezeichnet, wodurch seine Gefühle — Verzweiflung, Ausgeliefertsein, Haß und Wut — wieder zum Leben erweckt werden sollen: eine Kindheit, in der es keinerlei Geborgenheit gab. »Kaltesophie« ist der Name der Adoptivmutter, die als *die* Verursacherin des kindlichen Leidens erscheint und Feindbildcharakter erhält. Der Haß auf die Mutter wird schreibend (noch einmal) durchlebt. Der zum Ende angedeutete Widerstand des Mädchens, ihre Identifikation mit den sozialistischen Ideen der Aufbauphase der DDR und ihr Eintritt in die FDJ gegen den Willen der Eltern, erzeugen den Anschein, als sei hier eine politische Identität gefunden, die zugleich die Befreiung aus den Fängen der destruktiven, familiären Vergangenheit ermöglichte. Und so wurde der Text auch gelesen — bis der zweite Teil der Autobiographie erschien, in dem diese Perspektive desillusioniert wird. Emphase und Parteidisziplin treffen bald unversöhnlich aufeinander. »Vater Staat und Mutter Partei« sind an die Stelle der Elternfiguren getreten. Sie haben ebenso den Charakter unumstößlicher Autoritätsinstanzen, gegen die sich allmählich Widerspruch regt, der zunächst durch Selbstdisziplin unterdrückt wird, durch dieselbe Selbstdisziplin, mit der die Erzählerin sich die freiwilligen Arbeitseinsätze auf dem Feld und am Hochofen abverlangt. Die Demütigungen, die sie hier als Frau erfährt, der Sexismus der »Helden der Arbeit«, machen einen wichtigen Teil ihrer Enttäuschungen aus: »Aktivisten«, Männer, von denen Muskelleistungen, aber kein sozialistisches Verhalten verlangt wird, bestimmen das Arbeitsklima. Als Ausweg nach der vollzogenen Trennung bleibt ihr jetzt nur noch die Einsamkeit:

»Ich bin losgelöst vom Kollektiv, (...) ich bin allein, und was ich nicht selber mache, wird kein anderer für mich tun, frei sein heißt ab jetzt allein sein, und nichts und niemand wird mich eines besseren belehren.« (S. 288)

Die Autobiographie Novaks enthält eigentlich kein Ende, sie bricht ab, erreicht die Schreibzeit nicht, begründet auch keine Entscheidung für einen bestimmten Lebensentwurf. Sie ist aus der Perspektive des Mädchens bzw. der Jugendlichen geschrieben, in die die Autorin sich zurückversetzt. Sprache und Schreibweise wechseln häufig und spiegeln so die teils harten Brüche in den Erlebnissen und Empfindungen des Mädchens. Die Einheitlichkeit der Perspektive ist im zweiten Teil plausibler, wo die Verbindung zwischen dem Standort der (heutigen) Autorin und seinem erfahrungsgeschichtlichen Begründungszusammenhang ganz offensichtlich ist. Im ersten Teil erscheint durch die Inszenierung der Muttergewalt aus der Kindperspektive diese als unüberwindlich. Die Möglichkeit, den Haß gegen die Mutter schreibend zu durchleben, funktioniert über die Gestaltung der Mutter als quasi-mythische Macht.

Novaks Rückblick in eine Kindheit während des Nationalsozialismus steht im Kontext einer ganzen Reihe von autobiographischen Erinnerungen. Nach dem Blick auf die Solidarität-stiftende Allgemeinheit weiblicher Erfahrung in der Gegenwart zu Beginn der ›Frauenliteratur‹ erfolgte der Geschichte-stiftende Blick zurück auf den Frauenalltag im »Dritten Reich« und im Krieg — mit dreißigjähriger Verzögerung. Denn es ist erstaunlich, wie wenige autobiographische Texte von Frauen nach 1945 erschienen sind. Ihr Lebensalltag während des Faschismus und des Krieges stand zurück hinter den bedeutungsvolleren Erinnerungen männlicher Autoren, die auf Exil und antifaschistische Vergangenheit zurückblicken konnten — während die meisten Frauen ›zu Hause‹ und häufig unter sich geblieben waren.

»Wirksam konnten die Frauen nicht sein. Ein wirksames Gegengewicht konnten die Frauen nicht sein. Ein wirksames Gegengewicht zur Milderung der Aggressivität konnten die Frauen nicht sein, aufgrund ihres Ausschlusses aus dem öffentlichen Leben.« (S. 74)

So Marie-Thérèse Kerschbaumer in einem ihrer sieben Berichte »Der weibliche Name des Widerstands« (1980), in denen sie das Schicksal von Opfern des Nationalsozialismus, die als Frauen Widerstand geleistet haben, verfolgt, um damit ein Frauen angemessenes Bild vom Widerstand zu entwerfen: »Die Bedingungen des Widerstands für Frauen anders darstellen als für Männer« (S. 69). Ihr Verfahren, die Lebensläufe von verschollenen bzw. ermordeten Frauen aus Wien nachzuzeichnen, zielt nicht auf Authentizität, sondern beschreibt den Versuch, sich weiblichen Widerstand vorzustellen. Es sind exemplarische Studien für die Widerstandserfahrungen von Frauen. Das neuerweckte Interesse an der faschistischen

Vergangenheit hat in den letzten Jahren auch viele ältere Frauen motiviert, ihre eigene Geschichte aufzuschreiben. Einige Beispiele für diese Art Erinnerungsarbeit sind: Die Autobiographie von Charlotte Wolff »Augenblicke verändern uns mehr als die Zeit« (1980 in englischer Sprache, 1982 in deutscher Übersetzung), in der die Autorin — deutsche Jüdin, Schriftstellerin, Psychologin, Lesbierin — über ihr Exil berichtet. Sie ging 1933 nach Paris, 1936 nach London, wo sie auch nach dem Krieg blieb, um erst in den letzten Jahren nach Berlin zurückzukehren. Der Roman von Grete Weil »Meine Schwester Antigone« (1980), in dem die 1906 geborene Autorin ihre Faschismuserfahrungen bearbeitet. Sie arbeitete im Jüdischen Rat und tauchte 1942 unter; ihr Mann Edgar Weil ist im KZ umgebracht worden (vgl. 9.4). Dorothea Zeemanns Aufzeichnungen »Einübung in Katastrophen. Leben von 1913–1945« (1979) berichten vom ›normalen‹ Überleben im »Reich«. Die 1909 geborene österreichische Schriftstellerin hat ihre Erinnerungen fortgesetzt mit »Jungfrau und Reptil. Leben zwischen 1945 und 1972« (1982), ein Buch, in dem sie sich um die »unmögliche« Perspektive der Überlebenden bemüht. Margarete Hannsmann, Jahrgang 1921, erinnert in »Der helle Tag bricht an. Ein Kind wird Nazi« (1982) ihre Vergangenheit als BDM-Mädchen. Dagegen geht es Luise Rinser in ihrer Autobiographie »Den Wolf umarmen« (1981) mehr um die Rekonstruktion ihrer literarischen Entwicklung, deren Anfänge in die letzten Jahre des Nationalsozialismus fallen.

Während die offiziellen Feierlichkeiten 1983 zum 50jährigen »Jubiläum« der Machtübergabe nur als schlechter Ersatz für die jahrzehntelang verdrängte Auseinandersetzung mit der deutschen Geschichte betrachtet werden können, bieten diese aufgeschriebenen Erinnerungen von Frauen einen wichtigen Ansatz für die Überwindung weiblicher Geschichtslosigkeit. Vor allem geben sie als individuelle Dokumente im Gegensatz zu verallgemeinernden Tendenzen in der Geschichtsschreibung Aufschluß über den so unterschiedlichen Ort von Frauen im Faschismus.

5.3. ›Herstory‹-weibliche Genealogie

Die Grenze zwischen autobiographischer und fiktionaler Schreibweise ist bei Frauen besonders schwierig auszumachen. Wenn Frauen zu schreiben beginnen, steht ihnen oft kein anderer Stoff zur Verfügung als der der eigenen Lebensgeschichte. Deshalb ist die autobiographische Schreibweise bei Erstveröffentlichungen besonders häufig. Stärkere Fiktionalisierung und Literarisierung ist nicht selten an die Professionalität der Verfasserin gebunden.

Ein Beispiel für einen Roman mit autobiographischem Hintergrund ist Ingeborg Drewitz' »Gestern war heute. Hundert Jahre Gegenwart« (1978), in dem sie im Kontext der historischen Ereignisse die Kontinuität weiblicher Erfahrungen in fünf Generationen zeigt: zwei Generationen vor und zwei nach der 1923 geborenen Hauptperson Gabriele. (Drewitz selbst ist ebenfalls 1923 geboren.) Es ist ein Entwicklungsroman, in dem die Brüche in der Darstellung diejenigen im Leben der Heldin nachzeichnen. Erzählt ist in der dritten Person, das Ich dagegen als Problem thematisiert; z. B. in dem Abschnitt »Ich – was ist das?«, in dem über das erste ausgesprochene »Ich« des Kindes Gabriele berichtet wird; oder auch später, als die eigene Identität zum Problem geworden ist: »Nicht mehr ich sagen können. Nicht einmal mehr träumen können. Ich kapsele mich ein in der Kugel« (S. 221). Bei Drewitz ist das Nicht-Ich bzw. problematische Ich der Frau Thema, nicht Gestaltungs- und Erinnerungsmodus wie in Christa Wolfs »Kindheitsmuster«, wo das Ich als Mangel in der Spannung zwischen »du« und »sie« den Text strukturiert. Wolfs Intention ist die Auseinandersetzung mit der eigenen problematischen Vergangenheit als »Jungmädel«, während es Drewitz um die Diskrepanz zwischen familiären und gesellschaftlichen Ansprüchen an die Frau, zwischen Liebesglück und Befriedigung in der beruflichen Arbeit geht. Der Unterschied im Umgang mit dem Ich zwischen »Kindheitsmuster« und

»Gestern war heute« deutet auf eine politische Differenz im Verhältnis zum Individuum. Während bei Wolf das Ich — gerade indem es als Mangel die Darstellungsweise konstituiert — als Utopie erscheint, herrscht bei Drewitz Skepsis gegenüber einem solchen Begehren; ihr ist »das Ich als Ziel abhanden gekommen, weil sich das Ich nicht behaupten kann ohne Hochmut«. Beides sind in ihrem jeweiligen Kontext kritische Ansätze, Wolfs im Bezug auf einen dogmatisch gewordenen Kollektivanspruch und Materialismusbegriff in der DDR-Kulturpolitik und Drewitz' im Hinblick auf die Individualitätsideologie in der BRD.

Drewitz geht es in ihrem Roman auch um die Kontinuitäten und Brüche weiblicher Kollektivgeschichte. Aus den Frauen-Geschichten mehrerer Generationen entwirft sie eine Art weiblicher Historie; ähnlich wie Annemarie Weber in ihrem Roman »Rosa oder Armut schändet« (1978), der aus der Perspektive einer Arbeiterin auf eine Genealogie von Dienstmädchenexistenzen zurückblickt; oder wie die Österreicherin Marie-Thérèse Kerschbaumer in ihrem Roman »Schwestern« (1982), der mehrere Generationen von Schwesterpaaren verfolgt. Damit haben Schriftstellerinnen eine neue Variante der alten Familiensaga geschaffen, Texte, in denen der Blick auf die Familiengeschichte sich auf den Zweig ihrer weiblichen Mitglieder konzentriert, um Frauen-Erfahrungen im Generationenwechsel zu beleuchten. So wird historische Erfahrung auf subjektivem Wege angeeignet. Spart die Geschichtsschreibung die Ereignisse, die sich im weiblichen Lebenszusammenhang abspielen, weitgehend aus, so finden Frauen in der Lebensbeschreibung ihrer Mütter und (Ur)Großmütter Spuren einer eigenen Überlieferung. Dieser Entwurf einer weiblichen Geschichte bedeutet allerdings nicht, daß die konkreten Beziehungen zwischen einzelnen Müttern und Töchtern darin unproblematisch erscheinen.

Gerade Erinnerungen, die sich auf die Kriegs- und Nachkriegszeit beziehen, in der aufgrund der Abwesenheit der Männer viele Familien als unfreiwillige Frauengemeinschaften existierten, bergen reichhaltiges Lernmaterial für die Beziehungen der Frauen untereinander, für den »Kreislauf der Wiederholungen«.[1] Frauengeschichte in diesem Sinne stellt Katja Behrens in ihrem Roman »Die dreizehnte Fee« (1983) dar, dessen Stoff Aspekte aus der Lebensgeschichte der Autorin aufgreift: Sie ist 1942 geboren, ihre Mutter ist Halbjüdin. Drei Generationen—Großmutter, Mutter, Tochter—leben zusammen; in den Angsterlebnissen der Jüngsten, aus deren Perspektive Teile des Geschehens erzählt sind, werden die drei z. T. zu einer Einheit, »Hannamarieundanna«, sosehr sie auch sonst gegeneinander agieren. Der Roman erzählt von dem großen Krieg draußen und dem kleinen Krieg im Innern des Hauses.

In diesen Frauen-Geschichten erscheinen Frauengemeinschaften nicht als Utopie; vielmehr werden die subtilen psychischen Muster ihrer Abhängigkeiten und ihrer gegenseitigen Abgrenzungen und Kränkungen beschrieben. Auffällig ist aber, daß es — als Pendant zu den ›Vaterbüchern‹ — nur wenig Mutterbücher gibt, in denen sich Schriftstellerinnen an der Gestalt ihrer Mutter abarbeiten. Wenn Mütter die autobiographischen Erinnerungen bzw. Romane weiblicher Autoren bevölkern, sind sie selten als ›Hauptfigur‹ präsent. Eher erhalten sie ihren Ort in einer Reihe mit anderen Frauen und eine Funktion für die Darstellung eines Netzes weiblicher Geschichte. Während der Vater häufig *die* gesellschaftliche Ordnung repräsentiert, hat die Mutter ihren Platz in einer kollektiven Geschichte, wird von der Tochter, die selbst Mutter ist, Frauen-Geschichte als Kontinuum erlebt.

Der abwesende, verschwundene Vater und die Reise an den Ort seines Ursprungs wie seines Todes bringen die drei Töchter, die in Berlin, in den USA und in Israel verstreut leben, in Jeannette Landers Roman »Die Töchter« (1976) wieder für kurze Zeit zusammen. Die Orte geben dem Roman eine klare äußere Struktur, während sich die Beziehung der

1. Katja Behrens im Gespräch über ihren Roman in: »Die Zeit« v. 14. 10. 1983. S. 12.

Schwestern zur Mutter und untereinander ambivalenter und undefinierbar gestaltet und eher als inneres Gewebe sichtbar wird. Die Töchter eines polnischen Juden, der seine in der Provence lebende Familie 1941 verlassen hat, nach Warschau zurückgegangen ist und von dem sie nie wieder etwas gehört haben, werden in drei Kapiteln einzeln als Erwachsene gezeigt, die inzwischen selbst Mann und Kinder haben. In diesen drei Kapiteln sind Ausschnitte aus jüdischem Frauenleben nach dem Krieg in so unterschiedlichen kulturellen Erfahrungsräumen wie der westdeutschen, amerikanischen und israelischen Gesellschaft dargestellt. In diesen Kontrastbildern zeichnet die Autorin signifikante Erlebnisse, in denen Aspekte weiblicher, jüdischer und politischer Identität in sehr verschiedenen Varianten zum Ausdruck kommen. Für die mittlere Tochter in Berlin, Julie, ist ihre jüdische Herkunft im Modus ›privater‹ Erinnerungen eingeschlossen, ihre Erlebnisse mit Mann und Tochter sind in einer Nach-68er-Atmosphäre angesiedelt, in der die aufmüpfige Tochter die linken Theorien des Vaters entlarvt, indem sie ihn beim Wort nimmt. Für die jüngste Tochter Minouche, die in den USA lebt, ist ihre jüdische Geschichte in der Form veräußerlichter Rituale und gesellschaftlicher Ereignisse der jüdischen Gemeinde präsent. Weder in der Ehe noch in der Berufstätigkeit erfährt sie Identifikationsmomente. Die Mutter, mit der sie gemeinsam in die USA emigrierte, ist, nachdem sie ihr Leben dort nur noch apathisch und stumm zugebracht hat, gestorben. Sie hat die Demütigungen der Einwanderungssituation nicht verwunden. Die älteste Tochter in Haifa identifiziert sich mit dem jüdischen Staat und der konservativen Gemeinde und lebt in starken Spannungen zu Mann und Söhnen, besonders zu dem jüngsten Sohn, der die Rassen- und Klassenkontraste in Israel kritisiert und als Sympathisant der Araber angeklagt wird. Die Situation der drei Frauen wird überwiegend im Medium ihrer inneren Reflektionen gespiegelt. Während Julie und Minouche sich ortlos fühlen, hat Hélène sich in eine streng geregelte und normierte Identität gezwängt. Der Autorin, die selbst als Tochter polnisch-jüdischer Emigranten in den USA geboren ist und seit den 6oer Jahren in Berlin lebt, gelingt es, durch knappe Andeutungen die komplexe Situation ihrer Figuren zu skizzieren; in der Form des Bewußtseinsstroms werden deren Wahrnehmungen sprachlich so vergegenwärtigt, daß die Beschreibung die jeweils prägenden Sprach- und Denkstrukturen nachzuahmen sucht. Mit Hilfe von Dialogen, kurzen Situationsbeschreibungen und inneren Monolgen aus wechselnden Perspektiven erreicht Lander eine vielstimmige Darstellung des Geschehens. Dabei werden in die Reflektionen der drei Töchter immer wieder Erinnerungsbilder und Zitate von *papa* und *maman* eingeblendet. Der nach vernünftigen Maßstäben nicht erklärbare Fortgang des Vaters nach Warschau und das Verhalten der Mutter, schwankend zwischen Anpassung, Panik und Verstummen, stellen individuelle Erinnerungsmotive für eine unaufgearbeitete Geschichte jüdischer Vergangenheit dar, die ihre dialektischen Gegenbilder in der politischen Verfassung der Gesellschaften findet, in denen die drei Töchter leben. Im letzten Kapitel treffen sie sich auf einer Polenreise in Begleitung einiger Familienmitglieder, ohne daß dieser Weg zum Geburts- und Todesort des Vaters ihnen eine Perspektive eröffnen könnte. In der Begegnung werden die drei jeweils mit ihren Erinnerungs- und Überlebensstützen konfrontiert. In dieser Fabel hat Lander ein Programm des Rückblicks in die eigene Vergangenheit, inszeniert als ›Heimatsuche‹ und reale Reise, desillusioniert. In der Gegenwart allerdings erleben die Frauen, vor allem Julie und Minouche, sich in Situationen, die ihnen die Gestalt der Mutter im nachhinein ein Stück weit verständlich werden lassen, Situationen, in denen sie sich aufgrund ihrer *Empfindungen*, nicht wegen ihrer *Handlungen*, in Diskrepanz zu den geltenden Übereinstimmungen erfahren.

In dem Roman kommen Spuren einer weiblichen Dissidenz zum Ausdruck, die sich nicht unbedingt an sichtbaren Verhaltensweisen mißt, sondern an dem Gefühl, nicht dazuzugehören. Eine ähnliche Verfassung gilt für die Ich-Erzählerin in Eva Demskis Roman »Karneval« (1981), eine ältere Frau aus

Ostpreußen, die sich in der am ökonomischen Fortschritt orientierten deutschen Nachkriegsgesellschaft als unpassende Existenz empfindet. Von einem Bauunternehmer als Erzieherin für seine Tochter engagiert, lebt sie quasi von ihrer Geschichte — ihrer als Statussymbol geltenden Abstammung und kulturellen Bildung — und ist dadurch zugleich von der Umgebung als anachronistisches Wesen isoliert. In der Ziehtochter sieht sie eine geheime Verbündete, indem sie sie als Unangepaßte betrachtet und sie heimlich zur Rebellin stilisiert. Diese Konstellation wird anhand eines Konflikts entfaltet, der im rheinischen Karnevalsgeschehen stattfindet. Erscheint die Karnevalsgesellschaft als Repräsentanz der korrupten und geschichtslosen Clique städtischer Honoratioren, so hat die Wahl der Bauunternehmerstochter zur Karnevalsprinzessin für diese die Bedeutung eines Initiationsritus in diese Gesellschaft. Für die Erzieherin erhält die Tatsache, daß die Tochter dies mitmacht, den Charakter von Anpassung und Verrat; als diese durchdreht und auf einen Freund des Vaters schießt, ist ihr das Beweis für einen unbewußten Widerstand. Der Text ist als Erinnerungsarbeit im Tagebuch nach diesem Ereignis gestaltet. Obwohl die Ich-Erzählerin in der Aufarbeitung sich darüber klar wird, daß sie ihren eigenen Lebensverzicht durch Projektionen auf die Ziehtochter entschädigt, wird diese in der Beschreibung streckenweise mystifiziert. Geht die Autorin einerseits von einem Ort vieler Frauen am Rande der Gesellschaft aus, so erliegt ihr Roman andererseits der Versuchung, eine verborgene Tradition weiblicher Dissidenz in der Beziehung zwischen der älteren und der jungen Frau zu entwerfen, die teilweise den Charakter einer Auszeichnung annimmt. Der Text nähert sich damit einer positiv besetzten weiblichen Familiengeschichte, die Frauengeschichte außerhalb und in Opposition zur herrschenden, von Männern bestimmten Gesellschaft definiert.

Wenn Frauengeschichten nicht in der Form von Genealogien aufeinander bezogen sind, sondern als ungleichzeitig gleichzeitige erzählt werden, geht es darum, unterschiedliche Lebensentwürfe und -entscheidungen im Hinblick auf ihre Identitätsangebote und -probleme zu untersuchen. So z. B. in dem Roman »Freundinnen« (1974) von Caroline Muhr. In dem Paar der unverheirateten, ›emanzipierten‹, aber einsamen Lehrerin und ihrer verheirateten Freundin, Mutter und Hausfrau ohne eigene Perspektive, wurde von Muhr, noch vor der ›Frauenliteratur‹ und von deren Diskursformen noch relativ unberührt, in einer bewährten Konstellation das Problem weiblicher Emanzipation in Romanform abgehandelt. Hat die Frauenbewegung das Interesse von Frauen auch unterschiedlicher Generationen und Herkunft aneinander verstärkt, so treten bei konkreten Begegnungen die Differenzen dabei um so deutlicher und schmerzvoller zutage. Ältere und jüngere Frauen sind sich einerseits räumlich näher gekommen, um andererseits ihre innere Fremdheit oder Differenz zu entdecken, so z. B. in den Romanen »Das Gör« (1980) von Geno Hartlaub und »Generationen« (1983) von Grete Weil.

5.4. Vaterbücher – Töchterschriften

Sind die ›Vaterbücher‹, in denen – gar nicht mehr so junge — Kinder sich mit ihren Vätern auseinandersetzen, eine relativ neue Variante autobiographischer Motive, so sind nicht wenige weibliche Autoren an der Entwicklung dieses Genres beteiligt. Da die Vaterbücher sich meistens um *zwei* Hauptfiguren drehen, den Vater und die Tochter bzw. den Sohn, sind sie den autobiographischen Kindheitserinnerungen verwandt. Und doch wird durch die Zentrierung der Schreibarbeit auf die Vaterfigur eine ganz eigene Schreibweise konstituiert. In den Texten der erwachsenen Töchter wird die Unerreichbarkeit und Übermacht der Väter im Leben mei-

stens nach deren Tod in eine mächtige textuelle Präsenz trans-
formiert; die ersehnte Nähe wird dennoch selten erreicht. Die
Schriften der Töchter unterscheiden sich von denen der
Söhne dadurch, daß sie nicht so sehr durch Konkurrenzbezie-
hungen geprägt sind als durch widersprüchliche Gefühle von
Unabhängigkeits- und Nähewünschen.

Elisabeth Plessen (geb. 1944) machte 1976 mit ihrem Roman »Mitteilungen an den Adel« den Anfang. Mit der Rah-
menhandlung — die Tochter mit dem Auto auf dem Wege
zum Begräbnis des Vaters — eröffnet die Erzählerin einen
Raum, um in der Erinnerungsarbeit wirklich Abschied zu
nehmen: eine Alternative zum äußerlichen Ritual der Begräb-
nisfeierlichkeiten, die sie letztlich verweigert. Die Perspektive
wechselt zwischen erster und dritter Person, der autobiographische Charakter des Textes ist unverkennbar. In der Erinnerung erscheint der Vater als hart und kalt, als »Fremder«
(S. 30), der seine Gefühle nicht zeigte und, »selbst wenn er in
der Nähe war, entrückt blieb« (S. 31), andererseits aber Zu-
neigungsbeweise von der Tochter selbstherrlich einforderte.
Von diesem übermächtigen Vater konnte die Tochter sich nur
befreien, indem sie sich — gegen ihr innerstes Begehren —
von ihm distanzierte: »Augusta war siebzehn, als sie ihrem
Vater sagte, er kotze sie an« (S. 75). Diese gewaltsame Trennung hat den Nähe-Wunsch nicht getilgt. Zeitlebens mußte
die Tochter sich den Vater vom Leibe halten, um überleben
zu können. Nach seinem Tode erst wird es ihr möglich, sich
ihm zu nähern, ohne seine aggressiven Anteile auszugrenzen.
Der schreibende Versuch, ihn zu verstehen, muß trotz allem
erfolglos bleiben, weil die Wunschstruktur des Textes so kom-
plex ist. Plessens Schreibarbeit beinhaltet sowohl den nachge-
tragenen Versuch, die Trennung vom Vater nunmehr zu vollziehen, als auch das Bemühen, die nie erreichte Nähe zu ihm
schreibend einzuholen.

In Brigitte Schwaigers (geb. 1949) Text »Lange Abwesenheit« (1980), auch aufgeschrieben nach dem Tode des Vaters,
bleibt die Beziehung der Tochter zu ihm wesentlich ambiva-

lenter. Der Wunsch nach der unerreichbaren Zuwendung vom Vater und das Motiv, sich gegen ihn behaupten zu müssen, halten einander immer noch die Waage:

»Hat natürlich nicht nach mir verlangt. Hat sich einfach davongemacht, dieser Vater (...) Ich bin dir so gut, weil du tot bist.« (S. 80–1)

Die Ambivalenz in der eigenen Haltung zum Vater wird im Text reproduziert; die Haßtiraden gegen den »Nazi-Vater« klingen allzu bemüht. Abschieds- und Trennungsarbeit müssen aussichtslos bleiben, zumal die Tochter sich im Geliebten eine Verdoppelung des Vaters gesucht hat. Mit ihm erlebt sie körperlich — »Er holt mich in sein Bett, er schickt mich fort« (S. 36)—was als Metapher die strukturelle Nähe-Ferne-Ambivalenz der Vater-Tochter-Beziehung beschreibt. Die Selbstbefreiung aus der Abhängigkeit ist durch permanente aktive Wiederholung der immergleichen Struktur verstellt:

»Was willst du von mir, fragte Vater, wenn ich nur seine Hand wollte.« (S. 84) »Ich greife nach Bernhards Hand (während der Beerdigung, S. W.), um mir ein wenig von Vaters Wärme zu holen.« (S. 85)

Mit diesem Text wird die eigene Abhängigkeit von der Vaterbeziehung durch die Tochter über den Tod des Vaters hinaus schreibend verlängert.

Bei Ruth Rehmann, geb. 1922, erfolgt die Auseinandersetzung mit dem Vater lange nach seinem Tod. Ihr Text »Der Mann auf der Kanzel. Fragen an einen Vater« (1979) ist z. T. durch die Fragen ihres Sohnes angeregt. Die politische Vergangenheit des Vaters, die bei vielen Väterbüchern von Söhnen im Vordergrund steht und in den anderen Töchterschriften *neben* anderen Motiven thematisiert wird, ist das Leitmotiv in Rehmanns Vaterbuch. Der Pfarrer wird als konservativer Mann vorgestellt, dessen private Schweigegebote ebenso wie sein öffentliches und berufliches Verschweigen seine unentschiedene Position im Faschismus bestimmt haben. Obwohl er aus konservativer Opposition gegen die Nazis eingestellt war, hat er durch seine Strategien der Verdrängung, des Verschweigens und des Nichthinsehens dennoch dazu beigetragen, daß sich das Regime stabilisieren konnte. Die Tochter begnügt sich nicht mit der eigenen Erinnerung, sondern bemüht überlebende Zeugen in ihrer Recherche nach der Haltung des Vaters im »Dritten Reich« in der Hoffnung, der Wahrheit näherzukommen. Bei aller Deutlichkeit, mit der der Vater vorgeführt wird, ist die Tochter in ihrer Grundhaltung ihm gegenüber um Verständnis bemüht. Die Frage nach seiner Schuld beantwortet sie sich — und ihrem Sohn, dem gegenüber die Ich-Erzählerin quasi als Vermittlerin auftritt — am Ende mit einer psychologischen Erklärung:

»Das könnte die besondere Art von Einsamkeit sein, in der einer trotz täglicher minuziöser Kontrolle an Gottes Wort und Gebot in Schuld geraten könnte, ohne Schuld zu bemerken, weil die Wahrnehmung gewisser Sünden ein Wissen voraussetzt, das durch Sehen, Hören, Verstehen zustande kommt, nicht durch Dialoge im Innenraum.« (S. 180–1)

Der erhöhte Ort auf der Kanzel wird in dieser psychologischen Erklärung durch ein Podest jener »besonderen Art von Einsamkeit« ersetzt, womit die Tochter sich ein Vaterbild erschrieben hat, das ihr schließlich die Rede über seinen Tod erleichtert. (S. 182)

Jutta Schuttings Erzählung »Der Vater« (1980), deren Geschehen mit dem Tod des Vaters beginnt, setzt sich dagegen mit dem konkreten Tod, mit dem Sterben und den Trauerritualen auseinander, auch mit den eingefahrenen Gewohnheiten verklärender Rede über und Erinnerung an einen Toten. Es gibt bei ihr nicht viele sentimentale Kindheitserinnerungen an den Vater, weil er ihr zum größten Teil fremd geblieben ist und oft auch unsympathisch war. Das macht die verordnete Trauer schwerer und läßt den Text im Vergleich zu den anderen Vaterbüchern nüchterner wirken. Die geringere Vehemenz in der Auseinandersetzung mit der Vatergestalt korreliert bei Schutting allerdings mit einer deutlichen Schwäche des Vaters. Zwar ist er als Tierarzt sozial angesehen, doch erscheint er den

Kindern nicht unbedingt als Respektsperson. Dagegen sind es sehr mächtige Väter, von denen die anderen Texte handeln: Plessen sah sich konfrontiert mit einer Vaterautorität, welche durch die Position als Adliger und Gutsbesitzer verstärkt war. Schwaigers Vater war Arzt, Rehmanns Pfarrer. Der Vater in Barbara Bronnens Roman »Die Tochter« (1980) war Schriftsteller, der in Katrine von Huttens Erzählung »Im Luftschloß meines Vaters« (1983) Baron, ein Überbleibsel aus der Feudalzeit. Das positivste Vaterbild entwirft wohl Friederike Mayröcker mit »Die Abschiede« (1980), ihr Vater ist ›nur‹ Lehrer.

Auffällig ist, daß die Vaterbücher durchweg von ›Töchtern aus gutem Hause‹ stammen[1] und daß der exponierte Ort der Väter häufig durch mehrfache Autoritätsgewalt abgestützt ist: Als ob die Macht der Väter eine Voraussetzung für die Schriften der Töchter wäre. Wenn man aber erwartet, daß das Ziel der Vaterbücher in einer Entthronung der Patriarchen bestünde, dann wird dieses Ziel von den meisten Töchtern verfehlt. Vielmehr scheint es so, als ob die Töchter, indem sie ihren Vätern ein Buch widmen, die Macht der Väter anerkennen, um auf diesem Wege selbst Autor zu werden.

Die zentrale Bedeutung des Vaters für die Tochter ergibt sich aus der geschlechtsspezifischen Verteilung von Macht und Ohnmacht im familialen Dreieck. Der Vater besetzt dabei die Position der privaten und gesellschaftlichen Autorität. Er ist Vertreter der Außenwelt, Repräsentant der Normen und Gesetze, während die Mutter häufig als seine Agentin fungiert, indem sie die Vermittlung der Normen an das Kind übernimmt. Die Position des Vaters ist aber auch durch seine Abwesenheit gekennzeichnet, was eine konkrete Auseinandersetzung mit seiner Gestalt erschwert und einen unbefrie-

---

1. Vgl. im Gegensatz dazu kleinere Texte in den Anthologien »Frauen erzählen vom ersten Mann ihres Lebens«. Hg. v. Margot Lang. Reinbek bei Hamburg 1979. Und die Nr. 23 der Zeitschrift »Schreiben« zum Thema »Väter«. 6. Jg. Außerdem Karin Arndt (Hg.): »Der erste Mann in meinem Leben. Töchter sprechen über ihre Väter.« München 1986.

digten Wunsch nach Nähe hinterläßt. Der unauflösbare Widerspruch für Frauen besteht aber darin, daß ihre Minderwertigkeit in unserer Kultur sich durch eine Unterwerfung unter die väterliche Instanz begründet, während es dieselbe Instanz ist, die ihnen nur Anerkennung zukommen lassen kann. Da diese Ambivalenz ihre Beziehung zum Mann (als Repräsentant der bestehenden Ordnung) prägt, sind Frauen in der Tochterposition fixiert — wenn nicht (mehr) im Verhältnis zum persönlichen Vater, dann zum symbolischen Vater bzw. zum Symbolischen überhaupt: zur Sprache, zu den Gesetzen, den Institutionen. Wenn eine Tochter einen mächtigen Patriarchen zum Vater hat, fallen in seiner Gestalt personaler und symbolischer Vater zusammen. Als weiblicher Autor dringt die Frau in den väterlichen Bereich ein, was dessen Anerkennung voraussetzt. Macht sie dem Vater seine Sprache streitig, dann lehnt sie sich gegen ihre Unterwerfung auf, um gleichzeitig seine Gesetze zu befolgen, ohne doch je an seinen Platz treten zu können. Diese widersprüchliche Struktur kommt in den Vaterbüchern in individuell unterschiedlicher Form zum Ausdruck.

Wenn die Töchter sich nach dem Tod des Vaters den Müttern zuwenden, dann nicht unbedingt in einer Weise, die diese direkt meint. Bei Bronnen z. B. wird die Mutter zur Befragten, um mehr über den Vater zu erfahren. In Gabriele Wohmanns als Roman bezeichnetem Mutterbuch »Ausflug mit der Mutter« (1976) beschäftigt die Tochter sich mit sichtlicher Mühe mit der Mutter, woraus eine »Kümmer«-Beziehung entsteht, aber keine Auseinandersetzung mit der Mutter:

»Der Artikulationsversuch über die Mutter als Witwe ist meine extremste Zuwendung.« (S. 5)
»(...) ich werde endlich ein ganz sanftes, deutliches, gütiges Portrait der Mutter schreiben.« (S. 23)
»Wie ernst ich nun die Mutter endlich nehme. Auf eine zum ersten Mal wirklich universale Weise kümmere ich mich um die Mutter. Worüber dürfte ich denn sonst schreiben? Was außer ihr wäre denn

zu diesem Zeitpunkt nicht Zerstreutheit, nebensächlich und Verrat und einfach nur leer behauptet?« (S. 59)

Man merkt es dem Text an, daß die Tochter es sich verordnet hat, sich der Mutter zu widmen. Ein wirkliches ›Mutterbuch‹, analog zu den Vaterbüchern, ist daraus nicht geworden. Die schreibende, die der Sprache mächtige Frau tritt gegenüber der Mutter eher an die Stelle des abwesenden Vaters. Das Schreiben hat für sie nämlich auch die Bedeutung, die Identifikation mit der Mutter zu verweigern, um nicht so zu werden wie sie; deshalb muß die Tochter es sich regelrecht auferlegen, die Mutter zu beschreiben.

Die Vaterbücher, in denen Frauen sich darum bemühen, aus der Abhängigkeit vom Vater freizukommen, können als geradezu klassische literarische Emanzipationsfigur betrachtet werden, weil sie die traditionelle Konstellation der *emancipatio* gestalten. Wurde die Entlassung der Tochter aus der väterlichen Gewalt im juristischen Akt der *emancipatio* vom Vater ausgesprochen, so nehmen die Töchter sich jetzt das Rederecht, um sich zum Subjekt *und* Objekt der Emanzition zu machen.

Die Entlassung aus der Bevor*mund*ung ist in den Vaterbüchern wörtlich genommen, womit in ihnen ein doppelter Emanzipationswille zum Ausdruck kommt: die Befreiung aus der Abhängigkeit vom Vater und die Einnahme der Position des (Schreib)Subjekts. Wenn früher im Sinne des bürgerlichen Rechtes von Emanzipation die Rede war, so bedeutete das allerdings nicht nur die Entlassung der Tochter aus der väterlichen Vormundschaft, sondern auch die Übergabe an einen anderen Vormund, den Ehemann, der nun für seine Frau sprach.

In der Literatur von Frauen wiederholt sich diese Struktur insofern, als es die Entlassung in einen von der väterlichen Gewalt freien Raum in unserer Kultur wohl kaum gibt. Die Frau, die schreibt, die sich den Mund nicht verbieten läßt, sieht sich mit einer neuen, in eine andere Form transformierten Bevormundung konfrontiert; mit der Präformierung ihrer Schrift durch sprachliche Strukturen, literarische Traditionen, mit der impliziten Bedeutung von Genremustern und rhetorischen Figuren. Der Kampf mit dem Vater wiederholt sich für sie unweigerlich auf der Ebene der Sprache. Insofern stellt sich die Frage, ob denn mit den Vaterbüchern auch Schriften der Töchter vorliegen: *eigene* Schriften der Töchter oder aber Schriften, in denen sich die Schreibenden als ›gute Töchter‹ in die Literatur einführen. Dadurch, daß sie in formaler Hinsicht das Verhältnis umkehren und nun den Vater zum Objekt ihrer eigenen Rede machen, haben sie sich doch oft nur scheinbar zum Subjekt dieser Rede erhoben. Die Figur der *emancipatio* wird immer noch durch die Macht des Vaters strukturiert.

»Die symbolische Ordnung, so wie sie in unserem monotheistischen Westen funktioniert, mit: Filiation durch Übertragung des Vaternamens, strengstes Inzestverbot (*was die Verwandtschaftsregeln anbetrifft*) und zunehmend logischer, einfacher, positiver, ›wissenschaftlicher‹ Kommunikation ohne stilistische, rhythmische ›poetische‹ Zweideutigkeit (*was das Reden anbetrifft*), steuert diese *konstitutive Hemmung des sprechenden Wesens* auf einen niemals erreichten Höhepunkt hin, der logischerweise von der Rolle des Vaters eingenommen wird.«[1]

Für Kristeva läuft die Diskussion der Möglichkeiten von Frauen, symbolische Funktionen zu erlernen bzw. sich sprachlich zu äußern, auf die Frage hinaus, ob sich die »Tochter des Vaters« oder die »Tochter der Mutter« äußere. Nicht also Vater- oder Mutterbücher ist demnach die entscheidende Frage, sondern Schrift der Vatertochter oder Schrift der Muttertochter.

1. Julia Kristeva: »Die Chinesin« (1974). Frankfurt/M., Berlin, Wien 1982. S. 258.

René Magritte: Der Geist der Geometrie. 1937.

6. Wider den Zwang zum Positiven – negative Textpraxis

»Jener Angriffswitz, den Ihr Satire nennt, hat seinen guten Nutzen in dieser schlechten, nichtsnutzigen Zeit. Keine Religion ist mehr im Stande, die Lüste der kleinen Erdenherrscher zu zügeln, sie verhöhnen Euch ungestraft und ihre Rosse zertreten Eure Saaten, Eure Töchter hungern und verkaufen ihre Blüten dem schmutzigen Parvenü, alle Rosen dieser Welt werden die Beute eines windigen Geschlechts von Stockjobbern und bevorrechteten Lakaien, und vor dem Übermut des Reichtums und der Gewalt schützt Euch nichts – als der Tod und die Satire.«
(Heinrich Heine: »Die Deutsche Literatur«)

Betrachtet man die Geschichte weiblicher Schreibpraxis, so fällt auf, daß die meisten Schriftstellerinnen sich tatsächlich als ›gute Töchter‹ präsentieren. Die Weiblichkeits-Gebote von Schönheit, Anmut und guter Moral scheinen bis in die Schrift der Frau hineinzuwirken. Zwar gibt es zahlreiche klagende Stimmen, un-schöne Texte, in denen die Opfer der Frauen beschrieben werden, weniger aber Texte, in denen Frauen sich ein Spiel daraus machen, die Regeln der herrschenden Ordnung zu erlernen. Im aktuellen theoretischen Diskurs, in dem ›weibliche‹ Schreibweisen als subversive Verfahren gekennzeichnet werden, die den herrschenden Sinn bzw. den Sinn der Herrschenden unterminieren, werden nicht zufällig immer wieder Beispiele männlicher Autoren zitiert. (Vgl. 7.) Für Frauen scheint der Eintritt in die Öffentlichkeit, in die Literatur und in die Sprache bis heute ein ausgesprochen ernsthaftes Vorhaben zu sein.

6.1. Das schaudernde Lachen von Frauen –
satirische Schreibweisen

»Wir erhalten Zugang zur zeitlichen Bühne, das heißt zu den politi-schen, historischen Angelegenheiten unserer Gesellschaft, sofern wir uns mit den als männlich geltenden Werten identifizieren (Be-herrschung, Über-Ich, verbindliche, kommunikative Sprache, die einen stabilen sozialen Austausch gewährleistet). Von Louise Michel angefangen, bis hin zu A. Kollontai, um nur zwei relativ neuzeitliche Beispiele zu nennen und ohne von den Suffragetten und ihren heu-tigen angelsächsischen Schwestern zu sprechen, von denen einige sich bedrohlicher aufführen als ein Vater der frühgeschichtlichen Horde, können wir die soziohistorische Ordnung nur stützen und stürzen, wenn wir als Supermänner auftreten.«[1]

Die Situation, die Julia Kristeva hier beschreibt, ist paradox: Um jene Regelungen umzuwerfen, die über den Ausschluß der Frauen begründet wurden, müssen die Frauen diese Re-geln beherrschen, wobei ihnen in der Überidentifikation, die der übermäßigen Anstrengung, etwas ihnen Fremdes zu erler-nen, einhergeht, häufig die subversive Energie abhanden kommt. Zu groß ist die Gefahr, daß ihnen zusammen mit einer Zerstörung der geltenden Ordnung, mit einem Angriff auf das Symbolische, der dünne Boden zerbricht, den sie sich soeben gezimmert haben. Damit scheint Frauen die Handha-bung von Strategien, die den geltenden Bedeutungen spiele-risch, lachend oder auf subversivem Wege beizukommen ver-suchen, erschwert. »Eine Frau hat nichts zu lachen, wenn die symbolische Ordnung zerbricht«,[2] obwohl dieser Zusam-menbruch ihr vielleicht am meisten nutzen könnte, ist doch die bestehende Ordnung nicht gerade nach ihren Interessen einge-richtet. Wenn man das Lachen als Angriff auf die starre Herr-schaft der Vernunft betrachtet, als Ausdruck von Un-Sinn oder als Lust an der Unvernunft, so täte den Frauen das La-

---

1. Julia Kristeva: »Die Chinesin«. A. a. O. S. 266.
2. Ebenda. S. 257.

chen bitter not, obwohl ihre Lage es ihnen gleichzeitig verbietet.

»Lachen ist gefährlich; es hat eine subversive Potenz. Wer lacht, glaubt nicht an die Unterscheidung zwischen Richtig und Falsch, zwischen Wahr und Unwahr, zwischen Gut und Böse und gefährdet die Wahrheit. Lachen ›kritisiert‹ die Distanz und Rationalität verlangende Ordnung der Vernunft. In ihm kehrt das Ausgeschlossene, das ›Andere‹ der Vernunft wieder. Unten und oben, rechts und links, richtig und falsch geraten in Bewegung.«[1]

Diese Beschreibung des Lachens weist deutliche Analogien zur Bedeutung jenes ›Weiblichen‹ auf, welches als Anderes der Vernunft aus dieser ausgeschlossen wurde. Wenn es aber bei Kamper/Wulf weiter heißt, daß im Lachen »das Ich vom Ich befreit« werde, wird plausibel, daß eine derartige, befreiende Praxis von der Voraussetzung ausgeht, daß das Subjekt sich als ›Ich‹ definiere, — um sich im Lachen dann von diesem Zwang zu befreien, vorausgesetzt eben, daß das Lachen über eigene Schwächen und der Verzicht auf soziale Sicherheiten keine lebensbedrohlichen Folgen haben. Diese Voraussetzung ist es, die Kristeva als »solide Position im Symbolischen« bezeichnet hat, eine Voraussetzung auch für die von ihr entworfene poetische Praxis, die sie als Explosion des ›Semiotischen im Symbolischen‹ gekennzeichnet hat.[2] Das Lachen wäre demnach eine lustvolle und lustige Variante einer solchen Praxis, für welche Frauen zum größten Teil die Voraussetzungen fehlen, obschon es sich doch aus einer ihnen zugeschriebenen Energie speist. Wird diese poetische Artikulation als »mütterlich« beschrieben, dann nicht in dem Sinne, daß sie den Müttern eignet, sondern daß sie vorsymbolischen Charakter hat bzw. der prä-ödipalen Phase entstammt.

1. Dietmar Kamper/Christoph Wulf: »Der unerschöpfliche Ausdruck«. In: Dies. (Hg.): »Lachen — Gelächter — Lächeln. Reflexionen in drei Spiegeln.« Frankfurt/M. 1986. S. 8.
2. Julia Kristeva: »Die Revolution der poetischen Sprache«. A. a. O. S. 59. Vgl. hier Kap. 7.

»Hier bringt nun aber der Zustrom von mütterlichen, unsinnigen Rhythmen, die dem Satz im Bereich des Sprechens vorangehen, keine Erleichterung und löst auch kein Lachen aus, sondern zerstört vielmehr ihren symbolischen Panzer, wodurch sie ekstatisch, nostalgisch oder wahnsinnig wird. Nietzsche könnte keine Frau sein. Eine Frau hat nichts zu lachen, wenn die symbolische Ordnung zusammenbricht.«[1]

Wäre die Position von Frauen somit als eine vor dem Sinn bzw. außerhalb des Sinns zu beschreiben, so machte das Einfließen von Unsinn in den Sinn für sie sozusagen keinen Sinn. In der Geschichte sind die Frauen denn auch eher in der Rolle der *Ver*lachten[2] als der Lachenden vorzufinden; eher sind sie Objekt von Spott, Witzen, Zoten und Gelächter, als daß sie selbst etwas zu lachen hätten. Obwohl es andererseits nicht Weniges gäbe, was ihnen lächerlich vorkommen könnte im Angesicht des herrschenden Männlichkeitswahns und all seiner Rituale. Da sie aber nicht selten (potentielle) Opfer dieser Rituale sind, bleibt ihnen das Lachen häufig im Halse stecken oder es gefriert ihnen auf dem Gesicht.

Doch gibt es in den Erscheinungsformen des Lachens sehr differenzierte Varianten, die von sehr verschiedenen sozialen Orten ausgehen und ganz unterschiedliche Bedeutungseffekte hervorbringen. Das Lächeln als affirmative Artikulation, die sowohl Unsicherheit dokumentiert als auch einen Ort markiert, den nicht die Regisseure, sondern die Rollenträger bzw. Mitspieler innehaben, das Lächeln ist eine domestizierte, den Frauen vorbehaltene Form des Lachens. Als Schauspielerinnen des Gesellschaftstheaters *haben* sie zu lächeln, und zwar unschuldig, nicht aber wissend oder gar hintergründig. Als traditionelles Weiblichkeitsgebot, das mit dem Gebot von Anmut und Schönheit verknüpft ist, ist das Lächeln die offenkundigste Form der Maskerade. Ausgetrieben wird den

---

1. Julia Kristeva: »Die Chinesin«. A. a. o. S. 257.
2. Vgl. Gerburg Treusch-Dieter: »Das Gelächter der Frauen.« In: D. Kamper/Ch. Wulf. S. Anm. 1 auf S. 171. S. 115–144.

Frauen dagegen die Albernheit, eine Form des Lachens, die besonders den Mädchen eignet, Übergangsgeschöpfen, die darin ihr Außerhalb jeglicher Anstandsregeln und Ordnung zum Ausdruck bringen: ein Lachen, das aus dem Körper kommt und sich zunehmend der Kontrolle entzieht, je länger es andauert.[1]

Aufgrund dieser Geschichte scheint das Lachen für Frauen mit ihrem sozialen Ort nur schlecht vereinbar zu sein, eine Erklärung dafür, daß es sowenig Literatur von Frauen gibt, in welcher die kritische Beschreibung ihres Lebenszusammenhanges das Fahrwasser des Ernstes verläßt. Mit ihrer Empörung, ihrer Wut[2] oder ihrem Zorn[3] aber sind sie in negativer Form darauf fixiert, wogegen sich ihr Protest richtet. Der Gestus der Anklage bzw. die ›realistische‹ Beschreibung der Opfer läuft Gefahr, in der schreibenden Verdoppelung der Opfer die bestehende Opfer-Täter-Dialektik festzuschreiben. In literarischen Texten und theoretischen Überlegungen von Frauen, die daran arbeiten, die Opferposition zu durchbrechen, steht das Lachen immer in der Nähe des Schreckens, der Hysterie oder der Selbstaufgabe. In Bachmanns Romanfragment »Der Fall Franza« wird das Lachen als Einfallstelle für die Dekomposition bezeichnet, und zwar in jener Szene, in der Franza in der Wüste gezeigt wird, als ihr mit dem Zerplatzen einer Halluzination das Bild von ›dem Einen‹ zerbricht, eine Szene, die die Zerstörung ihrer (Gottes)Vorstellungen — und damit die Zerstörung ihres Selbst — in einer Gleichzeitigkeit von symbolischem und konkretem Geschehen beschreibt. Die Konvulsionen, welche die Frage »wer bin ich« auslösen, haben hier

1. Vgl. Gert Mattenklotts »Versuch über Albernheit«. In: Ebenda. S. 210—221.
2. Vgl. Carmen Burgfeld: »Versuch über die Wut als Begründung einer feministischen Ästhetik.« In: »Notizbuch 2«. 1986. S. 82—89.
3. Vgl. Gisela Ecker: »Spiel und Zorn. Zur Praxis der Dekonstruktion.« In: »Frauen — Literatur — Politik. Dokumentation der Tagung vom Mai 1986 in Hamburg«. Hg. v. Annegret Pelz u. a. Hamburg 1988. S. 8—22.

befreiend-zerstörende Funktion. Auch bei Irigaray werden Leiden und Lachen in einem Atemzug genannt, als Zeichen für eine Existenz von Frauen außerhalb der Maskerade, als das, was »widersteht und übersteht«.[1]

Vielleicht könnte man als eine Mischung von Leid und Lachen eine spezifische Schreibweise von Frauen kennzeichnen, mit der sie versuchen, der bestehenden Lage ›Herr zu werden‹, ohne sich doch zum Herrn der Lage aufzuspielen. Eine solche Strategie klingt im Titel von Margot Schröders »Ich stehe meine Frau« an, der in einer Verkehrung eine auf den Mann gemünzte Redensart zitiert. Es wäre eine Strategie, in der die Frauen beim Erlernen der symbolischen Funktionen keine Identifikation mit diesen vornähmen, sondern bei ihrem »Zutritt zur zeitlichen Bühne« zu gleicher Zeit auch eine Differenz dazu zum Ausdruck brächten. Als verkehrendes Zitat oder als ver-rückte Redeweise ist eine solche Strategie mit der von Irigaray entworfenen Praxis der Durchquerung verwandt, einer Durchquerung der herrschenden Diskurse aus der Perspektive der Frau, bei welcher die gültigen Wertungen und Wahrheiten in Bewegung geraten bzw. verrückt werden. Irigaray beschreibt diese Durchquerung als mimetisches Verfahren,

»um durch einen Effekt spielerischer Wiederholung das ›erscheinen‹ zu lassen, was verborgen bleiben mußte: die Verschüttung einer möglichen Operation des Weiblichen in der Sprache. Es bedeutet außerdem die Tatsache zu ›enthüllen‹, daß, wenn die Frauen so gut mimen, dann deshalb, weil sie nicht einfach in dieser Funktion aufgehen. *Sie bleiben ebensosehr anderswo.*«[2]

Bei dieser Durchquerung werden sie aber nicht vor dem Leid geschützt, dem die Frauen in der herrschenden Ordnung ausgesetzt sind. Wenn Irigaray diese Durchquerung als spielerisch oder auch verwirrend bezeichnet, dann hat dieses Spielerische nichts Überlegenes, Distanziertes; und verwirrend ist

1. Luce Irigaray: »Das Geschlecht, das nicht eins ist«. A. a. O. S. 140.
2. Ebenda. S. 78.

es nicht nur im Hinblick auf die wiederholten Ideen, verwirrend ist es auch für das Subjekt dieses Vorgangs, das als verwickeltes, nicht aber souveränes Subjekt auftritt. Als Schreibweise scheint ein solches Verfahren besonders geeignet zu sein für eine Thematisierung von Gewaltverhältnissen, weil es dabei gelingt, den Schrecken und das Grauen nicht zu verdrängen, sie aber auch nicht festzuschreiben. Im Gegensatz zu positiven literarischen Entwürfen haben solche Schreibweisen eher eine Nähe zum Häßlichen, Erschreckenden, indem sie auch das unter der schönen Oberfläche Verborgene zum Vorschein bringen. Wenn dabei witzige oder lächerliche Effekte entstehen, dann in einer Mischung von Schrecken und Lachen, bei der das Lachen sich nicht aus seiner Vermischung mit dem Schrecken lösen kann.

Die Durchquerung als Praxis der gezielten Annahme der den Frauen zugeschriebenen Orte und Bilder — »Es geht darum, diese Rolle freiwillig zu übernehmen. Was schon heißt, eine Subordination umzukehren in Affirmation, und von dieser Tatsache aus zu beginnen, jene zu vereiteln.«[1] — diese Praxis kann als Schreibweise Ähnlichkeiten mit satirischen Genres haben.

Kann man die Satire als literarisches Verfahren definieren, bei dem durch eine übertreibende Nachahmung bzw. durch eine Verschiebung der Perspektive in der Nachahmung die dargestellten Verhältnisse zum Tanzen gebracht werden, so lassen sich in der oben skizzierten Schreibweise satirische Momente ausmachen. Nur daß satirische Darstellungen von Frauen selten lustig wirken, häufiger dagegen ein schauderndes Lachen hervorrufen. Beschreibt Heine die Satire als »Angriffswitz« der objektiv Unterlegenen, so sind satirische Schreibweisen von Frauen dadurch gekennzeichnet, daß sie sich selbst nicht raushalten können. Indem der Aspekt der Übererfüllung auf die psychosexuellen Funktionsweisen des Geschlechterkampfes zielt, zerrt die Darstellung die darin

1. Ebenda.

verborgenen Gewaltverhältnisse ans Licht. Die satirischen Momente richten sich dabei nicht auf die Gewalt selbst, sondern auf die Rituale und Inszenierungen, auf die Bilder und Vorstellungen, in welche sie eingeschlossen ist.

6.2. Entmannungen

Am deutlichsten ist das in Bachmanns früher Erzählung »Das Lächeln der Sphinx« (1949), die sich als hintergründige Satire auf den ›Willen zur Wahrheit‹ lesen läßt. Provoziert durch die Fragen der Sphinx, setzt der »Herrscher des Landes« die ganze ihm verfügbare Maschinerie der Wahrheitsfindung in Gang, die sich dabei als Todesmaschinerie enthüllt. Um das »Ungeheuer« zu entzaubern, will der Herrscher ihm — wie im Mythos Ödipus der Sphinx — drei Fragen beantworten. Die erste nach dem Innern der Erde und die zweite nach dem, was die Erde bedeckt, sind mit Hilfe seines Gelehrten- und Arbeiterstabes für ihn leicht zu beantworten und ringen ihm nur ein überlegenes Lächeln ab.

»Der Herrscher lächelte und wies seine Gelehrten und Arbeiter an, sich über den Leib der Erde zu machen, ihn zu durchbohren, seine Geheimnisse freizulegen, alles zu messen und das Gefundene in die feinnervigsten Formeln zu übertragen, deren Präzision unvorstellbar war.« (S. 2/20)

Die dritte Frage aber nach dem, was »wohl in den Menschen sein« möge, stellt ihn vor größere Schwierigkeiten; trotzdem schickt er seine Leute an die Arbeit:

»In Versuchsserien begannen sie, die Menschen zu entkleiden; sie zwangen ihnen die Scham ab, hielten sie zu Geständnissen an, die die Schlacken ihres Lebens zutage fördern sollten, rissen ihre Gedanken auseinander und ordneten sie in hunderterlei Zahlen- und Zeichen-reihen.« (S. 2/21)

Da mit dieser Methode kein Ende, d. h. kein endgültiges Ergebnis abzusehen ist, verfällt der Herrscher auf die Idee, eine »hochspezialisierte Guillotine« einrichten zu lassen und »mit peinlicher Genauigkeit« jeden einzelnen vom Leben zum Tode zu befördern, bis nur noch er allein übrigbleibt. Als er mit diesem Resultat vor die Sphinx tritt, ist es an ihr, zu lächeln: »Über ihr Gesicht trat eine Welle, aus einem Meer von Geheimnissen geworfen. Sodann lächelte sie und entfernte sich« (S. 2/22). Wird in dieser Erzählung der Mythos von dem Sieg Ödipus' über die Sphinx neu erzählt, so handelt es sich dabei um eine verkehrte Nachahmung, in der die Konsequenzen des Ödipussieges weitergedacht und auf die Spitze getrieben sind, wodurch sich ihre tödliche Wirkung zeigt. Der Text hat zweifellos lehrhaften Charakter, dieser wird über einen satirischen Effekt erreicht, indem die Sphinx nur eine provozierende Funktion hat für die sich in Gang setzende Maschinerie der Wahrheitsfindung, die sich letztlich gegen den »Herrscher« selbst richtet, der nun nichts mehr zu beherrschen hat.

Bezieht Bachmanns Erzählung ihren Effekt über die verrückende Nachahmung des Diskurstyps der Rätsellösung, um darüber eine Entthronung des Herrschers herbeizuführen, funktionieren andere ›Entmannungen‹ darüber, daß sie sich auf literarische Meisterdiskurse beziehen. Angesichts der Schwierigkeiten positiver literarischer Entwürfe und der Aporien von Konzepten weiblicher Ästhetik, in denen diese als positives Programm beschrieben ist, haben Schriftstellerinnen vielfältige Strategien entwickelt, in negativer oder dekonstruktiver Weise mit überlieferten literarischen Mustern umzugehen. Bei Christa Reinig geht die Entwicklung einer solchen Schreibweise auf die Beobachtung zurück, daß die Literatur traditionell auf den Mann zentriert sei.

»Literatur ist ein hartes Männergeschäft von dreitausend Jahren her. Das muß jede Frau erfahren, wenn sie das Wort ›Ich‹ gebraucht. Von da an geht es plötzlich nicht mehr so recht weiter.«[1]

1. »Das weibliche Ich«. In: »alternative« 108/109. S. 119.

Aus der Schwierigkeit, ich zu sagen, leitete Reinig ihre grundlegende Skepsis gegenüber einer autobiographischen Schreibweise schon im Roman »Die himmlische und die irdische
Geometrie« (1975) ab:

»An was ich mich nicht heranwage, ist ein autobiographischer Roman, vielleicht mit dem Titel: ›Gott, ich danke dir, daß ich nicht
andere Leute bin‹ (...) Ich kann meine Geschichten nur so loswer-
den, daß ich sie objektiviere. Ich erzählte sie als die Geschichten eines
anderen. Eben nicht einer anderen (Weibsperson), sondern eines anderen (neutralen Menschen), so daß aus Weibsgeschichten unverse-
hens Mannsgeschichten werden. (...) Aus meiner Ich-Erzählung
würde eine Er-Erzählung.« (S. 65)

Der Roman, in dem diese Sätze stehen, hat autobiographische
Bezüge. Mit der Erzählweise aber sabotiert die Autorin einen
entwicklungs- oder persönlichkeitsbildenden Sinn der geschilderten Erlebnisse. Die Schreibhaltung Reinigs ist ironisch, satirisch, teils sarkastisch, aber nicht unernst — eine
Haltung, die bei weiblichen Autoren äußerst selten anzutreffen ist. Bei Reinig ist die Satire ein Mittel der produktiven
Irritation und der Provokation, um eingefahrene Denksche-
mata zu attackieren.

Im folgenden Roman ist dieses Verfahren weitergetrieben
und in eine Textpraxis umgesetzt, die sich direkt mit der Zentrierung des Romans um den männlichen Helden auseinandersetzt. »Entmannung. Die Geschichte Ottos und seiner vier
Frauen, erzählt von Christa Reinig« (1976) hat — im Unterschied zu den meisten Romanen, die in der Folge der
›Frauenliteratur‹ entstanden sind — einen männlichen Helden. Dieser, Otto Kyra, bildet das Zentrum der Geschichte,
allerdings wird er im Laufe des Geschehens immer mehr aus
seiner heroischen Rolle entlassen. Eingeführt wird er als
strahlender Frauenheld: »Playboy und Chirurg« (S. 16). Am
Ende verläßt er in »Weiberkleidern« das Haus. Seine Helden-
rolle ist dabei an seine Täterrolle gebunden, die er im Leben
der Frauenfiguren spielt. In den Frauenfiguren ihres Romans
hat Reinig typische Lebensentwürfe heutiger Frauen gestal-

tet: Doris, die eine berufliche Karriere macht; Menni von der Leyden, genannt Klytemnestra, eine Hausfrau und Mutter; Thea, die geteilte Frau, teils käuflich, teils autonom; Xenia, die ihre Fabrikarbeit aufgibt und von den kleinen Fluchten träumt; Wülfi, das Dienstmädchen des gemeinsamen Haushaltes. Die Frauen gehen durch Konkurrenzsituationen und erproben Gemeinsamkeit, ihr Schicksal aber bleibt immer an den einen, den Helden gebunden. Nachdem *der* sich seiner Täterschaft im »Dreisatz der Weiber-Weltformel: Irrenhaus, Krankenhaus, Zuchthaus« bewußt geworden ist, nimmt er sich vor, sich »in ein Weib zu verwandeln« (S. 88). Bei seiner beabsichtigten Verweiblichung stößt er notwendigerweise auf die schlechte Realität seiner weiblichen Vorbilder anstatt auf einen positiven Entwurf von Weiblichkeit. Ihm bleibt nur eins: die Entmannung.

In ihrem Text demontiert Reinig die Zentrierung des Denkens um das männliche Subjekt, indem sie diese Konstellation nachahmt und zugleich durchstreicht. Die »Entmannung« entfernt das phallische Subjekt, den männlichen Helden, von seinem exponierten Ort, indem sie ihn ein letztes Mal auf seinem Sockel — quasi als Karikatur seiner selbst — vorführt. Dieser letzten Vorführung geht eine Entmännlichung des kulturellen Wissens einher. Bei dem vom Helden unternommenen Versuch, »ein neues Geschlechtsbewußtsein geistig zu erarbeiten« (S. 83), werden nämlich eine Fülle von Männlichkeits- und Weiblichkeitsvorstellungen, die dem Alltagswissen, mythologischen, biologischen, literarischen und psychoanalytischen Werturteilen entspringen, auf den Kopf gestellt, z. T. ironisch kommentiert oder aber wörtlich genommen und so ad absurdum geführt. In einer unübersehbaren Fülle von Anspielungen verweist der Roman auf bekannte oder weniger bekannte Mythen und Erklärungen zum Geschlechtsunterschied. Manche ihrer Autoren, wie z. B. Sigmund Freud und Alfred Hitchcock, gehören zum Personal einiger Szenen, andere werden zitiert, während viele mythische Überlieferungen umgeschrieben sind. Ricarda Schmidt hat in ihrer Untersuchung zahlreiche mythische Anspielungen entziffert. So sieht sie hinter Doris, Menni und Thea die Bilder der mythologischen Göttinnen Athene, Hera und Aphrodite.[1] Die Geschichte Mennis, die auch Klytemnestra genannt wird, spielt auf die »Orestie« an, deren Legitimation des Muttermordes den kulturgeschichtlichen Horizont für die Thematisierung eines aktuellen Mordprozesses darstellt, den von den Medien ausgeschlachteten Ihns-Prozeß, in dem zwei lesbische Frauen wegen Mordes an dem Ehemann der einen angeklagt waren. Die Gewalttat der Frauen erhält durch die Sichtbarmachung eines ganzen Repertoires gesellschaftlich akzeptierter Gewalt eine sozialhistorische Dimension. Die Art und Weise, wie hier die herrschende Rechtsprechung als Männerjustiz, als »Mannsgerichtsbarkeit« (S. 79), gekennzeichnet ist, stellt nur ein Beispiel dafür dar, wie im Roman die männliche Perspektive geltender Vorstellungen vorgeführt wird.

Wegen des dichten Gewebes an Anspielungen, Zitaten und Umschreibungen ist die Gestalt des Romans als »riesiger Flickenteppich aus Bildungsabfall«[2], als »Patchwork«[3] und als »rhizomatisches Geflecht«[4] gedeutet worden. Innerhalb dieser Gestalt ist aber der ›rote Faden‹ nicht aufgelöst, sondern es wird eine klassische Romanform, die Entwicklung des (männlichen) Helden, durchquert und ad absurdum geführt. In dieser Hinsicht stellt der Roman eine satirische Kritik an Emanzipationskonzepten und -texten dar, die sich an männlichen Vorbildern oder Mustern orientieren. Otto Kyra läßt sich auch als männliches alter ego der Christa Reinig lesen, die in der Form des Autornamens im Roman selbst auftritt. »Ich selbst prüfe an mir, was an ›Männlichkeitswahn‹ ich von mir

1. Ricarda Schmidt: Westdeutsche Frauenliteratur in den 70er Jahren.« A. a. O. S. 263.
2. Silvia Bovenschen: »Das sezierte weibliche Schicksal«. In: »Die Schwarze Botin« Nr. 4. Juli 1977. S. 26.
3. Ricarda Schmidt. A. a. O. S. 262.
4. Margret Brügmann: »Amazonen der Literatur«. A. a. O. S. 201–3.

abtun kann«, hat Christa Reinig das Verfahren der Entmannung selbst kommentiert.[1] In der negativen Entwicklung Kyras, einer nur äußerlichen Verweiblichung sowie einer Entheroisierung, sind somit zwei gängige Programme gleichzeitig verworfen, die Emanzipation der Frau im Sinne eines »Zutritts zur zeitlichen Bühne« und die Vorstellung von einer Feminisierung der Kultur. Dabei werden sozusagen die dunklen, nicht die blinden Flecken dieser Kultur durchschritten.

Als Verfahren übertriebener Vermännlichung mit dem Effekt der Entmannung könnte man Jutta Heinrichs Roman »Das Geschlecht der Gedanken« (1978) betrachten. Ihre Darstellung ist auf die familiäre, psychoanalytische Triade und den Ort des kleinen Mädchens darin konzentriert.

»(...) immer nur wir drei: mein Vater, meine Mutter und ich.
Alles Denken, Vorwärtsdenken, Rückwärtsdenken ist für mich, in den Beginn zurückschlüpfen, aus dem ich geboren bin: Ich, ein Baum ohne Wurzeln, die Zweige mit den Früchten unter der Erde. Meine Mutter wurde mein Vater, mein Vater meine Mutter, und ich bin nicht ich.« (S. 7)

Mit dieser Darstellung wird gleich zu Beginn darauf hingewiesen, daß es im Roman um eine Konstellation des Symbolischen geht. Unter Verzicht auf konkrete Handlungsorte und -zeiten werden in einer Serie von Episoden traumatische Erlebnisse eines Mädchens, ihre Dressur ins Zwangsbild normaler Weiblichkeit und ihre teils aggressive Bewältigung dieser Erfahrung beschrieben. Die Episoden lesen sich als Verdichtung konkreter Erfahrungen und gehen auf diese Weise in Traumbilder über. Der Text beginnt in der Kindheit und verfolgt eine exemplarische Entwicklung, deren struktureller Charakter durch die Überschriften angedeutet ist: Die Nächte, Morgens, Die Tage (sieben Episoden), Später (zwei

1. »Mein Herz ist eine gelbe Blume. Christa Reinig im Gespräch mit Ekkehart Rudolph«. Düsseldorf 1979. S. 72.

181

Episoden), Zurück, Jetzt, Traum und — hinzugefügt — Der
Brief.

Der Vater, »das Pferd«, erscheint als starke, gewalttätige
Person, die Mutter und Tochter nach ihrer Peitsche tanzen läßt
— buchstäblich (s. »Die Tage« III). Die Mutter, »die Ameise«,
ist dagegen konturenlos, geschwätzig — schwach, »es regnete
tropfenweise ihre Tagesbilder« (S. 18). In einer Szene vor dem
Spiegel inszeniert die Mutter die Initiation der Tochter in die
Rolle und ins Bild der Frau, sie soll werden wie sie. In dieser
Situation beginnt die Verweigerung des Mädchens, sie zer-
schmeißt den Spiegel und versucht, die Mutter »mit den Augen
des Vaters zu sehen« (S. 22). Weil das unterwerfungsbereite
Opferverhalten von Frauen, das die Ich-Erzählerin allenthal-
ben beobachtet, keine Identifikationsmöglichkeit bietet, übernimmt sie die aggressive Rolle (des Vaters). Allerdings ist ihre
Aggressivität eingebunden in eine Strategie, in der sie die versteinerten Verhältnisse zum Tanzen bringt, indem sie ihnen
ihre eigene Melodie vorspielt. Ihr böses, teils brutales und sadi-
stisches Verhalten zielt darauf, den in den Beziehungen verborgenen Geschlechterkampf sichtbar zu machen und zuzuspit-
zen. Aus diesem Verhalten wird sie jäh herausgerissen, als sie
— längere Zeit nach dem Tod des Vaters — ihre Mutter völlig
verändert als lachende Gestalt wiedersieht. Als ihr Bild von der
Mutter zerbricht, wird sie sich klar darüber, daß auch sie selbst
an dessen Verfestigung teilhatte:

»Zum ersten Mal in meinem Leben empfand ich eine so trostlose
Einsamkeit, daß ich aus dem Innersten nach meiner Mutter rief und
merkte, daß ich zum erstenmal ihren Vornamen nannte, der tief unter dem Bild, zu dem ich sie gemacht hatte, verschüttet lag.« (S. 119)

Zugleich begreift sie, daß ihr Verhalten bisher als permanente
Wiederholung einer eingeübten Struktur zu verstehen ist.
Der Vater ist darin deutlich zwischen der Mutter und der
Tochter situiert, sowohl in der Dreierkonstellation als auch in
der Beziehung zwischen Mutter und Tochter, weil die Toch-
ter die Stelle des Vaters eingenommen hat. Im letzten Ab-

schnitt »Der Traum« wird die beschriebene Entwicklung in Bildern eines Traumgeschehens wiederholt: ihr Gang durch die Männerwelt, die »Stadt der Pferde«, dann die sich selbst verschlingende Vaterfigur und schließlich die zusammen mit »allen Zeichen« hinter einer Wand aus Rauch verschwindende Mutterfigur. Die zurückbleibende Leere, nachdem die Bilder zerbrochen sind, ist eine Voraussetzung für den Neuanfang — »(...) mich zu erneuern« (S. 120) —, hergestellt auf dem Wege der Durchquerung des »Denkens, das zum Verbrechen führt« (Bachmann). Es gibt klar erkennbare Bezüge zu Ingeborg Bachmanns Roman »Malina«. Einige Kindheitsepisoden, vor allem die Rolle des Vaters darin, erinnern an das Traumkapitel »Der dritte Mann«, die Metapher der Wand, hinter der in Heinrichs Text die Mutter, in Bachmanns das Ich am Ende des Romans verschwindet, ebenfalls. Und das »schweigende Geheimnis« (S. 127–8), welches die Ich-Erzählerin bei Heinrich in sich vergraben trägt, ist vergleichbar mit der »verschwiegenen Erinnerung« des Ichs in »Malina«.[1] Wie das Traumkapitel in »Malina« durch das Motiv der Vorstellungen (als Idee und als Inszenierung) strukturiert ist, ist auch der Traum bei Heinrich als Inszenierung dargestellt. Schon in vorausgehenden Passagen geht das Geschehen z. T. in eine surrealistisch anmutende Inszenierung über oder aber Vorstellungsbilder werden zu Visionen gesteigert, wie z. B. die vor den Augen der Ich-Erzählerin erscheinende Treppe, die sich in den Schlund des Vaters verwandelt, in dessen »luftloser Höhlung« sie erstickt (S. 30–1). Im Traum wird dieses Bild verändert wiederholt, indem der Vater sich in einer einem Salto mortale gleichkommenden Akrobatik implosionsartig selbst verschlingt. Die Entmannung des Vaters im Traum und dessen zirkusartige Vorführung ähnelt dem Prozeß der ›Verweiblichung‹ Otto Kyras in der »Entmannung«.

1. Der Titel des zweiten Buches von Heinrich, »Mit meinem Mörder Zeit bin ich allein«, zitiert eine Gedichtzeile aus Bachmanns »Strömung« (S. I/156).

Der Roman ist lange vor seiner Veröffentlichung entstanden und konnte erst nach einer langen Verlags-Odyssee als Buch erscheinen. Den Text unter einem männlichen Pseudonym zu veröffentlichen, wie der Autorin von einem Verlag angeboten worden war, hatte sie abgelehnt. Daß die diesem Vorschlag zugrundeliegende Vorstellung, eine Frau könne nicht so bösartig sein wie die Ich-Erzählerin dieser Fabel, sich strukturell mit einer moralischen Emanzipationsnorm besserer Weiblichkeit unter Frauen im feministischen Diskurs berührt, demonstriert die Tatsache, daß Heinrich sich noch für die Veröffentlichung ihres Textes im Verlag »Frauenoffensive« mit einem kommentierenden Vorwort von der Ich-Erzählerin distanzieren und dem Text ein versöhnendes Ende hinzufügen mußte. Heinrich überwindet in ihrem Text das Tabu, Frauen überhaupt im Zusammenhang mit dem Bösen zu denken. Ihre provokative Enttabuisierung, die in radikaler Weise Gewaltphantasien zum Vorschein bringt, zielt ins Zentrum herrschender Weiblichkeitsmuster, in dem sie die Norm weiblicher Güte destruiert, die Frauen zu Opfern prädestiniert. Diese Opferrolle wird von der Figur verweigert, statt dessen die Täterrolle durchgespielt, wodurch sie das ›Gesetz des Vaters‹ durchschaut — und damit auch die darin enthaltene Opfer-Täter-Dialektik.

Während sich die von Reinig und Heinrich dargestellten Entmannungen im Imaginären und im Symbolischen abspielen, erzählt die »Ballade von der kastrierten Puppe« (1973) von Helga Novak von einer konkreten Entmannung — als Ergebnis einer pädagogischen Maßnahme, deren Befolgung sich in der Form der Übererfüllung ins Gegenteil verkehrt. Der satirische Effekt des Textes richtet sich gegen die sozialen Riten, mit denen das geheiligte Symbol der Männlichkeit den Blikken entzogen wird, wie auch gegen die Diskrepanz zwischen der symbolischen Bedeutung des Phallus und seinem körperlichen Äquivalent. Die Ballade berichtet von einem kleinen Mädchen, Tochter eines Dorfschullehrers in Bayern. Mit dieser Einführung verweist der Text gleich zu Beginn auf den legendären Charakter seiner Erzählung. Die Tochter, die von einer Tante eine »Jungenpuppe« geschenkt bekommen hat, wird deswegen von dem Vater heftig gescholten. Ohne daß das Kind begreifen würde warum, wird die Puppe zum Stein des Anstoßes, der erst dann beseitigt ist, als der Vater der Puppe vom Puppendoktor den Schwanz abschneiden läßt und die Tochter tröstet: »Aus deinem Hildebrand / wird eben eine Hilde!«[1] Die durch diesen Akt erzogene Tochter demonstriert bald darauf an ihrem soeben geborenen Bruder, daß sie ihre Lektion gelernt hat: »Bettina tanzt und jubelt / ist lustig wie eine Biene / ›Mutter, ich hab's geschafft / aus Christian ward Christine!« Die Gewalt, die das Kind in dem Verbot und in der Kastration ihrer Puppe erlebt hat, entlädt sich in einer aktiven, ver-kehrten Wiederholung, wie auch die in der Ballade sich aufbauende dumpfe Atmosphäre von Angst und Bedrohung in diesem grauenvollen Ende offen ausbricht. Entstanden in der Anfangsphase der Frauenbewegung, aus deren Diskussionen zwei Jahre später auch das Buch über den »kleinen Unterschied« hervorging, hat die Ballade noch einen deutlich lehrhaften bzw. agitatorischen Charakter. Hier wird die Satire in bekannter Manier als »Angriffswitz« verwendet.

Andere lustigere, weniger erschreckende, aber ebenso lehrhafte Entmannungen sind in dem vieldiskutierten Motiv des ›Geschlechtertausches‹ enthalten, das in der Frauenliteratur der DDR einige Popularität erreicht hat.[2] In der literarischen Figur des Geschlechtertausches wird der Wunsch von

1. In: »Grünheide Grünheide«. A. a. O. S. 65–70.
2. Vgl. »Blitz aus heiterem Himmel«. Hg. v. Edith Anderson. Rostock 1975. — Dazu Inge Stephan: »›Daß ich eins und doppelt bin...‹ Geschlechtertausch als literarisches Thema.« In: I. Stephan/S. Weigel: »Die verborgene Frau«. Berlin 1983. S. 153–175. Und Sigrid Damm/Jürgen Engler: »Notate des Zwiespalts und Allegorien der Veränderung.« In: »Weimarer Beiträge« 11, H. 7, 1975. S. 37–69. Karlheinz Fingerhut: »Leseprozesse und Interpretationsmethoden. Anmerkungen zur didaktischen Anwendung literaturwissenschaftlicher Methoden im Literaturunterricht.« In: »kulturrevolution« Nr. 11, Februar 1986. S. 41–44.

Frauen, ein Mann zu sein, experimentell erprobt, durchquert und in den überwiegenden Fällen enttäuscht. Während in den bekannten Erzählungen der DDR-Autorinnen ein konkreter Geschlechtertausch dargestellt ist, welcher die einer Travestie eigenen komischen oder satirischen Effekte erzielt, stellen die Romane von Reinig und Heinrich eine andere Variante dieses Motivs dar, in der der Wechsel vom Weiblichen zum Männlichen und umgekehrt auf die Ebene literarischer, psychosexueller und sozialer Gesetze verlagert ist, ohne daß eine äußere Umwandlung vollzogen würde.

6.3. Weibsbilder

Der ›böse Blick‹ weiblicher Autoren richtet sich aber nicht nur auf die Gesetze des Männlichen, sondern schließt die Darstellung des weiblichen Lebenszusammenhanges und weiblicher Verhaltensweisen ein. Satirische Präsentationen von Frauenfiguren zeigen häufig stereotype Frauenbilder in der Form der Überzeichnung bzw. Übererfüllung, welche das zugrundeliegende Muster zum Vorschein bringen, und erzielen damit einen Effekt der Desillusionierung. Oft auch werden die in der ›Normalität‹ nistenden Gewaltverhältnisse herausgetrieben, in einem unmerklichen Hinübergleiten zum plötzlichen Ausbrechen offener Gewalt.

Werden die meisten Liebesgeschichten mit der ›glücklichen Vereinigung‹ der Liebenden beendet, so beleuchtet J. Monika Walther in ihrem Buch »Verlorene Träume. Geschichten nach dem Hochzeitslied« (1978) die Situation danach und bringt darin die verborgenen Schrecken alltäglicher Eheverhältnisse ans Licht. Im Unterschied zu vielen autobiographischen oder realistischen Darstellungen sind die Frauen hier wie in anderen Texten mit satirischen Zügen nicht pure Opfer. Eine sich-selbst-gewisse Einteilung der Welt in Opfer und Täter ist mit einer Schreibweise, welche die eindeutige Bewertung des Geschehens aus einer moralischen Position unterläuft, zerbrochen. Läßt sich über Gewalt aus unbeteiligter Distanz nicht wirklich schreiben, so zeigen diese Geschichten die Frauen konsequenterweise als Verwickelte. Aggressionen, die lange Zeit im Innern verschlossen und hinter der Maske der braven Hausfrau unsichtbar waren, verschaffen sich manchmal abrupt und z. T. in subtiler Form Luft. In der Erzählung »abtreibung« z. B. begreift die Ehefrau eines Anwaltes allmählich, daß die zwanghaften Erneuerungskäufe ihres Mannes für den gemeinsamen Hausstand einer Vernichtung all jener Spuren gleichkommt, die noch von ihrer vorausgegangenen Existenzweise als selbständiger Frau zeugen:

»oft lebte sie mit dem gefühl, daß thomas stück für stück von ihr auf den müll forttrug, daß er sie zerhackte und systematisch vernichtete, nur beweisen konnte sie es nicht.« (S. 90)

Eine sich ankündigende Verzweiflung, die sich in Selbsttötungsphantasien äußert, wandelt sich ohne Vorankündigung in einen wie unwillkürlich ausgeführten Tötungsplan um. Sie macht ihrem Mann ein erfundenes Geständnis über »ein verhältnis mit einem anderen mann« und räumt, als der total erregt mit dem Auto abbraust, systematisch alle seine Sachen aus der Wohnung auf den Müll. Beim Besuch des nach einem Autounfall schwer verletzten Mannes im Krankenhaus wiederholt und verstärkt sie ihre »Geständnisse« und braucht dann nur noch kurze Zeit zu warten, bis er tot ist. Damit hat sie die an sich selbst erfahrene symbolische Beseitigung quasi in verkehrter Weise nachgeahmt und sich so ihres Mannes entledigt.

Eine Desillusionierung von Glücksvorstellungen betreibt auch die Österreicherin Marianne Fritz in ihrer Erzählung »Die Schwerkraft der Verhältnisse« (1978), und zwar in der Form einer auf signifikante Szenen verdichteten Geschichte einer modernen Medea. Berta Schrei, die Hauptfigur, reagiert mit ihrem Verhalten darauf, daß die Aufrechterhaltung idealer Bilder nur über die Abwendung von den realen Verhältnissen bzw. über die Tötung des Lebendigen möglich ist. Die Erzählung skizziert die Entwicklung einer kleinbürgerlichen Heldin, die aus ihrem mißglückten und trostlosen Familienalltag heraus allmählich in den Wahnsinn hinübergleitet. Als ihr Leben sich immer mehr verwirrt und nichts mehr mit den früheren Träumen zu tun hat, bleibt ihr nur noch der Tod, um das Bild festzuhalten, das sie im Anblick der schlafenden, madonnengleichen Tochter — schweigend, mit nach innen gerichtetem Blick — fast magisch anzog, »mit seltsam starr am Antlitz der Tochter festgeheftetem Blick« (S. 55):

»Aus der Angleichung an das Ideal, aus der Rettung Bertas und Rudolfs (ihrer Kinder, S. W.) vor der Schwerkraft der Verhältnisse war schlicht und einfach ein Doppelmord mit gescheitertem Selbstmordversuch einer Wahnsinnigen geworden.« (S. 89)

Sie selbst überlebt, kommt in die Psychiatrie und verfällt ins Schweigen. Aus Berta Schrei ist die stumme Frau geworden, den Blick nach innen gekehrt, dorthin, wo die Träume mit der schlechteren Wirklichkeit nicht in Berührung kommen. »Diese Innerlichkeit, um die sie so unermüdlich wie erfolglos gekämpft hatte, breitete sich über ihr Gesicht aus, um nicht mehr aus diesem zu weichen« (S. 104). In dieser Erzählung ist es der Autorin gelungen, — eindrucksvoller fast als in den Berichten Betroffener — die innere Logik weiblicher Wahnsinnskarrieren aus dem ganz normalen Frauenalltag heraus darzustellen. Ihre Deutung deckt sich mit vielen neueren Untersuchungen, die etliche als pathologisch bewertete Reaktionen von Frauen als Verweigerungen der normalen Frauenrolle bewerten.[1]

Um die Materialisierung von Ideen bzw. Idealen, welche

1. Vgl. z. B. Caroll Smith-Rosenberg: »The Hysterical Woman: Sex Roles and Role Conflict in 19th Century America.« In: »Social Research«. 39, 1972. Deutsche Übersetzung in: »Listen der Ohnmacht. Zur Sozialgeschichte weiblicher Widerstandsformen.« Hg. v. Claudia Honegger und Bettina Heintz. Frankfurt/M. 1981. S. 276–300.

katastrophale Folgen nach sich zieht, geht es auch in Ulrike Kolbs Roman »Idas Idee« (1985), der von einer Frau handelt, die sich vornimmt, ihr Körpergewicht planmäßig und kontinuierlich zu vermehren und ihr leibliches Volumen zu vergrößern. Der Roman enthält aber keine ideologiekritische Auseinandersetzung mit den in unserer Gesellschaft herrschenden Schlankheits- und Schönheitsdiktaten, auch keine psychologische Studie einer fettsüchtigen Frau. Sehr viel subtiler als in einer Kritik oder in einer Umkehr gültiger Normen legt Ulrike Kolb in ihrem Text die herrschende Ökonomie der Begierden frei, indem sie die Wirkungsweise von Normalität im sozialen Gebrauch der Sinne, der Lüste und der Körper satirisch demonstriert. Nicht daß Ida, die Hauptfigur des Romans, freßsüchtig wäre und sich hemmungslos ihren kulinarischen Gelüsten hingäbe, um dann die auf den eigenen Hüften sichtbaren Folgen ihrer oralen Zügellosigkeit zu akzeptieren und als beabsichtigte oder gar erwünschte Begleiterscheinung zu bewerten. Im Gegenteil, Idas Idee ist durchaus mühsam und manchmal sogar qualvoll. »Nein, es ist keine Sucht, es ist ein Plan«, heißt es wörtlich (S. 17). Und dieser Plan wird von ihr mit äußerster Disziplin verfolgt. Wenn es einmal passiert, daß sie in »wilde Naschgier« verfällt und eine ganze Schachtel voll Pralinés auf einmal verschlingt, so stellt sich bei ihr hinterher Scham ein über eine derartige Entgleisung. Prägender aber als solche Situationen einsamer Gaumengelüste sind für Idas Idee der Zwang und die Beherrschung, die sie sich auferlegt, um ihr Kaloriensoll zu erfüllen, um eine Portion nach der anderen in sich hineinzuzwingen und um Phasen der Appetitlosigkeit und Momente des Ekels zu überwinden. Belohnt wird sie für diese Mühsal durch die Augenblicke ihrer Erfolgserlebnisse, welche sie sich ebenso planmäßig verschafft. Alle zwei Wochen, wenn sie ihren üppigen Leib vor dem Spiegel betrachtet, gerät sie in höchstes Entzücken. Der Anblick ihres voluminösen Körpers und die Befriedigung über ihren Erfolg verschaffen ihr dann stets absolute Glücksmomente. Mit der Veränderung ihrer körperlichen Gestalt aber verän-

dert sich auch ihre Wirklichkeit vollständig. Indem Ida nämlich mit ihrer leiblichen Gestalt von der Norm abweicht, setzt
sie in ihrer Umgebung all jene Phantasien und Begierden frei,
die in der Normalität keinen Platz haben. Während sie von
den anderen als abartig und pervers empfunden wird, ist sie
selbst mit den abweichenden Wünschen der anderen konfrontiert oder aber mit dem Haß und der Aggressivität, welche bei
deren Verdrängung entstehen, so daß sie sich inmitten der ihr
vorgetragenen Ansinnen beinahe unschuldig vorkommt.

»Ich habe zu viele Angebote. Immer wollen sie mich in gebieteri-
schen Posen. Und meistens ein bißchen pervers. Manchmal be-
komme ich Angst, wenn ich daran denke, was die Leute alles denken,
wenn sie mich sehen. Manchmal fürchte ich, so zu werden, wie sie
denken, daß ich wäre. Meine Idee sind ihre Geheimnisse gewesen,
die sie manchmal selbst nicht gekannt haben, bevor sie mich kennengelernt haben. Unter ihren anständigen Kleidern sind sie doch alle
verrückt. Ich könnte meine Hand dafür ins Feuer legen, daß es keine
Ausnahme gibt. Manchmal wird mir ganz schlecht, wenn ich daran
denke, was ich alles weiß.« (S. 190)

Idas Plan, sich vom Zustand der Normalität zu entfernen, der
aus einem Wunsch nach Veränderung entstanden und mit dif-
fusen Zukunftshoffnungen verbunden war, bringt sie in eine
Lage, in der sie die ganze Widersprüchlichkeit von Abwei-
chungen am eigenen Leibe erfährt. Sie wird zum Objekt von
Begierden obenso wie zum Objekt von Demütigungen und
Gewalt. Der Anblick ihrer ausufernden Körperformen bewirkt, daß jene Hemmungen außer Kraft treten, mit denen die
anderen normalerweise ›die Form‹ wahren. Dieses Wechsel-
spiel von Norm und Form, das sich aus Idas Plan entwickelt
und sich im Blick auf ihren Leib entfesselt, korrespondiert mit
dem gesellschaftlichen Reglement der Sinne in ihrer Umgebung.[1] In Kolbs Darstellung wird solche Korrespondenz

---

1. Zum Zusammenhang von Norm, Gewalt und Sexualität vgl. auch Kolbs
Beitrag »Die Architektur des Erinnerns« in dem von ihr herausgegebenen
Band »Die Versuchung des Normalen«. Frankfurt/M. 1986.

durch eine phantastische Inszenierung von Orten und Figuren hergestellt, ohne daß es nötig wäre, sie explizit zu benennen. Ida bzw. ihr Körper bilden das Zentrum des Textes, die Orte wechseln: das Kaufhaus, in dem sie arbeitet, ihr Schlafzimmer, der Laufsteg einer Modenschau oder die Bühne einer Vorstellung, das Haus ihres Geliebten, Hotels und Restaurants. Beschrieben werden ihre Blicke sowie die Blicke, welche sich auf sie richten. Der Roman beginnt damit, daß Ida sich in einer Position der alles Überblickenden befindet, wie aus einer Zentralperspektive. Von ihrem Sitzplatz im Informationsstand des Kaufhauses überblickt sie die ganze untere Etage, die Eingänge, die Rolltreppen, einen Teil der Straße – und die Gesichter der Eintretenden:

»Ida beobachtet, daß immer wenn Luxus an der Pforte angeboten wurde, in den Augen der Kunden die Gier aufglänzt. Nichts, und das wußte sie besser als jeder andere im Haus, ist so wichtig wie der erste Blick.« (S. 15)

Dieses Szenario erinnert an eine im Netz hockende Spinne, die ihr Reich, in das sie selbst eingesponnen ist, beherrscht und auf ihre Opfer wartet. In einer manchmal surrealistisch anmutenden Schilderung wird ein verführendes Reich der Dinge mit seiner erschreckenden Kehrseite vorgeführt. Wie die verkaufsfördernden Strategien der Stimulogen im Kaufhaus die Klaulust ebenso wie die Kauflust fördern, so beherbergt dieses Haus neben den Düften, Luxusgütern und dem Glamour auch Schlägereien, Unfälle, Prostitution, Intrigen u. ä. Das Kaufhaus wird zum symbolischen Ort aller Begierden und Idas Leib im Mittelpunkt zum ebenso symbolischen Zentrum dieses Ortes. Und je mehr Ida im Verlaufe der Handlung diese Position verläßt, um so mehr nähert sie sich der Lage eines Opfers. Am Ende des Romans hat sich ein vollständiger Wechsel in der Verteilung der Blicke vollzogen. Als Akrobatin führt Ida eine Nummer vor, die von ihr größte Beweglichkeit verlangt, muß sie dabei doch ihren mächtigen Leib in einen kleinen Glaskasten zwängen, dessen Form sie sich dann anpassen muß. Dabei wird sie bestaunt, angestarrt und kann nurmehr mit dem rechten Auge unter ihrer Achselhöhle hindurch in die Menge blicken.

Die Karriere, welche dieser Frau durch ihren Plan beschert wird, führt sie über triumphale Phantasien und reale Erfolge — als Mannequin für Übergrößen, als exotisches Fotomodell, als Geliebte eines Pelzhändlers z. B. — in die Niederungen *der* Branchen, die von der Zurschaustellung des weiblichen Körpers leben. Steht sie streckenweise im Rampenlicht öffentlicher Vorstellungen, so folgen später die verborgenen Inszenierungen in den geheimen Wohnungen der Herren, die ihr ihre Visitenkarten zugesteckt haben. Wollte sie mit ihrem Plan der tristen Normalität und den Enttäuschungen ihrer Liebe entrinnen, so erlebt sie jetzt den totalen Mangel dessen, was sie als normale Liebe betrachtet. Mit ihrem Pelzhändler-Geliebten wie auch bei ihren Besuchen bei den sogenannten Visitenkartenherren ereignet sich nämlich nie das, was sie »das Eigentliche« der körperlichen Liebe nennt. Man begehrt sie als Gebieterin, als Mutter, als Nahrung verschlingendes Wesen, als üppigen Leib — aber nie als Geliebte.

Im Bild des üppigen weiblichen Körpers vereinigen sich Vorstellungen von der ungebändigten Natur, Sehnsüchte nach einem vorzivilisierten Zustand und nach dem mütterlichen Leib bzw. nach der Mutter Erde. Anspielungen auf eine solche Bedeutung von Idas Gestalt sind im Roman in einigen mythischen Verweisen enthalten, z. B. durch das Bild, welches ihr der Pelzhändler geschenkt hat, auf dem eine Frau mit einer Weltkugel als Leib dargestellt ist.[1] Oder in einer Szene, in der Idas Körper von einem Maler in eine Landschaft verwandelt wird. Dabei steht die Entfesselung derartiger Phantasien bei den anderen regelmäßig im Kontrast zur äußer-

---

1. Zur Geschichte dieses Zusammenhangs vgl. meinen Beitrag »Die nahe Fremde — Das Territorium des ›Weiblichen‹. Zum Verhältnis von ›Wilden‹ und ›Frauen‹ im Diskurs der Aufklärung«. In: Thomas Koebner/Gerhart Pickerodt (Hg.): »Die andere Welt. Studien zum Exotismus«. Frankfurt/M. 1987.

sten Selbstbeherrschung bei ihr. Durch Disziplin und Körperkontrolle erschafft sie sich als Form, welche sie zum Projektionsort verbotener Lüste und sexueller Freiheit macht. In ihren Träumen und Visionen kehren die Bilder, die sie für andere verkörpert, als Schreckbilder zurück: z. B. der große weibliche Körper, der sich ausdehnt, Raum und Straße füllt oder über sie herfällt.

In dem Roman gelingt es durch eine präzise, gnadenlose Beschreibung, die komplexe Funktion der Frau im Spiel der Blicke und Bilder herauszuarbeiten. Fast unmerkliche, aber nuancenreiche Verschiebungen in der Perspektive werden durch einen Wechsel zwischen dritter und erster Person in der Erzählung erreicht. Die Darstellung bewegt sich dergestalt auf der Schwebe zwischen ironischer Distanz und beklemmend realistischer Nähe. In der Schreibweise Kolbs, einer plastischen, aber lakonischen Sprache, kippt das Alltägliche ganz plötzlich ins Grauenvolle um. Einbrüche des Schreckens, wie z. B. eine Vergewaltigung Idas durch eine Gruppe von Männern im Park, sind so in den Text eingeflochten, daß die Geschichte der Hauptfigur als ein Kontinuum von kleinen Freuden, grandiosen Phantasien, von Ernüchterungen, Zusammenbrüchen und alltäglichem Grauen erscheint.

Psychoanalytisch betrachtet, wird an Ida und ihrem Leib ein Kampf zwischen präödipalen Sehnsüchten und dem Vorrang der Blicke unter dem ›Gesetz des Vaters‹ ausgetragen. Der Widerspruch zwischen Disziplin und Wollust in ihrem eigenen Unternehmen korrespondiert mit einer sozialen Struktur, in der die verbotene bzw. verdrängte Sehnsucht nach dem (mütterlichen) Körper im — durch die Blicke regulierten — Imaginären als tendenziell gewalttätiges Begehren zurückkehrt, das sich am weiblichen Körper ausagiert. Die Realisierung von Idas Idee bringt diese Struktur an den Tag.

Eine Frauenfigur, die auf andere Weise in derselben Struktur gefangen ist, entwirft Elfriede Jelinek in ihrem Roman »Die Klavierspielerin« (1983). Sie wirft dabei zugleich einen schonungslosen Blick auf eine abgründige Mutter-Tochter-Beziehung. Ihre ›Heldin‹, die Klavierlehrerin Erika Kohut, lebt in einer symbioseartigen Beziehung allein mit ihrer Mutter, von der sie jetzt bewacht wird und früher als klavierspielendes Kind diszipliniert wurde. »Das Kind ist der Abgott der Mutter, welche dem Kind dafür nur geringe Gebühr abverlangt: sein Leben« (S. 35). In der Skizzierung der psychosexuellen Gestalt der Klavierlehrerin erhält die Musik eine geradezu feindselige Bedeutung. In dem Plan, das Kind zu einer herausragenden Pianistin zu machen, wurde die Musik zur Dressur. »Kunst und Ordnung, die verfeindeten Verwandten« (S. 154). Ist in der auf den handwerklichen Aspekt konzentrierten künstlerischen Tätigkeit des Klavierspiels als einer reproduzierenden ›Kunst‹ die Dialektik von Grenzüberschreitung und Gestaltung ganz in der Dominanz der Disziplin stillgestellt, so entspricht dem die Vorstellung einer »durchgeistigten« Existenz der Pianistin, in deren Namen die Mutter ihre Tochter von allen sinnlichen Freuden und sexuellen Begegnungen ferngehalten hat, so daß der Tochter ihr Körper absolut fremd geworden ist. Die Bewachung durch die Mutter setzt sich bei Erika in eine angespannte Schaulust um. Emotional und körperlich unbeteiligt, betätigt sie sich in Vorstadtkinos, Peep-Shows und auf städtischen Wiesen als Voyeurin. Dabei hat sie ihren Körper vollständig unter Kontrolle, genauso wie im Unterricht ihre Schüler/innen, denen sie als kühle Autorität begegnet. Die Abtötung des Körpers und der eigenen Sinnlichkeit äußert sich in sado-masochistischen Phantasien, die sich treibhausmäßig entwickeln, als sich eine Beziehung zwischen ihr und einem ihrer Schüler anbahnt. Noch in diesen Phantasien versucht sie, in der Position der Regisseurin zu bleiben, indem sie dem Mann einen Plan unterbreitet, demzufolge ihre Unterwerfung und Schändung durch ihn unter ihrer eigenen Anleitung und nach ihrem eigenen Willen stattfinden solle, während sie sich doch zugleich davor fürchtet und sich ›normale‹ Zärtlichkeiten wünscht, ein Wunsch, für den ihr keinerlei Artikulationsmöglichkeiten zugänglich sind. Der

Mann, empört über ihr Ansinnen, reagiert schließlich mit offener und brutaler Gewalt.

Die Darstellung Jelineks, die das ›Haus Österreich‹ als Kabinett monströser Schrecken beschreibt, ist in einer radikalen Weise direkt und offen, so daß das Geschehen als alltäglich und normal erscheint. Die Selbstverständlichkeit, mit der die Entwicklung der perversen sexuellen Begierden der Hauptfigur erzählt ist, hat den Effekt, daß diese nicht vorgeführt wird, sondern ganz aus der Nähe erscheint. Obwohl die Figur nichts Liebenswürdiges hat und in keiner Weise zur Identifikation einlädt, macht Jelineks Schreibweise sie nicht zum Objekt oder Opfer. Hat ihr Unglück einerseits tragische Züge, so fehlen ihr doch die einer tragischen Figur eigenen Leidenschaften. Jelinek hat sich in einem Interview als »Lustmörderin« in der Sprache bezeichnet.[1] Das wirkt sich in ihrer Darstellung dadurch aus, daß sie die Abgründe, in denen sich ihre Figur bewegt, nicht als Fremde präsentiert. Man könnte ihre Schreibweise als teilnehmende, nicht aber teilnahmsvolle Beobachtung verstehen. Ihre Figur hat nichts zu lachen, aber sie wird auch nicht von der Autorin *ver*lacht.

1. »Wahrscheinlich wäre ich ein Lustmörder. Ein Gespräch mit der Schriftstellerin Elfriede Jelinek.« Von Georg Biron. In: »Die Zeit«. 28. 9. 1984. S. 47.

7. Theoretischer Exkurs

›Das Weibliche als Metapher des Metonymischen‹

*Kritische Überlegungen zur Konstitution des Weiblichen als
Verfahren oder Schreibweise*

»Das Ästhetisch-Weibliche (...) ist Metapher für die Möglichkeit, aus
den Ghettos der Definitionen und der Kategorien auszubrechen, die
Konventionen, Bindungen und Legitimationen in einem ästhetischen
Moment zu transzendieren, das allen Schriften, Bildern, ja aller Kunst
vorausgeht und nur im Rückblick wiederum zu finden ist.«

So heißt es in einem einleitenden Beitrag einer der Organisato-
rinnen der Wiener Austellung aktueller Kunst von Frauen
(1985), Cathrin Pichler, in dem dazu erstellten Katalog
»Kunst mit Eigen-Sinn«.[1] Zweierlei ist bemerkenswert an
dieser Bestimmung des Weiblichen: Wird darin dem Weiblichen einerseits ein Zugang zum Vorsymbolischen zugeschrieben, wird es also als »ästhetisches Vermögen« verstanden, das dem Werk vorausgeht, so steht es andererseits für
diese Funktionen gerade dadurch ein, daß es *selbst* als Metapher fungiert. Die Metapher aber ist eine, als Bedeutungseffekt funktionierende rhetorische Figur der Substitution:

»*Ein Wort für ein anderes* ist die Formel für die Metapher, und wenn
Sie Poet sind, bringen Sie, indem Sie sich ein Spiel daraus machen,
einen ununterbrochenen Strom hervor, ein betörendes Gewebe von
Metaphern.«[2]

---

1. »Zu den Texten.« In: »Kunst mit Eigen-Sinn. Akutelle Kunst von Frauen.
Texte und Dokumentation.« Hg. v. Silvia Eiblmayer, Valie Export, Monika
Prischl-Maier, Wien, München 1985. S. 11
2. Jacques Lacan: »Das Drängen des Buchstabens im Unbewußten oder die
Vernunft seit Freud«. In: »Schriften II«. Olten 1975. S. 32.

In ein solch betörendes Gewebe scheint ›das Weibliche‹ seit langem verstrickt. Während im Diskurs über ›weibliche Ästhetik‹ im letzten Jahrzehnt vielfach darauf verzichtet wurde, das Weibliche zu definieren, zu benennen, weil diese Funktionen als Bestandteile eines männlichen logozentrischen Denkens erkannt wurden, während es statt dessen umschrieben wurde mit Metaphern wie »die Ränder des Spiegels«, »der blinde Fleck« u. a., so wurde im Laufe dieses Diskurses das Weibliche, mit immer mehr Bedeutung besetzt, schließlich zur Metapher für all das, was als der abendländischen Logik entgegengesetzt gedacht wird; für das A-Logische, das Dezentrische, das Uneindeutige und Uneinheitliche, für das Nicht-Festlegbare, oder zur Metapher für die Wahrheit, die sich nicht einnehmen läßt.[1] In dieser Funktion der Metapher berührt sich die Bedeutung des Weiblichen wieder mit der alten und bekannten Rede von dem ›Rätsel Weib‹; und es wird wieder eingesetzt in die ebenso alte und bewährte universelle Bildfunktion des Weiblichen.

Dabei war der Ausgangspunkt dieses Diskurses die Kritik von Frauen an eben dieser Bildfunktion, an der Geschichte und dem Repertoire von Frauenbildern bzw. Weiblichkeitsentwürfen in den Texten männlicher Autoren. Als Ende der 70er Jahre die sogenannte Frauenfrage auch in der Literaturwissenschaft[2] allmählich um sich griff, wurde die Geschlechter-Differenz zunächst als Unterscheidungsmerkmal zwischen der Literatur männlicher und der weiblicher Autoren eingeführt. Der Akzent lag dabei auf der Gegenüberstellung zwischen der Fülle der auffällig stereotypen Frauenbilder in männlichen Texten und den weniger zahlreichen literarischen Selbstentwürfen von Frauen. Unter Titeln wie »Die Frau als Heldin und Autorin«, »Gestaltet und gestaltend«, »Schat-

---

1e. Als Metapher für die uneinnehmbare Wahrheit fungiert die Frau in Jacques Derrida: »Sporen – die Stile Nietzsches«. (Venedig 1976) o. O. u. J. S. 12.
2. Ich beziehe mich hier auf die Entwicklung in der Germanistik.

tenexistenz und Bilderreichtum«, »Schreibende und beschriebene Frauen« oder »Entwürfe von Frauen« (in der Doppelbedeutung von: männliche Entwürfe von imaginierten
Frauen und literarische Entwürfe von schreibenden Frauen)
stehen zahlreiche Einzeluntersuchungen, die unter sozial-,
kultur-, motiv- oder gattungsgeschichtlicher Fragestellung
diese Gegenüberstellung von Frauenbildern und der Literatur
von Frauen vornehmen.[1] Gemeinsam ist diesen Arbeiten, daß
die Kategorie des Geschlechts dabei vor allem auf *zwei* Positionen in der literarischen Produktion bezogen wird, auf die des
Autors und die der dargestellten Figuren, daß die Frau also als
Verfasserin und als Gegenstand literarischer Texte ins Blickfeld gerät. Vor allem in der Interpretation und Kritik von
männlichen Frauenbildern ist zu beobachten, daß in verschiedenen Untersuchungen zum selben Autor bzw. Text dabei
jedoch z. T. ganz unterschiedliche, ja sogar entgegengesetzte
Deutungen und Bewertungen zustande kamen. Exemplarische Werke für solche Untersuchungen wie z. B. Schle-
gels »Lucinde«, Fontanes »Effie Briest« oder Kellers »Sinnge-
dicht« werden teils kritisiert wegen der mythisierenden oder
sexualisierenden Darstellung von Frauen, teils werden ihre
Autoren quasi als Vorläufer für die Ideen weiblicher Selbst-
entfaltung und Emanzipation und als Kritiker zeitgenössischer Weiblichkeitsvorstellungen zitiert. Kellers »Sinnge-
dicht« beispielsweise wird in Uta Treders Interpretation als
»eine höhere Art von Fleischbeschau« und als »männlicher
Markttip für Frauen-Ware« betrachtet,[2] während Gunhild

---

1. Vgl. »Die Frau als Heldin und Autorin« Hg. v. Wolfgang Paulsen. Bern
und München 1979. »Gestaltet und gestaltend. Frauen in der deutschen
Literatur.« Hg. v. Marianne Burkhard. Amsterdamer Beiträge Nr. 10. 1980.
Silvia Bovenschen: »Die imaginäre Weiblichkeit. Exemplarische Untersuchungen zur kulturgeschichtlichen und literarischen Präsentation des Weiblichen.« Frankfurt/Main 1979. »Entwürfe von Frauen«. Hg. v. Irmela v. d.
Lühe. Berlin 1982. Inge Stephan/Sigrid Weigel: »Die verborgene Frau«. Berlin 1983.
2. Uta Treder: »Von der Hexe zur Hysterikerin. Zur Verfestigungsge-
schichte des ›Ewig Weiblichen‹.« Bonn 1984. S. 85.

Kübler Kellers Novelle als parodistischen Text liest, in dem die dargestellten Beziehungs- und Rollenmuster als unzeitgemäß vorgeführt und verabschiedet würden.[1] Das methodische Problem solcher Deutungskontroversen besteht darin, daß ungeklärt bleibt, *ob* und *wie* man die literarischen Präsentationen eines mythischen Weiblichkeitsbildes und des beschränkten weiblichen Lebenszusammenhanges als affirmativ und ideologisch oder aber als kritisch bewerten könne. Es ist eine Frage, die letztlich auf die Intention des Autors zielt, und über die Autorintention sind bekanntlich keine Wahrheitssätze zu formulieren. Ein weiteres methodisches Problem solcher Arbeiten ist aber darin zu sehen, daß in ihnen — implizit oder ausgesprochen — eine positive Vorstellung von der realen Frau oder eine ideale Vorstellung von Weiblichkeit vorausgesetzt wird, auf die die männlichen Frauenbilder bezogen sind, um dann als Abweichung bzw. Deformation bewertet werden zu können. Diese positive Vorstellung orientiert sich häufig am Bild eines autonomen (emanzipierten) weiblichen Subjekts, das selbst aber als imaginäre Produktion erst einmal kritisch zu befragen wäre. Dasselbe Dilemma ist auch in vielen Interpretationen von Texten weiblicher Autoren zu verfolgen. Es ist das Dilemma ideologiekritischer Verfahren, insoweit sie — um das, was sie kritisieren, als falsch bzw. ideologisch qualifizieren zu können — einen eigenen Ort brauchen, von dem aus diese Aussage möglich ist, und insofern dieser eigene Ort als Position der Wahrheit gesetzt ist. Wie aber, so bleibt zu fragen, finden feministische Literaturwissenschaftler/innen einen solchen Ort, von dem aus die Wahrheit über die Frau und die Weiblichkeit zu sagen wäre? Oder vielmehr: Was nützt uns die Suche nach ihm und der Streit um einen solchen Ort?

Soweit die Setzungen, die einem ideologiekritischen Verfahren immanent sind, nicht in Frage gestellt werden, tendiert es dazu, theologisch zu werden, wie Julia Kristeva entwickelt

1. Gunhild Kübler: »Feministische Literaturkritik.« In: »Weiblichkeit oder Feminismus?« Hg. v. Claudia Opitz. Weingarten 1984. S. 229–238.

hat.[1] Als Bewegungen, die eine solche Tendenz zu überschreiten oder zu durchbrechen vermögen, hat sie in ihrem Buch
»Die Revolution der poetischen Sprache« *mimesis* und poetische Sprache bewertet. Beide Praktiken behaupten nicht,
Wahrheitsaussagen zu machen, sie leugnen aber auch nicht
das Thetische:

»Sie streifen seine Wahrheit (Bedeutung, Denotation), um sodann
über diesen Streifzug die ›Wahrheit‹ zu sagen. Diese zweite Wahrheit ist insofern untauglich, als es sich nicht um die denotative Wahrheit (...) handelt. Diese ›zweite Wahrheit‹ ist die Nachzeichnung des
Weges, den die erste (die der Bedeutung) schneidet, um sich zu setzen.« (S. 70)

Ein solches mimetisches Verfahren hieße in unserem Zusammenhang, den Weg nachzuzeichnen, den die Bedeutung von
›Weiblichkeit‹ bzw. ›Frau‹ schneidet. Es ist ein Verfahren jenseits des Positiven, jenseits positivistischer Aussagen, ein Verfahren, das die Kritik am männlichen Diskurs über die »Bestimmung des Weibes« nicht mit einer Antwort auf die
Frage verknüpft, was die Frau wirklich sei oder sein solle. Und
in diesem Sinne sind dann auch die zahlreichen Versuche zu
verstehen, die Konstitution von ›Weiblichkeit‹ und ›Frau‹
im literarischen, philosophischen und psychoanalytischen
Diskurs historisch und am einzelnen Text nachzuzeichnen,
Versuche — in der Terminologie Kristevas — die »zweite
Wahrheit« nicht über die Frau und das Weibliche, aber über die
Bedeutung von ›Frau‹ und ›Weiblichem‹ zu sagen. Es sind
Versuche, die dem poststrukturalistischen Denken im

1. Julia Kristeva: »Die Revolution der poetischen Sprache«. Frankfurt/Main
1978. S. 70. Bestätigen läßt sich diese theoretische Überlegung Kristevas
durch die Entwicklung des feministischen Diskurses im letzten Jahrzehnt, in
dem das Lager der »feministischen Theologie« keine unbedeutende Rolle
mehr spielt, wobei der Gestus der quasi theologischen Redeweise noch weit
darüber hinaus Verbreitung gefunden hat; und um das Begriffspaar von
»Wahrheit« und »Lüge« zentrieren sich z. B. wichtige Schriften Mary Dalys,
einer Wortführerin »feministischer Theologie«.

weitesten Sinne verpflichtet sind. Denn ähnlich wie Kristeva haben andere Theoretiker/innen des Poststrukturalismus aufgrund der Erkenntnis, daß das ideologiekritische Verfahren häufig im metaphysischen Gestus verharrt, und um aus den Aporien dieses Verfahrens einen Ausweg zu finden, verschiedene Wege beschritten, die sämtlich als *Praktiken produzierender Nachahmung* zu verstehen sind, einer Nachahmung, die es nicht auf ein Abbild abgesehen hat, sondern im diskursiven oder textuellen Nachvollzug den Diskurs, auf den sie sich bezieht, unterläuft, überschreitet oder durchkreuzt, um dabei etwas anderes hervorzubringen oder vorscheinen zu lassen, und sei es auch »nur« einen Mangel.

Julia Kristeva führt zu diesem Zweck in die signifikante Praxis neben die beiden »Vorgänge« der Verdichtung und Verschiebung bzw. der Metapher und Metonymie einen dritten Vorgang ein, den sie *Transposition* nennt, es ist »die Möglichkeit des signifikanten Prozesses, von einem Zeichensystem in ein anderes überzugehen, sie auszutauschen und umzustellen« (S. 70), die sie in *mimesis* und poetischer Sprache gegeben sieht.

Verwandt damit ist Roland Barthes' Konzeption des *künstlichen Mythos*, den er als einzige Möglichkeit betrachtet, den modernen Mythen wirksam entgegenzutreten. Der künstliche Mythos verlängert den semiotischen Prozeß der Mythisierung in die ästhetische Praxis, indem er den Bedeutungseffekt, der die Mythosbildung hervorbringt, in der künstlerischen Produktion nachahmt und wiederholt.[1]

Im philosophischen Diskurs, der den Anspruch universeller Aussagen gleichsam außer Kraft setzt, steht dafür Jacques Derridas Verfahren der *Dekonstruktion*, ein Verfahren, das die Schriften der Philosophie rekonstruiert und durchkreuzt bzw. deren ontologische Begriffe durchstreicht. Auch dieses Verfahren ist mimetisch:

---

1. Roland Barthes: »Mythen des Alltags« (1957). Frankfurt/Main 1964.

»Die Bewegungen dieser Dekonstruktion rühren nicht von außen an die Strukturen. Sie sind nur möglich und wirksam, können nur etwas ausrichten, indem sie diese Strukturen bewohnen; sie in *bestimmter* Weise bewohnen, denn man wohnt beständig und um so sicherer, je weniger Zweifel aufkommen. Die Dekonstruktion hat notwendigerweise von innen her zu operieren, sich aller subversiven, strategischen und ökonomischen Mittel der alten Struktur zu bedienen, sich ihrer strukturell zu bedienen, das heißt, ohne Atome und Elemente von ihr absondern zu können.« [1]

Die Bewegung des Ausstreichens wird von Derrida auch als »letztmögliche Schrift einer Epoche« bezeichnet. Im Unterschied zur Figur des Gegensatzes in der Wahr-falsch-Aussage ist in dieser Bewegung die durchstrichene Vorstellung noch lesbar, aber nicht mehr gültig.

»Unter ihren Strichen verschwindet die Präsenz eines transzendentalen Signifikats und bleibt dennoch lesbar. (...) In dem Maße, wie sie die Onto-Theologie, die Metaphysik der Präsenz und den Logozentrismus begrenzt, ist diese letzte auch die erste Schrift.« [2]

Bezogen auf die Frage der Weiblichkeit hieße das, daß eine Dekonstruktion der Theorie des Weiblichen, indem dabei die Vorstellung vom ›Weiblichen‹ keine Geltung mehr hätte, aber noch lesbar wäre, daß diese Dekonstruktion als letztmögliche Schrift einer patriarchalen Epoche und zugleich als erste Schrift einer anderen Weiblichkeit zu lesen wäre. In diesem Sinne kann man Luce Irigarays Text »Speculum. Spiegel des anderen Geschlechts« verstehen, in dem sie den psychoanalytischen Diskurs über das ›Weibliche‹ und die Sexualität der Frau durchquert. Auch Irigarays *Durchquerung*, die sie selbst als »spielerisches und verwirrendes Wiederdurchqueren« bezeichnet, [3] ist eine mimetische, etwas anderes hervorbringende Bewegung. Es käme darauf an, daß die Frauen,

1. Jacques Derrida: »Grammatologie« (1967). Frankfurt/Main 1974. S. 45.
2. Ebenda. S. 43.
3. Luce Irigaray: »Das Geschlecht, das nicht eins ist«. Berlin 1979. S. 79.

»(...) die Weise interpretierend-wiederholend, in welcher im Innern des Diskurses das Weibliche sich determiniert findet: als Mangel, als Fehlen, oder als Mime und verkehrte Wiedergabe des Subjekts — kundtun, daß dieser Logik gegenüber von seiten des Weiblichen ein *ver-rückender Exzeß* möglich ist.«[1]

Im Unterschied zur Dekonstruktion Derridas akzentuiert die Durchquerung die Materialität und Körperlichkeit einer solchen Bewegung. Und im Unterschied zu den zuvor beschriebenen Verfahren ist die Durchquerung bei Irigaray an die Frau gebunden; sie soll die Rede *über* die Frau überwinden, den herrschenden Diskurs *aus der Perspektive der Frau* durchbrechen. Irigaray nennt eine solche Praxis selbst »Frau-sprechen«: »Indem man Frau-spricht, kann man versuchen, dem ›Anderen‹ als Weiblichen einen Ort einzuräumen.«[2] Es geht ihr also nicht darum, einen anderen Begriff von Weiblichkeit auszuarbeiten; dennoch befragt sie das Verhältnis von Weiblichkeit und Frauen zur Sprache und zum Unbewußten, und zwar in anderer Weise, als es im psychoanalytisch-poststrukturalistischen Diskurs sonst üblich ist. Bei ihr wird das Weibliche nämlich nicht mit dem Vor-Symbolischen oder Unbewußten gleichgesetzt. Weil sie nach dem Ort des Weiblichen in der Subjektkonstitution fragt, wird es bei ihr nicht zum Prädikat oder zum Adjektiv einer Phase oder eines Verfahrens degradiert.

Bei anderen nämlich — vor allem aber im populären Diskurs ›weiblicher Ästhetik‹ — hat die Tatsache, daß die erwähnten mimetischen Verfahren sämtlich als Bewegungen zu verstehen sind, die der Logik der Symbolisierung, einem phallo-logozentrischen Denken entgegenwirken, dazu verführt, sie als *weibliche Verfahren* oder als Bewegungen des Weiblichen zu bezeichnen. Ist damit einerseits das Geschlecht nun nicht mehr an Subjekt und Gegenstand der literarischen Produktion gebunden (die Frau als Autorin und Figur), son-

1. Ebenda. S. 80
2. Ebenda. S. 141.

dern auf die Ebene des Verfahrens verlagert (weibliche Schreibweise), so ist andererseits damit die Frage nach dem Ort und dem Schicksal des Weiblichen in der Subjektkonstituion und in der Schrift allzu schnell ad acta gelegt: im Entwurf einer *subversiven, weiblichen* Textpraxis (wobei in diesem Nebeneinander subversiv und weiblich austauschbar werden).

Ein solcher Entwurf eines weiblichen Verfahrens enthält m. E. zwei problematische Operationen. Erstens wird darin eine Bewegung, die sich einer Negativität verdankt, als positives Verfahren beschrieben, das dann teilweise sogar mit einem Katalog von Merkmalen wie z. B. Flüchtigkeit, Sprünge, Abschweifungen, Rückblenden, Diskontinuität etc. [1] *formal* beschreibbar und positiv bestimmbar wird. Zweitens wird dabei eine dialektische Bewegung des Sinngebungsprozesses — sei es die konfliktreiche Beziehung zwischen dem Semiotischen und dem Symbolischen bei Kristeva, sei es das Zusammenspiel von metonymischer und metaphorischer Bewegung bei Lacan — häufig einem dualistischen Verständnis von ›Männlichem‹ und ›Weiblichem‹ subsumiert, indem nämlich das Semiotische und die metonymische Bewegung weiblich und das Symbolische und die metaphorische Bewegung männlich konnotiert werden. Damit aber wird die sexuelle Differenz, die in der psychoanalytischen Beschreibung der Subjektkonstitution an einem bestimmten Punkt der Entwicklung eine Rolle spielt, beim Eintritt des Kindes in die symbolische Ordnung als Gegensatzpaar fixiert, dessen Teile dann jeweils einer der beiden Modalitäten des Sinngebungsprozesses zugeordnet sind.

---

[1]. Dies trifft besonders für Hélène Cixous zu, die – ausgehend von einem Gegensatz von männlicher und weiblicher Ökonomie, unabhängig vom biologischen Geschlecht des Autors – eine weibliche Schreibweise entwirft. Daraus entsteht dann ein positiver Normenkatalog weiblicher Schreibweise. Vgl. ihre Interpretationen zahlreicher moderner männlicher Autoren und z. B. ihre Deutung E. T. A. Hoffmanns: »Prénoms de personne«. Paris 1974. Insgesamt läuft ihre Theorie auf eine zirkuläre Argumentation hinaus, da sie die Frage nach der »Weiblichkeit in der Schrift« letztlich mit dem Weiblichen der Schrift beantwortet. Vgl. ihr gleichnamiges Buch, Berlin 1980.

Im Freud-Lacanschen Diskurs wird die Entwicklung geschlechtlicher Identität bekanntlich an den Übertritt des Kindes aus der präödipalen Phase, aus der Mutter-Kind-Dyade, in die triadische Konstellation gebunden. Es ist der Eintritt in die symbolische Ordnung, in die Sprache, die durch das Auftreten des Vaters gekennzeichnet ist bzw. durch das Gesetz des Vaters, welches dem Kind die Mutter verbietet bzw. es vom Körper der Mutter trennt. Kulturgeschichtlich wird in diesem Verbot der Mutter, d. h. im Inzestverbot, der Moment des Eintritts in die Kultur situiert. Die präödipale oder vorsymbolische Phase muß daher als *vor*geschlechtlich gedacht werden. Sie geht jeglicher Identität voraus, auch der von Raum und Zeit. Daß diese präödipale Phase, deren Artikulationen von Kristeva als semiotische *chora* bezeichnet werden, bei ihr dennoch weiblich konnotiert ist,[1] hängt damit zusammen, daß diese Phase durch eine archaische Mutterbeziehung gekennzeichnet ist. Kristeva geht aber davon aus, daß das Semiotische nur von der Theorie als »vorgängig« zu isolieren und als Funktionsweise zu spezifizieren sei. Es ist zwar in der präödipalen Phase nachweisbar, es erreicht uns aber erst nach der symbolischen Setzung, erst wenn das Semiotische als Modalität des Sinngebungsprozesses funktioniert, wenn es dem Symbolischen inhärent ist. Aufgrund dieses *dialektischen* Verständnisses des Sinngebungsprozesses ist das Semiotische nicht empirisch zu isolieren und auch nicht als positives Verfahren oder als Zustand zu konstituieren:

»Diese Explosion des Semiotischen im Symbolischen ist nicht Negation der Negation, nicht *Aufhebung* des durch das Thetische erzeugten Widerspruchs und Einführung eines idealen, die vorsymbolische Unmittelbarkeit restaurierenden Positiven.«[2]

Dieses Semiotische wird von Kristeva als »zweite« Rückkehr der Triebfunktionalität in das Symbolische beschrieben, des-

1. Kristeva: »Revolution«. A. a. O. S. 37, S. 41.
2. Ebenda. S. 78/9.

halb »(. . .) muß das Semiotische als Negativität definiert werden, die in das Symbolische eingeschleust wird und seine Ordnung verletzt.«[1] Als Artikulation, welche die Setzung überschreitet, kann das Semiotische m. E. nun nicht als weiblich beschrieben werden, da es sich *nach* dem Eintritt in die symbolische Ordnung und das heißt *nach* der Bildung der geschlechtlichen Identität ereignet – wobei das Wort Identität bei der Frau in Anführungszeichen zu setzen wäre, denn die Identität, die für die Frau unter dem Gesetz des Vaters vorgesehen ist, wird nur unter äußersten Anstrengungen und Qualen und selten erfolgreich angenommen, wie schon Freud aufgefallen war. Die Funktion der Frau *im* Symbolischen, nämlich der Ordnung vorausgesetzt zu sein, sie zu stützen, aber selbst nicht in Erscheinung zu treten, hat Kristeva »Effekt Frau« genannt. Dieses Weibliche im Symbolischen ist nun mit dem Weiblichen der präödipalen Phase, d. h. mit dem Bezug zur präödipalen Mutter nicht gleichzusetzen, d. h. das vorsymbolische Weibliche und das Weibliche als Funktion im Symbolischen sind nicht dasselbe, zumindest nicht aus der Perspektive einer Frau.

Immer wieder auch grenzt Kristeva ihr Verständnis von Textpraxis und poetischer Sprache ab gegen die Verlockung, »die semiotische Motilität als etwas Autonomes gegenüber dem Thetischen zu hypostasieren, in der Annahme, sie könnte sich seiner entledigen oder über es hinweggehen«.[2] Gerade darin, daß eine Isolierung nicht geschieht, unterscheide sich der Text als *signifikante* Praxis vom neurotischen Diskurs oder von der Regression in der Rückkehr zur präödipalen Mutter. Damit aber das Semiotische eine solche überschreitende Funktion im Symbolischen erhalten kann, müsse das Subjekt zunächst eine solide Position im Symbolischen erlangt haben:

»Das soll heißen, daß das Subjekt über die Kastration eine solide Position erlangt haben muß, wenn die Triebangriffe gegen das The-

1. Ebenda. S. 78.
2. Ebenda. S. 60.

tische nicht im Phantasma oder in der Psychose dahindämmern, sondern einem › Thetischen zweiten Grades‹, d. h. einer Wiederaufnahme der semiotischen *chora* im Apparat der Sprache stattgeben sollen.«[1]

Denn als einheits- und identitätslose Artikulation, bezogen auf Verschmelzungs- und Fragmentarisierungsphantasien, läßt das Semiotische das der Logik Heterogene in diese einbrechen — womit aber die *Möglichkeit* der Überschreitung ebenso wie die *Gefahr* der Selbstaufgabe, des Zerfließens und des Wahnsinns gegeben sind. Ich gehe davon aus, daß das Kristevasche Subjekt der Textpraxis, das von einer soliden Position aus spricht und schreibt, das »Subjekt in Bewegung«, wie sie es nennt, daß dieses Subjekt ein männliches ist. Kristeva bezeichnet eine poetische Praxis, die dem Einbruch des Semiotischen ins Symbolische nachgibt, als »Inzest in der Sprache«, weil darin die Hinwendung zum (verbotenen) Körper der Mutter beschritten wird. Es ist nun m. E. kein Zufall, daß eine solche Textpraxis meistens am Beispiel männlicher Autoren entwickelt wird.[2] Vom Ort des Mannes in der symbolischen Ordnung aus betrachtet, ist die Explosion des Semiotischen oder die Überschreitung gleichbedeutend mit der Artikulation des beim Eintritt ins Symbolische verdrängten Weiblichen; als Modalität des Sinngebungsprozesses, als Textpraxis, wird es nicht unbedingt lebensgefährlich für das schreibende männliche Individuum. Wohingegen längst noch nicht geklärt ist, *ob* und *wie* eine solche Textpraxis für ein Subjekt möglich sei und aussähe, das die dafür notwendige »solide Position« aufgrund seines *weiblichen* Geschlechts nicht oder noch nicht erlangt hat. Schon eine solche Fragestellung, die mit der (und möglicherweise den) Bedeutung(en) des Weiblichen in der Subjekt- und Sinnkonstitution genau verfährt, wird durch den um sich greifenden inflationären Gebrauch des Wortes weiblich blockiert.

1. Ebenda. S. 59.
2. Als da sind z. B. Kleist, Hölderlin, Hoffmann, Mallarmé, Lautréamont, Proust, Joyce, Rilke, Kafka u. a., womit man einen Großteil der Moderne als weibliche Kultur betrachten müßte.

Genau in diesem Punkt unterscheidet sich Luce Irigarays Theorie[1] deutlich von anderen Weiblichkeitstheorien, indem sie nämlich präzise zwischen der Frau und dem Weiblichen differenziert. Auch sie setzt voraus, daß sich die symbolische Ordnung über den Ausschluß der Frau konstituiert. Ausgangspunkt ihrer Überlegungen aber ist die sexuelle Konstitution der Frau: eine Selbstbezüglichkeit, von der sie beim Eintritt in die Sprache, in eine andere Ökonomie, abgeschnitten wird. In dieser anderen Ökonomie befinden die Frauen sich im Zustand einer Maskerade, die aber nach Irigaray nicht ihrem Begehren entspricht, sondern nur eine Möglichkeit darstellt, in dieser anderen Ökonomie überhaupt zu »erscheinen«,[2] in einer Art Verstellung. Die Frauen gehen aber in dieser Funktion nicht auf. »Sie bleiben ebensosehr anderswo.«[3] Aus diesem *doppelten Ort der Frau*[4] — ihrer Funktion im Symbolischen und dem Anderswo, dem Rest, der in ihre soziale Identität nicht eingeht — leitet Irigaray ihre Bewegung der Durchquerung, das Frau-sprechen, ab. Sie geht dabei auf interne Widersprüche der Psychoanalyse ein, indem sie beispielsweise auf das ungeklärte Verhältnis von Weiblichem und Unbewußtem verweist. »Die mögliche Artikulation der Beziehung zwischen der unbewußten Ökonomie und der Differenz der Geschlechter« sei von Freud nicht realisiert worden.[5] Davon ausgehend stellt Irigaray den psychoanalytischen Grundsatz in Frage, daß die geschlechtliche Identität

---

1. Ich beziehe mich hier auf die älteren Schriften Irigarays, auf »Speculum« und »Das Geschlecht, das nicht eins ist«, nicht auf ihre jüngeren Schriften, in denen sie — in Übereinstimmung mit einem populären Trend des Feminismus — auf das Göttliche referiert.
2. Luce Irigaray: »Das Geschlecht, das nicht eins ist«. A. a. O. S. 139.
3. Ebenda. S. 78.
4. Dieser doppelte Ort der Frau, der dadurch gekennzeichnet ist, daß sie gegenüber der männlichen Kultur beteiligt und ausgegrenzt zugleich ist, ist auch die Begründung für meine Theorie vom »schielenden Blick«. Vgl. meinen Aufsatz »Der schielende Blick. Zur Geschichte weiblicher Schreibpraxis«. In: Inge Stephan / Sigrid Weigel: »Die verborgene Frau«. Berlin 1983.
5. Luce Irigaray. A. a. O. S. 74.

erst beim Eintritt in das Symbolische, und das heißt erst mit der Unterwerfung unter das Gesetz des Vaters, gebildet werde. Damit wird von ihr die Frage der sexuellen Differenz in das Vor- und Außersymbolische verlagert, womit an eines der wirksamsten Tabus gerührt wird, weil sofort die Abwehr und Kritik gegenüber einer als »natürlich« oder »biologisch« verstandenen Andersartigkeit auf den Plan tritt. Irigaray aber geht es nicht um die Frage: Was ist die Frau außerhalb des Symbolischen? Sondern: Wie wirkt sich die andere körperliche und sexuelle Konstitution der Frau auf ihren Eintritt ins Symbolische aus, und: ermöglicht diese andere Konstitution einen Zugang zu dem Anderswo der Frau, zu dem Ort, an dem sie sich auch befindet neben ihrem Funktionieren im Sozialen? Die Gefahr solcher Fragen, die auf jeden Fall *gestellt* werden müssen, besteht allerdings darin, daß ihre *Beantwortung* auf eine andere Setzung hinauslaufen könnte, nämlich auf eine Ontologie der sexuellen Differenz. Wenn man aber die Frage nicht in Form einer Setzung erledigt, sehe ich zumindest in diesem von Irigaray eingeführten doppelten Ort der Frau einen wichtigen Ausgangspunkt, der die Probleme der kulturellen Produktion wirklich aus der Perspektive der Frau zu betrachten ermöglicht. Der uneigentliche Sinn weiblicher Rede wird bei Irigaray auch aus dieser doppelten Stellung der Frau zur Sprache abgeleitet:

»Die Frau spricht niemals gleich. Das, was sie von sich gibt, ist fließend, fluktuierend. *Flunkernd.* Man kann ihr nicht zuhören, ohne daß dabei die Sinne, der eigentliche Sinn, der Sinn des Eigentlichen, schwinden. Daher die Widerstände gegen diese Stimme, die das ›Subjekt‹ entgrenzt.«[1]

Ohne die Bedeutung von ›weiblich‹ irgendwie festzulegen, geht Irigaray also davon aus, daß sich in der Stimme der Frau Spuren von jenen Konflikten erhalten haben, die im Prozeß der Zurichtung des Individuums zur Instanz eines identi-

1. Ebenda. S. 117.

schen Subjekts stattgefunden haben. Ihre Stimme bewahrt sozusagen Zeichen des dabei Verdrängten und Überschießenden auf. Dieses Uneigentliche in der Rede und Schrift der Frau ist aber nicht gleichzusetzen mit *dem* ›Weiblichen‹; es ist vielmehr Zeichen einer unmöglichen Identität, weil die Frau nicht aufgeht in dem ihr zugewiesenen Ort im Symbolischen. Ihr doppelter Ort ist Matrix für die von Irigaray angeregte Bewegung der Durchquerung, die wiederum notwendig ist, damit die Frau nicht in der Uneigentlichkeit, in der Maskerade oder gar in der Indifferenz gefangen bleibt.

Ein solches Gefängnis sehe ich z. B. darin, wenn die Frau auf den uneigentlichen Sinn ihrer Rede festgelegt wird, damit das Weibliche als Metapher für das Nichtfestlegbare im Spiel einer *écriture*, eines »spornenden Vorgehens«[1] benutzt werden kann. Denn stehen in Jacques Derridas Schrift »Sporen — die Stile Nietzsches« die Frau/das Weibliche einerseits für das »Nicht-Entscheidbare«, so werden sie dort andererseits gerade auf diese Bestimmung festgelegt. Derrida geht in seinem Text von der allegorischen Gestalt der Wahrheit als Frau in den Schriften Nietzsches aus (vor allem in »Menschliches, Allzumenschliches« und »Fröhliche Wissenschaft«). Darauf Bezug nehmend, heißt es bei Derrida:

»Die Frau (die Wahrheit) läßt sich nicht einnehmen. In Wahrheit — die Frau, die Wahrheit lassen sich nicht einnehmen. Was sich in Wahrheit nicht einnehmen läßt, ist — *weiblich*.«

Auch wenn er hinzufügt, daß dies »nicht eilfertig mit Weiblichkeit, Weiblich*keit* des Weibes, weiblicher Sexual*ität* und anderen essentialisierenden Fetischen übersetzt werden«[2] dürfe, so sind diese Aussagesätze über die Frau Basis und Garant für die Funktionsweise des Weiblichen als Metapher. Als Gegner ontologisierender Aussagen — »Es gibt keine Wahrheit an sich des Geschlechtsunterschieds an sich, des Mannes oder

---

1. Jacques Derrida: »Sporen«. A. a. O. S. 35.
2. Ebenda. S. 12.

(der) Frau an sich.«¹ — und mit dem intendierten Verzicht, »die Vielzahl von Behauptungen über die Frau zu behandeln«, zielt Derridas Spiel mit dem Weiblichen auf die Schreibweise, die *écriture*:

»Ohne unaufdringliche Parodie, ohne Strategie der *écriture*, ohne Differenzierung oder Sonderung der Federn, ohne den Stil also, den großen Stil, läuft die Umkehrung mit der lärmenden Verkündung der Antithese wieder auf das gleiche hinaus. Daher die Heterogenität des Textes.«²

In einer Polemik gegen den Interpretationswunsch von Hermeneuten entwickelt Derrida einen Textbegriff, bei dem der Text dadurch gekennzeichnet ist, daß er sich der Eindeutigkeit entziehe: »Der Text kann immer zugleich offen, dargeboten *und* unentzifferbar bleiben, auch ohne daß man ihn als unentzifferbar erkennt.«³

Es geht ihm um einen Bruch gegenüber der Dominanz des Einen und Eindeutigen, um eine Bewegung des Denkens, die sich der Unterordnung unter die »Frage des Eigenen, der ›Propriation‹ (*eigen, eignen, ereignen*, besonders *Ereignis*)«⁴ widersetze. Zu diesem Zweck entwickelt er ein Verfahren, in dem das Weibliche offenbar die Gewähr dafür bieten muß, daß sich die Bewegung des Entziehens, die die Festlegung verhindern soll, tatsächlich ereignet. In die Rolle der allegorischen Gestalt für die Wahrheit geriet die Frau bei Nietzsche, so Derrida, durch ihre Maskierung. Ausgehend von der Gabe der Frau, die er als ihr »wesentliches Prädikat« bezeichnet, demonstriert Derrida mit den Bedeutungsverschiebungen in der »Oszillation zwischen sich geben / sich-geben-als, geben / nehmen sowie nehmen lassen / sich aneignen« das, »was Nietzsche die Form des Stils und den Nicht-Ort der Frau

1. Ebenda. 34.
2. Ebenda. S. 30.
3. Ebenda. S. 49.
4. Ebenda. S. 39.

nennt«.[1] Damit nähern sich im Text Derridas die Begriffe Text, *écriture* und weiblich bzw. Frau einander an, was wieder einmal auf die Konzeption eines weiblichen Verfahrens hinausläuft — explizit in solchen Wendungen wie »(...) weshalb es sich gibt und sich gleichzeitig entzieht, wie eine Frau, wie eine *écriture*«.[2]

Und obwohl Derrida sich explizit gegen ontologisierende und essentialisierende Bestimmungen abgrenzt, werden in seiner Textpraxis Frau und Weibliches festgeschrieben; als Bild für das Unentscheidbare sind sie sowohl in einer Definition als auch in der Funktionsweise als Metapher festgelegt. Wenn Nietzsche und Derrida davon sprechen, daß die Frau sich entzieht, wird von der historischen und psychosexuellen Genese der Maskierung bzw. Verstellung der Frau abstrahiert. Sie geht vielmehr als unabänderliche Voraussetzung in die Überlegungen ein — ebenso wie das Material der misogynen Bilder Nietzsches. Es bestehe, so Derrida, eine »sehr rätselhaft(e), aber absolut notwendig(e)« Kongruenz zwischen »dem enormen Corpus der erbitterten Frauenfeindlichkeit Nietzsches« und dem weiblichen Verfahren, auf das sein Stil hinauslaufe.[3] Wird diese Kongruenz zwischen Misogynie und weiblichem Verfahren von Derrida als absolut *notwendig* betrachtet, so konstituiert sie sich doch gerade *darüber*, daß die Frau als Metapher für das Unentscheidbare funktioniert. Indem sie ins Spiel gebracht wird, garantiert sie die Bewegung des Fließens, Fluktuierens, des Metonymischen. Insofern wird die Frau als Metapher für die metonymische Bewegung gesetzt — was m. E. nur aus der Perspektive des Mannes möglich ist. Der Mann entwickelt einen Diskurs über das weibliche Verfahren, in welchem er den Nicht-Ort der Frau *einsetzt*, aus dem Motiv eigenen Unbehagens am Zwang zur Eindeutigkeit.

1. Ebenda. S. 41.
2. Ebenda. S. 45.
3. Ebenda. S. 12/13.

Zu fragen bleibt aber, warum dieser Konflikt stets am Bild und am Körper der Frau ausgetragen wird. Die an Nietzsche beobachtete Kongruenz hat nämlich tatsächlich System. Es gibt viele Autoren, an deren Texten man die gleiche Struktur zeigen könnte: wie nämlich in einer Schrift, welche die Unmöglichkeit artikuliert, Herr des Sinns zu sein, die erstarrten Bilder von Weiblichkeit ein- und festgeschrieben sind, wie die Frauenbilder zum Spielball werden in einer Bewegung von Ergreifen und Entweichen-lassen. Es ist eine Bewegung, die wie ein perpetuum mobile funktioniert. Der Widerstand gegen die Festlegung von Autor und Text vollzieht sich über die Einschreibung des Weiblichen als Anderes (das Andere des Einen), über seine Festlegung als Nicht-Festgelegtes. Wegen der ambivalenten Beziehung der Frau zur Sprache, zum Symbolischen macht der Mann sie zum universellen Bild der Ambivalenz. Aus der Perspektive der Frau aber muß diese Funktionsweise unterbrochen werden, indem ihre Zirkulation als Bild verweigert wird. Wenn Irigaray über den Unterschied zwischen Erzählbarem und Weiblichem spricht, wenn sie feststellt, daß die Frau redend zugleich auch woanders ist, geht es ihr um die Frau — auch um die reale Frau, die ihre Schrift gleichwohl immer verfehlen muß, die aber Motivation und unerreichbares Ziel ihrer Rede darstellt — um den Ort der Frau im und außerhalb des Symbolischen, während die Frau bei Derrida im Spiel der Bedeutungseffekte als Metapher funktioniert — eine Funktionsweise, zu der jedes Konzept tendiert, welches Weiblichkeit als *Verfahren* konstituiert.

8. Liebe – nichts als ein Mythos?

»Liebe. Da keiner es sich zu übersetzen verstand.«
(Ingeborg Bachmann: »Ein Schritt nach Gomorrha«)

»Sie (die Liebe, S. W.) ist das gesprächigste aller Gefühle und besteht zum großen Teil ganz aus Gesprächigkeit.«
(Robert Musil: »Der Mann ohne Eigenschaften«)

Die ungewöhnliche Resonanz, die Marguerite Duras' »Liebhaber« (1984, deutsche Übersetzung 1985) auch in der Bundesrepublik und auch unter feministisch engagierten Frauen erreichte, ebenso wie derartige Publikumserfolge wie der »Carmen«-Film von Carlos Saura, können als Zeichen dafür gelten, daß Liebesgeschichten wieder Konjunktur haben und daß Gefühle und Leidenschaften wieder als beliebte und gefragte Motive und als Qualitäten künstlerischer Produktion betrachtet werden. War das Kino immer, auch zu Zeiten politischer und feministischer Aufklärung, ein Ort des Begehrens, so ist die Wiederkehr der Liebe als ›Gegenstand‹ literarischer Texte, besonders der von Frauen, ein deutlicheres Zeichen für eine Veränderung im Diskurs. Denn die Darstellung der Liebe und die geschlechtsspezifische Verteilung der Rollen in der Liebesgeschichte Duras' weicht ja nicht wesentlich von dem Muster tradierter Liebes-Mythen ab. Gerade aber gegen die stereotypen Frauenbilder in Literatur und Medien und gegen die Festlegung der Frauen auf das liebende ›Fach‹ richtete sich die Kritik des Feminismus in den 70er Jahren, um in zahlreichen Einzelanalysen aufzudecken, daß die Darstellung der Frau als Liebende und als Liebes-Objekt mit der langen Geschichte ihrer Unterwerfung untrennbar verbunden ist. Daß Trivialmythen nach dem Schema der »Lovestory« als Versöhnung für reale Verzichte herhalten und als Verklärung für die Tatsache, daß viele Frauen ihre Bedürfnisse zugunsten derer, die sie lieben, zurückstecken, machte den Topos der Liebe für Frauen zunächst grundsätzlich suspekt. Der Zusammenhang von Liebesmythen und Weiblichkeitsmythen ist denn auch eines der Leitmotive in der feministischen Literaturkritik und ihrer Neu-Lektüre der literarischen Tradition.

Da die Schriftstellerinnen früher auf das Thema der Liebe quasi abonniert waren, verweigern sich die Autorinnen der ›Frauenliteratur‹ dem zunächst, um sich statt dessen in ihren Texten der realen Kehrseite der Liebe zu widmen. Während die Schriftstellerinnen der 5oer und 6oer Jahre noch ganz und gar mit der ›Liebe‹ beschäftigt waren, fällt in der Frauenliteratur der 7oer Jahre eher die Abwesenheit der ›Liebe‹ auf. Wenn Marie Luise Kaschnitz 1957 behauptet, »Die Liebesbeteuerung und Liebesklage scheinen der vornehmlichste Gegenstand der weiblichen Dichtung zu sein«, dann klingt in dieser Feststellung noch keinerlei kritische Distanzierung mit.[1] Ihre Kollegin Oda Schaefer äußert sich sogar ausgesprochen emphatisch über die besondere Begabung der Frauen zur Liebe:

»Jede Zeit verschleißt Begriffe oder Worte, die kurz vorher noch ihren Wert hatten, und wir, die Frauen, müssen alles daran setzen, die beiden Worte ›Gefühl‹ und ›Seele‹ wieder auf ihre verlassenen Throne zu setzen, indem wir die leeren Hülsen mit Sinn erfüllen. Die wirkliche Domäne, die größte Kraft der Frau, ist das Gefühl. Daher sollte die Dichterin eine solche Kraft auch nicht in dem scharfen Prisma des Gedanklichen zu brechen versuchen. Die neue Zeit hat ihr die Annäherung an den reinen Logos des Mannes geschenkt, und sie ist zunächst von dieser Freiheit berauscht.«[2]

Gegenüber solchen Vorstellungen wie gegenüber tradierten Weiblichkeitsmustern generell wird von der neuen Frauenbewegung eine scharfe Grenzziehung vorgenommen. Statt eine

1. »Das Besondere der Frauendichtung«. In: Deutsche Akademie für Sprache und Dichtung, Darmstadt, »Jahrbuch 1957«. Heidelberg/Darmstadt 1958. S. 59.
2. Ebenda. S. 72 u. 73.

weibliche Mission der Liebe zu propagieren, wird in der
›Frauenliteratur‹ von nun an die Differenz zwischen den Liebes-Mythen und den herrschenden Geschlechterverhältnis-
sen akzentuiert, so daß das Liebes-Motiv darin nahezu einen
blinden Fleck darstellt. An die Stelle von Liebesgeschichten
treten jetzt Geschichten von Trennungen oder Beziehungsge-
schichten, wie überhaupt die Rede über ›Liebe‹ durch die
Rede über ›Beziehungen‹ und über Sexualität ersetzt wird.
Stellt diese Entwicklung einerseits eine Befreiung dar, weil
Frauen sich damit erstmals öffentlich über ihre häufig defizi-
tären sexuellen Erfahrungen austauschen, wie der durch-
schlagende Erfolg von Alice Schwarzers Protokoll-Buch »Der
›kleine Unterschied‹ und seine großen Folgen« (1975) belegt,
so führt diese Entwicklung andererseits zu einer Reduktion
von Liebe auf Sexualität. Eine an therapeutischen Denkmo-
dellen orientierte öffentliche Diskussion über Verkehrsformen befördert zudem in den 70er Jahren eine Sprache, die
einer Beziehungstechnologie gleichkommt. In der verbreite-
ten Rede von »der Beziehungskiste« beispielsweise ist eine
vollständige Entzauberung und Banalisierung von Liebesverhältnissen erreicht.

Dabei wurde übersehen, daß die Thematisierung der Liebe
in der Literatur von Frauen *vor* der ›Frauenliteratur‹ durchaus
z. T. eine sehr klare und radikale Kritik an den Kehrseiten von
Liebe und Ehe für die Frau enthielt. »Alle Welt zieht Nutzen
daraus, daß ich liebe«, heißt es z. B. in dem Roman »Die Tapetentür« (1957) von Marlen Haushofer.[1] Oder:

»Gregor weiß nichts von mir, weil nichts ihn interessiert, was über
mein erotisches Verhalten hinausgeht, nichts, was er nicht im wahren Sinn des Wortes mit Händen greifen kann.« (S. 75)

Eine Diskrepanz zwischen weiblichen Empfindungen und
Sehnsüchten und männlichen Verhaltensweisen, asymmetrische Geschlechterbeziehungen, eine kritische Darstellung

1. Zit. nach der Taschenbuchausgabe, München o. J.

männlicher Frauenbilder wie eine grundsätzliche Skepsis
hinsichtlich der Liebesfähigkeit der Männer sind geläufige
Motive in der Literatur von Haushofer, Kaschnitz, Hartlaub
und Bachmann z. B.,[1] wobei Haushofer und Bachmann die
radikalste Kritik formulieren, da beide einen tendenziell tödlichen Charakter männlichen Liebesverhaltens behaupten.
Und doch stehen die Abgründe weiblicher Liebeserfahrun-
gen, Empfindungen von Angst und Bedrohung, und Ausdrücke des Glücks und der Sehnsucht in ihren Texten
nebeneinander. Liebesbegehren und Autonomiestreben sind
widerstreitende Bewegungen in dieser Literatur. Im
Anschluß an Beobachtungen über die »Blindheit und Unge-
schicklichkeit der Männer« und über ihr »Nichtinteressiert-
sein am organischen Leben« trägt die Erzählerin von Haushofers Roman »Die Tapetentür« in ihr Tagebuch folgende
Notiz ein: »Und der Feind steckt in ihnen, die wir lieben
müssen. Ich kann nicht leben ohne Liebe, und ich kann das
Unmenschliche nicht lieben« (S. 104). Das erinnert an Karoline von Günderrodes »Was mich tödtet zu gebähren«.[2] Dieses Paradox der Liebe findet sich, ist es nicht in Scheinlösun-
gen versteckt, in der Literatur von Frauen in verschiedene
Figurationen transformiert: in eine lähmende Handlungsunfähigkeit, in ein Auseinandertreten von Imagination und Erlebnis, in eine Aufspaltung von innerer Stimme und äußerer
Anpassung, in ein Nebeneinander von Enttäuschung und
Täuschung oder in eine Dialektik von Leben und Überleben.
»Austreten aus dem Geschlecht« einerseits sowie eine Utopie der Liebe als »Mysterium« andererseits sind beispiels-

1. Vgl. I. Stephan/R. Venske/S. Weigel: »Frauenliteratur ohne Tradition?
Neun Autorinnenporträts«. Frankfurt/M. 1987. Sowie Regula Venske:
»Mannsbilder – Männerbilder. Konstruktion und Kritik des Männlichen in
zeitgenössischer deutschsprachiger Literatur von Frauen.« Hildesheim, Zürich, New York 1988.
2. »Die Einzige« in: »Der Schatten eines Traumes. Gedichte, Prosa, Briefe,
Zeugnisse von Zeitgenossen«. Hg. v. Christa Wolf. Darmstadt und Neuwied
1979. S. 108.

weise Perspektiven, die sich in Bachmanns Texten überkreuzen und ihrer Literatur als unauflösbarer Widerspruch eingeschrieben sind.

Daß diese Literatur trotz der Kritik an den herrschenden Liebesverhältnissen nicht auf die Liebessehnsucht verzichtet, ebenso wie die emotionale Intensität der Schreibweise mag vor allem dazu beigetragen haben, daß — nach einem Jahrzehnt neuer Frauenbewegung — die Autorin Ingeborg Bachmann wiederentdeckt und die Autorin Marlen Haushofer überhaupt erst entdeckt wurden. Während die ›Frauenliteratur‹ keine eigene Sprache gefunden hat, von der Liebe zu reden, ist diese der Frauenbewegung vorausgehende Literatur heute für viele der Frauen lesenswert geworden, die im Nachdenken über ihre gelebte Emanzipation sich der darin *auch* eingeschriebenen Verluste besinnen.

Die neue Popularität des Liebesdiskurses verweist ja vor allem auf einen Mangel, den die Erfahrungsliteratur der vorausgegangenen Jahre hinterlassen hat. Dabei fällt jetzt dieses neue frauenspezifische Interesse an der Geschichte und den Geschichten der Liebe zusammen mit einer allgemein sichtbar gestiegenen Attraktivität der Thematisierung von Gefühlen, die gerade von männlichen Theoretikern forciert wird. Roland Barthes' »Fragments d'un discours amoureux« (1977) erscheint 1984 in deutscher Übersetzung, zwei Jahre nach Niklas Luhmanns kommunikations- und systemtheoretisch orientierter Geschichte des Liebes-Codes »Liebe als Passion« (1982), 1983 bringt die Zeitschrift »Ästhetik und Kommunikation« eine Doppelnummer zum Thema »Gefühle« heraus, in der ausführlich Alexander Kluges Arbeit an seinem Film »Die Macht der Gefühle« vorgestellt wird. Die Übersetzung von Julia Kristevas »Histoires d'amour« (1983) dagegen läßt noch auf sich warten. Innerhalb der feministischen Diskussion in der Bundesrepublik vertritt Barbara Sichtermann mit ihren Essays eine kritische Position gegenüber solchen Emanzipationskonzepten, die als Selbstreduktion weiblichen Begehrens betrachtet werden können, zuerst 1979 mit ihrem

Beitrag »Der Mythos von der Herbeiführbarkeit. Zur feministischen Diskussion um den Orgasmus«.[1]

Neben der Wiederkehr alter Liebes-Mythen zeichnet sich in der Wort- und Bilderflut, welche die neue ›Liebes‹-Faszination hervorbringt, eine Spur ab, die mit Hilfe historischer und theoretischer Perspektiven eine andere Redeweise begründet, die sich nicht mehr auf den Gegensatz zwischen Mythos und Realität verläßt. So gibt es auch in einigen literarischen Texten von Frauen Ansätze — jenseits des Versuchs, die ›Wahrheit‹ über die Liebe zu sagen — mit Bezug auf die Bild- und Textgeschichte der ›Liebe‹ diese als eine literarische Konstellation zu betrachten, deren Gefühlsrealität damit nicht weniger wirklich zu sein braucht.

Ich werde im folgenden die hier skizzierte Entwicklung am Beispiel einiger Texte beschreiben, wobei die drei Abschnitte den Versuch darstellen, signifikante Veränderungen in der literarischen Thematisierung von Liebe zu rekonstruieren.

8.1. Die Liebe als Mysterium

»Ich habe keinen Unterhalt gebraucht, keine Beteuerung und Versicherung, nur Luft, Nachtluft, Küstenluft, Grenzluft, um immer wieder Atem holen zu können, für neue Worte, neue Küsse, für ein unaufhörliches Geständnis: Ja. Ja. Wenn das Geständnis abgelegt war, war ich verurteilt zu lieben; wenn ich eines Tages freikam aus der Liebe, mußte ich zurück ins Wasser gehen, in dieses Element, in dem niemand sich ein Nest baut, sich ein Dach aufzieht über Balken, sich bedeckt mit einer Plane.« (S. 2/254)

1. Zuerst erschienen im »Freibeuter« Nr. 2, 1979, dann abgedruckt in der Essaysammlung von Barbara Sichtermann »Weiblichkeit. Zur Politik des Privaten«. Berlin 1983.

Diese Worte entstammen dem Monolog Undines, jenes mythischen Wesens, das seinen Eintritt in die Menschen-Welt
der Liebe verdankt. In der Erzählung Ingeborg Bachmanns
erscheint Undine als Verkörperung des Nicht-Festlegbaren,
als Personifikation eines Bildes, in das sich Momente von Natur und Weiblichkeit mischen. Ihre Stimme ist eher Musik als
Sprache: ein »Schmerzton«, ein »Klang«, eine »Lockung«,
eine Verführung zum »großen Verrat« am Bestehenden, das
im Text assoziiert wird mit »all dem Festgelegten«, mit dem
»Nützlichen«, dem »Brauchbaren«, mit »Grenzen und Politik und Zeitungen und Banken und Börse und Handel, und
dies immerfort« (S. 2/256–7). Undine dagegen sei »zu keinem Gebrauch bestimmt« (258). Wenn Undine dann von sich
als von »der anderen, dem anderen« spricht, dann ist in dieser
Erzählung aus dem Jahre 1961 die Stimme der Liebes-Sehn-
sucht als das Andere der bürgerlichen Ordnung gestaltet, als
von dieser ausgeschlossen und durch sie und ihre Repräsentanten vernichtet; obwohl diese Repräsentanten — »Ihr Menschen, ihr Ungeheuer« werden sie im Text genannt — sich
immer wieder verlocken lassen durch sie, um sie erneut vor
ihren »großen Instanzen« zum Opfer zu bringen.

Mit diesem nahezu elegischen Text ist ein Grundmotiv von
Bachmanns Literatur angestimmt, das sie in immer neuen Variationen ausgearbeitet hat. Immer erscheint darin die Liebe
als Anderes der bürgerlichen Ordnung, als ein Zustand, der
nicht faßbar ist, als etwas außerhalb der Raum- und Zeitkoor-
dinaten der sozialen Existenz, ohne Ort im Sozialen bzw.
Symbolischen und ohne Zukunft, ein quasi sprachloser Zustand, eine Art zauberhafter, begriffsloser Übereinstimmung,
die der Worte nicht bedürfe, die vielmehr durch Worte zerstört zu werden drohe.

»Wie hätte eine Liebe sonst Wert haben können, wenn sie sich nicht
erschöpft hätte in der Suche nach Übereinstimmung. Ich habe mit
diesem bleichen geduldigen Körper Wandas so übereingestimmt, so
die Liebe vollzogen, daß jedes Wort sie gestört hätte und kein Wort,
das sie nicht gestört hätte, zu finden war.« (S. 2/245)

So in einer anderen Erzählung Bachmanns der Oberlandesge-
richtsrat, nachdem er ausgebrochen ist aus den Sicherheiten
der Wahrheitsfindung, geflüchtet aus seiner Rolle als Herr der
Wahrheit und Meister einer Sprache, die sich der Tatsachen
bemächtigen zu können glaubt. Auch in diesem Text ist es ein
mythisches Geschöpf, in dem der Mann — bar seiner Insi-
gnien von Macht und Herrschaft und jenseits ihrer Institutionen, auch der Ehe — der Liebe begegnet. Insofern spielt in
seiner Wahrnehmung die Betrachtung dieser einzelnen Frau,
Wandas, auch hinüber in die Vorstellung eines ganzen Ge-
schlechtes:

»(...) und daß es auf der Welt noch die eine oder andere Wanda geben
mag mit diesem Vermögen – ein Geschlecht von dunkelhaarigen
blassen Frauen mit trübem großem Blick, kurzsichtigen Augen, fast
ohne Sprache, Gefangene fast ihrer Sprachlosigkeit, zu dem ich mich
bekenne und nie bekennen kann.« (S. 2/243)

Ist die Erzählung »Ein Wildermuth« aus einer männlichen
Perspektive als Pendant zum Monolog Undines zu lesen, so
begegnen sich beide Texte doch in derselben Liebesvorstellung: Die Liebe gibt es nur jenseits der bestehenden Ordnung
und sie wird verkörpert durch ein mythisches Geschlecht.
»Die Undine ist keine Frau, auch kein Lebewesen, sondern,
um es mit Büchner zu sagen, ›die Kunst, ach die Kunst‹«, so
kommentierte Bachmann in einem Interview 1964 ihre Erzählung.[1] Wird die Stimme der Liebe hier also mit der Kunst
identifiziert, welche in einer mythischen Figur Gestalt gewinnt, so bedeutet das, daß bei Ingeborg Bachmann Liebesfiguration und Kunst gleichgesetzt sind. Die Liebe ist eine dem
Mythos entlehnte Kunst*figur*, im doppelten Sinne des Wortes, sowohl eine imaginäre *Gestalt* als auch eine in der Sprache
der Kunst gestaltete *Konstellation*: Figur der Sehnsucht oder
der Klage, der die Kunst ihre Stimme leiht.[2]

1. »Gespräche und Interviews«. A. a. O. S. 64
2. Vgl. dazu 8.3. und die dort genannte Untersuchung von Roland Barthes.

Wenn bei Bachmann die Liebe als Gegensatz zur Institution der Ehe beschrieben ist, so scheint sich darin seit dem mittelalterlichen Minnedienst nichts geändert zu haben, denn auch damals war ja der Liebesgesang, die Anbetung der ›frouwe‹, als Gegensatz zur Ehe organisiert. Die Frau war dort einerseits Besitz ihres Ehegatten, andererseits Objekt der Verehrung in der Kunst, die reale Arbeitsteilung unter den Männern — fürstlicher Ehegatte und Minnesänger — hatte also eine ideelle Teilung der Frau zur Folge. War die *Teilung* in Ehe und Liebe somit in der höfischen Gesellschaft Institution, so begründet sich die Idee der bürgerlichen Familie dagegen gerade über deren *Vereinigung*, und zwar ebenso als Institution. Das Programm der Liebesheirat als Postulat bürgerlicher Emanzipation ist denn auch eines der zentralen Themen der nachmittelalterlichen Literatur.

Wenn nun Ingeborg Bachmann von dieser Verbindung von Liebe und Ehe abrückt, dann könnte man darin entweder einen hoffnungslosen Anachronismus erkennen oder aber einen prinzipiellen Einspruch gegenüber dem bürgerlichen Konzept der Liebe, welches insofern Realitätsgehalt für sich beansprucht, als es als Entwurf für die Wirklichkeit verstanden sein will, Institution gewordene Idee. Ich denke, es gibt eine dritte Möglichkeit gegenüber diesen beiden Lesearten, die nämlich, daß Bachmann die Liebe davor retten will, Institution zu werden, da dies für sie einer Vernichtung bzw. Verflüchtigung der Liebe gleichkäme, und daß sie sich deshalb auf die imaginäre Konstitution und den literarischen Charakter der Liebe bezieht. Sie verhält sich damit zum einen erinnernd, retrospektiv im Rückgriff auf alte mythische Vorstellungen, zum anderen aber zeitgemäß, indem sie von einer Enttäuschung bürgerlicher Ideale ausgeht. Ihre Schreibweise folgt dem Vorgang der Enttäuschung und der Vernichtung der Liebe, ohne dabei allerdings die Sehnsucht zu tilgen; im Gegenteil, die Sehnsucht wird in der Bewegung der Ent-Täuschung und in der Einsicht in ihre Mechanismen gestärkt. Botschaften lassen sich aus ihren Texten nicht ablesen. »Undine geht« ist z. B. die Erzählung überschrieben, die wie eine Abschiedsrede dieser mythischen Gestalt klingt; die letzten Worte des Textes aber lauten »Komm. Nur einmal. / Komm« (S. 2 / 263).

Diese Schreibweise, die durch eine Rettung und emphatische Bejahung der Liebe motiviert ist, wird allerdings immer komplexer, je mehr die Autorin die Positionen und Erzählperspektiven, von denen aus sie die Liebe thematisiert, vervielfältigt. Ein Problem wird sich dabei als besonders schwierig erweisen: wie wohl diese Bejahung aus der Perspektive der Frau — und zwar nicht Undines, des mythischen Geschöpfes, sondern derjenigen, die in dem Undine-Text als »Menschenfrau« bezeichnet ist — aussehen könne.

Im Hörspiel »Der gute Gott von Manhattan« 1958 ist bei Bachmann zum ersten Mal jene Konstellation, in der die Liebe als Anderes der Ordnung erscheint, detailliert entworfen. Auf der einen Seite das Liebes-Paar, Jan und Jennifer über den Wolken von New York, auf der anderen Seite die Gerichtsverhandlung, in deren Verlauf sich eine immer deutlichere Übereinstimmung zwischen dem Angeklagten, dem guten Gott als Verfolger und Attentäter der Liebe, und dem Richter abzeichnet. Der »Gute Gott« ist hier nicht Schutzgott der Liebenden, sondern er wird als Repräsentant einer Ordnung dargestellt, einer großen Konvention, »in der alle Gefühle und Gedanken Platz haben« (S. 1 / 318). Weil er in ihr eine zersetzende Kraft sieht, verfolgt er die Liebe; er ist ihr auf der Spur, »ihr, die wir nicht fassen und hierherbringen können und die nie aussagen wird« (S. 1 / 303), weshalb er seine Anschläge auf diejenigen verübt, die die Liebe leben. Jan und Jennifer dagegen werden beschrieben in »einem anderen Zustand«, ihrer Identität ungewiß, suchend nach einer Form und einer Sprache für ihre Liebe. Jan formuliert z. B. »ich möchte in mir den Bau niederreißen, der Ich bin, und der andere sein, der ich nie war« (S. 1 / 310). Und in ihrer tastenden Suche nach einem Ausdruck für ihr Verlangen und ihre Empfindungen greifen sie auf »alte Bräuche« zurück, auf alt-

Anselm Feuerbach: Paolo und Francesca. 1864.

bekannte Metaphern und Sätze, in denen sich der Wunsch nach einer Fortdauer ihres Zustandes wie zugleich die Angst davor artikulieren. Außerhalb der Zeit *und* immer, zwischen Eisbergen und Feuer.

»Jan: (. . .) Bei dir sein möchte ich bis ans Ende aller Tage und auf den Grund dieses Abgrundes kommen, in den ich stürze mit dir. Ich möchte ein Ende mit dir, ein Ende. Und eine Revolte gegen das Ende der Liebe in jedem Augenblick und bis zum Ende.
Jennifer: Mein Ende. Sag es zu Ende.« (S. 1/316)

Auf den literarischen Charakter dieser Szenerie zu verweisen, kommt im Hörspiel der mit einiger Neigung zur Satire ausgestatteten Gestalt des »Guten Gottes« zu. Er bezeichnet das Zusammensein von Jan und Jennifer als Spiel und läßt seine Helfershelfer ein Puppentheater vorführen, »das nicht seinesgleichen« habe, denn die liebten »nichts so sehr, wie den Leuten grausige Spektakel in den schönen Worten, die unsere Dichter dafür gefunden haben, vorzuführen« (S. 1/294). Für nur fünf Cents gibt es »fünf der schönsten Liebesgeschichten der Welt!« Orpheus und Eurydike. Tristan und Isolde. Romeo und Julia. Abälard und Heloise. Francesca und Paolo. Damit sind im Text die literarischen Vorlagen mitbenannt, von denen sich die Sehnsucht Sprache und Bilder leiht, um sich artikulieren zu können. Die Liebe Jans und Jennifers nimmt Bezug auf diese Reihe der als Spektakel inszenierten Liebesgeschichten; sie bricht zugleich aber auch damit, indem sie im Moment der Wiederholung die Intensität und den Zauber eines Zustandes erscheinen läßt, der in den zum Kanon erstarrten Geschichten und Namen verloren zu gehen droht. Und dennoch ist die Sprache der Literatur die einzige Sprache, die dem Paar bleibt jenseits der Liebe vernichtenden Ordnung.

Schon hier aber deutet sich eine geschlechtsspezifische Differenz an, wenn Jennifer dem Attentat zum Opfer fällt, während Jan sich gerade in einer Bar befindet, und überlebt. »Die Erde hatte ihn wieder«, konstatiert der »Gute Gott«. Diese Differenz wird vor allem in den späteren Texten Bachmanns ausgearbeitet. Der Wechsel zwischen der Ordnung bzw. einem Ort in den bestehenden Institutionen einerseits und dem »anderen Zustand«, wie er z. B. von Jan, von Wildermuth und auch von den im Undine-Text so bezeichneten »Ungeheuern« vollzogen wird, d. h. das Hinundherwechseln zwischen dem Zustand der Liebe als Entgrenzung und der Rückversicherung in der bürgerlichen Ordnung, gelingt den Frauenfiguren nicht in gleichem Maße. Sind einige von ihnen als mythische Figuren am imaginären Ort der Liebe gefangen, so sind andere enttäuscht, ohne Liebe oder versehrt, gezeichnet von den Spuren der Liebe bzw. des Liebesverzichtes. Der Gegensatz von Liebe und Ordnung ist für sie sozusagen zu einer Existenzfrage geworden. Im Roman »Malina« ist er als Dialektik von Leben und *Über*leben aus der Perspektive eines weiblichen Ich beschrieben. *Leben*, das bedeutet für dieses Ich, sich im Zustand »pathologischer Erregung« zu befinden, situiert in einem »Heute«, das keine Zukunftsversicherung kennt; das bedeutet Absolutheit in der Hingabe und im Begehren. Der Ort ihrer Liebe, den die als »Ich« bezeichnete weibliche Stimme ihr »Ungargassenland« nennt, ist ein imaginärer Ort, der gleichwohl in konkreten Räumen, nämlich in Iwans und ihrer Wohnung in der Ungargasse in Wien Gestalt annimmt. Indem im Kapitel »Glücklich mit Iwan« beschrieben ist, wie dieses Ich seine Liebe lebt, wird dieses Glück als Verfehlung sichtbar. Denn Iwan ist in dieser absoluten Weise an niemanden gebunden, er entzieht sich Augenblicken der Intensität durch Zukunftsversicherungen: »Es wird für ein ganzes Leben sein.« *Über*leben bedeutet für dieses Ich, sich seinem vernünftigen alter ego Malina zu überlassen, die Liebe, und das heißt Iwan in sich, zu töten — womit allerdings gleichzeitig *dieses* Ich selbst getötet wird. Damit rekonstruiert der Roman eine geschlechtsspezifisch auffällige Struktur von Liebesgeschichten und -konfigurationen. Häufig nämlich ist die Opferung des Liebesbegehrens mit der Opferung der Frau verbunden. Indem die Frau in unserer Kultur die Liebe verkörpert, werden die Maßnahmen gegen die Gefährdung, die von der Liebe auszugehen scheint, an ihrem

Körper und Bild vollzogen, als Domestizierung und als Ausgrenzung, als Aufspaltung in Undine und Menschenfrau.

Während der Mann einen sicheren Ort im Sozialen einnimmt, von dem aus die Grenzüberschreitung als Verlockung erscheint, steht die Frau immer wieder vor dem ›alles oder nichts‹. Ihre soziale Stellung gegenüber bzw. unter dem Mann impliziert, daß sie in der Liebe denjenigen begehrt, dem sie unterworfen ist, eine Beziehung, die in Bachmanns Roman als »Blutschande« bezeichnet wird. Sexuelle und emotionale Hingabe wird damit nicht selten zur Auslieferung bzw. Selbstauslieferung, eine traumatische Struktur, die in den Träumen der Ich-Figur in »Malina« ebenso wie in dem Roman »Der Fall Franza« zum Thema gemacht ist.

In Bachmanns Texten gibt es keinen praktischen Ausweg aus dieser Struktur. In dem Roman »Malina« ist eine Auseinandersetzung mit solchen Emanzipationskonzepten vorweggenommen, die sich über eine Autonomie des weiblichen Subjekts herstellen, über seine Unabhängigkeit von dem Begehren des anderen oder über seine Abkapselung gegenüber einer Existenzweise, die die weibliche Ich-Stimme des Romans als Zustand »pathologischer Erregung« beschreibt. Und schon in der Erzählung »Ein Schritt nach Gomorrha« (1961) wird jene Idee verworfen, die eine gleichgeschlechtliche Konstellation als *programmatische* Alternative versteht, aus der sich automatisch grundsätzliche Veränderungen ergäben, eine Strategie, die damit aber auch, indem sie die lesbische Liebe zur Idee erhebt, die konkrete Liebe zweier Frauen funktionalisierte.

»Ich will Mara nicht, weil ich ihren Mund, ihr Geschlecht — mein eigenes — will. Nichts dergleichen. Ich will mein Geschöpf, und ich werde es mir machen. Wir haben immer von unsren Ideen gelebt, und dies ist meine Idee.
Wenn sie Mara liebte, *würde alles sich ändern*.« (S. 2/205. H. v. m.)

In der konkreten Situation ändert sich jedoch nichts. Stattdessen reproduziert sich in der als Möglichkeit dargestellten Liebe Charlottes zu Mara eine asymmetrische Rollenverteilung. Charlotte macht Mara zu ihrem Geschöpf, sie betrachtet sie quasi mit einem ›männlichen Blick‹, sucht in ihr die Realisierung ihrer Ideen, macht sie zum Objekt ihres Wissens. »Ich muß alles über dich wissen. Wissen will ich, was du willst...« (S. 2/209). Indem Charlotte sich in der Position wiederfindet, die sonst der Mann ihr gegenüber innehat, indem sie seine Reden führt, seinen Blick übernimmt — »Sie hatte sie jetzt da, wo sie sie hatte haben wollen« (S. 2/211) — reproduzieren sich auch die bekannten Frauenbilder. In der Erzählung geht es nicht um eine Kritik individuellen Verhaltens, sondern um eine grundsätzliche Kritik an der bestehenden Konzeption der Geschlechterbeziehung, die hier nicht mit dem biologischen Geschlecht gleichgesetzt ist. Daraus ergibt sich der Wunsch, den »Austritt (zu) vollziehen«: »Nicht das Reich der Männer und nicht das der Weiber. / Nicht dies, nicht jenes« (S. 2/212). Der Satz formuliert kein konkretes Programm, sondern eine erwünschte Voraussetzung, unter der das Wünschen nicht mehr durch bestehende Vorstellungen festgelegt wäre. Die Utopie besteht dagegen nur in einem Wort, das in keine reale Situation zu übersetzen ist. »Liebe. Da keiner es sich zu übersetzen verstand.« (S. 2/209)

Trotzdem hat Bachmann an ihrer emphatischen Bejahung der Liebe festgehalten, wobei sie immer weniger davon ausgeht, daß dieses »Mysterium« lebbar wäre. In einem ihrer letzten Texte, der Erzählung »Drei Wege zum See« aus dem Jahre 1972, die aus der Perspektive einer emanzipierten, beruflich erfolgreichen, aufgeklärten Frau geschrieben ist, wird die Liebe als »Mysterium« bezeichnet. Die Fotojournalistin Elisabeth Matrei befindet sich trotz oder vielleicht gerade wegen ihrer beruflichen und privaten Karriere auf der Suche nach einem Mysterium. Und wenn sie die Hoffnung darauf für den Moment suspendiert, so hält sie dennoch an der Sehnsucht fest.

»Nur eine Hoffnung durfte und wollte sie sich nicht offen lassen, denn wenn sie in fast dreißig Jahren keinen Mann getroffen hatte, einfach keinen, der von einer ausschließlichen Bedeutung für sie war, der unausweichlich für sie geworden war, jemand, der stark war und ihr das Mysterium brachte, auf das sie gewartet hatte, keinen, der wirklich ein Mann war und nicht ein Sonderling, Verlorener, ein Schwächling oder einer dieser Hilfsbedürftigen, von denen die Welt voll war, dann gab es den Mann eben nicht, und solange es diesen Neuen Mann nicht gab, konnte man nur freundlich sein und gut zueinander, eine Weile. Mehr war nicht daraus zu machen, und es sollten die Frauen und die Männer am besten Abstand halten, nichts zu tun haben miteinander, bis beide herausgefunden hatten aus einer Verwirrung und der Verstörung, der Unstimmigkeit aller Beziehungen. Eines Tages konnte dann etwas anderes kommen, aber nur dann, und es würde stark und mysteriös sein und wirklich Größe haben, etwas, dem jeder sich wieder unterwerfen konnte.« (S. 2/449−50)

In dieser Passage scheint das Programm für die ›Frauenliteratur‹ der 70er Jahre vorformuliert: Abstand halten in Ermangelung des ›neuen Mannes‹. Allerdings ist dort dann zusammen mit der Kritik an den herrschenden Liebesverhältnissen meistens auch die Sehnsucht nach der Liebe abgeschafft, die von Bachmann hier als Begehren und Utopie eines Mysteriums gestaltet ist. In der Erzählung scheint einmal in einem kurzen Moment von Hochspannung und Hingabe ein derartiges Mysterium auf, als Elisabeth Matrei auf einem Flughafen zufällig einen Mann trifft, den sie früher flüchtig kennengelernt hatte. Die Situation wird beschrieben als sprachlose Begegnung, in der die beiden einander in die Augen schauen und sich die Hände halten. Es ist wohl eine der altmodischsten Liebesszenen in der Gegenwartsliteratur, die auch dem Klischee nicht entgeht, verweist sie doch auf den Topos der ›geistigen Liebe‹, einer profanisierten Variante der Liebesmystik. Die Situation lebt davon, daß sie von der Verbindung zur Vergangenheit — »und sie vergaß auch all die vielen Menschen in ihrem Leben«, (S. 2/476) — ebenso wie zur Zukunft abgeschnitten ist: »Er hatte ihr hoffentlich nicht seine Adresse in Ljubljana oder Moskau daraufgeschrieben« (S. 2/477). Hat diese Begegnung einerseits etwas völlig Unkörperliches (wenn auch nicht Unerotisches), so äußert sich darin andererseits das größte Verlangen. Der Augenblick der Liebe ist hier tatsächlich als Augen-Blick inszeniert. Das Desinteresse am gegenseitigen Alltag, die Sprachlosigkeit und Unmöglichkeit bzw. Verhinderung einer Fortführung oder Wiederholung der Begegnung zeichnen sie vor allen anderen Beziehungen aus. Als real unmöglich bleibt dieses Bild in der Vorstellung, wird vor der Enttäuschung bewahrt. Als Mysterium ist die Liebe damit weiter von der sozialen Existenz entfernt als in den vorausgegangenen Texten Bachmanns: die Bejahung der Liebe als Verneinung ihrer sozialen Möglichkeit, oder umgekehrt formuliert, die Unmöglichkeit im Realen als Rettung der Möglichkeit, der Liebe als Konjunktiv: »Eines Tages *konnte* dann etwas anderes kommen, aber nur dann, und es *würde* stark und mysteriös sein und wirklich Größe haben, etwas, dem jeder sich wieder unterwerfen konnte.« (H. v. m.)

Bei einer Zeitgenossin Bachmanns, bei Unica Zürn, ist diese Variante der Liebe noch weiter ins Extrem fortgeschrieben. In ihrer Vorstellung von der »Liebe in der Distanz« ist die Sehnsucht zur Sucht gesteigert, während die Begegnung der Liebenden völlig im Imaginären stattfindet. In verschiedenen Texten hat Unica Zürn Dramaturgien für eine solche Konstellation entworfen. Die Liebe in der Distanz ermöglicht die Erregung in der Erwartung, den Zustand *vor* der Enttäuschung, dem hier sozusagen Dauer verliehen ist. An die Stelle der körperlichen Vereinigung bzw. der realen Begegnung treten verschiedene rituelle oder regelhaft ausgeklügelte Praktiken imaginärer Begegnungen. In der Erzählung »Dunkler Frühling«, die von der psychosexuellen Entwicklung eines kleinen Mädchens handelt, heißt es: »Sie möchte immer in der Erwartung leben.«[1] Als Objekt eines solchen Begehrens findet das Mädchen den fremden Mann in der Badeanstalt, den es aus der Ferne betrachtet, heimlich, einsam und passiv. Un-

---

1. »Dunkler Frühling« (1969). In: »Der Mann im Jasmin«. Frankfurt/M., Berlin, Wien 1982. S. 189.

erreichbarkeit und Sehnsucht sind hier aneinander gebunden, Intensität entsteht einzig über die Betrachtung, durch die Blicke.

In dem gedichtförmigen Text »Das Weisse mit dem roten Punkt«,[1] in dem die Schreibende von ihrer großen Unzufriedenheit mit ihrem Leben und ihren Möglichkeiten spricht, gibt es den Entwurf einer vergleichbaren Konstellation, die Ehe eines Mädchens mit einem Mann, der im Rollstuhl gefesselt, also bewegungslos imaginiert wird, eine Geschichte, die als »Legende vom Leben zu zweit« bezeichnet ist. So verständlich und nachvollziehbar die Beschreibungen der Enttäuschungen bei Zürn erscheinen, so ungewöhnlich sind die Konsequenzen, die die Autorin daraus zieht: sie beinhalten eine Radikalisierung der Täuschung: »Und das ist mein Glauben und meine Täuschung. (...) Hoffnungslos — ohne Hoffnung. / Um so strahlender wird der Traum.« (S. 85)

Die Geschichte, der Traum eines Kindes von einer Ehe mit dem Mann im Rollstuhl, enthält eine doppelte Versicherung gegenüber einem möglichen Realwerden der Liebe. Der Geliebte erscheint in dieser Legende erstens deutlich als ein Bild, zweitens schützt seine Verfassung das Mädchen vor einer Berührung durch ihn. In Unica Zürns »Aufzeichnungen aus einer Geisteskrankheit«, »Der Mann im Jasmin«, wiederholt und variiert sich dieses Bild eines ungreifbaren Geliebten mehrfach: als Henry Michaux, als Mann im Jasmin oder weißer Mann, als H. M., — als Bild oder Zeichen, auf das sich die Liebessehnsucht richten kann, ohne Gefahr zu laufen, in einer realen Begegnung ernüchtert zu werden. Dieses Motiv der Liebe — nur wirklich in der *Un*möglichkeit, nur als *nicht*-wirkliche möglich — durchzieht wie ein Leitmotiv die Literatur Unica Zürns. Ausphantasiert bis ins Detail ist eine solche Liebe in dem fiktiven Briefwechsel zwischen einem Herrn und einer Dame, in den »Erdachten Briefen«,[2] und in dem

1. »Das Weisse mit dem roten Punkt«. Berlin 1981.
2. Ebenda.

Text »Les Jeux à deux«,[1] eine Variation auf die heimliche
Liebe und den Tod der Liebenden in Bellinis Oper »Norma«,
in deren Notenheft Zürn ihren Text schreibt. Die Spiel-Re-
geln, die sie für die Liebe auf Distanz entwirft, beginnen damit, daß für die Spiele zu zweit nicht mehr als zwei Personen
zulässig seien, ein männlicher und ein weiblicher Spielteil-
nehmer, Flavius und Norma; sie funktionieren aber über drei
Personen. Die dritte Person bleibt sozusagen im Personenregister unerwähnt: Pollion, Normas Gatte, der sie, wie es
heißt, zum ersten Mal zu Flavius führte. In dem Spielverlauf
der Liebe in der Distanz — »Nur die Unwirklichkeit hebt das
Gesetz der Distanz auf« (S. 146) — einem Spiel, das aus neun
Partien besteht und als Ausdruck der ›wahnsinnigen Hoffnung‹ gelesen werden kann, ist auch ein Nebentext mitgeschrieben, die Geschichte Pollions und Normas, ein Text
über die ›Möglichkeiten‹ bzw. über das Paar, über die wirkliche Beziehung, in deren Zusammenhang das Wort ›Liebe‹
aber nie fällt. »Normas und Pollions Geheimnis ist ihre gemeinsame Panik und ihre Verachtung des Glücks« (S. 145).
Die Liebe also als nicht-materialisierte Vorstellung *neben* und
wegen der realen Beziehung, d. h. die Täuschung *und* die Ent-
Täuschung:

»Und alle ›wirklichen‹ Umarmungen werden zu einem Nichts, zu
einer Banalität, gemessen an dieser Möglichkeit, an die sie schon
lange glaubt, von der sie geträumt hat, weil sie einzigartig ist und
durch keine allzu bekannte Geste, durch keine Worte, deren Ausdruck langweilig und beschämend ist, gestört wird.« (»Les Jeux à
deux«, S. 90)

In dieser Struktur hat die nicht-tatsächliche Begegnung eine
höhere emotionale und psychische Realität als die ›wirkliche‹.
Und sie ist als Rettung der Einmaligkeit gegenüber dem All-
zubekannten und Trivialen zu lesen. Man hat Unica Zürns
Vorstellung als ›Wahn-Vorstellungen‹ bezeichnet oder als

1. In: »Der Mann im Jasmin«. A. a. O.

›Realitätsverlust‹ gewertet. Ihr Liebesbegriff referiert aber auf die Tradition der Mystik ebenso wie auf die Figur der ›fernen Geliebten‹ in der Liebeslyrik der Renaissance und der Romantik. Die Anbetung der unerreichbaren bzw. toten (weiblichen) Geliebten durch den (männlichen) Dichter ist ein bekanntes Motiv, die Umkehrung dieser Figur erregt dagegen Abwehr und Irritation. In der Literatur Unica Zürns haben wir es allerdings nicht nur mit einer einfachen Umkehr des bekannten Verhältnisses zu tun; die Anbetung ist bei ihr nämlich nicht als Selbstdisziplinierung mit jener Überlegenheit vorgebracht, die der lebende Dichter seinem geliebten Objekt gegenüber meist einnimmt. Sie ist stattdessen in einem Gestus der Unterwerfung formuliert, indem sie sich unter die anderen stellt und im Warten, in der Bewunderung verharrt, im Warten auf das Wunder, der Be*wunder*ung.

Als Form gesteigerter Rezeptivität ist auch eine ritualisierte, nichtkörperliche Vereinigung zu betrachten, die von Zürn als eine Praktik der Liebe in der Distanz erdacht ist. In der ersten Spielpartie in »Les Jeux à deux« wird unter der Überschrift »Das Spiel der Einverleibung« diese phantastische Form einer Vereinigung entworfen, vergleichbar einer profanisierten Form der Unio mystica. Auch in den »Erdachten Briefen« zwischen dem Herrn und der Dame wird sie praktiziert. Und schon das kleine Mädchen in der Erzählung »Dunkler Frühling« hatte sie in symbolischer Form als Ritual vollzogen, indem es sich nämlich die Photographie des Mannes einverleibte: »Sie hat sich mit ihm vereinigt«. (S. 199)

Das Bild von der Einverleibung erinnert an eine Anspielung von Ingeborg Bachmann in ihrem Romanfragment »Der Fall Franza«, in dem sie, Musil zitierend, auf den Mythos des Geschwisterehepaares Isis und Osiris Bezug nimmt: »Unter hundert Brüdern dieser eine. Und er aß ihr Herz und sie das seine« (S. 3/397). Dieser Satz, der als Kultsatz der Geschwister Martin und Franza bezeichnet wird, verweist auf eine

mythische Beziehung zwischen den Geschlechtern, eine vor-
sexuelle Verbindung bzw. eine Vereinigung, die *noch nicht* in
der Form eines Geschlechterkampfes organisiert ist, der die
Positionen von Überlegenem und Unterlegener geschlechtsspezifisch eindeutig verteilt. Die ›Einverleibung‹ in »Les Jeux
à deux« bei Unica Zürn dagegen erscheint nicht weniger ge-
fahrvoll als die körperliche Vereinigung. Sie wird von Norma
als ein Vorgang empfunden, in dem sie sich auflöst und sich
selbst abhanden kommt: als Entweichen des Knochenmarks,
Verströmen der Adern, Schwinden der Sinne und als Gefühl
ihrer Abwesenheit. Es sind also deutlich körperliche Zeichen
höchster Erregung, die dem gleichkommen, was bei Bachmann in der Erzählung »Drei Wege zum See« als Mysterium
bezeichnet ist.

War der Ausgangspunkt meiner Beobachtungen zur Darstellung der Liebe, daß die Liebe das Andere der bürgerlichen Ordnung bedeutet, so ist in diesem Bild der Gegensatz von Liebe und sozialer Existenz noch extremer, die
Liebe ist darin das Andere jeglicher realen Begegnung. Doch
hier wie dort ist die Liebe eine Kunstfigur, eine Inszenierung, die festen dramaturgischen Regeln folgt. Sichert
sich die eheliche Institutionalisierung der Liebe vor der
Überschreitung, so sichert sich das Verlangen vor der Vernichtung im Banalen. Dabei ist es nicht zufällig, daß sich in
dieser Liebe alles um die Distanz dreht, konstituiert sich die
leidenschaftliche Liebe doch schon lange über ihre konkrete
Negation oder Behinderung.

Die Liebe in der Distanz, die Spiele zu zweit, diese »grosse,
stille und ungefährdete Liebe«, sind nichts anderes als die Radikalisierung einer Dramaturgie, die für die Figur der ›romantischen Liebe« charakteristisch ist. Luhmann beschreibt sie
als »typisch romantische Paradoxie«:

»die Erfahrung der *Steigerung* des Sehens, Erlebens, Genießens *durch
Distanz*. Der Abstand ermöglicht jene Einheit von Selbstreflexion
und Engagement, die im unmittelbaren Genuß verlorengehen
würde. So wird der Akzent von der Erfüllung in die Hoffnung, in die

Sehnsucht, in die Ferne verlagert, und man muß den Fortschritt im Prozeß des Liebens dann ebenso suchen wie fürchten.«[1]

Was Luhmann hier beschreibt, ist noch keine Paradoxie, sondern eine Ambivalenz, die Gleichzeitigkeit von Sehnsucht nach und Furcht vor der Begegnung. Bei Unica Zürn wird dieses Moment der Liebe gesteigert und tatsächlich in eine paradoxe Figur überführt: »alles gemeinsam erleben, *indem* wir nichts gemeinsam erleben.«[2] Dies ist mit einer Schreibweise verbunden, die das Spiel der Liebe *als* Spiel gestaltet, eine Inszenierung der Inszenierung. Distanz und Unwirklichkeit sowie das Fehlen einer körperlichen Berührung sind von ihr als *Ge*bote, als Spielregeln gesetzt, aus Angst vor der Enttäuschung und um die Tötung der Liebe zu verhindern.

8.2. Paare, Trennungen – Die Abwesenheit der Liebe

Die programmatische Einführung einer explizit weiblichen Perspektive in die Thematisierung von Liebeserlebnissen wird schon in Karin Strucks »Klassenliebe« (1973) vollzogen. Werden in diesem Text ebenso wie in der im selben Jahr von Peter Schneider publizierten Erzählung »Lenz« Klassen- *und* Geschlechterverhältnisse in der Dimension von Liebesbeziehungen beschrieben, so kann Strucks Text, dessen Paar-Konstellation sich zu der in Schneiders Erzählung in sozialer und geschlechtsspezifischer Hinsicht genau reziprok verhält, als Desillusionierung seiner Perspektive betrachtet werden. Die idealisierte Geliebte von Lenz, die schöne, lebenstüchtige

1. Niklas Luhmann: »Liebe als Passion. Zur Codierung von Intimität.« Frankfurt/M. 1982. S. 172.
2. »Erdachte Briefe«. In: »Das Weisse mit dem roten Punkt«. A. a. O. S. 38. (H. v. m.)

Frau »aus dem Volk«, hat in Strucks Text gleichsam eine eigene Stimme erhalten. Ihr Leiden unter den Intellektuellen im allgemeinen und unter dem Schriftsteller-Geliebten im besonderen ist Leitmotiv ihres Textes. Dabei hat dieses weibliche Ich den Eindruck, daß »Werthers Leiden« schwach seien gegen das eigene Leid (S. 258). Wenn man das Verhältnis von Literatur und Liebe in diesem Text betrachtet, fällt auf, daß die Literatur entweder als Liebesersatz dient, daß das Lesen Liebesverlangen auslöst oder daß Literatur zum Anlaß genommen wird, um das eigene Liebesleben damit zu vergleichen. Immer aber wird das eigene Empfinden als ›authentisch‹ und lebendig vom fiktionalen Charakter ästhetischer Texte abgehoben. Es ist viel über den Authentizitätsanspruch der Struckschen Schreibweise, der von dem falschen Gegensatz von ›Authentizität‹ und ›Fiktionalität‹ ausgeht, diskutiert worden. Die Thematisierung der Liebe zeigt aber besonders deutlich, wie stark die tagebuchartigen Aufzeichnungen der Ich-Erzählerin literarisch präformiert sind. Noch krasser wird diese Tendenz in dem ebenfalls als Roman bezeichneten Text »Lieben« (1977), der verschiedene Beziehungserfahrungen und sexuelle Erlebnisse aneinanderreiht und um die eigene Liebessehnsucht kreist. Die zahlreichen Literaturzitate und -bezüge haben eher die Funktion, der Darstellung von Lottes Erlebnissen Bedeutung beizumessen, als daß sie verlebendigt würden. Der Text liest sich denn auch wie eine Reproduktion trivialisierter Liebes- und Weiblichkeitsmythen aus der Literatur. Wegen der Natur- und Körperbilder und der von ihr propagierten ›Mütterlichkeit‹ sind die Bücher Karin Strucks von der feministischen Kritik z. T. harsch kritisiert worden.[1] Schon so programmatische Titel wie »Die Mutter« und »Lieben« mußten als Herausforderung für eine Diskussion gelten, die gerade die Befreiung der Frau von den

---

1. Torton Beck/Martin schreiben z. B.: »Ihre Romane (...) stellen jedoch leider eine reaktionäre Affirmation von Auffassungen dar, nach denen Frauen bloße Geschlechtswesen und Erdmütter sind.« A. a. O. S. 142.

Reproduktionslasten propagierte. Auch wenn die Schreibweise Strucks mit der vieler anderer Publikationen der
›Frauenliteratur‹ vergleichbar ist und ihre populär-psycho-
gischen Deutungsmuster mit dem zeitgenössischen veröffentlichten Beziehungsdiskurs übereinstimmen, ist sie darin, daß
ihre Texte sich ausführlich der Liebe widmen, eher als
Außenseiterin zu betrachten.

Eine andere Außenseiterin der ›Frauenliteratur‹ ist die
österreichische Schriftstellerin Elfriede Jelinek, diese allerdings nicht wegen der von ihr formulierten Vorstellungen,
sondern wegen ihrer Schreibweise. Ihr Roman »Die Liebhaberinnen« (1975) enthält eine satirische Beschreibung klein-
bürgerlicher Liebesideologie. »paula träumt wie alle frauen
von der liebe« (S. 24). und »paula hat nichts dazugelernt seit
ihren kurzen mädchentagen« (S. 119), diese Sätze bezeichnen
Anfang und Ende eines typischen weiblichen ›Lernprozesses
mit tödlichem Ausgang‹.[1] Die Handlung ist in einem Dorf in
der Steiermark angesiedelt, die weiblichen Protagonisten sind
Arbeiterinnen einer Miederwarenfabrik. Die Darstellung ihrer Lebensläufe zeigt, wie ihre Träume von der Liebe in dem
Versuch, durch die Heirat einen sozialen Aufstieg zu erreichen, zerstört werden und in Haß umschlagen. Liebe ist nurmehr als Simulation lebbar.

»paula will haben und liebhaben, und den leuten zeigen, daß man
hat, und was man hat und liebhat.
selbst wenn paula erich nicht mehr liebhaben würde, müßte sie den
leuten dennoch zeigen, daß sie erich liebhat. das ist viel mühe das
simulieren, muß aber getan werden. selbst wenn man erich nicht
mehr liebhaben kann, sind da noch viele sachen, die erich mit seinem
geld gekauft hat, die man als ersatz liebhaben kann.« (S. 90)

1. So der Titel von Alexander Kluges Buch (Frankfurt/M. 1973), in dem
diese ›Lernprozesse‹ so beschrieben sind: »Diese Menschen lernen (...), sich
ins Unglück einzufügen, und sie lernen zu spät; das Unglück überholt die
Lernprozesse.« (Klappentext).

Das Nebeneinander von ›haben‹ und ›liebhaben‹ verweist auf einen der gängigsten Topoi in der Kritik an bürgerlichen Liebesvorstellungen, das Besitzdenken. Die satirische Kommentierung Jelineks markiert dabei ihre kritische Distanz gegenüber der Wiederholung massenförmig verbreiteter Ideologie über Ehe und Liebe in ihrer Geschichte. Sie erzeugt und erfordert aber auch Distanz zu ihren Figuren. Sie Entzauberung trivialer Mythen ist in dem Roman mit einer Entzauberung trivialer Genremuster verbunden.[1] Die Protagonistinnen eignen sich nicht zur Identifikation. Gerade dadurch aber weicht der Text, der auf dem Höhepunkt der Debatten über ›Frauenliteratur‹ publiziert wurde, von deren identifikationsgeleitetem Konzept ab. Daß die Autorin die realen bzw. sozialen Kehrseiten der Liebesmythen demonstriert, stimmte mit den Forderungen von Leserinnen aus der Frauenbewegung überein, nicht aber, daß sie mit ihrem ›bösen Blick‹ auch die Heldinnen ihres Romans trifft, die sie als Frauen darstellt, die sich diesen Mythen nicht entziehen, also als unaufgeklärt und unemanzipiert gelten müssen.

Zunächst aber schien die Emanzipation notwendig mit einer Entzauberung der Liebe verbunden zu sein, wie sie vor allem in autobiographischen Darstellungen von Ehe- und Partnerbeziehungen betrieben wurde. Die Berichte weiblicher Ich-Erzählerinnen aus dem »goldenen Käfig« der Ehe, der sich in einen »Kerker« verwandelt,[2] werden zu einer populären Gattung der ›Frauenliteratur‹. Liebe gibt es darin allenfalls in negativer Form, als Lieblosigkeit etwa. Hauptsächlich aber geht es um die Beschreibung normaler weiblicher ›Karrieren‹, um das alltägliche Leiden der (Ehe) Frau.

Das bekannteste Beispiel ist zweifellos Brigitte Schwaigers

---

1. Vgl. auch Margret Brügmanns Analyse des Romans in: »Amazonen der Literatur«. A. a. O. S. 146–172. — Tobe Levin: »Gesprächsthema ›die liebhaberinnen‹ von elfriede jelinek.« In: »mamas pfirsiche — frauen und literatur« 8. o. J. S. 59–68.
2. Marlen Haushofer: »Wir töten Stella« (1958). Düsseldorf 1984. S. 29.

Debüt-Roman »Wie kommt das Salz ins Meer« (1977), der in kürzester Zeit zum Bestseller wurde. Der Roman kann als nachgetragene Variation auf »Häutungen« für ein bürgerliches Publikum betrachtet werden, für Leserinnen, die nicht aus der Frauenbewegung kamen. Er handelt von der Geschichte einer Ehe, welche der Ich-Erzählerin mehr geschieht als daß sie sie selbstverantwortlich eingige, bis zur Scheidung. Die Handlung ist im Muster etablierter Beschreibungsliteratur unterhaltsam erzählt. Mit der tagtäglichen Entmündigung der Ehefrau und dem Herrschaftsgebaren des Mannes sind Verhältnisse gestaltet und Figuren charakterisiert, die dem allgemeinen, öffentlichen Unbehagen über die Institution der Ehe, besonders der ›Hausfrauenehe‹ entsprechen. Insofern geht die Darstellung nicht über den in den Medien veröffentlichten Bewußtseinsstand zur Krise der Ehe hinaus.

Ähnliches trifft auch für Hannelies Taschaus Roman »Landfriede« (1978) zu, der das normale Beziehungsdrama eines unverheirateten Paares in der Provinz erzählt. Die Anpassungszwänge in der Kleinstadtatmosphäre bilden hier den Rahmen für die Kontrastierung der Karriereplanung des Mannes, eines Lehrers, mit der aktiven Ver-Störung, die die Frau erlebt. Ihre langsame Entwicklung vom ersten sich regenden Widerspruch bis hin zur Trennung macht den eindrucksvollsten, lebendigsten Teil der Darstellung aus, während die Provinzialismuskritik eher klischeehaft wirkt. Der Roman ist in der dritten Person erzählt und vermeidet damit die eigentümliche Diskrepanz, die an Schwaigers Text auffällt und durch die Gestaltung einer auffällig unselbständigen und ›naiven‹ Figur und die effektvolle Darstellung dieser Figur im Gestus des autobiographischen Berichtes zustande kommt. Beide Texte sind typisch dafür, wie eheförmige Partnerkonstellationen unter der Perspektive einer notwendigen Trennung beschrieben werden, z. B. auch in Konstanze Radziwills Roman »Eine Art Verwandtschaft« (1979), in dem der Ich-Erzählerin mit der Trennung auch noch »das bißchen Liebe«

(S. 184) abhanden kommt. Ein weiteres Beispiel einer auf die Trennung hin konzipierten autobiographischen Beziehungsgeschichte ist Karin Petersens Roman »Das fette Jahr« (1978), in dessen Darstellung stärker als in Schwaigers Text Überlegungen und Perspektiven aus dem ›Emanzipations‹-Diskurs einfließen. In dem Maße, wie die Paarkonstellation an sich als Last empfunden wird, wird dort die Autonomie der Frau, konkret die Entscheidung, allein oder mit anderen Frauen zusammen zu leben, entweder als Befreiung oder als kleineres Übel beschrieben. Damit geht es nicht nur um *eine* Trennung, sondern um *die* Trennung von gewohnten Lebenskonzepten. Als Programmtext für diese Absicht kann noch einmal ein Zitat aus Stefans Häutungen stehen:

»Das paargerüst erwies sich als ungeheuer, als stabiles, widerstandsfähiges ungetüm. ich wollte die sucht, teil eines paares zu sein, *ausmerzen*. das hiess über den eigenen schatten springen, in eine andere haut schlüpfen, sich erst von der alten haut *trennen*, von allein löste sie sich nicht.« (S. 74, H. v. m.)

Der Entschluß zur Trennung steht auch am Ende von Christel Dorpats (Pseudonym) autobiographischem Bericht »Welche Frau wird so geliebt wie Du. Eine Ehegeschichte« (1982). Darin ist das normale Ehedrama durch die sexuelle Beziehung des Vaters zur ältesten Tochter endgültig zur Tragödie geworden. Der Bericht ist vor allem durch die Handlungsunfähigkeit aller Beteiligten, durch Scham und Sprachlosigkeit geprägt. Die Verfasserin hat ihre Sprache viel zu spät, erst nach der Trennung, wiedergefunden. Die Aufzeichnungen haben in erster Linie entlastende Funktion; die Autorin hat sich darin die Geschichte ›von der Seele geschrieben‹. Wirkungsästhetisch haben solche Berichte eine wichtige Funktion dafür, ein immer noch tabuisiertes Problem in der Frauenöffentlichkeit diskutierbar zu machen: Erfahrungsliteratur, die Gespräche initiieren kann.

Anna Dünnebiers Roman »Lindhoops Frau« (1981) ist ein Text — deshalb soll er hier nicht fehlen — in dem keine Trennung stattfindet. Es geht darin auch weniger um Konflikte zwischen den Partnern als um die Zuschreibungsgewalt der Umgebung. Nachdem die Heldin, eine sehr selbständige Frau, ihren Chef, einen Schulsenator, geheiratet hat, wird sie von den Kollegen nur noch als Gattin des Chefs wahrgenommen. Ihre eigene Persönlichkeit ist bei ihrer Metamorphose zur Ehepaar-Hälfte im Blick der anderen abhanden gekommen. Ähnliche Prozesse beschreibt Ruth Rehmann in ihren Erzählungen mit dem Titel »Paare« (1978).

Daneben gibt es auch Texte, die auf ›das Paar‹ in quasi negativer Form verweisen, entweder weil eine Beziehung sich nicht in einer derartigen Formation etabliert oder weil alternative Beziehungsformen erprobt werden: Geschichten von flüchtigen Beziehungen, von gar nicht erst zustande gekommenen oder von »Nebenbeziehungen«. Herrad Schenks autobiographischer Bericht »Abrechnung« (1979) ist die Erinnerung an die Erfahrung einer ungleichen Beziehung zwischen einem verheirateten Mann und einer Studentin. Hier wiederholen sich alte Begehrensstrukturen, denn es ist letztlich die Unerreichbarkeit des Mannes, die ihn so begehrenswert macht. Von einer ähnlichen Konstellation handelt ein fünf Jahre später veröffentlichter Text derselben Autorin, »Die Unkündbarkeit der Verheißung« (1984). Die Ich-Erzählerin ist inzwischen älter und selbständiger geworden, sie arbeitet an einer Dissertation und lebt mit einem Mann zusammen. Im Unterschied zu dieser, auf Übereinstimmung basierenden und ihr Sicherheit vermittelnden Lebensgemeinschaft wird die Beziehung zu einem älteren, verheirateten Wissenschaftler als verlockend und erregend beschrieben und mit der Bedeutung grenzüberschreitender Erfahrungen besetzt. Seine Überlegenheit und Sicherheit, auch in seiner Ehe, und die Tatsache, daß er sich ihr entzieht, lösen bei der Ich-Erzählerin Verunsicherungen aus, die sie zu einer Reflektion ihrer Vaterbeziehung veranlassen. In beiden Texten ist die Trennung im Charakter der Beziehung schon angelegt, während der *Text* sich jeweils über das Leiden unter ihrem Verlust herstellt.

Die meisten dieser Darstellungen bleiben eher an der Oberfläche der Paar-Problematik und der psychischen Verstrikkungen in Liebesverhältnissen, wenn man sie mit der Literatur von Frauen vor der ›Frauenliteratur‹ vergleicht. Insofern
ist es wohl kein Zufall, daß ein Roman, der ›das Paar‹ als exi-
stenz- und identitätsgefährdende, aber bejahte Erfahrung thematisiert, von einer Autorin stammt, deren Schreibpraxis
weiter zurückreicht. Ingrid Bachér (1930 geb.) erzählt in ihrem Roman »Das Paar« (1980) von einer Liebesbeziehung, in
der die Frau ihren Konflikt zwischen Autonomie und Selbstaufgabe unter extremsten Bedingungen auszutragen hat. Die
Ich-Erzählerin des Romans, Anna, steht nach einem Autounfall ihres Freundes, Martin, bei dem er seine Sprache verloren
hat (Aphasie), vor der Entscheidung: Um ihn als Individuum
und damit ihre Liebe zu retten, muß sie alles aufgeben, zunächst ihren Beruf als Schauspielerin, dann ihre Wohnung.
Als sie aus seinem Haus geworfen wird, übernimmt sie eine
Arbeit in der psychiatrischen Anstalt, in der er inzwischen
verwahrt wird, um ihm nahe sein zu können und ihren Kampf
um die Rückeroberung seiner Sprache und ihres Gesprächs
mit ihm fortsetzen zu können. Diese langsamen, in winzigen
Erfolgsschritten sich vollziehenden Sprechversuche, die den
Mann zugleich aus seiner Apathie reißen, sind als Gegenbewegung zum äußeren Zusammenbruch gestaltet. Die Frau,
nachdem sie mit der Verwahrungsideologie der Mediziner
konfrontiert wurde und begriffen hat, daß von dort die nötige
Hilfe nicht zu erwarten sei, ist damit ganz auf ihre eigenen
Bemühungen verwiesen. Sie isoliert sich dabei immer mehr
von der ›Vernunft‹ der Umgebung, welche mit Unverständnis und Abwehr auf sie reagiert. Sehr genau werden dabei die
Rationalisierungsstrategien von Familie, Freunden und Bekannten analysiert, die einzig dazu angetan sind, die Angst,
daß einem ein ähnliches Unglück passieren könne, abzuweh-
ren. Dazu dient auch das psychologische Erklärungsmodell,
»warum es gerade ihn treffen mußte« (128). Die Frau reagiert
auf die Ausgrenzung des sprachlos gewordenen Mannes

durch die Gesellschaft, indem sie selbst aus dieser Gesellschaft austritt. Sie durchlebt die totale Selbstaufgabe – jedenfalls soweit sie sich an den sichtbaren Kriterien weiblicher Emanzipation bemißt – und schafft es, mit dem Geliebten zu ›sprechen‹. Dieser Schritt bedeutet eine sprachliche Grenzüberschreitung, denn die Gesprächsansätze mit ihm bewegen sich außerhalb der Grammatik der normalen Sprache: Blicke, Berührungen, Gesten, Laute, Worte ohne Ordnung. Die Passagen, in denen diese Momente beschrieben werden, zählen zu den eindringlichsten des Textes:

»Ich erfinde Wörter, um das auszudrücken, halt' mich nicht mehr an den verabredeten Sinn, der mir ohnehin zuweilen nur noch Attrappe zu sein scheint. Ich erprobe Laute und Wörter, die ich zwischen seine streue. Sie nehmen eine fremdartige, schöne Körperlichkeit an und scheinen ihn zu begeistern wie mich.

›Aber die Grammatik‹, ruf' ich, als hätte ich etwas Wichtiges vergessen, und da brechen wir in Lachen aus.« (S. 122)

Das Interessante an diesem Roman ist, daß hier im Kontext eines eher konventionellen Genremusters und Erzählmodus' Momente zur Darstellung kommen, die im Konzept ›weiblicher Ästhetik‹ eine zentrale Rolle spielen: Gestik und a-logische, jenseits der symbolischen Ordnung liegende Ausdrucksformen, die als ›Weiblichkeit in der Schrift‹ (Hélène Cixous) bzw. Ausdruck des ›Semiotischen‹ (Julia Kristeva) gelten, kommen hier in einer im sozialen Abseits realisierten Beziehung zum Tragen. Insofern nähert sich die Bedeutung der Liebe, obwohl der Roman eine ›realistische‹ Geschichte zu erzählen beansprucht, wieder jenen Vorstellungen, die ›die Liebe‹ als Anderes der bürgerlichen Ordnung begreifen. Und hier zeigt sich, daß auch die soziale Existenz der ›emanzipierten Frau‹ *in* dieser Ordnung angesiedelt ist. Das Bild vom ›sprachlosen Zustand‹ scheint im Text sogar wörtlich genommen und in eine konkrete Geschichte übersetzt. Aber diese Liebesgeschichte, geschrieben am Ende der 70er Jahre, stellt eher eine Ausnahme dar. Sie repräsentiert die Kontinuität tradierter weiblicher Erzählmuster neben der ›Frauenliteratur‹.

243

Wurde ›die Liebe in der Distanz‹ als eine überlieferte Liebesfiguration beschrieben, so gibt es in der Gegenwartsliteratur eine Erfahrung, die sich als Unmöglichkeit der Liebe in der Nähe begreifen läßt. Sie ist das Resultat einer Verabschiedung des ›romantischen‹ Liebesbegriffs. Die Abwesenheit der Liebe wird hier als Mangel empfunden, womit sich die Sehnsucht nach dem Geliebten auf die Liebe selbst verschiebt. Sehr sensibel und sprachlich präzise beschreibt die Österreicherin Evelyn Schlag in ihrer Erzählung »Beim Hüter des Schattens« (1984) Szenen aus einer unmöglichen Liebe, unmöglich nicht aufgrund äußerer Hindernisse, sondern weil die Beteiligten sich in ihrer Vorsicht vor Besitzergreifung emotional so zurückgenommen haben, daß Nähe kaum mehr entstehen kann. Der Rückzug des Mannes zeigt sich schon in seiner Lebensweise: allein in einem einsamen Haus in der kanadischen Landschaft, verkörpert er das Bild eines modernen ›lonesome Cowboy‹. Aus Scheu, seine Einkapselung aufzubrechen, nimmt die Frau, die bei ihm aus Österreich zu Besuch ist, während ihres Aufenthaltes ihre eigenen Gefühle und Wünsche immer mehr zurück. Die Beziehung bleibt ohne Benennung, unverbindlich, so daß der Abschied nicht einmal den Charakter einer Trennung erhält. Sind Mangelerlebnisse hier sehr zurückhaltend angedeutet, so kommt der Mangel, der beim Rückzug aus realen Liebesbeziehungen zurückbleibt, in Barbara Frischmuths Erzählung »Entzug — Menetekel der zärtlichsten Art« (1979) in einer sprachlichen Obsession zum Ausdruck: Liebes-Sprache und -Phantasie anstelle realer Beziehungen.

8.3. Sprache der Liebe, Körper der Liebe

Das allmähliche Verschwinden der Liebe beim Reden über Emanzipation ist umso signifikanter, als zur gleichen Zeit die öffentliche Rede über weibliche Sexualität Konjunktur hat, auch bzw. gerade im theoretischen Diskurs. Besonders die Schriften der französischen Theoretikerinnen Hélène Cixous und Luce Irigaray gehen ja von der Differenz männlicher und weiblicher Sexualität aus und suchen Strategien im Interesse der Ausdrucksmöglichkeiten weiblichen Begehrens zu entwickeln. Ist das ›Begehren‹ in diesem Kontext nie eine nur körperliche Kategorie, so wurde in der populären deutschen Diskussion über weibliche Sexualität die Lust der Frau vielfach als rein physisches Phänomen behandelt. In ihrer Kritik am »Mythos von der Herbeiführbarkeit« (1979) bezieht sich Barbara Sichtermann auf diese Reduktion und plädiert, noch ohne das Wort ›Liebe‹ dafür zu benutzen, für eine Berücksichtigung der Emotionen und Imaginationen:

»Ein Orgasmus ist das Ende einer Kette von Empfindungen, von Bildern, Träumen, Sehnsüchten, Ängsten, lauter Sensationen, die sich außerhalb des Bettes abspielen, einer Kette von Eindrücken, Erwartungen, Enttäuschungen, Überraschungen, Blicken, Berührungen. Die Kette muß nicht ausschließlich von den zweien, die zusammen Liebe machen, aufgereiht worden sein, andere können vorher an ihr mitgewirkt haben, viele ihrer Glieder können auch von den einzelnen allein, als Phantasie oder Erinnerung, eingefügt sein.«[1]

In ihrer Arbeit am Entwurf einer aktiven und kreativen Geschlechtsrolle der Frau betont sie die Bedeutung eines offensiven Begehrens. Dazu allerdings sei es nötig, daß die Frauen lernten, Objekte zu bilden. Und in ihrem Beitrag »›Von einem Silbermesser zerteilt —‹ Über die Schwierigkeiten für Frauen, Objekte zu bilden und über die Folgen dieser Schwierigkeiten für die Liebe« (1982) wird dann ›die Liebe‹ als positiv besetz-

---

1. »Weiblichkeit. Zur Politik des Privaten.« S. 14.

ter Begriff verwendet. In Gegenrede zu Simone de Beauvoirs Warnung vor der Liebe als ›Falle‹ propagiert Sichtermann eine Liebesvorstellung, die sie als Wechsel von Objektivierung und Objekt-Sein beschreibt:

»Die Bezauberung durch die Liebe lenkt den Blick nicht nur ab (u. U.: von der Emanzipation), sie konzentriert ihn auch (auf den Mann) und ist in dieser Befähigung die entschiedenste Objektivatorin, die sich denken läßt. Kaum je wieder bilden wir mit einer solchen Gesammeltheit ein *Objekt*, als wenn wir uns der Bezauberung durch die Liebe überlassen.« (S. 79)

Ihr Beitrag endet mit der nahezu emphatischen Wendung: »Die Kunst der Objektivierung mitten in der Bezauberung durch die Liebe« (S. 80). Nicht zufällig ist es ein Essay und kein literarischer Text, in dem dieser positive Entwurf erfolgt. In einer verallgemeinernden, argumentativen Sprache, im Gestus eines Plädoyers ist eine Bejahung leichter auszudrükken als in subjektiver Redeweise oder in narrativer Form. Die subjektive Rede erlangt leicht den Charakter eines Geständnisses oder mindestens Bekenntnisses, und die Erzählung hat immer schon Teil am Repertoire präformierter Liebesgeschichten. Eine literarische Thematisierung der Liebe, die sich dieser Problematik bewußt ist, kommt daher nicht ohne Auseinandersetzung mit der literarischen Überlieferung aus. Eine Schreibweise der ›Unmittelbarkeit‹ ist, wenn es um die Liebe geht, nicht möglich, da diese selbst sich ja wie eine Geschichte schreibt und jede Erzählung somit schon zum Plagiat geworden ist.

In ihrem zweiten Prosatext »Das Buch des Lebens. Ein Plagiat. Erste Folge: Liebe und Wald« (1983) beschäftigt sich Friederike Roth mit dem Phänomen, daß Gefühle in literarisierten Formen ausgedrückt werden. Das Reden über Liebe scheint unmöglich geworden zu sein, weil es durch Klischees und Phrasen verstellt ist. In immer wieder neu ansetzenden Proben stößt die Erzählerin auf derartige Fertigteile und unterbricht ihre Bemühungen durch Sprachkritik:

»Lange schon nicht mehr sind diese Tränen unsere ersten Tränen; unser Jauchzen ist alt und unser Gejammer beständig. Lächerlich sind die Erinnerungen geworden und die Träume verdorben. [...] ›Und es gab einen Tag, da blühte...‹ — ich tauge nicht mehr für solche Geschichten, in denen die Engel den Heiligenschein und die Nonnen den Schleier verlieren. Ich hab die Küsse und die Spiele satt, die *falschen* Gefühle und die *falschen* Wörter.« (S. 8–9, H. v. m.)

Das erinnert an Ingeborg Bachmanns »Ich bin dieser Spiele und dieser Sprachen müde« aus der Erzählung »Ein Wildermuth« wie überhaupt an eines von Bachmanns Leitmotiven, die Tötung des Lebendigen durchs Erzählen. Bei Roth verbleibt dieses Motiv aber auf der Ebene sprachkritischer Erzählreflektion. Indem die Autorin Versatzstücke tradierter Geschichten vorführt und verwirft und den Kunstcharakter der Darstellungen betont, entsteht eine Hermetik, die tatsächlich kein Gefühl mehr zuläßt. Die Ich-Erzählerin selbst entzieht sich durch eine Überlegenheit und Distanz markierende Ironie, welche die auch zur Sprache gebrachten Schrecken eigentümlich neutralisiert. Den sprachkritischen Momenten wird hier mit einer Bewegung zur Ästhetisierung entgegnet. Im Anschluß an diesen Text stellt sich die Frage, ob denn die Liebe *nur* ein Plagiat sei bzw. ob sich im Plagiat nur *falsche* Gefühle ausdrückten, oder weitergehend, ob denn eine Entscheidung über ›wahre‹ oder ›falsche‹ Gefühle überhaupt möglich sei. Denn der Hinweis auf das Plagiat, auf die Unmöglichkeit »erster Tränen« und auf die »falschen Gefühle« impliziert ja den Anspruch oder zumindest Wunsch nach Originalität; und ob Originalität mit ›Wahrheit‹ oder Echtheit gleichzusetzen wäre, bleibt zu bezweifeln.

Die Behauptung der Einzigartigkeit, die Feststellung einer noch nie dagewesenen Liebe beispielsweise, gehört selbst zum Repertoire der Liebesgeschichten. Die vielen Behinderungen, die der Liebe im Wege stehen, oder die Distanz zum Liebesobjekt fungieren als Bedingung für einen Zustand, der seine Besonderheit und seine Einmaligkeit dadurch erhält, daß Behinderungen und Distanzen darin überwunden gewesen sein werden. Betrachtet man bekannte Liebesvorstellungen und überlieferte Darstellungen, so erweisen sich die Verunmöglichung der Liebe durch Dritte(s), die Abwesenheit des Liebesobjektes oder die Tatsache, daß das Liebesobjekt die Liebe nicht erwidert, als legendäre Grundkonstellationen der Liebe überhaupt. Im emphatischen Ausdruck schreibt sich das Verlangen der Liebenden stets aus Figurationen her, die als Verbote, als Heimlichkeiten, als Behinderungen, als Verwechselungen oder als — freiwillige oder aufgezwungene — Entsagungen zu kennzeichnen sind, insgesamt jedenfalls eher als mißglückte denn als geglückte Begegnungen. Häufiger ist der Ehebruch als die Ehe Thema der Literatur, eher das Noch-nicht einer Vereinigung als diese selbst, wie ja auch bekanntermaßen die meisten Liebesromane mit der ›glücklichen‹ Heirat der Liebenden ihr Ende finden. Konstituiert sich die Bejahung und die Gefühlsemphase über die reale Behinderung, das Verlangen also über den Mangel, so scheint die Erfüllung kaum der Darstellung Wert oder nicht beschreibbar.

Noch in dem Genre, das für die Bejahung der Liebe am besten geeignet scheint, in der Lyrik, setzt der schöne Gesang Distanz bzw. Abwesenheit voraus. Die Anbetung der fernen Geliebten oder die hymnische Feier der erfüllten Liebessituation werden geschrieben bzw. gesungen im Moment ihrer Abwesenheit, als Erwartungs- und Sehnsuchtston davor oder als beglückte, überschwengliche Begeisterung danach, die aber immer schon — im Wunsch nach Wiederkehr — ein neues ›davor‹ enthält oder aber, wenn diese Hoffnung fehlt, in einen Schmerz- oder Klageton hinübergleitet.

In seinem Buch »Fragmente einer Sprache der Liebe« hat Roland Barthes die Funktionsweise dieser allgemeingültigen Liebesvorstellung in einer Serie von Sprachszenen bzw. diskursiven Figuren beschrieben und damit, wie er selbst kommentiert, ein strukturales Porträt (S. 15) und eine Topographie des Liebesdiskurses geliefert (S. 17), wobei sich seine Darstellung nicht auf der Meta-Ebene bewegt: »Die Beschreibung des Diskurses der Liebe ist also durch seine Nachbildung ersetzt worden« (S. 15). Als Motiv seiner Arbeit nennt Barthes die Bejahung als eine Bewegung, die der Entwertung des Liebesdiskurses entgegentreten wolle.

»Wenn ein Diskurs, durch seine eigene Kraft, derart in die Abdrift des Unzeitgemäßen gerät und über jede Herdengesellligkeit hinausgetrieben wird, bleibt ihm nichts anderes mehr, als der wenn auch winzige Raum einer Bejahung zu sein. Diese Bejahung ist im Grunde das Thema des vorliegenden Buches.« (S. 13)

Es ist eine Bejahung, die jene, die im Liebesdiskurs selbst angelegt ist, wiederholt. So wie der Liebesdiskurs eine Energie aufbiete gegen die Entwertung, von der die Liebe als Wert unaufhörlich bedroht sei (S. 57), so richtet sich das Buch Barthes gegen eine Entwertung der Sprache der Liebe. Nicht indem er die Sprache auf ihren ideologischen Gehalt hin befragt oder sprachkritisch untersucht, sondern indem er die Figuren, d. h. Konstellationen, Gebärden, die Topik, die Sprachfiguren und die Syntax des Liebesdiskurses nachbildet. Sein Material bezieht er aus seinen Lektüren, sowohl aus der Lektüre von Schriften als auch aus der von Redenden, von Freunden. Das Paradox, dem Barthes in seinen »Fragmenten einer Sprache der Liebe« auf der Spur ist, besteht darin, daß eine Sprache, die in höchstem Maße verformelt ist, dennoch den größten emotionalen Wert besitzt.

Begründet sich alle Rede *über* Liebe aus zeitlicher oder räumlicher Distanz zur Liebessituation, so ist nur die Sprache der Liebenden miteinander davon ausgenommen. Doch auch diese Sprache ist, ob es sich um Klage, Beschwörung oder Gesten der Sprachlosigkeit handelt, nicht weniger literarisch vorgeprägt und codifiziert. Es ist eine Sprache, die in einer Weise funktioniert, in der ihr Aussagegehalt weitgehend bedeutungslos wird, wogegen die Tatsache der Mitteilung sowie ihre rhythmische und klangliche Färbung an Bedeutung gewinnt. Die Sprache der Liebe hat damit mehr eine Bedeutung als Handlung denn als Kommunikation oder Aussage. Die Bejahung beispielsweise ist weniger eine Mitteilung als eine Be-

Dorothea Tanning: Der Liebesbrief. 1947.

stätigung, eine Beteuerung, Beschwörung o. ä. Ihr Sinn ergibt sich aus dem Effekt ihrer Wiederholung. Diese Funktionsweise ist bei Barthes in seiner Zusammenstellung und
Kommentierung zur Phrase »Ich liebe dich« sehr deutlich.
Hier einige Ausschnitte:

»ICH–LIEBE–DICH. Die Figur bezieht sich nicht auf die Liebeser-
klärung, auf das Geständnis, sondern auf die wiederholte Äußerung
des Liebesseufzers.

1. Ist das erste Geständnis einmal abgelegt, besagt ein ›ich liebe dich‹
nichts mehr; es greift lediglich auf rätselhafte Weise (so leer ist sie!)
die alte Botschaft wieder auf (über die diese Worte wahrscheinlich
nicht hinausgehen). Ich wiederhole sie, ungeachtet aller Angemes-
senheit; sie läßt die Sprache hinter sich, verflüchtigt sich, wohin?
(S. 136)

3. (...) Ähnlich dem, was beim Gesang vor sich geht, wird in der
Aussprache des *ich-liebe-dich* die Begierde weder verdrängt (wie in der
Aussage) noch anerkannt (da, wo man sie nicht erwartete: wie in der
Aussageweise), sondern einfach: genossen. Die Wollust wird nicht
ausgesprochen; aber sie äußert sich und sagt: *ich-liebe-dich.*« (S. 138)

Aus diesen Passagen wird nicht nur die Funktionsweise des
Liebesdiskurses ersichtlich, sondern auch die große Bedeutung, die der Sprache *für* die Liebe zukommt. Diese Bedeutung erklärt sich daraus, daß die Liebe als »Hunger ohne
Sättigung« betrachtet werden muß. Der Mangel, der als Abwesenheit oder Distanz den zentralen Figurationen des Liebesdiskurses eingeschrieben ist, setzt sich noch in der Nähe
fort, als eine Art Abwesenheit in der Anwesenheit. Sehnsucht, Erwartung, Begehren, Wunsch, Verlangen – diese
Ausdrucksformen der Liebe sind sämtlich Artikulationen,
die auf etwas aus sind, was *nicht* ist – und vielleicht niemals
sein wird. Roland Barthes bezeichnet das Sehnen als »subtile
Form des liebenden Begehrens, die, jenseits allen Habenwol-
lens, als Mangel erlebt wird«: Hierzu eine Passage aus dem
Kommentar zur Figur des Sehnens:

»4. (...) Im Liebessehnen bricht etwas auf, ohne Ziel; so als ob die
Begierde nichts anderes wäre als dieser Blutandrang. Das also ist die
Ermattung des Liebenden: ein Hunger ohne Sättigung, das klaffende

Gieren der Liebe. Oder anders: mein ganzes Ich wird zum Liebesobjekt hingezogen, darauf übertragen, das dann seinen Platz einnimmt: das Sehnen wäre mithin dieser ermattende Übergang von der narzißtischen zur Objektlibido. Verlangen nach dem abwesenden und Verlangen nach dem anwesenden Liebesobjekt: das Sehnen kopiert die beiden übereinander, es bringt Absenz in die Präsenz. Daher rührt ein widersprüchlicher Zustand: das ›süße Brennen‹.« (S. 197)

Dieser widersprüchliche Zustand bedeutet, daß das Sehnen niemals gestillt wird und daß der Mangel sich immer fortschreibt. Das liegt nun nicht daran, daß die Liebesfähigkeit der Menschen geringer wäre als ihre Liebessehnsucht, sondern in der Struktur der Liebe selbst. Der Liebesanspruch nämlich und die Formen seiner möglichen Befriedigung oder Erfüllung sind in ihrem Charakter nicht kongruent, sie können niemals zur Deckung kommen. Der Liebesanspruch zielt ja auf ein ›Sein‹; gerichtet an den Anderen, ist es ein Anspruch auf eine Gegenwart, auf eine Existenz — bei Bachmann hieß es »Übereinstimmung« —, etwas, für dessen Vorhandensein es keine letztgültigen Indizien gibt. Das, was der Andere erwidern kann, hat die Form einer Gabe, bezieht sich also auf ein ›Haben‹, sei es die Gabe eines Satzes oder sei es der institutionalisierte Besitz in der Ehe, eine Gabe, die die Funktion des Liebesbeweises anzutreten hat. Aus dieser grundsätzlichen Differenz, der strukturellen Differenz zwischen Liebesanspruch und Befriedigung hat Lacan seine Überlegung abgeleitet, daß das Begehren auf einer Spaltung beruhe oder besser, daß das Begehren diese Spaltung *sei*.[1] Das Liebesverlangen, das sich auf eine Existenz bezieht, auf den »anderen Zustand«, richtet sich an den Anderen, von dem die Befriedigung abhängig ist, die aber doch nur den Charakter einer Gabe bzw. eines Liebesbeweises haben kann, womit sich notwendigerweise eine Lücke auftut. Aus dieser Lücke speist sich die beständige Bedrohung und Entwertung der Liebe, von der Barthes spricht. Und in diese Lücke tritt nun die

---

1. Jacques Lacan: »Schriften II«. Olten 1975. S. 127.

Sprache der Liebe ein: die Sprache als Ausdruck eines Begehrens, das ständig verfehlt wird, sich fortschreibt und keine Eindeutigkeit kennt. In dieser Lücke erhält alles Bedeutung, jede Gebärde, Miene, jedes gesagte und jedes unterlassene oder verschwiegene Wort. Es ist eine Sprache, die nicht nur aus Worten besteht und die sich auf eine Serie von Figuren bzw. »alten Bräuchen« (Bachmann) bezieht, auf Geschichten, Mythen und Legenden. Insofern kann Barthes von der Liebes-Energie sagen, sie sei »aus der Literatur geboren und ohne andere Sprachmöglichkeiten als die meiner abgenutzten Codes« (S. 56). Kann man nach dieser Einlassung auf die Sprache der Liebe auch nicht sagen, *was* die Liebe *sei*, so kann man doch feststellen, daß sie sich in kulturell codifizierten Figurationen darstellt, die vor allem literarisch überliefert sind.

Um den Konstruktionscharakter und die literarische Gestalt von Glück und Liebe geht es auch in Elfriede Czurdas Prosa-Veröffentlichung »Diotima oder die Differenz des Glücks« (1982). Die weibliche Stimme, die hier in der Du-Rede sich an einen Geliebten wendet, drückt ihre Liebeswünsche gleichzeitig mit der Beobachtung aus, daß ihre Entwürfe als Imaginationen, Ideen oder ästhetische Konstrukte zu betrachten sind. Gleichwohl stellen sie *ihre* Wirklichkeit dar:

»Dieser mein Traum von dir ist wirklicher als die Wirklichkeit, weil ich entschlossen bin, in diesem Traum von dir zu verharren, bis er Leben ist, bis er mein Leben ist, bis er dein und mein Leben ist, unser bunter, wirklicher Traum: Ich glaube nicht daran, daß Träume in Erfüllung gehen, ich weiß, daß Träume wirklicher sein können als Wirklichkeit, überwirklich.« (S. 26)

Das weibliche Ich bezeichnet den Geliebten dann auch als Traumtänzer (S. 45), im wörtlichen Sinne verstanden als Tänzer in ihren Träumen, als »ästhetisches Produkt« (S. 43) oder als »meine Konstruktion« (S. 15); es spricht davon, daß es sich Begegnungen erfindet und bezeichnet die Geschichte ihrer Liebe als Drama, das sich nach bestimmten Regeln vollziehe (S. 53):

»Abgehoben von meinem und deinem wirklichen Leben lebe ich in der tragödischen Situation mit dir: in einer Einheit von Handlung, Ort und Zeit. Das Tragische an meinem abgehobenen Leben ist, daß ich dieses Leben nicht wirklich leben muß. (...) Das Ödische an meinem abgehobenen Leben ist, daß du in Berlin lebst und ich in Wien sein muß.« (S. 11)

Die herbeigewünschte Nähe wird zugleich auch gefürchtet (S. 10), und in der Abwesenheit ist der Geliebte zugleich auch präsent (S. 13). Damit sind eigentlich alle wesentlichen Momente aus einer klassischen Liebeskonstellation entworfen, womit der Text die Struktur der Liebessprache auf die Weise wiederholt, daß die Ich-Erzählerin ihre Sehnsucht als Dramaturgie darstellt und kommentiert. Zudem wird durch die Namen, Diotima und Abälard, auf literarische Vorlagen angespielt. Im Laufe der Entwicklungen finden dann Einbrüche dadurch statt, daß diese eine Stimme, die in diesem Text die weibliche Sprache der Liebe präsentiert, durch eine andere Stimme gestört bzw. irritiert wird, die mit einem »Schwall von glänzenden Worten« (S. 52) oder mit »Sprecheskapaden« auftrete (S. 73), als phantasielos bezeichnet wird und einem Denkmuster folge, das versucht, das Ich »in Systemen von unwiderlegbarer Logik festzusetzen« (S. 57). Die Begegnung wird demnach als Zusammenstoß ›weiblicher‹ und ›männlicher‹ Entwürfe gedeutet. Die Ich-Erzählerin reagiert darauf z. T. mit Begeisterung, z. T. mit dem Wunsch, sich zu entziehen, um die Distanz wiederherzustellen.

In dem zweiten Prosa-Buch der österreichischen Autorin, die inzwischen in Berlin lebt, in »Signora Julia« (1985), ist diese Konstellation variiert. Wie im ersten Text entstammen die Namen des Paares nicht *einer* Liebesgeschichte, sondern verschiedenen. Julia verweist auf »Romeo und Julia«, und der Name ihres Geliebten Arkadius auf Arkadien, den schönen Ort. Anders aber als in der »Diotima« wird diese literarische Konstellation nicht vom »wirklichen Leben« unterschieden, sondern die Darstellung der Beziehung Julias und Arkadius' erfolgt im Muster und in der Sprache bekannter Liebesmythen, sie *ist* literarisch. Dabei werden signifikante Bewegungen zwischen Nähe und Distanz inszeniert. Das Paar lebt zunächst an einem idyllischen Ort, gemeinsam in einem Haus am See. In den Stimmen, die dialogisch angeordnet sind, wird Arkadius als Mann präsentiert, der sich überlegen wähnt und gerne die Position des Belehrenden einnimmt: »Bemerke, Julia«, oder »Darin magst du recht haben, Julia«, sind typische Redeanfänge seinerseits (S. 32/33). Die auftauchende Differenz ist hier etwas verschoben; sie erscheint z. B. als eine Differenz zwischen dem Bild, das Arkadius sich von Julia gemacht habe, und den Eigenschaften, die sie als ihre »wahren« bezeichnet (S. 35). Die räumliche Nähe wird dann aufgelöst, als Arkadius sich vornimmt, seine Vergangenheit zu ergründen, und sich zum Ort seines ›Ursprungs‹ bzw. seiner Kindheit aufmacht. Mit der hergestellten räumlichen Distanz geht das Gespräch in eine briefliche Form über. Als klassische Kommunikationsform zwischen Liebenden macht dieses Genre den Formelcharakter ihrer Sprache noch deutlicher. Die Frau, die Wartende, ist in der Anrede als »Geliebte Julia« oder »Julia, Geliebte« Objekt seines Seufzers. Ihre Abwesenheit, aus seiner Perspektive, setzt die Figur des »du fehlst mir« in Gang, wobei deren paradoxe Struktur ironisch betont wird.

»Wie du mir fehlst, meine geliebte Julia, schreibt Arkadius in seinem letzten Brief. (...) Deine Abwesenheit hingegen regt meine Phantasie an und auf, und wenn dein Bild vor meinen Augen erscheint, dann brechen vor mir Energien auf, erstaunlich. (...) Wärst du jetzt anwesend, Julia, um diese Eindrücke mit mir zu teilen!« (S. 46)

Auch der rituelle Charakter von Äußerungen, die nicht auf Kommunikation aus sind, wird kommentiert, wenn Julia z. B. die Frage von Arkadius, ob ihre Sehnsucht auch so groß sei wie seine, damit kommentiert, daß er gerne unbeantwortbare Fragen stelle (S. 42). Doch Julia verharrt nicht in der Position der Wartenden, sondern bricht selbst auf, um sich vom »Ort des Ungleichgewichts« zu entfernen und reist nach Italien, zum Fluchtpunkt literarischer Aufbrüche par excellence, so daß Arkadius bei seiner Heimkehr sie nicht vorfindet und sich die Konstellation somit verkehrt. »Sie habe kein konkretes Ziel gehabt, als sie von zu Hause weggegangen sei« (S. 132), heißt es über Julias Aufbruchsbewegung, es ist eine Bewegung ins Unbestimmte. Nur ihr Name zeigt am Ende eine Veränderung an; von einem kleinen Mädchen in einem Haus irgendwo in Norditalien wird sie »Signora Julia« gerufen. Werden in diesem Text bekannte Muster und Formeln aus der Literaturgeschichte des Liebesdiskurses wiederholt, so werden sie zugleich durch die Inszenierung und Kommentierung ironisch gebrochen. Indem die Stimmen z. T. in indirekter Rede und im Konjunktiv präsentiert werden, wird zudem eine Atmosphäre des Unwirklichen hergestellt. Im Effekt erzielt diese Schreibweise dabei eine eigentümliche Distanziertheit und Kühle, in der sich der mögliche Ausdruck weiblichen Begehrens im Text immer mehr verflüchtigt.

Da durch das Verfahren Roland Barthes' in seinen »Fragmenten einer Sprache der Liebe« eine andere Wirkung erreicht wird, fragt sich, wie dieser Unterschied zustandekommt. In der Nachbildung der Figuren des Liebesdiskurses und ihrer reflektierenden Kommentierung, die durchaus nicht auf einen analytischen Blick verzichtet, geht bei Barthes dennoch nichts von den Gefühlen verloren, als dessen Darstellung sich die vorgeführten Figuren erweisen. Und auch seine Nachbildung ist eine Inszenierung. Sie verzichtet aber, und hier unterscheidet sie sich von den meisten literarischen Texten, auf eine *konkrete* Geschichte mit bestimmten Gestalten und einer Handlungsentwicklung. Sie verweist vielmehr auf eine Fülle anderer Texte. Der Text ist selbst ein Zitat und wird als Artikulation einer Stimme ausgegeben: »Es ist also ein Liebender, der hier spricht und sagt« (S. 23). So ist es ein Buch über die Sprache der Liebe aus der Perspektive *eines* Liebenden. Und selbst wenn in den Figuren noch so viele Stimmen zur Sprache kommen, ist es *ein* Subjekt, dessen Gefühlserlebnisse in diesem vielstimmigen Text zum Ausdruck kommen. In Czurdas Prosa-Text wird dagegen die Geschichte eines Paares erzählt, die in den vielen zitierten Geschichten gespiegelt wird. Die Autorin unternimmt den Versuch zur Konkretisierung des Liebesdiskurses in einer Handlung, in der zwei Stimmen zur Sprache kommen. Wird hier also eine konkrete Begegnung dargestellt, bei der verschiedene Konstellationen sich ablösen und im Kommentar z. T. desillusioniert werden, so rekonstruiert Barthes ein Gewebe von Diskursfiguren, auf die eine *mögliche* Begegnung treffen würde. Hinsichtlich des Schreibens hat er den Anspruch verabschiedet, *über* etwas schreiben zu können, im Schreiben einen imaginären Raum herzustellen, einen Raum für Erzählungen. In einer Passage über das Schreiben heißt es denn auch, er brächte allenfalls »eine Schreibweise des Imaginären« zustande, müsse aber »auf das Imaginäre des Schreibens verzichten« (S. 191). Der ›Liebende‹ im Text Roland Barthes' hat die Geschichte schon hinter sich. Unter der Überschrift »Drama« findet sich bei ihm folgende Passage:

»2. Als Erzählung (Roman, Leidenschaft) ist die Liebe eine Geschichte, die, im geistlichen Sinne, in Erfüllung geht: sie ist ein *Programm*, das durchlaufen werden muß. Für mich dagegen hat diese Geschichte *bereits stattgefunden;* denn was daran Ereignis ist, ist allein die Hingerissenheit, deren Opfer ich gewesen bin und deren Nachträglichkeit ich wiederhole (und verfehle). Die Überwältigung durch die Liebe ist ein *Drama,* wenn man diesem Wort den archaischen Sinn zurückerstattet, den Nietzsche ihm gibt: ›Das antike Drama hatte große *Pathosszenen* im Auge – es schloß gerade die Handlung aus (verlegte sie *vor* den Anfang oder *hinter* die Szene).‹ (...) und diese Deklamation einer bereits vollzogenen (erstarrten, einbalsamierten, allem Handeln entzogenen) Tatsache ist der Diskurs des Liebenden. « (S. 70–1)

Während Barthes also in seiner Bejahung der Sprache der Liebe das Pathos und das Drama im Auge hat, versucht Czurda eine Geschichte zu erzählen und meldet dabei auch Zweifel und Kritik an jenen Momenten des Liebesdiskurses an. In dem Text Barthes' spricht ein ›Liebender‹, der das ›Spiel‹ der Liebe durchschaut hat und es trotzdem gerne weiterspielt, vielleicht sogar mit mehr Genuß. Mag er als Liebender die beschriebenen Zustände und Situationen durchleben, als Schreibender ist er ein Spieler. Seine Schrift, die die Figuren nachbildet, aus vielfältigen Textmontagen zusammensetzt und kommentiert, *verfügt* auch — und zwar sehr kunstvoll — über die Sprache der Liebe. Es ist eine solide Position im Symbolischen, von der aus die Inszenierung in Gang gesetzt wird und von der aus ›der Liebende‹ sich der Macht des Imaginären überläßt.

Damit ist es an der Zeit, nach der geschlechtsspezifischen Verteilung der Positionen in den »Fragmenten einer Sprache der Liebe« zu fragen. Barthes spricht durchweg von »*dem* Liebenden« und auch von »*dem* Geliebten«, was so gelesen werden kann, als handelte es sich dabei um geschlechtsunspezifische Positionen im Diskurs, als handelte es sich um die bekannte Verallgemeinerungsform im masculinum oder als ob beide Positionen von Männern eingenommen würden. Frauen bzw. Frauennamen erscheinen im Text nur dort, wo aus literarischen Texten zitiert wird, dann aber vor allem in der Position des Liebes-Objekts, denn die meisten Zitate stammen der Überlieferung gemäß von männlichen Autoren, so daß die Stimme ein*er* Liebenden in diesem vielstimmigen Text – mit der Ausnahme eines Sappho-Zitates – nicht zu hören ist. Umso fragwürdiger ist die Behauptung Barthes': »Historisch gesehen wird der Diskurs der Abwesenheit von der Frau gehalten« (S. 27). Er begründet diese Aussage damit, daß die Frau seßhaft, wartend, treu gewesen sei, während der Mann sich auf Reisen befinde. Das Bild von den singenden Weberinnen und Spinnerinnen, das er dazu entwirft, scheint mir »historisch gesehen« allzu idyllisch. Es geht ihm dann auch weniger um den Gesang der Spinnerinnen, der im übrigen gänzlich undramatisch beschrieben wird, als um die Konsequenzen, die diese historische Spekulation für die Bewertung des Liebesdiskurses hat:

»Daraus folgt, daß bei jedem Manne, der die Abwesenheit des Anderen ausspricht, sich *Weibliches* äußert: dieser Mann, der da wartet und
darunter leidet, ist auf wundersame Weise feminisiert. Ein Mann ist
nicht deshalb feminisiert, weil er invertiert ist, sondern weil er liebt.
(Mythos und Utopie: der Ursprung war, die Zukunft wird den Subjekten zu eigen sein, *die Weibliches in sich bergen*.)« (S. 28)

Die Zukunftsverheißung gilt hier einem männlichen Subjekt,
das »Weibliches in sich birgt«, das sich also in derselben Position befindet wie das schreibende Subjekt in Barthes' Text, in
einer soliden Position, von der aus es sich die Bewegung der
Grenzüberschreitung in der Liebe als Gewinn erwünscht,
(Vgl. 7.). Nicht zufällig folgt kurz nach dem eben genannten
Zitat die Feststellung dieses ›Liebenden‹, daß er das gelegent-
liche Vergessen, das zum Überleben notwendig sei, beherr-
sche.

Eine Frau müßte also, um an diesem Diskurs teilhaben zu
können, zunächst das Vergessen lernen, quasi eine ›männliche‹ Position einnehmen, um dann ohne Gefahr ›Weibliches‹ äußern zu können. In dem Roman »Malina« von Bachmann ist genau diese Problematik aus der Perspektive einer
weiblichen Stimme, einer Liebenden gestaltet. Gerade aber
das Vergessen ist es, das vielen Frauengestalten nicht gelingen
will oder mag. Schon bei Haushofer ist das Motiv des ›Vergessens‹ und das der ›Erinnerung‹ eng mit der Beschreibung der
Geschlechterbeziehung verbunden. Der Ehemann der Ich-
Erzählerin in der »Tapetentür« wird beispielsweise als »Meister des Vergessens« bezeichnet (S. 146). Und noch der ›Person‹ in Anne Dudens »Judasschaf« (1985) gelingt eben dieses
Vergessen nicht:

»Männlichere Lebensaussichten konnte sie bei sich nicht anwenden.
Denn es fehlte ihnen, was sie erst noch durch Zusammenstoß mit
sich selbst und Versteinerung beseitigen mußte: Gedächtnis.« (S. 40)

Ohne diese Fähigkeit aber gerät die Liebende leicht in die
Lage, ausgeliefert zu sein, um ihr Überleben gebracht zu werden. In gewisser Weise sind schon in Bachmanns Hörspiel

»Der gute Gott von Manhatten«, und zwar in den Liebesge-
sprächen zwischen Jan und Jennifer, Fragmente einer Sprache
der Liebe vorweggenommen. In dem unterschiedlichen
Schicksal der beiden Figuren ist aber eine geschlechtsspezifische Differenz im Verhältnis des Mannes und der Frau zu
dieser Sprache beschrieben. Während Jan sich, in der Bar Zeitung lesend, dem Überleben zuwendet, fällt Jennifer dem Attentat auf die Liebe zum Opfer. In ihrem Roman-Zyklus unter
dem Titel »Todesarten« hat Bachmann die verschiedenen Todesarten dargestellt, die der Geschichte der Geschlechterbeziehung eingeschrieben sind. Wenn das Ich in »Malina« am
Ende des Traum-Kapitels feststellt, »Es ist der ewige Krieg«
(S. 3/236), dann ist damit populären Liebesvorstellungen widersprochen, in denen die Liebe als Gegenteil des Krieges gedacht ist, wie z. B. in der Hippy-Parole »make love not war«.
Frauen, die von der Liebe schreiben, widmen sich häufig gerade dem Zusammenhang von Krieg und Liebe. So gesehen ist
Roland Barthes' Buch »Fragmente einer Sprache der Liebe«
sichtlich ein männlicher Beitrag zum zeitgenössischen Liebes-
diskurs, ein schönes Buch, dem die Bejahung der Sprache der
Liebe glänzend gelingt, ein berauschendes Buch, das aber die
Gewaltverhältnisse der Liebe vergessen macht.

Für weibliche Autoren stellt sich die schwierige Aufgabe,
wie es ihnen gelingen könne, über die Liebe zu schreiben,
ohne entweder diese Gewaltverhältnisse auszublenden, ohne
aber auch die emphatische Sprache der Liebe ihrer Emanzipation zu opfern. In einem kurzen Prosa-Text Anne Dudens aus
dem Buch »Übergang« (1982) ist diese widerspruchsvolle
Konstellation beschrieben, mit Bezug auf einen Mythos, der
die kulturgeschichtliche Genese ihrer Voraussetzung bildlich
darstellt: wie Macht sich über die (Ab)Tötung von Liebe begründet. »Der Auftrag die Liebe« beginnt aus der Perspektive
einer weiblichen Figur, die sich in einem Zustand befindet,
der als »Anfall« bezeichnet wird (S. 117). Sie ist von der Liebe
überfallen, überwältigt. In der Beschreibung wird dieser Zustand als körperlicher dargestellt und ›die Liebe‹ erscheint

gleichsam personifiziert, wie ein unmenschliches Wesen, das der Frau im Nacken sitzt.

»Nicht, daß ich wüßte, was das ist (die Liebe, S. W.). Nur hat sie mich fest im Griff. Sie hält und schlägt mich, sie treibt mich um, sie richtet in ihrer Abwesenheit Angriffe gegen mich, denen große Teile von mir schon unwiederbringlich verfallen sind. Sie ist verantwortlich dafür, daß ich lebe und nicht sterbe, sterbe und nicht lebe. Sie achtet genau darauf, daß ich bleibe, als ihr Anhängsel. Sie gibt nicht nach. Sie ist in allen Körper- und Nichtkörperteilen zugleich. Sie hält mich besetzt. Ihretwegen kann ich keinem Beruf nachgehen, keiner anderen Beschäftigung. Sie läßt Vergessen nicht zu.« (S. 117)
»Sie verteilte sich, durch nichts mehr behindert, gierig über mich. Meine Liebe. Sie saugte mich im Nu vollständig auf. Mörderisch war gar kein Ausdruck. Es ging kannibalisch zu. Am verlockendsten war ihr offenbar das Hirn.« (S. 119)

Im Text wird knapp der Situationskontext für diesen Zustand angedeutet. Es handelt sich um das Ende einer Beziehung, das »der Mann« mit Vernunft bewältigt. Die Frau sieht sich mit Ratschlägen konfrontiert, »die Dinge nicht so ernst (zu) nehmen« (S. 119). Dadurch, daß die Liebe von ihr Besitz ergriffen hat, scheint sie aber wie abgeschnitten von »der Kunst des Lebens«. Die Liebe ist in diesem Prosa-Text Dudens als Anderes des vernünftigen, überlebens- und handlungsfähigen Subjekts beschrieben, wobei die bildliche Gestaltung der Liebe als Wesen, das als »verrückt, toll, irre« oder auch als pathetisch bezeichnet wird, den Zustand der ›Besetzung‹ besonders plastisch darstellt. Die Liebe wird nicht als Teil oder Aspekt des Ichs verstanden, sondern im Bild des »Anhängsels« ist ausgedrückt, daß das Ich von ihr überwältigt ist. Das Subjekt ist damit nicht dem Liebes-Objekt, sondern der Liebe — als anderem Zustand seiner selbst — unterworfen. In der sprachlichen Präsentation Dudens wird die Totalität dieser Verfaßtheit des Subjekts deutlich, die insofern an etwas Archaisches, Vorzivilisiertes erinnert, als mit ihr das Konzept des selbstbewußten, vernünftigen Subjekts, das seine ›Triebe‹ unter Kontrolle hat, außer Kraft gesetzt ist.

Piero della Francesca: St. Michael. (Zwischen 1454 und 69).

In der Möglichkeitsform sinnt die Ich-Erzählerin dann nach Überlebensstrategien, mit deren Hilfe, über die Abtötung der Liebe, die Anpassung an das Bild eines aktiven Subjekts, Folie auch für die Vorstellung einer ›emanzipierten Frau‹, gelingen könnte.

»Entleiben würde sie sich nicht; das überließ sie mir.« (S. 121)
»Heimlich dachte ich, wie gut ich ohne sie auskommen würde, welche Entfaltungsmöglichkeiten ich ohne sie hätte. Ich würde mich wieder in den unterschiedlichsten Bereichen nützlich machen können, z. B. in einem Büro. Ich würde mich einer Bewegung oder Initiative anschließen können und überhaupt sehr aktiv sein.« (S. 122)

Diese Vorstellung leitet den Übergang zum zweiten Teil des Textes ein, einer Bildbeschreibung von Piero della Francescas »St. Michael«, einem Gemälde, auf dem der Erzengel als Drachentöter dargestellt ist. Er wird gezeigt in dem Moment, nachdem er einer Schlange den Kopf abgeschlagen hat, während er auf ihrem toten Körper steht, das Schwert und das abgeschlagene Haupt in der Hand. Die Pose des Siegers, des Kriegers, stolz und selbstbewußt (S. 124). Die Darstellung Dudens ist keine Bildbeschreibung im üblichen Sinne. Indem diese Szene mit den Sätzen eingeleitet wird, »Er wartet, er harrt aus. Der nächste Auftrag wird kommen« (S. 124), noch ehe man weiß, daß es sich um eine Bildbeschreibung handelt, wird dieser »er« auf der gleichen Ebene wie das »Ich« präsentiert; es ist eine Begegnung der Ich-Erzählerin mit einer Gestalt, auf die sie zugeht, der sie gegenübersteht. In dieser Gestalt sieht sie jene Aktion repräsentiert, zu der sie nicht fähig war.

»Er hat seinen Auftrag soeben ausgeführt. POTENTIA oder der Liebe den Kopf abgetrennt. Standort ist der tote Leib. SIE BEFINDEN SICH HIER.« (S. 127) »MICHAEL, *Sankt, Erzengel (der erste sein, an der Spitze stehen, regieren; anfangen, beginnen)* will nicht kämpfen, nichts entscheiden, nichts erreichen. Er will nur immer siegen. Dafür benötigt er den lebendigen Leib. Immer wieder wird er schnellen Schnitts beweisen, daß jeder Körper zu ersetzen ist. Michael hat es gerade getan: die Schlange durch das Schwert ersetzt, das Tier durch die Waffe, die Natur, Potentia, das Geschlecht...« (S. 128)

»Potentia« ist das Wort, das auf dem Bild als Schriftband über die Hüften des Erzengels läuft, oberhalb des »geharnischten Unterleibs« (S. 126). In ihrer Beschreibung deutet Duden das Gemälde als Darstellung eines Gründungsmythos, als ›Urszene‹ der Zivilisationsgeschichte, deren Zeichen auf die vollzogenen (Ab)Trennungen, auf die ›Todesarten‹ verweisen, die dieser Geschichte eingeschrieben sind. Wird mit dem Schwert das Oben vom Unten getrennt, das Lebendige vom Toten, so wird der Akteur zum ›Mann‹, während die Schlange weiblich konnotiert ist, Symbol der ungebändigten Natur. Seine Macht konstituiert sich über die Abtrennung des Anderen, wobei sein Leib gegen die Gefahr gepanzert ist.

In der Schreibweise Dudens ist der Zusammenhang von Krieg und Liebe thematisiert, indem deren subjektive Perspektive in einer mythen- bzw. kulturgeschichtlichen Bedeutungsdimension gespiegelt wird. Der Titel »Der Auftrag die Liebe« referiert auf beide Bedeutungen. Wird die Liebe als Auftrag der Frau verstanden, als weibliche Mission — wie in der bürgerlichen Vorstellung der Geschlechtsrollenverteilung — so ist darin als Dialektik der Auftrag des Mannes enthalten, seinerseits der Liebe ›Herr zu werden‹. Seine Macht begründet sich nicht zuletzt durch die Ausführung dieses Auftrages.

Auf den Zusammenhang von Liebe und Macht hat auch Barbara Sichtermann in ihrem Plädoyer dafür, daß Frauen das ›Objekte-Bilden‹ erlernen sollten, hingewiesen:

»Diese Zukunft müßte um die Nähe wissen, die die Objektivierung zur *Herrschaft* hat und müßte eine Balance jenseits von Herrschaft durch Verflüssigung der Positionen herstellen.« (S. 79–80)

In der theoretischen Sprache eines Essays entwirft Sichtermann eine politische Perspektive für individuelles Handeln, während in der literarischen Prosa Dudens ein subjektives Erlebnis als Szene präsentiert wird, deren Bildlichkeit auf ihre kulturgeschichtliche Bedeutung verweist. Die Gleichzeitigkeit von konkreter und symbolischer Darstellung ist dabei eine Möglichkeit des Schreibens, die einer falschen Unmittelbarkeit entgeht, die sich aber auch nicht im Gestus der sprach-kritischen Reflektion das Erzählen gänzlich versagt. Es ist eine Prosa, die sich in doppelter Weise der Erinnerung verschrieben hat: indem sie die Überlebenstechnik des Vergessens problematisiert und indem sie die Kämpfe und Opfer erinnert, die der Etablierung dieser geltenden Verhaltensmuster einhergingen. Der Verweis auf den Mythos dient darin dazu, die Spur historischer Gewaltverhältnisse sichtbar zu machen, die in der je einzelnen Situation erkennbar werden.

Michelangelo Merisi Caravaggio: Medusenkopf. 1598.

9. Mythos-Bezug und Geschichtserinnerung

»— ich will mich auf den Boden setzen und schreien, daß erschrocken Alles stehn bleibt, Alles stockt, sich nichts mehr regt.«
(Lucile in »Dantons Tod« von Georg Büchner)

»Was nie geschrieben wurde, lesen.«
(Walter Benjamin »Über das mimetische Vermögen«)

Die Bedeutung, welche die Mythen für den literarischen, theoretischen und politischen Diskurs in der Gegenwart gewonnen haben, ist unverkennbar. Mythische Figuren wie Herakles, Ödipus, Kassandra, Penthesilea oder Medea scheinen nichts von ihrer Anziehungskraft verloren zu haben; ja, ihre Geschichten haben sogar — seit Ende der 70er Jahre — eine erneute Popularität erhalten, werden sie doch in immer neuen Versionen aktualisiert, wieder erzählt und als Folie eigener Erfahrungen genutzt und erprobt. Mit dieser Wiederbelebung der Mythen wiederholt sich aber auch eine für die deutsche Tradition nicht untypische Kontroverse. In einer Rede *für* und *wider* den Mythos wird der alte Streit zwischen Mythos und Logos reproduziert, der in dieser Konstellation (für und wider, entweder — oder) schon immer an der Sache vorbei führte. In einem solchen Meinungsstreit, in dem einer Apologie mythischen Denkens mit dem Vorwurf des Irrationalismus geantwortet wird, sind sich die streitenden Lager näher, als es ihnen lieb ist. In dieser Konstellation und nicht in der Wiederkehr der Mythen selbst ist tatsächlich die ›Wiederkehr des Gleichen‹ zu sehen, von der momentan so viel gesprochen wird.
Eine subtile Verschränkung von Mythos und Aufklärung

ist aber spätestens seit der »Dialektik der Aufklärung« bekannt, seitdem Horkheimer und Adorno ihre Thesen begründeten, daß schon der Mythos Aufklärung sei und die Aufklärung in Mythologie zurückschlage.[1] In der Zwischenzeit wurden diese Thesen spezifiziert, so etwa von Klaus Heinrich, der Analogien zwischen logischen und mythischen Denkfiguren analysierte wie z. B. im Vergleich ›ursprungsmythischer Systeme‹ mit deduktiven Systemen der Wissenschaft: Beide Systeme verfahren nach einem Prinzip der Notwendigkeit und folgen Ableitungsverfahren, die als Zwangscharakter funktionieren.[2] In solchen Arbeiten ist die Rede für oder gegen den Mythos überwunden und durch eine genaue Lektüre und Analyse von Mythen ersetzt. Denn die ›Arbeit am Mythos‹,[3] auch die aufklärerische Arbeit am Mythos, setzt die Arbeit *des* Mythos voraus und damit die Notwendigkeit, die Mythen in ihrer Existenz anzuerkennen und ernstzunehmen.[4] Die Arbeit am Mythos ist immer auch Auseinandersetzung mit ihrer »Faszinationsgeschichte«:

»In dem, was fasziniert durch die reale Geschichte hindurch, sind unerledigte Konflikte, nicht ausgetragene Spannungen, ist das nicht

1. Noch in der Redeweise, daß etwas ›zum Mythos‹ werde, in der Mythos mit falschem Bewußtsein gleich- und der ›Wahrheit‹ entgegengesetzt ist, äußert sich der Wunsch, dem Bedeutungszuwachs eines Begriffes in der öffentlichen Diskussion Einhalt zu gebieten, um den Prozeß, in welchem ein Wort mit Bedeutung aufgeladen wird, zu bremsen bzw. zu bannen, womit diese Redeweise selbst mythischen Strukturen folgt.
2. Klaus Heinrich: »Dahlemer Vorlesungen«. Basel, Frankfurt/M. 1981. S. die fünfte Vorlesung.
3. Hans Blumenberg: »Arbeit am Mythos« (1979) Frankfurt/M. 1984[3].
4. Auch die Beobachtung, daß noch in der Gegenwart ständig neue Mythen entstehen, bleibt unproduktiv, solange sie in der Klage verharrt, statt zu einer Analyse der Funktionsweise und Bedeutungsstrukturen moderner Mythen zu führen, wie sie z. B. in Roland Barthes' Arbeit »Mythologies« (1957) vorliegt, in der er den Mythos als semiologisches System untersucht. Deutsch: »Mythen des Alltags«. Frankfurt/M. 1964. — Seine Arbeit wurde seither vor allem für die Beschreibung der Produktionsstruktur moderner Mythenformen wie Comics und Werbung nutzbar gemacht.

gelöste Problem jeweils präsent. Die Faszinationsgeschichte ist eine der *Symptome* und sie hat ein *Gattungs*substrat.«

So Klaus Heinrich; er geht davon aus, daß die Faszination der Mythen daher rühre, daß sie offene Fragen, nicht aber Lösungen enthielten: »In den Mythen wird nicht verdrängt, sondern werden uns die Verdrängungsprozesse selbst vorgeführt.«[1]

Mythen sind zunächst Geschichten, solche, die oft und immer wieder erzählt wurden und werden; sie sind variierbar und uminterpretierbar. Und dennoch gibt es Konstanten, Kernbestände, Grundmuster bestimmter Geschichten: Mythologeme, die Hans Blumenberg als »ritualisierten Textbestand« bezeichnet: »Mythisierung läßt Fakten und Identitäten der Geschichte nicht sowohl vergessen, als vielmehr im Typischen und Bildhaften eins werden und aufgehen« (S. 646). Insofern begegnet uns in Mythen eine Form der Geschichtserinnerung, deren historischer Wert, obwohl doch Mythos und Geschichte häufig als Gegensatz gedacht werden, nicht zu unterschätzen ist. In den Mythen einer Kultur findet sich das Repertoire ihrer Bilder und Geschichten, in denen ihre Geschichte dargestellt ist, und zwar gerade jene Momente der Geschichte, die nicht in Sprache und rationale Erklärung Eingang gefunden haben, weil die Erlebnisse, als deren Gedächtnis sie fungieren, sprachlos machen. »Der Mythos ist nicht die Vorstufe des Logos, als dessen Noch-nicht-Können, sondern dessen unduldsamster Ausschluß«, so Blumenberg (S. 649). Werden nun die Bilder, in denen dieses aus dem Logos Ausgeschlossene sich darstellt, negiert, so werden damit die diese Darstellung auslösenden Erlebnisse vollends der Vergessenheit übergeben. Ich möchte die Mythen deshalb als gesellschaftliches Imaginäres verstehen, als Imaginäres, das sich in bestimmten Bildern, Figuren und Geschichten artikuliert, die in der Schrift oder Malerei,

1. Klaus Heinrich: »Das Floß der Medusa«. In: Renate Schlesier (Hg.): »Faszination des Mythos. Studien zu antiken und modernen Interpretationen.« Basel u. Frankfurt/M. 1985. S. 340 u. 336.

auch in der Musik, mitgeteilt werden. Denn in unserer Kultur werden Mythen ja in erster Linie in literarischen Texten und Gemälden ›erzählt‹, d. h. in Ausdrucksformen, die der Kunst zugerechnet werden, die damit aber immer auch dem Verdacht des Fiktionalen ausgesetzt sind, dem Verdacht, daß sie nicht von ›der Wirklichkeit‹ handelten.

9.1. Medusa – der stumme ›Engel der Geschichte‹

Wenn von der Beziehung von *Mythos* und *Geschichte* die Rede ist, so wird Mythos zumeist mit dem Uneindeutigen oder Vieldeutigen, dem Nicht-Realen assoziiert, während der Begriff der Geschichte Eindeutigkeit, Authentizität oder wahre Beschreibung der Wirklichkeit beansprucht, sucht sich die Geschichtsschreibung ihr Material doch vorzugsweise im sogenannt Faktischen. Und während die Geschichtsschreibung auf eine möglichst genaue Datierung ihrer Ereignisse aus ist, verhalten Mythen sich gegenüber der historischen Zeit indifferent, verbinden sie doch die Vergangenheit oder gar *Vor*vergangenheit mit der Gegenwart.

Solcher Gegensatz verkennt aber die Dialektik von Mythischem und Historischem, denn *die* Geschichte, d. h. unser Bild von der Geschichte, entsteht aus den vielen Geschichten als Abstraktion und Vergessen und sie wird — hat sich eine Version einmal etabliert — in der Form von Legenden, als Mythos tradiert. Während aber im Begriff des Mythos die Differenz zwischen der Darstellung und dem Geschehen, auf das die Darstellung Bezug nimmt, offenbar ist, so wird im Begriff der Geschichte diese Differenz oft verkannt. Anders bei Walter Benjamin in seinen Thesen »Über den Begriff der Geschichte«:

»Das wahre Bild der Vergangenheit *huscht* vorbei. Nur als Bild, das auf Nimmerwiedersehen im Augenblick seiner Erkennbarkeit eben aufblitzt, ist die Vergangenheit festzuhalten. (...) Vergangenes historisch artikulieren heißt nicht, es erkennen ›wie es denn eigentlich gewesen ist‹. Es heißt, sich einer Erinnerung bemächtigen, wie sie im Augenblick einer Gefahr aufblitzt.«[1]

Arbeit an der Geschichte bzw. am Bild der Geschichte ist für Benjamin demnach Arbeit (an) der Erinnerung. Mit der Darstellung der Erinnerung als aufblitzendes Bild, dessen Erkennbarkeit den Augenblick der Gefahr voraussetzt, verweist sein Text auf Freuds Gedächtnistheorie, auf die Benjamin in dem kurz zuvor entstandenen Text »Über einige Motive bei Baudelaire« auch explizit Bezug nimmt. Im Mittelpunkt steht dabei Freuds These über die Ungleichzeitigkeit von Bewußtsein und Erinnerungsspur bzw. Dauerspuren, sein Satz, *»das Bewußtsein entstehe an Stelle der Erinnerungsspur«*; in Benjamins Zitat: »an *der* Stelle der Erinnerungsspur«.[2] Er betont also den Ort, das *Wo*. Das Gedächtnis ist damit nicht etwas, worüber das Subjekt verfügt, sondern es ist in einen Prozeß eingebunden, in dem die Wahrnehmungen mit den im Unbewußten gebildeten Dauerspuren in einem dialektischen Austausch stehen. In dieser Gedächtnistheorie wird eine Differenz zwischen der Erinnerungsspur und dem Erlebten vorausgesetzt, das Gedächtnis ist darin weder Abbild noch Abdruck der Realität. Historische Erinnerung erfordert, wenn man diese Voraussetzungen teilt, immer *Arbeit* an der Erinnerung, oder stärker noch, ein Ringen um die Bilder der Erinnerung, die nicht als Bestand und nicht ohne Gefahr zu haben sind.

Um seinen »Begriff der Geschichte« zu entwickeln, greift Benjamin dabei selbst auf ein Bild zurück und erzählt dazu

1. Walter Benjamin: »Über den Begriff der Geschichte«. In: »Gesammelte Schriften«. Hg. v. Rolf Tiedemann u. Hermann Schweppenhäuser. Werkausgabe. Frankfurt/M. 1980. Bd. I.2. S. 695.
2. Sigmund Freud: »Jenseits des Lustprinzips.« In: »Psychologie des Unbewußten«. Studienausgabe Bd. III. Frankfurt/M. 1975. S. 235. — Walter Benjamin: »Über einige Motive bei Baudelaire«. A.a.O. S. 612.

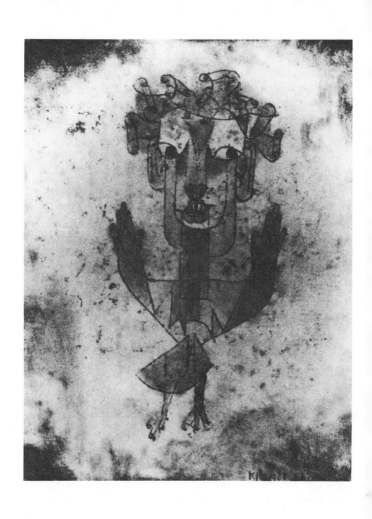

Paul Klee: Angelus Novus. 1920.

eine Geschichte. Ich meine die Geschichte vom »Engel der Geschichte«: Angelus Novus, der das Antlitz der Vergangenheit zugewendet hat, während er durch den Sturm des Fortschritts, der vom Paradies herweht, in die Zukunft getrieben wird, der er den Rücken kehrt, indessen der Trümmerhaufen vor ihm zum Himmel wächst. In der Form einer Mythe, mit bezug auf ein Bild von Paul Klee, verweist der Text Benjamins aber indirekt noch auf einen anderen, älteren Mythos. Die Beschreibung des Engels der Geschichte — »Seine Augen sind aufgerissen, sein Mund steht offen und seine Flügel sind ausgespannt.« (S. 697) — erinnert mich an die mythische Figur der Medusa.[1] Vom Blick auf die Trümmer der Geschichte sind dem Engel Augen und Mund erstarrt, vor Schreck erstarrt, so wie das Antlitz der Medusa Sinnbild des Schreckens geworden ist. Es ist ein Ausdruck im Moment der Sprachlosigkeit. Um die Sprache wiederzugewinnen, wenden *wir* uns der Zukunft zu. Dadurch unterscheidet sich das, was wir sehen, fundamental von dem, was der Engel der Geschichte erblickt: »Wo eine Kette von Begebenheiten vor *uns* erscheint, da sieht *er* eine einzige Katastrophe, die unablässig Trümmer auf Trümmer häuft und sie ihm vor die Füße schleudert.« Begebenheiten also *an Stelle der* Trümmerspur, so könnte man formulieren, um die Analogie von Freuds Gedächtnistheorie und Benjamins Geschichtsbegriff noch deutlicher zu machen: Die Ungleichzeitigkeit von Bewußtsein und Erinnerungsspur im psychoanalytischen Modell Freuds ist durch die Ungleichzeitigkeit von Begebenheiten und Trümmerspur im Geschichtskonzept Benjamins ersetzt.

Die Medusa kann als mythische Urszene des Gedächtnisses gelesen werden. Ihr ist der sprachlose Schrecken über das Grauen der Geschichte ins Gesicht geschrieben. Wer ihr ins

---

1. Die Medusa jedoch nicht als androgyne Figur, wie Christine Buci-Glucksmann in ihrer Studie »Walter Benjamin und die Utopie des Weiblichen«, Hamburg 1984, deutet, sondern als Figur, in der die Dialektik von stummem Erschrecken/Erstarren und Handeln dargestellt ist.

Gesicht blickt, erstarrt. Nur mit abgewendetem Gesicht wird sie überlistet, besiegt. Mit abgewendetem Blick handelnd, schlägt ihr Perseus das Haupt ab, überwindet er in »blinder« Aktion den Schrecken.

Klaus Heinrich hat, indem er der Frage nachging, was Géricaults »Floß der Medusa« eigentlich mit der Medusa zu tun habe, (über das Faktum hinaus, daß das Schiff, von dem die Schiffbrüchigen stammen, diesen Namen trug), in seinem gleichnamigen Aufsatz die Komposition des Bildes Géricaults als Spannung entziffert zwischen der rechten Gruppe im Bild, die der Zukunft zu-, von den Toten abgewandt, nach oben strebend dargestellt ist, und der linken Gruppe, die bestimmt ist durch eine Figur, die einen Toten hält, und, den Kopf in die Hand gestützt, als einzige frontal aus dem Bild schaut; gedeutet als Spannung zwischen »Hoffnungs-Turm« und »Verzweiflungsgruppe«, eine Figuration, die er dann in der Rekonstruktion der Medusen-Tradition auf ihre kunstgeschichtliche Genese hin untersucht hat, um den Zusammenhang von Geschlechterspannung und historischer Entwicklung herauszuarbeiten: Die dem Schrecken und Tod zugewandte Seite ist weiblich konnotiert; sie wird von der dem Fortschritt zugewandten männlich konnotierten Seite überwunden.

Damit ist eine Lesart von Géricaults Gemälde fortgeschrieben, wie sie in Peter Weiss' »Ästhetik des Widerstands« (1975, 78, 81) begonnen wurde. Wenn auch der Verweis auf den Mythos der Medusa dort nicht explizit im Zusammenhang der Bildbeschreibung erfolgt, so deutet Weiss das Bild dennoch im Sinne des Konflikts, für den das Bild der Medusa steht, und in einer Serie von Bildbeschreibungen, die mit der Medusa eingeleitet wurde:

»Die Überlebenden auf dem Floß streckten sich in einer gemeinsamen Bewegung empor, von den Toten im Vordergrund weg, mehr und mehr sich aufrichtend, bis zum dunkelhäutigen Rücken des Hochgehobnen, dem der Wind das Tuch in der winkenden Hand zur Seite riß. (...)
(...) der nach vorn gekehrt Sitzende, die Hand um einen Toten ge-

Théodore Géricault: Das Floß der Medusa. 1819.

schlungen, war in Erschöpfung und Trauer versunken, wie vom Blick eines Ertrinkenden war das Floß gesehn.« (S. I/344–5)

Der Maler habe schließlich diese und nicht die Situation des »gellenden Schreis« (S. II/22) gemalt, nach der er zunächst gesucht habe, reflektiert der Ich-Erzähler. Der Schrei nämlich ist nicht aushaltbar und auch nicht darstellbar. Nicht nur die dem Betrachter zugewandte Figur, an die Melancholia erinnernd, ist in Schweigen versunken, und nicht nur die Betrachter des Bildes empfinden dieses Schweigen, sondern auch der Maler hat im Prozeß der Produktion, indem er sich der dargestellten Situation so weit als möglich annäherte, Sprachlosigkeit durchlebt:

»Während einiger Wochen bemühte er sich darum, nicht die Gegenstände selbst wiederzugeben, sondern die Emotionen, die Traumvorstellungen, die beim Abtasten der Objekte entstanden.« (S. II/17)

Für den Betrachter trete darin »Gärendes, Traumhaftes zutage«, Übergänge zwischen Begreifen und Beängstigung. Solche Szenen in der »Ästhetik des Widerstands« zeigen die andere Seite einer sonst erwähnten freundlicheren mythischen Gedächtnisfigur: Mnemosyne, die olympische Göttin, die mit Zeus die neun Musen zeugte, wird in mehreren Gesprächen im Roman zuversichtlich als Beschützerin der Mneme und als Mutter der Künste zitiert. *Ihre* Kinder haben die Sprache gefunden, eine vielfältige, sich aller Ausdrucksformen bedienende Sprache.

Der Roman betrachtet damit die beiden Momente, in denen Kunst an historischer Erinnerungsarbeit teilhat: das dem Verstummen und Vergessen abgerungene Bild der Erinnerung und das im Werk festgehaltene und festgeschriebene Erkennen. Die Kunst bewege sich an der Grenze der Ausdrucksmöglichkeit, zwischen »dem sich Verschließen«, das mit dem Verstummen der Mutter verglichen wird, und »dem sich Öffnen, was eine Heilung verspreche«, erörtert Hodann im 3. Band und sieht diese Grenzsituation in der Melancholia dargestellt. »Fast sei es so, daß uns in einem Kunstwerk mehr als der

Aufschwung dieses Versinken im Unnennbaren ergreife«
(S. III/ 1 3 2). Die Mutter des Ich-Erzählers ist in der »Ästhetik
des Widerstands« die Figur, die diese andere Seite verkörpert.
Sie ist angesichts der »tödlichen Schändung« im Schweigen
versunken. »Ließe sich ein Schrei in ihr wecken, kein Leben-
der könnte ihn ertragen«, heißt es von der Mutter, die damit
den Ort der Medusa einnimmt. Ihre Sprachlosigkeit provoziert die Frage nach einem anderen Wissen, jenseits der Vernunft. Dabei wird sie als eine, »die durch Bilder trieb« bezeichnet, »entfernt (...) von der Erinnerung an Gewohntes«
(S. III/ 1 6). An anderer Stelle wird die Mutter »eine Ent-
rückte«, »eine Seherin« genannt, eine, »die eine ganze Welt
der Verzweiflung *erschaut* habe« (S. III/ 2 5. H. v. m.). Ihre
Darstellung nähert sich damit einer mythischen Gestalt, Bild
für den nicht zur Sprache gekommenen Schrecken, Versinn-
bildlichung eines Zustandes, an dem die Kunstproduktion
teilhaben muß, um sich nicht dem allgemeinen Vergessen an-
heimzugeben. Im Text oder Bild ist der Schrecken dann festgehalten, das aufblitzende Bild der Erinnerung dem »Nimmerwiedersehen« entrissen, womit allerdings aus dem *aufblitzenden* oder *huschenden* Bild ein *fest-stehendes Bild* geworden ist.
  In einem Gespräch über die Medusa wird im Roman das
Zusammenspiel von ›Männlichem‹ und ›Weiblichem‹, aber
auch die geschlechtsspezifische Aufspaltung in dieser Variante der Kunstproduktion, die den Schrecken überwindet,
thematisiert:

»Männliches und Weibliches ging ineinander über, da war die Erinn-
rung an Medusa, aus deren Leib Pegasus sprang. Ihr schauerliches
Gesicht mit dem versteinerten Blick war sowohl im Kopf des Pferds
als auch in dem des Kriegers zu erkennen. Sich abwendend von der
Gorgo, nur in einem Spiegel ihr fratzenhaftes Antlitz auffangend,
hatte Perseus sie getötet, und dieses Ausweichen war auch Picasso zu
eigen. Die angreifende Gewalt blieb unsichtbar in seinem Bild, nur
die Überwältigung war da, nur die Betroffnen zeigten sich. Ent-
blößt, schutzlos waren sie dem nicht sichtbaren Feind ausgesetzt,
dessen Stärke ins Unermeßliche wuchs. Perseus, Dante, Picasso

blieben heil und überlieferten, was ihr Spiegel aufgefangen hatte, das Haupt der Medusa, die Kriege des Inferno, das Zersprengen Guernicas. Die Phantasie lebte, so lange der Mensch lebte, der sich zur Wehr setzte.« (S. I/339)

Peter Weiss' Roman »Die Ästhetik des Widerstands« ist zu lesen als historische Erinnerungsarbeit auf der Suche nach einem solchen Ort der Kunst, von dem aus sich ›zur Wehr zu setzen‹ ist. Der Ort aber bleibt leer ebenso wie die Stelle im Pergamon-Fries, an der Herakles, der mythische Held, dargestellt war. Statt dessen rekonstruiert der Roman eine Struktur der Geschichte, die in den Mythen erinnert ist, indem er die Übergänge, an denen Wissen entsteht und sich verliert, aufsucht.

9.2. Mythos und Schrift

Mit diesem Roman wird eine neue Art des Mythos-Bezugs in die Gegenwartsliteratur eingeführt, die die ›Arbeit am Mythos‹ durch eine *Arbeit an der Struktur der Mythen* ergänzt. Bekannt und verbreitet ist eine literarische Bearbeitung von Mythen, in der Figuren oder Konfliktkonstellationen aus der Mythologie aktualisiert werden, indem sie als Folie für die Darstellung gegenwärtiger Erfahrungen und Situationen verwendet werden. Entweder wird dann der mythische Stoff auf die gegenwärtigen Probleme hin gedeutet und umgeschrieben oder aber eine gegenwärtige Figur wird mit einem mythischen Namen belegt und dadurch als Charakter gezeichnet. Die Präsidentenattentäterin *ist* dann Judith, und die Frau, die ihren von den Nazis ermordeten Bruder heimlich begräbt, *ist* Antigone.[1] Oder ein Autor bzw. eine Autorin erzählt eine Ge-

---

1. S. Rolf Hochhuths »Berliner Antigone« und »Judith«.

schichte aus der Mythologie neu, um seine/ihre Vorstellung und Version der gegenwärtigen Lage — verschlüsselt oder als Gleichnis — zu gestalten, wie Christa Wolf mit ihrer »Kassandra« und Franz Fühmann in seinen zahlreichen Nacherzählungen von Mythen. Erkenntnisse und Einsichten werden in der Form von Geschichten erzählt, erhalten die Gestalt einer Mythe, literarische Figuren präsentieren sich im Antlitz mythischer Gestalten. In literarischen Texten, in denen der Mythos-Bezug in einer derartigen Weise organisiert ist, werden immer Identifikationen vorgenommen, Gleichungen zwischen historischen oder fiktiven Situationen und Subjekten einerseits und Episoden und Gestalten aus der Mythologie andererseits. Wird eine Erfahrung, welche in der literarischen Bearbeitung auf eine Folie projiziert wird, die dem Mythos entstammt, dabei in die Form eines festen Bildes transformiert, so wird eine literarische Figur, die mit einem Namen aus dem Mythos benannt ist, mit der Aura bzw. dem Bedeutungshof dieser Gestalt ausgestattet. Damit bewegt sich eine solche Schreibweise *in* der Struktur des Imaginären, einer Struktur, die über Operationen der Identifikation funktioniert.

Wenn es um den Mythos-Bezug *in Texten* geht, so stellt sich das spezifische Problem, wie die Beziehung zwischen Bild und Schrift organisiert ist, d. h. auf welche Art und Weise das Imaginäre in die Schreibbewegung Eingang findet und welchen Ort und Status es im Text erhält. Damit ist das Problem der *Schreibweise* angesprochen. Mythen sind nämlich in ihrer Funktion für literarische Texte insofern ambivalent, als sie als Stoffe variierbar, interpretierbar und damit offen sind, in ihrer Struktur aber geschlossen, insofern sie als Bild für eine historische Erfahrung diese vereindeutigen, festlegen. Wenn sie als gesellschaftliches Imaginäres einerseits als Gedächtnis für Unverstandenes, durch die Vernunft Verdrängtes und im rationalen Diskurs Unnennbares fungieren, so sind sie andererseits als Kanon tradierter Bilder, als Repertoire von meist tragischen Erlebnissen starr geworden, zur »Existenzmetapher« (Heinrich) geronnen. Bei literarischen Texten, die auf Mythen Bezug nehmen, wird es nun darauf ankommen, wie sie mit dieser Ambivalenz verfahren, ob sie — um die beiden Pole der Möglichkeiten zu nennen — die Produktion von Bildern fortsetzen, indem sie der Serie von Mythen neue, wenn auch veränderte, möglicherweise aktualisierte Mythen oder auch Gegenmythen hinzufügen und damit der Struktur des Imaginären folgen und sie fortschreiben, oder ob sie die Funktionsweise der Mythen für unser Gedächtnis mitreflektieren und die Strukturierung unserer Wahrnehmungen, Erinnerungen, Ängste und Hoffnungen durch Muster des Imaginären als Voraussetzung in den Text aufnehmen und in eine Bewegung überführen. Man könnte diese Unterscheidung auch als Differenz zwischen einer geschlossenen, auratisierenden Schreibweise und einer offenen, mythenreflektierenden Schreibweise kennzeichnen.

In Peter Weiss' Roman, der verschiedene Verfahren des Mythos-Bezugs enthält, greifen die handelnden Subjekte einerseits auf Mythen, d. h. auf Darstellungen und Beschreibungen von Mythen zurück, um ihre eigenen Erlebnisse zu deuten; andererseits wird die genaue Befragung der Überlieferungen für eine Auseinandersetzung mit den mythischen Deutungsmustern ihrer Wahrnehmungen und Erinnerungen genutzt. Die Faszination für bestimmte Figuren wird auf die ihnen zugrunde liegende Bedeutungsstruktur hin befragt, so wie der Anfang des 1. Bandes, die Beschreibung des Pergamon-Frieses, die wie um den abwesenden Herakles zentriert erscheint, eine kritische Rekonstruktion des heroischen Konzeptes des Antifaschismus einleitet. Während in den Gesprächen über Kunst und Literatur im Roman dieser reflektierende Gestus überwiegt, kommt in den Bildbetrachtungen eine andere Bewegung zum Zuge: Hier wird die Identifikation zwischen Gegenwart und dargestellter Geschichte in einer Spiegelung der verschiedenen Subjekte, die unterschiedlichen historischen Orten entstammen, vervielfacht und dadurch in eine Bewegung geöffnet. So wird beispielsweise in (1) der Spiegelung des Ich-Erzählers im Maler Géricault, in den Figuren auf dem Bild und in den Beschriebenen der Dokumente über den Schiffbruch, in (2) der Identifikation des Malers mit den Schiffsbrüchigen sowie (3) der Spiegelung des Autors in all diesen Gestalten Nähe *und* Distanz, Ähnliches *und* Differentes hervorgebracht. Vor allem aber rekonstruiert der Roman die Dialektik der Erinnerungsarbeit, indem er die Kunstproduktion an der Grenze zum Verstummen situiert. Der Autor versetzt sich in den historischen Augenblick der Gefahr zurück, um sich der darin aufblitzenden Erinnerung zu bemächtigen.

9.3. Die Spuren des Verschweigens – Weiblichkeit und historisches Gedächtnis

»Die Ästhetik des Widerstands« ist nicht der einzige Text, der Mythos-Bezug und Geschichtserinnerung in einer derartigen Weise organisiert. Auffällig aber ist, daß andere Texte, die in deutlicher Nähe zu seiner Schreibweise zu lesen sind, sich ebenfalls mit dem Faschismus als unerledigter Erfahrung beschäftigen. Erinnerungsarbeit in diesem Sinne thematisiert den Faschismus nicht als Vergangenes, »Abgelebtes« (Bachmann), nicht als Kette historischer Begebenheiten, sondern als »Vergangenheit in der Gegenwart« (Wolf). Ihre Autoren/innen beziehen ihren Ort als Überlebende in ihre Schreibarbeit ein, einen Ort, den sie nur dadurch erreichen konnten, daß sie sich vom Vergangenen abwandten. Daß der Bezug auf Bilder dabei eine so große Rolle spielt, leitet sich aus dem Bemühen her, die Grenzen der Sprache zum ›Unnennbaren‹ hin zu überschreiten. Der letzte Satz der Betrachtung von Carpaccios »Meditation über die Passion Christi« in Anne Dudens Buch »Das Judasschaf« liest sich wie ein Programm einer solchen, zum Bild hin sich öffnenden Schreibweise:

»Denn diese Art von Wissen verliert sich stets aufs neue. Nur in den Farben scheint es immerwährend auf, in warmem Braun und Elfenbein, in Blau und hellem Purpur, Grün und Ocker, als nachglühende, weit entfernte Erinnerung, wie in einem Traum.« (S. 93)

Ebenso wie die Musik enthalten die Bilder Momente nicht-fixierten Wissens, bedienen sie sich einer Sprache jenseits von Begriffen, Benennungen und Festlegungen. Dudens Beschreibung »dieser Art Wissen« erinnert an Benjamins Thesen über die Bilder der Erinnerung und damit an den ›Engel der Geschichte‹. Ist die historische Position von Frauen eher die der Schweigenden, so steht das ›Weibliche‹ mit dem Verschwiegenen, dem Verdrängten in einer engen Verbindung. Wenn Frauen, um diesen Ort zu verlassen, schreibend an der hier skizzierten Erinnerungsarbeit teilhaben wollen, so müssen sie den Platz der Medusa, des stummen Engels der Geschichte, verlassen, müssen sie den Schrei der Mutter in der »Ästhetik des Widerstands« verdrängen oder ersticken, um sich in ihrer Schreibweise dann wieder darum zu bemühen, diese Bewegung der Verdrängung auch durchzustreichen. So wären sie Autor und ebenso Medusa bzw. Mutter, das eine und das andere. Das den Frauen in der Geschichte auferlegte Schweigen macht sie zu hervorragenden Subjekten des darin eingeschlossenen Wissens — Subjekten im buchstäblichen Sinne: zu Unterworfenen [1] des verschwiegenen Wissens. Dies ist die »verschwiegene Erinnerung«, von der in Bachmanns »Malina« so viel die Rede ist.

»Wenn meine Erinnerung aber nur die gewöhnlichen Erinnerungen meinte, Zurückliegendes, Abgelebtes, Verlassenes, dann bin ich noch weit, sehr weit von der verschwiegenen Erinnerung, in der mich nichts mehr stören darf.« (S. 3/23)

Um den Kontakt zu den Übergängen zwischen Schrecken und Sprache, zu den Situationen, wo Wissen entsteht und sich verliert, nicht aufzugeben, nehmen einige Autorinnen in

1. lat. subiectus = unterworfen

282

ihren Texten auf Mythen und Bilder Bezug und ahmen in ihrer Schrift jene Übergänge nach.

Verstummen, Schweigen, Redever- und -gebote bilden das Leitmotiv von Birgit Pauschs Erzählung »Bildnis der Jakobina Völker« (1980), die aus dem politischen Klima des ›Deutschen Herbstes‹ heraus entstanden ist. Die Konfliktsituation, in der sich die Hauptfigur befindet, als sie eine Festrede zur Jubiläumsfeier des privaten Internates halten soll, in dem sie nach einem Berufsverbot Anstellung gefunden hat, wird in der Erzählung mit einer Erinnerung ihrer individuellen und der politischen Vorgeschichte dieser Situation verwoben, für die Darstellungen und Texte aus Klassenkämpfen und politischen Unruhen aus dem 19. Jahrhundert eine wichtige Bedeutung erhalten. Bei der Festrede, die »*die Geschichte* des Hauses« zum Gegenstand hat, sollte sie nach Meinung des Direktors eine von ihm als »dumme Geschichte« bezeichnete Begebenheit unerwähnt lassen, die für Jakobina bei ihren Arbeiten im Archiv zum Sinnbild für die Vorgeschichte des Internats und zum Angelpunkt ihres eigenen Interesses dafür geworden ist: Dabei geht es um Streitigkeiten zwischen der Gutsbesitzerin und den Färbern um deren Lebens- und Arbeitsbedingungen und schließlich um einen Hüttenbrand, der zum Anlaß genommen worden war, die Sprecherin der Färber zu verhaften. In dieser Sprech-Situation, die sich als Bewährungssituation für Jakobina darstellt, wird von ihr eine Anpassungsleistung gefordert, die Tilgung einer Geschichte aus *der* Geschichte, eine Handlung, die im Text als *ein* Moment in einer Serie von permanenten Wiederholungen und Inszenierungen individueller und sozialer Praktiken der Ausgrenzung, des Verschweigens und aktiven Vergessens von Konflikten, Klassenkämpfen und individuellen Regelverletzungen in der Erinnerung erscheint. Es handelt sich also um eine Auseinandersetzung mit verschiedenen Weisen des Umgangs mit Geschichte und Geschichtsschreibung.

In ihrer Rede — nicht nur im Inhalt ihrer Rede, sondern in der ganzen Dramaturgie — bezieht Jakobina sich auf zwei unterschiedliche Formen der Überlieferung, auf die Tagebücher der Gutsbesitzerin, die als Quellenmaterial für die Geschichte des Gutes gelten, und auf ein Fresko im Festsaal des Schlosses, das, wie aus einer Vorbemerkung der Autorin hervorgeht, eine »freie Variation auf Alfred Rethels Holzschnittfolge *Auch ein Totentanz* von 1849« ist. Obwohl beides Dokumente sind, die eher der herrschenden Überlieferung zuzurechnen sind — quasi von der »anderen Seite der Barrikade«, wie Jakobina einmal formuliert (S. 76) —, stößt sie in beidem, in der Schrift und im Fresko, auf Wiedererkennungsmomente. Aus dem Text der Gutsbesitzerin entziffert sie die Spuren eines Aufruhrs der Färber, die durch die Abwehraffekte und Rechtfertigungen der Gutsbesitzerin hindurch lesbar sind. Dabei entstehen Szenarien in ihrer Vorstellung, in denen die Gestalt der Färberin Margarethe Reichlin besonders deutlich und lebendig hervortritt, eine Gestalt, die auf Jakobina eine enorme Anziehungskraft ausübt »mit ihrer von biblischen Versen durchsetzten Sprache« (S. 22), die sie sich als Widerstandleistende imaginiert und sich dennoch zugesteht, daß es anders war. Die Figur der Färberin löst sich dabei aus dem Text der Gutsbesitzerin heraus und wird zu einer Art mythischer Doppelgängerin der Hauptfigur in der Erzählung. Sie begleitet sie in ihrer Vorstellung, wird in einigen Szenen mit ihr identisch und trennt sich wieder von ihr ab. Die Spiegelung von Jakobinas realer Situation in Bildern und Geschichten aus der Geschichte wird durch die Schreibweise Pauschs in einen Raum projiziert, der als Wahrnehmung und Erinnerung Jakobinas kenntlich ist. Angesichts aktueller Ereignisse und Situationen schieben sich imaginäre Bilder, in denen sie sich die historischen Texte verlebendigt, und einzelne Gestalten aus den bildlichen Darstellungen vor ihr Auge. Sprachlich bildet dabei das »sie« häufig die Stelle des Übergangs in der Beschreibung, wenn Jakobina sich für einen kurzen Moment in die Färberin verwandelt und diese für sich sprechen läßt. Es sind Augenblicke, in denen die Sprachlosigkeit Jakobinas durch eine Redeweise der Färberin überbrückt wird, in der noch ungebrochen das mythische Pathos einer biblischen Metaphorik zugelassen ist.

Das Totentanz-Fresko im Festsaal dagegen als sichtbares, auf einen Mythos Bezug nehmendes Bild dient der Rednerin als Fluchtpunkt für ihren Blick während der Feier, ein Punkt, zu dem sie immer wieder zurückkehren kann, um ihre Augen von der Inszenierung von Harmonie und Feststimmung um sie herum und von den Augen ihrer Zuhörer abzuwenden. Von dem Fresko geht für sie eine schwer artikulierbare Anziehungskraft aus, die auf das mythische Moment in seiner Darstellung verweist. Die Schulkinder reagieren darauf, indem sie davon nichts wissen wollen bzw. nicht hinhören, wenn Jakobina versucht, ihnen das Fresko zu erklären. Ähnlich wie in der »Ästhetik des Widerstands« wird in Gesprächen über die Bilder versucht, deren Bedeutung zu begreifen. Z. B. in einem Gespräch zwischen Jakobina und Richard:

»Siehst du diesen hervorstürzenden Jungen, sagte sie, ich habe ihn während meines Vortrags erst entdeckt, er war mir wie ein Halt, ich erlebte dieses Kind, sein alles Tote um sich herum überflügelndes Schreien, als das einzig Optimistische in dieser brutalen Totentanzszenerie, als einen unbewußten Hinweis des Malers, daß die Revolution nicht ganz verloren sei.« (S. 33)

Richard dagegen deutet das Kind als Zeichen, in dem das Ende des Malers in einer Irrenanstalt, »wieder zum Kinde geworden«, vorweggenommen sei und verweist auf ein anderes Bild des Malers, in dem »Aurora, die Verkünderin des Lichts und des Tags, (...) das Antlitz einer Wahnsinnigen« habe. Schrei und Wahnsinn werden also auch hier als zwei Varianten einer anderen Artikulation jenseits der vernünftigen Sprache verstanden, welche in dem von der Kunst festgehaltenen Erinnerungsbild aufleuchtet, wobei die Faszination und die Wiedererkennung des Eigenen im Fremden über mythische Zeichen und Figuren funktioniert.

Die Unfähigkeit, sich sprachlich zu artikulieren und über Situationen der Angst und des Schmerzes zu kommunizieren, wie sie auch in den Gesprächen von Jakobina und Richard deutlich wird, ist in der Erzählung auf Episoden aus der Kindheit bezogen, die als biographische Urszenen zu betrachten sind, in denen die Schwelle zur Sprachlosigkeit sich zeigt. Alles Verbotene, Unverstandene und Unheimliche wird mit Schweigen belegt, wobei im Umgang der Mutter mit der Tochter Sprache und Schuld in einer signifikanten Beziehung zueinander stehen. So wird beispielsweise das Verstummen der Tochter angesichts der tot aufgefundenen Freundin als Schuldbekenntnis gedeutet, »ein heimliches Herumtreiben an irgendwelchen Orten« vermutet. Mit Geschenken versucht die Mutter, sie zum Reden zu bringen; später bei den Untersuchungen wird sie mit Blick auf die Öffentlichkeit wieder zum Schweigen überredet, und schließlich folgen »Befehle zu vergessen« (S. 95). In den Spielen der Kinder dagegen ist eine Ausdrucksweise erinnert, in der diese ihr Erschrecken und Verstummen in fast magischer Weise — in der Form der Nachahmung — durchbrechen:

»(...) wie kam es, daß wir, die wir uns sonst alles sagten, unser Erschrecken verschwiegen: wie kann man das erschießen lassen, was man geliebt hat. Die Erlösung kam von Marga, die das Unheimliche noch einmal aussprach: wollt ihr sie den Bolschewisten überlassen. Und Marga war es auch, die Jakobina fragte: Bolschewisten, was ist das.« (S. 58)

Eine ähnliche Bedeutung wie die Nachahmung der für sie dunkel bleibenden Rede der Erwachsenen durch die Kinder hat ihr Spiel, das *Müde matt krank tot*-Spiel, »als hätten sie mit dem Abzählreim das Geheimnis ihrer Mutter entdeckt, und alles Unaussprechbare wäre in diesen vier Worten enthalten« (S. 60). In diesen Kindheitserinnerungen wird eine Ausdrucksmöglichkeit vergegenwärtigt, die eher als *Artikulation* denn als *Aussage* zu bezeichnen ist. Sie sagen nicht *etwas*, sondern sie drücken etwas aus, das ihnen selbst unverständlich bleibt, sie aber sichtlich erregt. Durch das spätere Verschwinden solcher Artikulationsweisen entsteht bei den Erwachsenen ein Mangel, an dessen Stelle dann die Faszination des Mythos Raum greift, wie sie sich in der beschriebenen Umgangsweise Jakobinas mit Bildern und Geschichten darstellt.

Birgit Pauschs Schreibweise zielt auf eine Verlebendigung von Geschichte und Mythos, indem sie ihrer Hauptfigur Gestalten aus Schrift und Bild an die Seite stellt, wodurch eine Gleichzeitigkeit von Bildern und Wirklichkeit entsteht. Ästhetisches und politisches Programm der Erzählung — und auch darin bezieht sich der Text auf sein Vorbild, »Die Ästhetik des Widerstands«, — sind insofern miteinander vermittelt, als der Widerstand der Jakobina Völker gegen die herrschende Dramaturgie der Übereinstimmungsrede und ihre Umgangsweise mit Geschichte ebenso wie die Schreibweise des Textes gegen Tendenzen der Erstarrung und des Verschweigens gerichtet sind.

Wenn die Erzählung von Pausch die Grenzüberschreitungen zwischen Realem und Imaginärem immer in den Vorstellungen und Wahrnehmungen ihrer Figur Jakobina Völker ansiedelt, so sind solche Überschreitungen in dem Prosatext »Das Judasschaf« von Anne Duden (1985) insofern noch weiter getrieben, als dort keine solch klar konturierte Figur existiert. Die Person, von der die Rede ist, bleibt namenlos, von ihr wird abwechselnd in der ersten und dritten Person erzählt. Und wenn in der »Ästhetik des Widerstands« die Dialektik zwischen Verstummen und Gestaltung, zwischen Schrecken und Überleben, zwischen der Kette der Begebenheiten und der Trümmerspur der Geschichte *rekonstruiert* ist, so wird diese Dialektik von der weiblichen Person im »Judasschaf« *durchquert*. Kann man die Medusa als mythische Figur verstehen, die die Urszene des Gedächtnisses verkörpert, so handelt dieses Buch von der Wiederholung dieser Urszene im Leben einer gegenwärtigen Person:

»Männlichere Lebensaussichten konnte sie bei sich nicht anwenden, denn es fehlte ihnen, was sie erst noch durch Zusammenstoß mit sich selbst und Versteinerung beseitigen mußte: Gedächtnis.« (S. 40)

So bewegt sie sich genau auf der Grenze, die von Peter Weiss als Ort der Kunst bezeichnet wurde, nur daß sie die dort beschriebene geschlechtsspezifisch konnotierte Aufspaltung — Überwindung des Schreckens und Fixierung im Werk — für sich nicht anwenden kann.

Womit die Person nicht klar kommt, das ist ihre Position als Überlebende, wobei dies sowohl historisch das Weiterleben nach dem Faschismus meint als auch genereller die Struktur des Überlebens, das sich dem Verschweigen, Verdrängen und Auslöschen von Wissen in einem nach vorn gerichteten Blick verdankt. »Dunkelheit Verschweigen traumabgewandten Schlaf. Denn die Lebenden müssen schlafen und ruhen und schweigen unter dem Gewicht der Lebbarkeit.« (S. 112) Will ihr diese Lebbarkeit, ein normales Hinleben, dieser »Fortgang um jeden Preis« nicht gelingen, so ist mit dem genannten Schweigen kein Verstummen bezeichnet, sondern sie empfindet es gerade in der größten Rede- und Zeichenflut. Diese Art Schweigen meint also das Fehlen einer bestimmten Sprache; es verweist auf »Informationsballungen« als eine moderne Form, Erinnerungen bzw. Spuren der Geschichte auszulöschen. Im New York-Abschnitt wird diese Variante geräuschvoller Geschichtslosigkeit besonders deutlich akzentuiert. Das Leiden der Person rührt nun daher, daß sie — unfähig, am allgemeinen Vergessen teilzunehmen — alle Erinnerungen in sich versammelt. Sie kann sozusagen als eine von den Erinnerungsspuren Gezeichnete verstanden werden.

Die Person befindet sich somit in einer Existenzweise, die sich gegen die Trennung von Wissen und Überleben, gegen die Ungleichzeitigkeit von Erinnerung und Bewußtsein sperrt, in einem Zustand, der einmal als »ein bei lebendigem Leibe Informiertsein« bezeichnet wird. Von dort aus entwickelt sie eine intensive Umgangsweise mit Bildern bzw. mit den Geschichten, die sie in Gemälden, Texten und Musik entdeckt. Bleibt sie auf ihren Reisen an verschiedene Orte wie Venedig, Berlin und New York immer ortlos, so trifft sie in den Bildern auf andere mytische Orte, keine Gegenbilder zur realen Gewalt im Sinne von Utopien, sondern Orte des historischen Gedächtnisses, in die sie sich immer tiefer hineinbegibt, während sich im Realen um sie herum Geschichte immer mehr verflüchtigt. Dort entdeckt sie Konstellationen, in denen die Beziehung zwischen Wissen und Überleben als konfliktreiche dargestellt ist, dort sind die Kämpfe, die den bestehenden Trennungen vorausgegangen sind, noch deutlich lesbar. Eine Hoffnungsdimension enthalten die Bilder also nur insofern, als sich in ihnen etwas artikuliert, was mit dem Zustand der Person korrespondiert, wofür *sie* aber keine Sprache hat, was sie vor allem nicht in die Form von »Aussagesätzen« — man könnte auch Botschaften, Kenntnisse sagen — zu kleiden vermag. In den Gemälden (eins von Tintoretto und vier von Vittore Carpaccio) ebenso wie in Zeilen aus Tassos »Gerusalemme liberata«, rezipiert in der Vertonung Monteverdis, sieht sich die Person mit verschiedenen Wissenszuständen konfrontiert, die sich zwischen dem Schrei im Augenblick des Erkennens einerseits und dem »ewigen Gedächtnis in einen Fels gehauen« andererseits bewegen. Durch Zitate aus Märtyrerlegenden und Dokumenten aus Auschwitz und Dachau, aus Texten von überlebenden Opfern und Tätern, ist die Beziehung zwischen diesen alten Geschichten bzw. Mythen und der jüngsten Geschichte ständig präsent.

Es ist wohl kein Zufall, daß eine Mythe, in der ein Schrei des Erschreckens und Schmerzes im Moment des Erkennens dargestellt ist, nicht über ein Bild, sondern durch ein musikalisches Zitat erinnert wird. »Ahi vista! ahi conoscenza!«, diese Zeilen aus Monteverdis Madrigal lassen die Szene lebendig werden, in der Tancredi im vermeintlichen Gegner, den er gerade getötet hat, seine Geliebte erkennt (S. 27). Aber selbst schon in diesem Geschehen entdeckt und erleidet die Person jene Bewegung, mit der sich Tancredi von der Toten ab- und dem Weiterleben zuwendet. Ihre Identifikation mit der Situation bezieht sich dabei weder auf den überlebenden Täter noch auf die Ruhe verkündenden Worte des Opfers »vado in pace«, sondern sie nimmt wie stellvertretend den Schmerz für den Überlebenden auf sich, den *er* verdrängt: Schmerz im Überleben der Gefahr.

Man kann die Begegnungen der Person mit den Bildern im weiteren Text als Suche nach dem Verbleib dieses Schreis betrachten. In Tintorettos »Überführung des Leichnams des hl. Marcus« fallen ihr die vom Platz flüchtenden Menschen auf:

»Sie rannten davon, um sich vor dem Unwetter in Sicherheit zu bringen. Der Tote war das Unwetter.
Eine sauber gezeichnete, auch in der Dunkelheit noch hell leuchtende Trennungslinie, wahrscheinlich aus Marmor, verlief zwischen den Fliehenden und jenen, die mit dem Kamel auf Seiten des Toten standen und handelten. (...)
Der Tod muß so schnell wie möglich unsichtbar werden.« (S. 24)

Im Text sind die Wege der Person durch Venedig und das Geschehen auf dem Bild kaum voneinander geschieden. Die äußeren Orte und die Orte der Bilder gehen ineinander über: Diese Bewegung ist noch stärker bei der Musik, wo »sie nicht mehr unterscheiden konnte, ob das, was sie jetzt hörte, aus ihr kam oder ob es draußen irgendwo stattfand« (S. 25). Dann bei den Gemälden »Meditation über die Passion Christi« und »Grabbereitung Christi« wird die Distanz der Person zu der Darstellung völlig aufgehoben, begibt sie sich in die Bildlandschaften hinein. Die »Meditation« wird dabei als Ort »uferlosen Schweigens« verstanden, während das Wissen in den Körpern versiegelt und der Schrei in der in Stein gehauenen Schrift versteinert ist. Das Moment der Wiedererkennung und Identifikation bezieht sich hier vor allem auf die Gestalt Hiobs, und zwar auf sein vorausgegangenes Wüten und Klagen, seinen Aufruhr und seine Bemühungen um ein ewiges Gedächtnis, auf seinen verzweifelten Versuch, sich »seinem eigenen ungeteilten Wissen (zu) überlassen«, ein Kampf, der noch hinter dem jetzt Auseinandergesprengten entzifferbar ist: »in den Stein gemeißelte kopflose Aussage und mundtotes ort- und grenzenloses Wissen« (S. 92). Der sprachlose Leib und die Aussage sind auseinandergetreten, Erkenntnis ist in einen Zustand und in einen Satz aufgespalten.

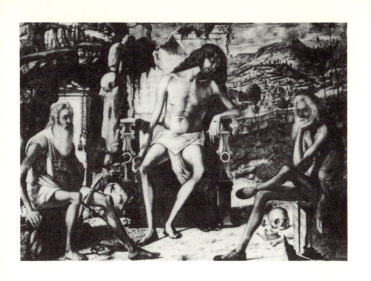

Vittore Carpaccio: Meditation über die Passion Christi. Ca. 1485.

So wie Anne Duden den Hiob hier beschreibt — und er taucht auch im letzten Bild wieder auf als einzige dem Toten zugewendete männliche Figur — trägt er Züge der Melancholia, und zwar einer Melancholia, die die Gestalt der Medusa noch nicht lange hinter sich gelassen hat. In den mythischen Bildern, auf die der Text Dudens Bezug nimmt, sind Spuren einer kulturgeschichtlichen Genese der heute vorherrschenden, durch permanente Trennungen verfestigten Wissensform enthalten, in der diese Gestalten Faszinationsmomente verkörpern. Die Arbeit am Mythos dient der Autorin insofern nicht nur der historischen Erinnerungsarbeit, sondern es geht in ihrem Buch auch um eine Gewinnung — oder Rückgewinnung — anderer als der gültigen Gedächtnismodi. Dafür war es nötig, eine Person zu beschreiben, deren Leib sich der aufblitzenden Erinnerungsbilder bemächtigt und die sich, um sie vor dem »Nimmerwiedersehn« zu retten, permanent der Gefahr aussetzt:

»(...) als sei ihr gesamtes Körperinneres von Anbeginn an geschändet worden und als hätten alle ihre Gehirnzellen einzeln, nacheinander und unaufhörlich das Gelände abzuschreiten, damit keine Erinnerung je verlorengehe, so lange sie lebte und noch weit darüber hinaus.« (S. 55—6)

Damit nimmt sie eine ähnliche Position ein wie Franza in Bachmanns Romanfragment, die von sich sagt: »Die ganze Schande kommt in mir zusammen, weil sie sonst niemand spürt« (S. 3/436). Die Person im »Judasschaf« aber ist namenlos. Von ihr wird abwechselnd in der dritten und ersten Person erzählt, manchmal auch wird sie als »die Person« bezeichnet. Nur dies ist gewiß: sie ist weiblichen Geschlechts und sie ist weiß. »Diese Person ist eine weiße Frau und immer noch nicht ganz erledigt« (S. 109). Die Ruhelosigkeit und Panik der Person rühren daher, daß ihr in den Träumen die Schuld der Weißen begegnet und daß sie sich, als eine von den Erinnerungsspuren Gezeichnete, von ebendenselben Mechanismen der Auslöschung bedroht fühlt, die den allgemeinen Prozeß des Vergessens und Verdrängens in Gang halten.

Trifft sie in den Gemälden einmal auf Momente von Ruhe oder Stille, wird ihr die Differenz zu ihrem eigenen Befinden überdeutlich. Auch wenn sie beim Anblick solcher Bilder über ihre eigenen Mängel reflektiert, erscheint die auf den Darstellungen präsentierte Ruhe nicht als Utopie, denn die Bilder zeigen auch die Kehrseite bzw. den Preis solcher Zustände. Die Darstellung des Heiligen Petrus etwa — es handelt sich um Carpaccios »Der hl. Martyr« — des Märtyrers mit einem Dolch im Herzen und einem Krummsäbel im Schädel, wird als »Bild der abgebrühten Stille« bezeichnet, bei dessen Anblick die Person feststellt, daß ihr »jene ruhige Mittellage« gänzlich fehle (S. 31–2). Als Kontrast dagegen stellt sich Carpaccios Version der »Geburt Mariae« dar; die gemalte Szene wird als Bild »unverdrossener Ruhe« betrachtet, einer Ruhe, die sich einem Ort außerhalb der Geschichte verdankt und vorübergehend den Charakter eines Wunschbildes erhält:

»(. . .) – mein Leben noch einmal leben in einem der Bilder, die unverdrossen die Ruhe bewahren und in denen die Geschlechter gar nicht erst auf die Idee kommen, gemeinsame Sache zu machen oder Zusammengehörigkeit vorzugeben.« (S. 43)
»Ich möchte diese Entbundene sein mit dem Abgrund des Alkovens hinter mir, in dem sich alles Unerklärliche in Form einer samtenen Schwärze versammelt hat. Entspannt und lärmlos die Unergründlichkeit im Rücken, Schlafenszeit für das, was noch nicht ist oder schon war.« (S. 44)

Während der Märtyrer, der durch das Grauen hindurchgegangen ist und es angenommen hat, als Bild für einen Zustand *nach* dem Wissen gedeutet werden kann, zeigt sich im Bild von der Geburt Marias ein unwissender Zustand, und zwar in Räumen, die gegenüber dem Schrecken draußen abgeschirmt sind. Es ist der historische Ort von Frauengestalten, die außerhalb der Geschichte stehen, womit das Gemälde seine Ruhe über die ›historische Unschuld‹ traditioneller Weiblichkeitsmuster gewinnt. Der Märtyrer und die Frauen besetzen so die beiden extremen Pole eines ›ruhigen Gewissens‹, das sich letztlich als ruhiggestelltes Wissen erweist.

Schon 1969 in ihrem Roman »Die Mansarde« hatte Marlen Haushofer eine Frau beschrieben, die sich zeitweilig in einem solchen Zustand der Ruhe befindet, einem Zustand, der sich einem Vergessen verdankt und als Erstarrung empfunden wird: »Ja, so war es, äußere Erstarrung war die einzig mögliche Form geworden« (S. 101). Die Ich-Erzählerin lebt in einem eintönigen, aber streng geregelten Ehealltag, dessen Gleichförmigkeit und Konfliktlosigkeit als Ergebnis einer Anstrengung erscheint, mit der die Ehepartner die Erinnerung an ein zurückliegendes Ereignis und an eine Zeit davor ausgelöscht haben. Notiert der Text, unterteilt in die Tage einer Woche, den alltäglichen Verlauf dieser Ehe, so wird deren Nähe zu einem Zustand des Lebendig-begraben-Seins dadurch symbolisiert, daß das Sonntagsvergnügen des Ehepaares darin besteht, das Arsenal — das Kriegsmuseum — zu besuchen, wobei die Ich-Erzählerin »mit Unbehagen« feststellt, daß sie sich »in diesem friedlichen Totenreich mehr daheim fühle als dort draußen in der lebenden Stadt« (S. 17). Während der Ehemann sich vollständig in diesem Zustand eingerichtet hat, gibt es bei ihr noch Erinnerungsmomente und widerstrebende Gefühle, welche sie aber jedesmal, wenn sie auftreten, erfolgreich mit Hausarbeit verdrängt. In den Reflektionen der Ich-Erzählerin erfährt man so von einer glücklicheren »Vorzeit« — die ersten Jahre des gemeinsamen Lebens und der Beginn der Beziehung — welche ihr jetzt nur noch »wie eine sehr alte Legende« erscheint (S. 74). Diese Vorzeit wird als »schön, bunt und leuchtend« erinnert (S. 113). Unter der Maßgabe, vernünftig zu sein, habe der Mann dagegen diese Zeit ganz vergessen, »denn alles, was wir damals taten, muß ihm heute als reiner Wahnsinn erscheinen.« (S. 67)

Als einen Ort außerhalb dieses Ehealltages gibt es für die Frau ein Mansardenzimmer, ein Raum, in dem sie sich fast ausschließlich alleine aufhält, um dort zu zeichnen oder auch nichts zu tun. Die strenge Trennung zwischen »Mansardenleben« und dem »übrigen Haus« dient ihr bei der Aufrecht-

erhaltung der Ordnung (S. 24). Bezeichnenderweise ist dieser
Ort außerhalb nicht ›draußen‹, sondern im Innern des Hauses; und er verweist auch nach ›Innen‹, denn die »Mansarden-
gedanken« der Frau stehen mit ihren Träumen und mit ihrer
Erinnerung in einer deutlichen Beziehung. Doch selbst noch
in ihrer Beschäftigung in der Mansarde kommt etwas von dem
Unlebendigen ihres Daseins zum Ausdruck. Sie zeichnet In-
sekten und Vögel und stapelt die Blätter in einem Schrank, da
es ihr nicht gelingen will, einen einzelnen Vogel so darzustellen, daß man ihm ansieht, daß er nicht allein auf der Welt sei.
An diesem Ort, in der Mansarde, ist es auch, wo die Ich-Erzählerin sich mit ihrer Vergangenheit konfrontiert. Als ihr
von einem Unbekannten Briefumschläge mit Aufzeichnungen zugeschickt werden, entdeckt sie, daß es sich um eigene,
lang zurückliegende Tagebuchaufzeichnungen handelt, welche sich auf »jenes Ereignis« beziehen, »über das wir nie reden und das jeder von uns zu vergessen sucht« (S. 12). Diese
»Schrift einer Person, die ich einmal gewesen war« (S. 23),
wird in der Mansarde gelesen. Da die ganze Woche über täg-
lich ein Briefumschlag ankommt, sind diese Aufzeichnungen
so in die übrige Darstellung hineinmontiert, daß sich beim
Lesen »jenes Ereignis« sukzessive enthüllt. Aus dem Nebeneinander der Reflektionen der Ich-Erzählerin und der Erinne-
rungs-Schrift entsteht dabei ein Geflecht von Motiven, das
einen Zusammenhang zwischen Schrecken / Erschrecken und
Wissen / Erinnerung herstellt, in dem ihr jetziger Zustand als
eine Variante des *Über*lebens erscheint, insofern er sie gegen
den Schrecken immunisiert und sie davor bewahrt, außer sich
zu geraten, auffällig zu sein oder gar »ausgemerzt« (S. 63) zu
werden.

»Die große Häßlichkeit und der große Schrecken erreichen uns alle
eines Tages. Dann kann man nicht länger davonlaufen und wird an
die Wand gepreßt. Es wäre gut, dann taub, blind und gefühllos zu
sein, aber damit kann man nicht rechnen.« (S. 137)

Mit dieser Passage aus den Gedanken der älteren Frau erhält die Taubheit, unter welcher die Verfasserin der Aufzeichnungen tatsächlich litt, die ihr aber rätselhaft blieb, eine Bedeutung. Sie war eines Nachts von einer »ganz gewöhnlichen Feuerwehrsirene« aus dem Schlaf geschreckt und konnte nichts mehr hören. Da ihre Taubheit andauert, empfindet sie sich immer mehr als Störenfried und schlägt, als sie das Gefühl hat, daß ihr Mann sie am liebsten los wäre, vor, er möge sie fortschicken. Im Text wird nur angedeutet, daß sich in dieser Situation eine verborgene psychische Konstellation ausdrückt, in der der Mann als Vollstrecker agiert für den Wunsch der Schwiegermutter, die junge Frau zu beseitigen. Um die Kosten für ein Sanatorium zu sparen, wird die taube Frau in den Bergen in einer Jägerhütte untergebracht, wo sie von einem Jäger versorgt (und bewacht) wird, während ihr Mann damit beschäftigt ist, »eine Existenz aufzubauen«.

Mit dieser Geschichte, die stückweise durch die Tagebuchtexte mitgeteilt wird, bezieht der Roman »Die Mansarde« sich auf eine mythische Szenerie, die auf die Urszene der Medusa verweist. Vor Schreck taub geworden — ein Symptomschreck, der sich auf die Schrecken der Kindheit und des Krieges wie auf das alltägliche Grauen bezieht — wird die Frau an einen Ort außerhalb der sozialen Ordnung verbannt. Dort begegnet sie einem Mann, der an die mythische Figur des ›wilden Mannes‹ erinnert, ein Lebewesen außerhalb der Zivilisation und der Moral. Dieser namenlose Mann — er wird mit X bezeichnet — benutzt sie, die nicht hören kann, dazu, ihr seine Geschichte zu erzählen. Während sie ihr »Gesicht hinhält«, schreit er seine ungebändigten Gefühle heraus. Obwohl sie den *Wortlaut* nicht versteht, sieht sie die *Spuren* von Angst und Haß in seinem Gesicht und in der Gestik seiner Hände: »Sie sind so nackt und aufrichtig und vollkommen schamlos« (S. 155). In einem Moment, in dem sich dieser Ausbruch gegen sie wendet, erschreckt die Frau maßlos, gerät außer sich und kann, in ihrem Entsetzen, wieder hören. Danach kehrt sie in ihre Familie zurück, in einen Zustand der Restauration, der sich über die Verdrängung des durchlebten Schreckens herstellt.

Mit dieser Geschichte »in den Bergen«, welche die »Vorzeit« von der Jetztzeit trennt, läßt Haushofer ihre Figur eine Situation durchleben, in der das sichtbar wird, was in der Gesellschaft verborgen ist. Die Wiederholung ihres Schreckens findet an einem Ort statt, dessen Konstellation mythische Züge trägt. Insofern referiert der Text nicht auf eine bestimmte mythische Figur, sondern auf jene mythische *Szene*, die den Übergang zwischen Schrecken und Sprache bezeichnet. Die Unfähigkeit, die (Wort)Sprache zu verstehen, mobilisiert dabei die Aufmerksamkeit für andere Spuren bzw. Schriften.

»Ich träume jetzt viel von zerfallenen Städten und von Landschaften, in denen es keine Menschen mehr gibt, nur verwitterte Statuen. Ich gehe dann von einer Statue zur andern, und sie betrachten mich aus weißen Augenhöhlen. Sie können mich sehen und haben nichts dagegen, daß ich bei ihnen bin. Es ist ganz still im Traum, und ich werde schläfrig und steige tief hinunter in Gewölbe, die warm und trocken sind und an deren Wänden alte Inschriften stehen, die ich nicht lesen kann. Daß ich sie nicht lesen kann, beruhigt mich im Traum sehr. Ich weiß: sie sind nicht dazu da, gelesen zu werden.« (S. 89–90)

Dieses Traumbild von der »Unlesbarkeit der Inschriften in den unterirdischen Gewölben« ist sowohl ein Erinnerungsbild als auch ein Bild für die Erinnerungsspuren, die ›draußen‹, außerhalb der sozialen Ordnung sichtbar werden. Die Mansarde dann ist der Ort der Frau, an dem innerhalb des Sozialen noch Spuren davon lebendig sind. Die Mansarde ist somit ein Bild für die Form der in die Zivilisation eingeschlossenen weiblichen Erinnerung. Als die Ich-Erzählerin die Tagebuchaufzeichnungen gelesen hat, entsteht vor ihren Augen und auf ihrem Papier das Bild eines Drachen. Der Drache aber ist in den Gründungsmythen das Tier, dessen Tötung die Sicherheit der Gesellschaft ebenso wie die Domestizierung der Frau sich verdanken.

Mit diesem Bild nimmt »Die Mansarde« ein Motiv vorweg, das in Dudens Texten eine wichtige Rolle spielt, wie auch die Wege der Person im »Judasschaf« sich an einigen Punkten mit jenen der Frau in der »Mansarde« kreuzen.[1] Beide befinden sich im Kampf zwischen Überleben und Erinnerung. Ebenso deutlich sind Ähnlichkeiten mit Motiven im »Todesarten«-Zyklus Bachmanns; die Wiederholungsstruktur in der Wüstendurchquerung Franzas z. B. korrespondiert mit der in der Geschichte in den Bergen. Nur daß die Ich-Erzählerin Haushofers diese Geschichte als »Scheintote« überlebt.

9.4. Antigone und Kassandra

Die Faszination, die von vielen mythischen und antiken Frauengestalten ausgeht, hat andere Autorinnen dazu veranlaßt, sich um eine Neuaneignung dieser Figuren zu bemühen und sie dabei aus festgeschriebenen Überlieferungsbildern zu befreien. Da der historische Übergang vom Matriarchat zum Patriarchat in der griechischen Mythologie und ihren antiken Bearbeitungen erinnert ist, sind diese Überlieferungen für eine andere Lektüre unserer Geschichte aus der Perspektive von Frauen besonders wichtig. Daß Gestalten wie Kassandra, Iphigenie, Antigone oder Klytaimnestra immer noch als Identifikationsbilder funktionieren können, daß sie nichts von ihrem Zauber verloren zu haben scheinen, macht es erforderlich, neben der Kritik der Überlieferung dabei ebenso die Bedeutung derartiger Gestalten für die eigenen Vorstellungen zu

---

1. Vgl. Anne Dudens Beitrag über »Die Mansarde«: »*In Ruhe und Ordnung: unheilbar verwundert.* Zu Marlen Haushofers Roman ›Die Mansarde‹.« In: »›Oder war da manchmal noch etwas anderes?‹ Texte zu Marlen Haushofer.« Frankfurt/M. 1986. S. 108–114.

befragen, gerade weil ihre Namen sich häufig aus den Über-
lieferungskontexten heraus gelöst haben und auf diese Weise
isoliert ein Eigenleben im Imaginären führen: als Namen, an
die sich bestimmte Szenenbilder, Eigenschaften oder Sätze
heften. Z. B. Antigone, die Ungehorsame, oder der Ruf der
Kassandra. Sie sind nicht selten wie jene Bilder beschaffen,
von denen Benjamin in seinem kurzen Text »Ausgraben und
Erinnern« schreibt, daß sie »losgebrochen aus allen früheren
Zusammenhängen, als Kostbarkeiten in den nüchternen Ge-
mächern unserer späten Einsicht — wie Torsi in der Galerie
des Sammlers — stehen.«[1] Benjamin folgert daraus, es käme
darauf an, auch im Heutigen Ort und Stelle zu bezeichnen, an
der man das Alte aufbewahre.

In diesem Sinne hat Grete Weil in ihrem Roman »Meine
Schwester Antigone« (1980) sich mit der Bedeutung der Anti-
gone-Figur für ihr eigenes historisches Gedächtnis auseinan-
dergesetzt. In dem Roman thematisiert die Autorin ihre Position als Jüdin, die den Faschismus in einem Versteck überlebt
hat, im Gegensatz zu ihrem Mann, der im KZ Mauthausen
umgebracht wurde, als ausgesprochen widersprüchliche Position.

Als Jüdin identifiziert sie sich als Opfer, als Überlebende
empfindet sie sich als Mitschuldige: »Überleben als Ziel. Es
gibt kein anderes. Überleben als Religion. Als Sport. Als Politik« (S. 47). Ihre Auseinandersetzung mit der Vergangenheit
konzentriert sich um zwei Probleme, erstens den Zwang und
zugleich die Unfähigkeit, sich den Tod ihres Mannes im KZ
konkret vorzustellen, sowie die Unmöglichkeit, seinen Verlust in ihr Weiterleben zu integrieren, und zweitens die quä-
lende Frage, warum sie keinen Widerstand geleistet habe.
Diese Mängel haben sie in eine Art Lähmung versetzt, kom-
munikations- und handlungsunfähig gemacht, isoliert und
unverstanden von der jüngeren Generation. Als Gedächtnisfigur für diese Situation fungiert die Identifikation mit Anti-

1. In: Gesammelte Schriften«. A. a. O. Bd. IV. 1. S. 400.

Griechische Amazone aus dem Relief von Ephesus.

gone, der ungehorsamen Königstochter, die ihren Bruder gegen das Verbot des Königs begräbt, mit einer idealen mythischen Gestalt also, die all das verkörpert, was der Ich-Erzählerin mangelt: Sinnbild der Widerständigen, »der zu jedem Opfer Bereiten« (S. 17), der Liebenden.

»Wie stelle ich sie mir vor? An einem Tag glaube ich es zu wissen, am nächsten nicht mehr, bald ist sie ein Stück von mir und bald in allem mein Gegenpart. Traum durch die Zeit, wie ich mir wünsche zu sein, wie ich nicht bin, Königstochter in frühen Jahren, Landstreicherin dann, kompromißlose Widerstandskämpferin, die ihr Leben einsetzt und verliert, Jüngerin, Geliebte des Dionysos, für die Leben Haß und Tod Liebe bedeutet, die Entschlossene, nicht von ihrem Gesetz Abweichende.« (S. 10)

Die Schreibarbeit der Autorin gilt dem Abbau dieses idealisierten und verklärten Vorbildes, der dadurch einsetzt, daß andere Figuren, die im Antigonebild gespiegelt werden, die einfache Identifikation stören und aufbrechen. Die Arbeit an einem Text, einem Antigone-Buch, und ein politisches Erlebnis aus dem ›Deutschen Herbst‹ überkreuzen sich und reißen die Ich-Erzählerin aus der Sicherheit ihrer Isolation und ihres imaginären Selbstbildes. Ihre ambivalenten Gefühle gegenüber einer Freundin ihrer Nichte, die als sogenannte Sympathisantin bei ihr Unterschlupf sucht, und ein Vergleich dieser Person mit der Antigone konfrontieren die Ich-Erzählerin mit ihrer eigenen Abwehr gegenüber Aspekten der Antigone-Gestalt, die bisher in ihrer Faszination für sie keinen Platz hatten.

»Plötzliches Begreifen, daß meine Prinzessin viel mit Marlene gemeinsam hat und ebenso schwer zu ertragen wäre. Der Gedanke tut weh. Ich ahne, daß die leibhaftige Antigone, die ich nicht nach Lust und Laune herbeirufen und wieder ins Dunkle zurückstoßen könnte, mir schwer auf die Nerven ginge. Meine Angst vor den Unvernünftigen.« (S. 97)

Indem weitere historische und mythische Frauengestalten in diese Konstellation eintreten, z. B. Sophie Scholl, Johanna von Orleans und Gudrun Ensslin, wird eine vielfache Spiegelung erzielt, die das der Idealisierung zugrundeliegende Muster zerbrechen läßt und eine Klärung in der Beziehung der Ich-Erzählerin zur Antigone provoziert. Dabei wird die Identifizierung mit der Antigone durchquert und zerstört, indem die Angleichung an die mythische Gestalt soweit radikalisiert wird, daß die Erzählerin *als* Antigone spricht und *mit* ihr spricht, bis sich die Figur dann verselbständigt und sich ihr schließlich entzieht. In einer Vision am Ende des Textes erscheint Antigone der Ich-Erzählerin in einem ihrer traumatischen Erinnerungsbilder: Sie steht zwischen den Juden vor dem Tisch, hinter dem die Erzählerin als Mitglied des ›Jüdischen Rates‹ an der Schreibmaschine sitzt. Indem Antigone in dieser Situation genau das tut, was die Ich-Erzählerin als eigenes Versäumnis empfindet, indem sie nämlich einen Revolver zieht und auf den Hauptsturmführer zielt, muß sie allerdings von dem ihr jahrhundertelang angedichteten Bild abweichen, muß sozusagen aus ihrer klassischen Rolle fallen. Wenn sie ihren Schuß mit den Worten begleitet »Nicht mitzulieben, mitzuhassen bin ich da«, formuliert sie eine Umkehrung des der mythischen Antigone in den Mund gelegten, zum Ideologem erstarrten Credos humanistischen Denkens, »Nicht mitzuhassen, mitzulieben bin ich«, das am Anfang des Buches stand, als noch »alles klar (war) zwischen uns«, wie es wörtlich hieß. (S. 10)

Dieser Schuß, der in der Vision die lange imaginierte Wunschvergangenheit durch die idealisierte Figur endlich vollziehen läßt, trifft und tötet im Effekt diese Figur selbst, d. h. die Identifizierung mit einem starren mythischen Bild. Nach dieser Szene empfindet die Erzählerin ihr Gedächtnis als ausgelöscht. Die Demontage ihres im Antigone-Bild beruhigten und gelähmten Gedächtnisses ist im Text verknüpft mit einer Erinnerungsarbeit, in der sich die verschiedenen Raum- und Zeitebenen des Textes kreuzen: (1) die mythische Zeit Antigones vor den Toren Thebens, (2) die Vergangenheit des Nationalsozialismus und die Emigration in Holland und (3) die Gegenwart in der Bundesrepublik, Schreibzeit und politische Erfahrung des ›Deutschen Herbstes‹ zugleich. Hineinmontiert ist ein authentischer Augenzeugenbericht über die Liquidierung eines jüdischen Ghettos in Polen. Dieses Dokument, dem üblicherweise der Status einer historischen Quelle zugeschrieben wird, bildet quasi die Kehrseite ihres Antigone-Gedächtnisses; die Lektüre dieses Textes, bei der sie sich dem Grauen der Vergangenheit aussetzt, lähmt sie aber auf eine andere Weise, läßt sie allein. Sie kann darüber mit niemandem reden. Antigone war ein Ersatz für diese Art Sprachlosigkeit.

Dieser Roman Grete Weils, in dem die Autorin, statt eine neue Antigone zu entwerfen, das Scheitern ihres Projektes als radikale Verabschiedung von einer identifikatorischen Inanspruchnahme der mythischen Figur gestaltet, präsentiert statt einer Umdeutung des Mythos eine andere Umgangsweise mit Mythen. Dabei ist auffällig, mit welcher Offenheit die Autorin ihre persönlichen Erfahrungen, Widersprüche und Schwächen in den Text einbringt. Siebzehn Jahre zuvor war — ohne viel Resonanz — der Roman »Tramhalte Beethovenstraat« erschienen, in dem Weil ihre Erlebnisse in der holländischen Emigration in Form einer fiktiven Handlung verarbeitet hat. Dort war es ein männlicher Protagonist, der nach dem Krieg an den Ort seiner traumatischen Erinnerung zurückkehrt, nach Amsterdam in die alte Wohnung, vor dessen Fenstern sich die Straßenbahnhaltestelle befindet, von der aus die Juden jede Nacht abtransportiert wurden. Ein Vergleich zwischen beiden Texten zeigt, daß der Antigone-Roman, indem er zwischen Subjekt und Geschichte eine dritte Ebene, die der mythischen Erinnerungsfigur, einführt, eine subjektivere und zugleich eine aktualisierende Bearbeitung erlaubt. Der Mythos-Bezug hat hier also durchaus einen historisierenden Effekt.

Während Weil also auf einen eigenen (Gegen)Entwurf zur Antigone-Überlieferung verzichtet, hat Christa Wolf mit ihrem »Kassandra«-Projekt (1983) sowohl die Entstehungsgeschichte ihrer Identifikation mit dieser Figur als auch eine neue Version des Mythos vorgelegt, allerdings aufgeteilt in zwei verschiedene Textsorten. In den Frankfurter Vorlesun-

gen »Voraussetzungen einer Erzählung: Kassandra« gibt die
Autorin Auskunft über ihre kritische Arbeit an der Rekonstruktion der Überlieferungen, die zu einer kulturgeschichtlichen Analyse über den Zusammenhang von Heldenmythos
und männlicher Ästhetiktradition führt. Die Konstitution des
männlichen Helden und die Degradierung der Frau zum Bild
sind danach eingebunden in die Genese eines Wirklichkeits-
begriffes, der sich an Ereignissen, an Tatsachen und am Fortschritt orientiere, und einer Literatur, die vorbildliche Helden
konzipiere und dem Erzählmuster einer Fabel folge. Die Arbeit an den »Voraussetzungen« ist durch das Bemühen der
Historisierung und Aktualisierung des Mythos motiviert.
Liest die Autorin die Zeugnisse der Überlieferung gegen den
Strich, um der Frage nachzugehen, wer Kassandra war, ehe
irgend einer über sie schrieb, so erhält »die Seherin« zugleich
immer größere Bedeutung für die gegenwärtige politische Situation. Die »Voraussetzungen« sind Dokument einer Faszinationsgeschichte wie einer Entzauberung. Auf einer Grie-
chenlandreise besucht die Autorin die Überreste der minoi-
schen und hellenistischen Kultur, um im Anblick von Natur,
Architektur und Malerei sich eine Vorstellung von der vorhel-
lenistischen Kultur und ihrer Verdrängung bzw. Überfor-
mung durch patriarchalische Strukturen zu machen. Löst
diese direkte Konfrontation eine Art »Wiedererkennungszau-
ber« aus, so bestärkt sie auch eine grundlegende Veränderung
des »Sch-Rasters«:

»Den Mythos lesen lernen ist ein Abenteuer eigner Art; eine allmähliche eigne Verwandlung setzt diese Kunst voraus, eine Bereitschaft,
der scheinbar leichten Verknüpfung von phantastischen Tatsachen,
von dem Bedürfnis der jeweiligen Gruppe angepaßten Überlieferungen, Wünschen und Hoffnungen, Erfahrungen und Techniken der
Magie — kurz, einem anderen Inhalt des Begriffs Wirklichkeit‹ sich
hinzugeben.« (S. 57)

Unterstützt durch die Lektüre neuerer Studien zur Kulturgeschichte, kommt Wolf zu dem Ergebnis, daß die Ausgrenzung
der Frau als Subjekt der Geschichte in der hellenistischen

Kultur bereits vollzogen war, wobei in deren Literatur »das Alltagsleben (...), die Welt der Frau«, nur noch »in den Lükken zwischen den Schlachtbeschreibungen« durchschimmere (S. 92). Diese historische Rekonstruktionsarbeit, aus der sich die Entwicklung eines anderen Literaturkonzeptes, die Suche nach Ansätzen für »eine andere Art zu erzählen«, ableitet, ist als Entzauberung der Tradition zu werten. Daneben aber gewinnt die Gestalt der Kassandra und die Identifikation der Autorin mit dieser Gestalt immer mehr Bedeutung; in dieser Hinsicht beschreiben die »Voraussetzungen« den Verlauf einer Faszinationsgeschichte. Dabei sind es gerade Subjektstatus und Autonomie dieser Gestalt, das also, was sie von den ›normalen‹ Frauen unterscheide, von dem diese Faszination getragen wird: »Der Punkt, über den ich sie mir anverwandle, Schmerz der Subjektwerdung?« (S. 89) »Ihre innere Geschichte: das Ringen um Autonomie« (S. 118). Als Wissende, als Seherin und als eine Frau, die sich aus der Übereinstimmung mit dem regierenden Vater löst, wird sie der Autorin zur vorbildlichen Figur. Die Aktualisierung der Mythe vom Trojanischen Krieg erfolgt dadurch wesentlich über die Identifikation mit dieser Heldin. In einem Gespräch über »Kassandra« hat Wolf bestätigt, daß die Vorstellung von der Figur ihr schon klar war, bevor sie sich ein genaues Bild von der Gesellschaft am historischen Übergang von matristischen zu patriarchalischen Strukturen gemacht hatte, in welche sie ihre Erzählung dann situiert.[1]

Wolfs Frage nach einer »anderen Art zu erzählen« (S. 154) berührt sich mit der Überlegung, ob es »wirklich ›weibliches‹ Schreiben« gäbe (S. 114). In ihrem literarischen Produkt, im Text der Erzählung »Kassandra«, ist dieses Vorhaben aller-

---

1. »Documentation: Christa Wolf.« In: »German Quaterly«. Volume 57, Winter 1984, Nr. 1. S. 106. — Zu einer ausführlicheren Kritik der »Kassandra« vgl. meinen Beitrag »Vom Sehen zur Seherin. Christa Wolfs Umdeutung des Mythos und die Spur der Bachmann-Rezeption in ihrer Literatur.« In: »Christa Wolf.« Text und Kritik. München 1985. S. 67–92.

dings in den Hintergrund gedrängt, dominiert durch die Geschlossenheit der Form, durch den monologischen Charakter, die fast klassisch zu nennende Sprache und den Entwurf einer vorbildlichen Heldin, die in einer Situation des Schmerzes und im Angesicht des Todes zu innerer Reife gelangt. Ist die Erzählung als Rede der Kassandra, als *ihr* Monolog konzipiert, so hat die Autorin die Einsichten, die sie sich in den »Voraussetzungen« erarbeitet hat, ihrer Figur in den Mund gelegt. Die Seherin, die durch ihre Einblicke in die Geschichte aus ihrer Gemeinschaft herausragt, wird dadurch einmal mehr zur Ausnahmegestalt. Mit ihrer Erzählung — »Mit der Erzählung geh ich in den Tod« (S. 5) — versucht Kassandra eine andere, weibliche Geschichtsschreibung, »neben dem Strom der Heldenlieder« (S. 93), zu begründen; zugleich versucht sie damit, ihrem Tod einen Sinn abzuringen und den Schmerz zu besiegen. An dem tragischen Ende der Kassandra konnte die Autorin nichts ändern, war sie doch um eine Historisierung des Mythos bemüht. Die Geschichte, die sie zu erzählen hat, die Geschichte vom Trojanischen Krieg, taugt nicht für Hoffnungen oder den Entwurf einer Utopie, denn es ist die Geschichte von Zerstörung und Tod. Hoffnungswünsche sind so in erster Linie in den Entwurf der Hauptfigur, in den Verlauf ihrer Persönlichkeitsentwicklung eingeschrieben. Am Ende von Wolfs Erzählung wird Kassandra als autonom Entscheidende vorgestellt. Sie entscheidet sich für den Tod und dagegen, ihrem Geliebten Aineias zu folgen, um »ein neues Troja irgendwo zu gründen« (S. 156). Diese Entscheidung ist als Geschichtsverweigerung zu lesen, als Austritt aus einer Geschichte, die weitere Helden und Kriege produzieren wird. Durch diese Umdeutung wird aus dem Ende der Kassandra, das im Mythos als unabwendbares tragisches Schicksal erscheint, eine Sinn-volle Tragik. Erhält der Tod der Kassandra durch deren geschichtsstiftende Erinnerungsarbeit noch einen zusätzlichen Sinn, so ist ihr Austritt aus der männlichen Geschichte durch den Entwurf einer weiblichen Geschichtsschreibung entgolten. Dergestalt bietet die Erzählung ihren Leserinnen ein Stück Versöhnung für die »Geschichte weiblicher Geschichtslosigkeit«[1] an, einen weiblichen Gegen-Mythos als Geschichtsersatz. Da der Tod Kassandras als formales und erzählerisches Telos des Textes funktioniert, sind die Zwischenstationen in der Entwicklung Kassandras auf dessen sinnstiftende Bedeutung bezogen. Indem Kassandra sich als Kriegsheldin verweigert, verwandelt sie sich in die Heldin einer inneren Entwicklung, die Autonomie und innere Reife erlangt. Auf diese Weise ist die Erzählung »Kassandra« im Unterschied zu Homers »Ilias«, die dem Gefühlsmaß von Achills Zorn unterworfen sei, einem ›weiblichen‹ Gefühlsmaß unterworfen, das Wolf in den »Voraussetzungen« mit »Schmerz der Subjektwerdung« bezeichnet. Dadurch daß sich diese Entwicklung an traditionellen, geradezu klassischen Idealen orientiert, wird Wolfs Suche nach einer anderen Subjektivität der Frau beim Schreiben verdrängt.

In dem »Kassandra«-Projekt Wolfs erhält der Mythos-Bezug im Hinblick auf die Subjektkonstitution somit eine genau entgegengesetzte Funktion im Vergleich mit Schreibweisen westdeutscher Autorinnen. Obwohl ihr Projekt sämtliche zur gleichen Zeit in der BRD populären Motive des feministischen Diskurses bündelt — Mythologie, Spurensuche nach einer matriarchalischen Vorgeschichte, Kritik an der männlichen Ästhetik und am Bildcharakter von ›Weiblichkeit‹, weibliche Schreibweisen, Friedensbewegung —, gibt es hierzulande keine Autorin, die einen vergleichbar universellen Gegenentwurf geschrieben hätte. Ist das Vertrauen in die Instanz des Subjekts ebenso wie in den Wahrheitsanspruch programmatischer Alternativen weitgehend erschüttert, so wirkt sich die Situation nach der Moderne darin aus, daß sich Autorinnen in der BRD wie auch in Österreich und in der Schweiz derart universelle Aussagen und Entwürfe, so geschlossene Formen und ein solches Pathos versagen, wie

1. Silvia Bovenschen: »Die imaginierte Weiblichkeit.« A. a. O. S. 15.

sie vor allem mit den letzten beiden Erzählungen Wolfs,
»Kein Ort. Nirgends« und »Kassandra« vorgelegt wurden.

9.5. ›Weibliche‹ Mythen – Utopien

Einen ähnlich großangelegten literarischen Entwurf, der auf
mythische Überlieferungen Bezug nimmt, stellt allenfalls die
Romantrilogie der österreichischen Autorin Barbara Frischmuth dar mit den Romanen »Mystifikation der Sophie Silber« (1976), »Amy oder die Metamorphose« (1978) und »Kai
und die Liebe zu den Modellen« (1979). Allerdings geht es
darin nicht um einen Gegenentwurf zur männlichen Geschichtsschreibung, sondern die Schreibweise Frischmuths
bezieht sich auf jene mythischen Traditionen, die oft als
›weibliche‹ Kulturformen betrachtet werden, auf Volksmythen und Märchen. Während die männliche Dominanz der
Überlieferung sich auf die Schriftkultur bezieht, haben die
Frauen in der Praxis und Überlieferung mündlicher Kultur
auch in der europäischen Geschichte immer eine wichtige
Rolle gespielt, so daß das Bild vom Schweigen bzw. von der
Abwesenheit der Frauen vor allem für die fixierten, auf
Dauer angelegten Wissens- und Kunstformen Gültigkeit be-
ansprucht.
   Traditionell finden sich in der Literatur von Frauen häufig
Verweise auf mythische Denkmuster, die nicht selten eine
utopische Funktion erhalten, wenn sie im Text als Gegenbe-
wegung zur herrschenden Logik verwendet werden. Tag-
träume, phantastische Geschichten und Märchenelemente ge-
hören zum festen Genrebestand der Literatur von Frauen.
Ihre ambivalente Funktion zeigt sich darin, daß sie sowohl als
Widerstand gegen die Einschränkungen des realen weiblichen

Lebenszusammenhanges wie auch als Versöhnung damit qua Entgeltung im Reich des Imaginären wirken können. Im Kontext der Spurensuche nach verdrängten Ausdrucksformen weiblicher Kultur erhalten sie eine neue, manchmal programmatische Bedeutung: als Organisationsform abgedrängter weiblicher Erfahrung und als Anhaltspunkt für eine andere, weibliche Ästhetik. Wenn Heide Göttner-Abendroth in Sagen- und Märchenstoffen Transformationen matriarchaler Mythologie entdeckt,[1] dient das dem Versuch, die weibliche »Kehrseite unserer Kultur« (Wolf) positiv gewendet als Kontinuität einer weiblichen Kultur zu betrachten, deren Genese auf einen matriarchalischen Ursprung zurückgeht. Von den Matriarchatsmythen über Volksmythen und Märchen bis hin zu den Träumen verläuft diese Genealogie, die – da sie als Gegenwelt zur abendländischen Logik und Realität erscheint — insgesamt mit dem Phantastischen bzw. der kreativen Energie der Phantasie in Verbindung gebracht wird.

So bezieht Barbara Frischmuth sich beispielsweise auf eine »phantastische Welt (. . .), die in unserem Gedächtnis, in unserer Erinnerung und in unseren Träumen vorkommt,« eine Welt, die sie in ihre Literatur miteinbeziehen möchte.[2] Frischmuth sieht in dieser phantastischen Welt allerdings keine Gegenwelt im Sinne einer Utopie. Die Figuren ihrer Romantrilogie bewegen sich durch reale und mythische Räume und wechseln auch ihre ›Identität‹, wobei diese Übergänge eher einer Suchbewegung gleichen und letztlich auf die Lebensmöglichkeiten realer Frauen heute bezogen sind.

»Aber da scheint es noch eine andere Erinnerung zu geben, eine, die noch tiefer abgesunken ist und die sich so gut wie nie konkretisiert.

---

1. »Die Göttin und ihr Heros. Die matriarchalen Religionen in Mythos, Märchen und Dichtung.« München 1980. – Vgl. auch ihren Entwurf einer »matriarchalen Ästhetik« in »Die tanzende Göttin.« München 1982.
2. Barbara Frischmuth: »Die Schwierigkeit zu schreiben oder der neue Ort der Phantasie.« Zit. nach Christa Gürtler: »Schreiben Frauen anders? Untersuchungen zu Ingeborg Bachmann und Barbara Frischmuth.« Stuttgart 1983. S. 289.

Höchstens in Träumen und auch da nur auf sehr verwirrende Weise. Hin und wieder einmal ein Bild, das in voller Klarheit auftaucht, aber es ist so gut wie ohne Zusammenhang.« (Amy, S. 70)

»Ich bin mir nicht sicher genug, ob ich überhaupt Bleibendes schaffen möchte. Einstweilen erschreckt mich der Gedanke nicht, daß alles wieder zerrinnen könnte.« (Amy, S. 132)

»Der Versuch zu schreiben ist eine Hoffnung, die unbekannten Bilder bannen zu können.« (Amy, S. 199)

In diesen Überlegungen Amy Sterns wird deutlich, daß es im Roman eher um Suche als um Festlegung geht. Obwohl die Teile der Trilogie eine gewiße Entwicklung enthalten, ist durch das Nebeneinander verschiedener Zeit- und Realitätsebenen und durch die Gleichberechtigung der menschlichen und mythischen Figuren in der Handlung das Schema eines Entwicklungsromans durchbrochen. Der erste Roman zeigt Sophie Silbers Durchquerung mythischer Räume, bei der sie auf Gestalten aus Mythen und Märchen stößt. Frischmuth verwendet Motive aus Alpen-Sagen, orientalischen Märchen, aus dem Artus-Stoff und aus Feenmärchen. Die Feste der Feen erinnern aber z. T. deutlich an matriarchale Kulte. Die Hauptfigur des zweiten Romans, Amy Stern, hat eine Metamorphose von einer Fee zur Menschenfrau durchgemacht. In ihr Hinübergleiten von der Alltagsrealität zur Einbildung sind Erinnerungen an ihre Vorgeschichte eingestreut. Sophie Silber taucht hier als Mutter des Mannes wieder auf, in den Amy sich verliebt. In dem ganz realistischen Versuch Amys, Kind und Beruf (Schriftstellerin) miteinander zu verbinden, ohne sich auf die Unterstützung eines Partners zu verlassen, bezieht sich die weitere Darstellung auf aktuelle Erfahrungen und auf die Suche nach weiblichen Lebensmöglichkeiten, ohne eine eindeutige Perspektive anbieten zu können bzw. zu wollen.

Auch Maria Erlenbergs über 600 Seiten langer »utopischer Roman« mit dem Titel »Singende Erde« (1981) bezieht sich auf Mythen. Hier allerdings sind es vor allem Versatzstücke aus populären Naturmythologien und aus Märchen, die das

Material für eine phantastische Reise abgeben. Die Episoden dieser Reise bleiben aber um die Ich-Erzählerin zentriert, die sich gleichsam wie in einer »unendlichen Geschichte« auf einer Suche nach Einheit und ursprünglichen Erlebnissen befindet und dabei phantastischen Schauplätzen und Figuren begegnet. Anders dagegen Christa Reinig, die in ihrem Roman »Die Frau im Brunnen« einer verborgenen mythischen Struktur auf der Spur ist, die sie aus Überlieferungen verschiedenster Kulturen rekonstruiert. Die Unsicherheit über die eigene Identität, selbst den Namen, wird in eine — manchmal spielerische, manchmal zwanghafte — Suche nach »Urworten« und Beziehungen bzw. Identifikationen mythischer Rudimente umgesetzt.

Utopische Entwürfe sind in der deutschsprachigen Literatur ziemlich spärlich im Unterschied zur angloamerikanischen Literatur, wo sich eine eigene weibliche Sparte in den Genres von Utopie, Science Fiction und Fantasy herausgebildet hat. Wenn auch die Übersetzungen ausländischer Texte dieser Art hierzulande massenhaft verbreitet sind, gibt es kaum deutsche Beispiele. Und die wenigen, die vorhanden sind, können als literarische Fortsetzungen der feministischen Rezeption matriarchaler Mythen betrachtet werden. In Marockh Lautenschlags Roman »Araquin« (1981) z. B. fungiert ein Amazonenstaat als Reiseziel und konkrete Utopie. In diesen Staat dürfen die drei Heldinnen am Ende ihrer Reise eintreten, nachdem sie sich durch finsteres, frauenfeindliches Gebiet, dargestellt mit Hilfe mittelalterlich anmutender Schauplätze, hindurchgekämpft haben, — und nachdem sie den Tempelschatz der Amazonen, den Araquin, zurückerobert haben. Die Handlung folgt dem Muster eines Abenteuerromans, einer Gattung, die in ihrer Orientierung am Heroischen und am Ereignishaften auf eine eindeutig männliche Tradition zurückblicken kann. Die Utopie begnügt sich so mit einem Austausch des Personals, während die Struktur und Ordnung des Textes nach dem Vorbild männerzentrierter Trivialmythen eingerichtet sind. Das zeigt sich auch in der Ausrichtung der ganzen Handlung und Beschreibung auf ein zentrales Symbol: alle Macht, hier mit weiblichem Vorzeichen, ist repräsentiert in dem Einem, dem Araquin. »Macht und Energie in reiner Form« (185). Ohne die Psychoanalyse überzustrapazieren, läßt sich dieses Symbol als Phallusersatz interpretieren.[1]

Daß das Anliegen einer anderen, weiblichen Utopie durch die Gesetze einer genuin männlichen Gattung überlagert ist, zeigt sich noch deutlicher in Lautenschlags zweitem Roman »Sweet America« (1983), der als »Science Fiction« vorgestellt wird. Hier sind es die Stereotypen des Western-Genres, mit denen Action und Gewalt einer puritanischen, machistischen Siedlergemeinschaft in »Altland« inszeniert sind, angesiedelt auf einem anderen Planeten. Den Gegenpart — auch hier Reise-Ziel und konkrete Utopie — übernimmt diesmal eine technologisch hochentwickelte Gesellschaft, »Neuland«, eine Gemeinschaft von (männlichen und weiblichen) Homosexuellen, deren Ausgestaltung in der Beschreibung nur schemenhaft angedeutet ist. Mythos-Bezug bedeutet in diesen Texten also die Verwendung von Trivialmythen, in denen die Rezeption matriarchalischer und anderer Weiblichkeits-Mythen marktgängige Formen annimmt. Dies wäre nicht weiter bemerkenswert, wenn die Texte nicht durch Publikationsort und Vertrieb in einen Kontext eingebunden wären, der aus der Frauenbewegung entstanden ist.

1. Eine ausführliche Kritik dieses Romans sowie literarischer Utopien von Frauen in meinem Beitrag »Mit Siebenmeilenstiefeln zur weiblichen All-Macht oder die kleinen Schritte aus der männlichen Ordnung.« In: »Feministische Studien« Nr. 1/1985. S. 138–152.

10. Literaturgeschichte in Bewegung

»Siehst du, sagte sie, aber er hat vergessen, daß an der Stelle wo er sie getilgt hat, doch sie stehen geblieben ist. Sie ist abzulesen, weil da nichts ist, wo sie sein soll.«
(Ingeborg Bachmann: »Der Fall Franza«)

Als aus den Debatten über die ›Frauenliteratur‹ und aus dem Ungenügen an der gegenwärtigen Situation ein lebhaftes Interesse an der Geschichte schreibender Frauen und ihrer Produktionen entstand, enthüllte die erste Suche nach überlieferten Beständen eine desolate Lage. Ein Blick in die Bibliotheken, in Nachschlagewerke, Literaturgeschichten und Verlagskataloge erwies sich zumeist als Fehlanzeige. Sehr schnell zeigte sich, daß die Literaturgeschichte zu jenen Disziplinen zählt, in denen der Vorgang des aktiven Vergessens weiblicher Kulturleistungen am nachhaltigsten gewirkt hat, — in der deutschsprachigen Literatur noch deutlicher als etwa in der angloamerikanischen oder französischen, wo immerhin einige Frauennamen in den Kanon aufgenommen waren. Die Belege für diese Art des Verschweigens sind inzwischen zur Genüge bekannt, und das Bild hat sich durch die feministische Re-Lektüre und Umschreibung der Literaturgeschichte während des letzten Jahrzehnts gründlich geändert. Ging es anfangs vor allem darum, Texte von Schriftstellerinnen zugänglich zu machen und Informationen über einzelne Autorinnen wie über die historischen Bedingungen weiblicher Schreibpraxis zu erarbeiten, so wurde bald klar, daß es notwendig ist, auch die Praktiken der Disziplin zu rekonstruieren, die den Effekt der Ausgrenzung zustande bringen. Ist in der herrschenden Geschichtsschreibung, die sich als Überlieferung männlicher Kultur darstellt, der Eindruck von der Geschichtslosigkeit der Frau als Nebensatz mitgeschrieben, so ist es mindestens ebenso interessant, das Zustandekommen der blinden Flecken zu untersuchen, wie die verborgenen Schätze zu heben.

Schon der zweite Blick in die Bestände zeigt die Beredsamkeit des Fachdiskurses in seinem Schweigen über die Literatur von Frauen. Namenlosigkeit, falsche Namen, vertrauliche Nennung nur mit dem Vornamen, bibliographische Zuordnung unter dem Namen des Ehemannes statt unter dem Autornamen, falsche Datierungen von Werken und unrichtige Genrebezeichnungen sind nur einige Beispiele für das gestörte Verhältnis der Literaturhistorie zu weiblichen Autornamen.[1] Oft erfährt man über die Geliebten großer Dichter mehr als über Schriftstellerinnen, über die Mitarbeit von Frauen an männlichen Werken wiederum kaum etwas. Vor allem aber die Werturteilsbildung und der ihr zugrundeliegende Literaturbegriff wie die Inanspruchnahme des ›Weiblichen‹ für die Geschichte männlicher Einbildungskraft haben signifikante Lücken geschaffen und die Behandlung weiblicher Produktionen als ›Trivialliteratur‹ oder als Sonderfall bzw. Abart der Literaturgeschichte begründet. Wenn aber einmal eine Autorin in den Kanon aufgenommen wurde, dominiert die Neugier an ihrer Person (und ihrem Privatleben) meist das Interesse an ihrer Literatur. Das Umschreiben der Literaturgeschichte aus der Perspektive von Frauen erfordert insofern in erster Linie einen *anderen Umgang* mit Schriftstellerinnen und ihrer Literatur.

---

1. Vgl. z. B. Jeannine Blackwell: »Anonym, verschollen, trivial: Methodological Hindrances in Researching German Women's Literature.« In: »Women in German Yearbook 1«. Ed. by Marianne Burkhard/Edith Waldstein. Boston 1985.

10.1. Lektüren

In Abgrenzung zur Metasprache des wissenschaftlichen Diskurses wurden von Frauen verschiedene Wege der Aneignung und Lektüre entwickelt, die sich als mimetische, als subjektive oder als literarische Verfahrensweisen kennzeichnen lassen. In diesen Bemühungen treffen sich Schriftstellerinnen, Kritikerinnen und Literaturwissenschaftlerinnen, so daß schon auf der Seite der Schreibenden Durchbrechungen alter arbeitsteiliger Organisationsformen zustandekommen. Als subjektive Annäherungen stellen sich Texte dar, in denen die Schreibende ihre Position erkennbar macht und ihre Lektüre als individuelle darstellt. Um nicht einen Ort *über* oder *außerhalb* der Literatur zu besetzen, und in Ermangelung von Wahrheits- oder Objektivitätskriterien werden Schreibweisen einer produzierenden Nachahmung erprobt.[1] Auf die Entwicklung, daß literarische Texte als offen und inkohärent betrachtet werden, antwortet die schreibende Lektüre, indem sie den Text mimetisch durchquert und weiterschreibt. Im expliziten Bezug auf andere Texte und Autoren/innen stehen hier Schreibweisen der Intertextualität im Vordergrund. Durch Genre und Sprachgebrauch sind sie am Übergang zwischen wissenschaftlichem und literarischem Diskurs angesiedelt. Da ähnliche Verfahrensweisen zuvor von einigen französischen Theoretikern, vor allem von Roland Barthes und Jacques Derrida entwickelt und praktiziert wurden, überschneiden sich hier Schreibweisen einer ›weiblichen Ästhetik‹ am deutlichsten mit ›poststrukturalistischen‹ bzw. mit Schreibweisen der Dekonstruktion.

»Meine Arbeit ist der Versuch einer Entmystifizierung. Ich werde nicht interpretieren, sondern die Zersetzung eines männlichen Diskurses betreiben, der so dunkel in Ästhetik verpackt ist.« (S. 7)

1. Zum mimetischen Verfahren vgl. Luce Irigaray: »Das Geschlecht, das nicht eins ist«. A. a. O. S. 78 ff., S. 137 ff.

So beschreibt Ria Endres zu Beginn ihre Arbeit über Thomas Bernhard, »Am Ende angekommen. Dargestellt am wahnhaften Dunkel der Männerporträts des Thomas Bernhard« (1980), um auch gleich ihren subjektiven Ort erkennbar zu machen. Die Autorin gibt sowohl Auskunft über ihr Engagement und Interesse an ihrem ›Gegenstand‹ — »Der geheime Zugang zu dieser Arbeit ist meine Kindheit« (S. 7) — als auch über die Veränderung ihrer emotionalen Beziehung zu ihm während der Arbeit daran: Die anfängliche Empathie habe sich in Antipathie verwandelt. Die Lektüre gestaltet sich auf diese Weise auch als Wiederholung eigener Erinnerungen. Das Buch stellt zugleich eine exemplarische Arbeit dar, denn Endres liest Bernhards Literatur als Beispiel einer männlichen Ästhetik, der die Bewegung zur Erstarrung und Abtötung des Lebendigen eingeschrieben sei.

»In den Texten haben sich Metastasen des patriarchalischen Erbes herausgebildet. Der Fortschritt ist nichts anderes als eine Ansammlung von Todeskrankheiten. In den ruinösen Labyrinthen von Körper und Geist lagert sich die absterbende männliche Ästhetik ab. Die letzten ›Genies‹ füllen die Gruselkabinette der Kerker. Sie blicken heraus mit versteinerten Augen und kaputten Köpfen. Sie ›verlieren‹ ihre Wörter in den Foltermaschinen.« (S. 95–6).
»Das große Universum der männlichen Geniewelt ist die Landschaft des Todes.« (S. 97)

Diese Ästhetik sei durch eine Berührungsangst vor dem Weiblichen und durch die weitgehende Abwesenheit von Frauen gekennzeichnet, so das Resümee im vorletzten Abschnitt »La femme n'existe pas«, das schließlich eine grundlegende Desillusionierung der anfänglichen Faszination herbeiführt. Die betriebene »Zersetzung eines männlichen Diskurses« erweist sich so vor allem als Zerstörung der weiblichen Identifikation mit diesem Diskurs, als Voraussetzung, um aus seiner Versteinerung heraustreten zu können.

Ria Endres bezieht sich in ihrem Text auf das Buch von Margarethe Huber »Rätsel. Ich schaue in den geheimnisvollen Raum eines verschollenen Denkens, dessen Tür die Romantik einen Spalt weit geöffnet hat« (1978, mit Bildern von Magdalena Palfrader). Dieses Buch präsentiert sich in der Textgestalt noch stärker als Lektüreprozeß. Die Autorin unternimmt darin eine Reise mit der »Denkmaschine« Wissenschaft durch die Texte der Romantiker. Das Ziel der Reise — und des »Rätsels« Lösung — ist die Befreiung der Frau aus den Buchstaben einer männlichen Logik, ins Bild gesetzt in der vom Sockel gestoßenen versteinerten und verschleierten Göttin (der Wahrheit). Der Text teilt sich in zwei Spuren: (1) einen fortlaufenden Text auf der oberen Hälfte der Buchseiten, einen eher assoziativ verfahrenden, im Gestus literarische Texte; (2) durch Sternchen werden Bezüge zu eher erläuternden, begrifflichen Anmerkungen auf dem unteren Teil der Buchseiten hergestellt, in denen sich zahlreiche Philosophen kommentiert finden. Beide Teile enthalten Zitate, die mit Anmerkungen ausgewiesen sind. Das Ergebnis dieses Gewebes aus Anspielungen, Zitaten und Anmerkungen ist ambivalent. Die teilweise ironische Gegenlektüre etablierter Philosophiegeschichte wird durch die Überfrachtung mit Wissen leicht zu einem Text für ›Wissende‹ bzw. für Insider. Die Schreibweise kann aber als Versuch verstanden werden, die Buchstaben romantischer Texte mit Hilfe von Assoziationen, Konkretisierungen und eines Verfahrens des Wörtlichnehmens als Reise bzw. Durchquerung zu verlebendigen.

Auch eine Reise, allerdings eine Reise mit allen Sinnen, hat Ginka Steinwachs in ihrem Montageroman »marylinparis« (1978)[1] dargestellt, konzipiert als kulinarischer Spaziergang durch Paris, ein Text, der zugleich ihre Begegnung mit den Autoren des französischen (Post)Strukturalismus literarisch reinszeniert. Der Titel verweist auf die Verknüpfung von Weiblichkeit und Stadt: Marylin als Paris und in Paris, wo

1. Teile zuvor veröffentlicht in »manuskripte« H. 45/1974 – H. 49 unter dem Titel »mary(l)inparis«. Buchveröffentlichung: Wien 1978 und Basel, Frankfurt/M. 1979.

sich ihr orales Verhältnis zu ihrer Umgebung ausdrückt, während die Schreibweise der Autorin sich auf diesem Wege als »Spracherotik« entfaltet. In den vier Kapiteln des streng gegliederten Romans sind jeweils bestimmte Perspektiven des Denkens und der Sinne verklammert: I. Kapitel, (ch)orales fest, LOGIK, schmecken; II. Kapitel, maryflore, NOE-TIK, sehen; III. Kapitel, faunarthème, POLITIK, hören; IV. Kapitel, opéra bouffe, ETHIKO-ÄSTHETIK, riechen. Zudem sind den einzelnen Abschnitten jeweils verschiedene Orte, Autoren, Organe, Symbole und Tätigkeiten zugeordnet. Die Lust an der ironischen Inszenierung der ›Klassiker‹ und die Lust an der Lautgestalt der Sprache prägen den Text, dessen Wirkung sich im Hören verstärkt. Die Konzentration auf den Sprach-Körper und das Sprechbegehren bilden die Leitmotive, aus denen Ginka Steinwachs eine ganz eigene Schreibweise entwickelt hat, die sie selbst später als »Gaumentheater des Mundes« bezeichnet hat und der eine intensive Auseinandersetzung mit dem Surrealismus, vor allem mit Breton und Artaud, vorausgegangen ist.[1] In dem Montageroman ist ihr ›Wissen‹ kulinarisch, spielerisch aufbereitet; dennoch wird ein großer Teil der Lesefreude von der Kenntnis der in die Inszenierung eingegangenen Theorien abhängen. Sind diese in ihrem Text buchstäblich verkörpert, materialisiert, so ist damit ein Vorgang verbunden, der den auftretenden Autoren ihre erhöhte Position als *Auto*-*ri*täten entzieht. Diese Schreibweise, die sich auf die Sinne und den Sprach-Körper stützt, vollzieht eine Bewegung, die sich gegenläufig zur Bewegung der Abstraktion vom Sinnlich-Konkreten verhält, wie sie für Symbolisierungsprozesse

---

1. Vgl. Ginka Steinwachs: »Mythologie des Surrealismus oder die Rückverwandlung von Kultur in Natur« (1971). Basel, Frankfurt/M. 1985. — S. auch die zahlreichen Beiträge von G. S. in »Die Schwarze Botin«. Zu »marylinparis« s. meinen Beitrag »Traum—Stadt—Frau. Zur Weiblichkeit der Städte in der Schrift.« In: K. Scherpe (Hg.): »Die Unwirklichkeit der Städte.« Reinbek b. Hamburg 1988. S. 173—196.

kennzeichnend ist, in denen das Weibliche als Bild funktioniert, z. B. in einer Inanspruchnahme des weiblichen Körpers für die Darstellung von Städten, in Städte-Allegorien. [1]

Während die genannten Beispiele eine destruktive Aneignungsform von männlicher Literatur und Theorie beschreiben, sind Texte, die sich der Literatur weiblicher Autoren nähern, häufiger durch Identifikations- oder Spiegelungsverhältnisse zwischen der Schreibenden und der beschriebenen Frau gekennzeichnet. Hier überwiegen biographische Porträts oder Essays über die Literatur bzw. Schreibweise einer Autorin.

In ihrem Buch »Die Fröste der Freiheit. Aufbruchsphantasien« (1980) hat Gisela von Wysocki sich schreibend sieben weiblichen Gestalten genähert, Marieluise Fleißer, Virginia Woolf, Unica Zürn, Sylvia Plath, Leni Riefenstahl, Marlene Dietrich und Greta Garbo, alles Frauen also, deren Leben hinter Bildern verborgen ist, hinter selbstproduzierten oder denen, die andere von / mit ihnen gemacht haben. Ein abschließendes Gespräch der Autorin mit der Mutter handelt denn auch von der Anziehungskraft der Kino(Frauen)Bilder. In einem Beitrag im »Kursbuch«, der dem Buch vorausgegangen ist, formuliert Wysocki ihre Schreibmotivation:

»Das Leben der Frauen ist in Bilder geglitten, und dort produziert es seine sichtbaren, eigentümlichen Reflexe. Deshalb kann ich in mir selbst die Träumerin und die Interpretin (süchtiges Interesse und nüchterne Zurückweisung) nicht voneinander trennen. Ich bin die eine und brauche mich als die andere. Mein Bedürfnis nach Bildern ist immens, aber nur, indem ich sie in Bewegung setze, wird mein eigener Aufbruch aus ihren nur phantasierten Bedeutungen möglich.«[2]

1. Vgl. meinen Beitrag »›Die Städte sind weiblich und nur dem Sieger hold.‹ Zur Funktion des Weiblichen in Gründungsmythen und Städtedarstellungen.« In: Sigrun Anselm/Barbara Beck (Hg.): »Triumph und Scheitern in der Metropole.« Berlin 1987. S. 207—227.
2. »Frauen-Bilder im Aufbruch. Hinweise auf ihren Gebrauch.« In: Kursbuch 47. »Frauen«. März 1977. S. 91.

Mit ihren Texten verweigert sich die Autorin einer ihrer Meinung nach zu voreiligen Verabschiedung der Bilder im Gestus der Aufklärung oder Ideologiekritik; sie sind eher als Dokumente der Verzauberung zu lesen. Die Porträts in den »Frösten der Freiheit« sind keine geschlossenen Darstellungen, statt dessen Lektüren unter bestimmten Aspekten, die jeweils im Titel genannt werden. Über diese Faszinationsmomente stellt sich eine Nähe zwischen der Autorin und der jeweils beschriebenen Frau her, die deren Konturen dabei oft ununterscheidbar werden läßt. Der Untertitel des Buches »Aufbruchsphantasien« ließe sich so verstehen, daß das Buch Phantasien über die Aufbrüche anderer Frauen enthält — Phantasien in dem Sinne: so *könnte* es gewesen sein — und daß über diese Phantasien der Aufbruch der Autorin stattfindet.

An diesem Text zeigt sich eine grundsätzliche Problematik literarischer, subjektiver Annäherungen an das Leben und die Texte anderer Frauen. Setzen sie einerseits zurecht voraus, daß Objektivität oder ›Wahrheit‹ nicht herstellbar ist, daß Lektüren immer subjektiv sind und eine von vielen möglichen Deutungen enthalten, so wird andererseits oft ganz darauf verzichtet, historische Informationen zu geben und die eigene Deutungsarbeit erkennbar zu machen. Wenn Frauen über Frauen schreiben, ist das immer eine Gratwanderung hinsichtlich der Beziehung zwischen dem Schreibmotiv und der Sprache der Autorin einerseits und der eigenen Stimme der beschriebenen Frau und der textlichen und historischen Vermitteltheit ihrer Existenz andererseits. Eine subjektive Annäherung wird dann problematisch, wenn die Faszination für eine weibliche Gestalt letztlich zum Anlaß gerät für eine Selbstthematisierung der Autorin. Umgekehrt erwecken viele positivistische, detaillierte biographische Porträts den Anschein, als könnten wir uns wirklich ein eindeutiges Bild von anderen Frauen-Leben machen,[1] während doch das entstan-

---

1. Vgl. etwa die Bücher von Norgard Kohlhagen: »Nicht nur dem Manne untertan. Frauen, die die Welt veränderten.« Frankfurt/M. 1981. »›Sie

dene Bild von der Zufälligkeit überlieferter bzw. zugänglicher Quellen, von dem Blick verwendeter ›Zeugen‹ ebenso wie von den eigenen Wahrnehmungsmustern geprägt ist. Allzu leicht werden dabei alte Bilder gegen neue (Wunsch)Bilder ausgetauscht, wenn die Produkte nichts mehr von dem notwendig fragmentarischen Charakter und dem Interpretationsweg der Verfasserin erkennen lassen.

Eine geschriebene Lektüre nähert sich immer der Kritik bzw. dem Kommentar, da in ihr die Schrift der Autorin vor den gelesenen Text tritt. Auch wenn man den Kritiker als einen schreibenden Leser definiert, begegne dieser einem Vermittler, der Schreibweise, so Roland Barthes, der sich gegen die Illusion einer reinen Lektüre wendet:

»Der Kritiker ist nichts anderes als ein *commentator*, aber er ist es voll und ganz (...), denn einerseits tradiert er eine Materie der Vergangenheit (...), und andererseits verteilt er die Elemente des Werkes neu und verleiht ihm so eine bestimmte Verständlichkeit, eine bestimmte Distanz.«[1]

Was Barthes hier für den Kritiker schreibt, gilt auch für die Kritiker*in*. Vielen Texten von Frauen, die eine subjektive Annäherung darstellen, fehlt aber jenes Moment der Distanz. Im Postulat der Nähe, oft als Kriterium einer ›weiblichen Ästhetik‹ genannt,[2] wird der Vorgang der Objektivierung, der jedem Schreiben zugrundeliegt, solange es ein Schreiben *über* etwas oder jemanden und noch kein ›Frau-Sprechen‹ (Irigaray) ist, imaginär überwunden. Dabei wird dann verkannt, daß dasjenige/diejenige, worauf der Text referiert, zum Objekt der eigenen Schreibweise wird.

schreiben wie ein Mann, Madame!‹ Von der schweigenden Frau zur schreibenden Frau.« Frankfurt/M. 1983.
1. »Kritik und Wahrheit« (1966). Frankfurt/M. 1967. S. 89. Für das folgende Barthes-Zitat gilt dieselbe Angabe.
2. Z.B. bei Hélène Cixous in »Weiblichkeit in der Schrift«. Berlin 1980.

»Lesen heißt, das Werk begehren, heißt das Werk sein wollen, heißt sich weigern, das Werk außerhalb seiner Sprache durch eine andere Sprache zu verdoppeln; der einzige Kommentar, den ein reiner Leser hervorbringen könnte, der Leser bleiben würde, wäre das Pastiche (. . .). Von der Lektüre zur Kritik übergehen heißt: nicht mehr das Werk begehren, sondern seine eigene Redeweise; aber gerade deswegen heißt es auch, das Werk zurückverweisen an das Begehren des Schreibens, aus dem es hervorgegangen ist. So kreist das Sprechen um das Buch: *lesen, schreiben*, von dem einen Begehren zum anderen geht jede Literatur.« (S. 91)

Diese Bewegung, die den Übergang von der Lektüre zur Kritik kennzeichnet, erklärt auch, warum gerade hier das Überwechseln vieler Schreibenden vom wissenschaftlichen zum literarischen Diskurs angesiedelt ist. Indem die eigene Schrift in den Vordergrund des Interesses tritt, bildet sich ein literarisches Selbstverständnis heraus. Anders formuliert: Die Literatur ist der Ort, der ein Begehren, das sich auf die eigene Schreibweise richtet, legitimiert.

So nennt Elfi Hartenstein ihr Buch über Else Lasker-Schüler denn auch eine Erzählung. »Wenn auch meine Paläste zerfallen sind. Else Lasker-Schüler 1909/1910« (1983) ist ein Beispiel für einen Identifikationsvorgang, für den Wunsch, sich in die andere Frau hineinzuversetzen, weswegen die Autorin sich auch veranlaßt fühlte, der Erzählung einen »Abgrenzungsversuch« hinten anzufügen. Während hier die *Person* Lasker-Schülers im Vordergrund steht, geht es Judith Kukkart mehr um deren *Schreibweise*. Die Methode ihrer Arbeit »Im Spiegel der Bäche finde ich mein Bild nicht mehr. Gratwanderung einer anderen Ästhetik der Dichterin Else Lasker-Schüler« (1985) wird im Vorwort gekennzeichnet als eine »subjektive Literaturbetrachtung, bei der ich auf weiten Strecken der Annäherung an Else Lasker-Schülers Text assoziativ verfahre« (S. 7). Die Autorin vergleicht die Konstellation des Textes mit einer psychoanalytischen Übertragungssituation.

»(Das) Ich und (das) Sie werden gefangen in einem Gespräch, in dem ich meine Eigenständigkeit wahre und sie ihrer Eigenwilligkeit versichere. So geschieht, was in der analytischen Situation Übertragung sich nennt.

Das Ich macht das Sie transparent und umgekehrt.« (S. 7)

Ganz so gleichberechtigt kann der Text das »Gespräch« natürlich nicht gestalten, denn schließlich ist es das »Ich«, das aus den Texten der »Sie« auswählt, zitiert. Der Autorin geht es hier aber darum, deutlich zu machen, daß das, was sie auswählt, d. h. das, worauf sie anspricht, z. T. durch das Unbewußte gesteuert werde, daß der Text so also auch Macht über dieses ›Ich‹ habe. Das Buch versteht sich als Gegenentwurf zu fachwissenschaftlichen Arbeiten über Lasker-Schüler, vor allem dort, wo Festschreibungen und Zuordnungen ihrer Literatur zu feststehenden Epochen- oder Stilbegriffen vorliegen.

Den ersten Versuch, den »Lebens(ver)lauf« von Marieluise Fleißer zusammenhängend zu rekonstruieren, stellt das Buch von Sissi Tax dar: »marieluise fleißer. schreiben, überleben. ein biographischer versuch« (1984). Die literarischen Texte Fleißers werden hier z. T. dazu herangezogen, um sich das Leben der Fleißer genauer vorstellen zu können. Eine Photoserie, die dem »biographischen Versuch« vorangestellt ist, will atmosphärische Zeit-Einblicke einfangen. Der Text ist durch einen umfangreichen Dokumentationsteil ergänzt. Mit dieser Anordnung, mit dem Wort »Versuch« im Titel und mit einer Art Vorbemerkung — »Es bleiben Lücken. (. . .)« — bemüht sich die Autorin, die geschlossene Darstellung ihrer biographischen Rekonstruktion zu öffnen oder zu relativieren. Diese Mittel bleiben aber dem ›eigentlichen‹ Text weitgehend äußerlich.

10.2. Phantasien über den blinden Fleck

Andere Texte widmen sich den blinden Flecken in der herrschenden Literaturgeschichtsschreibung, d. h. den dort ›vergessenen‹ bzw. schweigenden Frauen, vor allem den sogenannten Musen. Gehören einige der Musen, insbesondere vielbesungene Geliebte bekannter Dichter, zu den exponierten Objekten für fachwissenschaftliche ›Männerphantasien‹, so geht es jetzt darum, deren Lebensspuren hinter der Bilderflut auszumachen. Die anderen, die anonymisierten, im Nebensatz erwähnten bzw. gänzlich sprachlosen Frauen der Literaturgeschichte, deren Arbeit und Existenz die schriftstellerische Produktivität ihrer Gefährten, Freunde, Brüder, Söhne und Väter überhaupt erst psychisch oder materiell ermöglichte, müssen dagegen erst einmal aus dem Verborgenen hervorgeholt werden.[1] Auf die Arbeit dieser Frauen trifft zu, was Julia Kristeva mit dem »Effekt Frau« bezeichnet hat:

»Dieses besondere Verhältnis besteht darin, weder Macht noch Sprache zu besitzen, sondern in einer stummen Unterstützung wie eine Arbeiterin hinter den Kulissen zu fungieren, eine Art Zwischenglied zu sein, das selbst nicht in Erscheinung tritt.«[2]

Dieser Effekt ist für die betroffenen Frauen unter zweierlei Gesichtspunkten bedeutsam: Sind sie einerseits als stumme Arbeiterinnen in den Kulissen der Kulturgeschichte anzutreffen, so haben sie andererseits darauf verzichtet bzw. verzichten müssen, selbst künstlerisch aktiv zu werden. Es kommt nun also darauf an, die verborgenen Leistungen dieser Frauen ebenso zu befragen wie die Bedingungen für die ›Hemmung‹ ihrer Kreativität zu untersuchen. Virginia Woolf war es, die

1. Vgl. die von Luise Pusch hg. Anthologie mit Porträts: »Schwestern berühmter Männer.« Frankfurt/M. 1985. – Oder von Francoise Xenakis: »Frau Freud ist wieder mal vergessen worden. Eine fast erfundene Biographie.« München 1986.
2. »Produktivität der Frau.« In: »Alternative« 109/109. A. a. O. S. 167

1928 in ihrem inzwischen vielzitierten Buch »Ein Zimmer für sich allein« eine Phantasietätigkeit im Gestus des »was wäre, wenn« in Gang setzte, um über die behinderte Phantasieproduktion von Frauen in der Geschichte nachzudenken:

»Lassen Sie mich, da es so schwer ist, an Fakten zu kommen, versuchen, mir vorzustellen, was geschehen wäre, wenn Shakespeare eine wunderbar begabte Schwester gehabt hätte, sagen wir mit Namen Judith.«[1]

Woolf beendet ihre Spekulation über die erfundene Schwester damit, daß diese, hätte sie sich fürs Theater begeistert und geschrieben, dieses sicher mit ihrem Leben, ihrer Gesundheit, ihrem Verstande oder zumindest mit ihrem Namen bezahlt haben würde. Inzwischen wissen wir, daß tatsächlich mehr Frauen geschrieben haben, als es aufgrund der Überlieferungen den Anschein erweckt, ohne daß diese Tatsache die Beobachtungen Woolfs über die fundamentale Differenz in den künstlerischen Produktionsbedingungen für Männer und Frauen in Frage stellt.[2] Wenn aber die von Woolf angeregte Phantasietätigkeit sich von erfundenen Schwestern realen Frauen und den überlieferten Zeugnissen und Spuren ihres Lebens zuwendet, wird sie sich mit den Mechanismen der Selektion, mit den Prozeduren des Vergessens und mit den Strukturen der Bilderproduktion auseinandersetzen müssen.

Das Leben Elise Lensings, der verlassenen Geliebten Hebbels, bei der er jahrelang gelebt hatte, von ihrem Geld, und zwei Kinder mit ihr gezeugt, um sie dann zu verlassen und, als der ersehnte Erfolg sich einstellte, eine Wiener Burgschauspielerin zu heiraten, dieses Leben kann als geradezu klassisches Frauen-Opfer einer männlichen Kunstproduktion betrachtet werden. In ihrem Roman »Ach Elise oder Lieben ist ein einsames Geschäft« (1981) hat Sybille Knauss versucht,

1. Frankfurt/M. 1981. S. 54.
2. So hat Elisabeth Friedrichs beispielsweise in ihrem Lexikon »Die deutschsprachigen Schriftstellerinnen des 18. u. 19. Jahrhunderts« Fakten über 4000 Schriftstellerinnen gesammelt. Stuttgart 1981. S. VII.

sich dieses Leben vorzustellen. Da der Klappentext darüber informiert, daß die Autorin eine Examensarbeit über Hebbel geschrieben hat, ist anzunehmen, daß in diesen literarischen Text sozusagen jenes Überschießende hineingeflossen ist, das aus der Beschäftigung mit den Texten Hebbels nicht in die Form der Examensarbeit Eingang finden konnte oder durfte. In dem Roman behilft die Autorin sich dort, wo die Zeugnisse keine Auskunft geben, mit ihrer Einbildungskraft. Obwohl ihr nicht andere Quellen zugänglich waren als der bisherigen Hebbelforschung, ist ihr Roman eine Art Gegenlektüre, da er durch das Interesse an der Person und dem Leben Elise Lensings motiviert ist, auch in jenen Teilen, wo es sich nicht mit Hebbels Biographie überschneidet:

»Der Dichter Friedrich Hebbel hat seine Biographien gefunden, und in seiner Biographie hat Elise nun einmal eine Rolle gespielt. Sie konnte nicht unerwähnt bleiben, aber naturgemäß führt Elise da kein Eigenleben. Sie liebt, opfert, entbehrt insofern, als es das Leben und die Entwicklung Hebbels berührt, hat aber kaum eine Jugend und keine späten einsamen Jahre.
Das liegt in der Natur der Sache, und wir machen daraus niemandem einen Vorwurf. Nur fließen eben die Informationen über Elises Jugend spärlich, und was ihren Bildungsweg anbelangt, so sind wir auf Informationen angewiesen, die sich für Hebbel bedeutend mehr interessierten als für Elise Lensing. Wer aber schreibt uns vor, daß wir uns an Fakten halten müssen?« (S. 18)

Damit gibt die Autorin ihren Entwurf als Fiktion aus. Indem sie meistens ihre Quellen benennt, ist im Roman zu unterscheiden, welche Teile belegt sind und wo sie die Lücken füllt und sich in die Frau, die sie beschreibt, hineinversetzt. Da Hebbel die meisten Briefe Elise Lensings vernichtet hat, nur die späten sind erhalten, muß sich die Autorin ihre Geschichte vor allem aus seinen Texten rekonstruieren und dabei notwendigerweise als Interpretin auftеten. Die Empathie der Autorin mit ihrer Figur, die dem Roman offensichtlich zugrundeliegt, wird durch distanzierende Momente aufgebrochen: mit Hilfe von Ironie und dadurch, daß erzählende Passagen, in der dritten Person geschrieben, mit anderen wechseln, in denen die Erzählerin in eine Art Gespräch mit ihrer Figur tritt und sie in der zweiten Person anspricht. Diese »du«-Passagen könnten ebensogut als Monolog der Elise Lensing gelesen werden, die in der Reflektion ihrer eigenen Verhaltensweisen dann allerdings mit der Einsicht einer Nachgeborenen ausgestattet wäre, die aus 140jähriger Entfernung die Fallen eingeübter weiblicher Handlungsmuster zu erkennen in der Lage ist. Hier artikuliert sich im Roman auch Befremden gegenüber der Figur und ihrem ›Schicksal‹, das wie nach dem vorgeschriebenen Gesetz einer tragischen Inszenierung verläuft. Indem der Text auf das Zusammenspiel derart tragischer Konstellationen mit weiblichen Identitätsangeboten, auf die Elise Lensing sich bezogen hat, hinweist, ist die Autorin bemüht, sich vor einer eindeutigen, identifikatorischen, auf schlichter Empörung basierenden Schreibweise zu hüten.

Einer Frauengestalt, die bislang eine Fußnotenexistenz in der Literaturgeschichte führte, ist Karin Reschkes Buch »Verfolgte des Glücks. Findebuch der Henriette Vogel« (1982) gewidmet. Die Autorin hat der Selbstmordgefährtin Heinrich von Kleists in ihrem Text ein ganzes Tagebuch erfunden, das vom Jahre 1798 bis zum 10. November 1811, einen Tag vor ihrem Tod, datiert ist. Damit geht die Erzählerin vollständig in die Ich-Perspektive ihrer Figur, aus der dann eine ganze Lebensgeschichte erinnert, auch — wie das im Tagebuch üblich ist — geheime Empfindungen ausgedrückt und Träume aufgeschrieben werden können. In dieser Form wird die Distanz zwischen Erzählerin und Figur imaginär überbrückt; auch der historische Charakter des erfundenen Tagebuchs kommt nur stilistisch zum Tragen, und zwar in dem Bemühen der Autorin, sich den romantischen Sprachgestus anzuverwandeln. Das Ergebnis dieser Darstellung ist eine Verniedlichung, bei der Henriette Vogel als ewiges Kind erscheint. Da im Text keinerlei Auseinandersetzung mit den Zeichen historischer Abwesenheit stattfindet, wird der blinde Fleck, den die Kleistforschung in ihrem Desinteresse gegen-

über Henriette Vogel hinterlassen hat, durch ein Phantasie-
bild ausgemalt. Nicht daß die Einbildungskraft da tätig wird,
wo die Überlieferungen schweigen, ist irritierend an dieser
Schreibweise, sondern daß der Text keine Hinweise darauf
enthält. Durch eine geschlossene biographische Darstellung
werden so die Lücken der Überlieferung gefüllt.

Damit zeigt sich im Text eine grundsätzliche Problematik
literarischer Entwürfe, die der ›Geschichte weiblicher Geschichtslosigkeit‹ durch Phantasiearbeit zu begegnen suchen.
Wird dabei Unvollständiges komplettiert, die historische Abwesenheit der Frau durch imaginierte Anwesenheit ersetzt, so
erhält diese Arbeit allzuleicht den Charakter einer Versöhnung: Ein Mangel der Geschicht*e* wird durch erfundene Geschicht*en* ausgeglichen. Statt die Strukturen zu untersuchen
und zu unterlaufen, in denen die reale Frau hinter den Bildern
verborgen ist, wird Weiblichkeit erneut ins Bild gesetzt und
für die Produktion des Imaginären in Anspruch genommen.

Einen Brief nennt Ria Endres ihr Buch »Milena antwortet«
(1982), das sich mit diesem Titel als fiktive Antwort auf Kafkas »Briefe an Milena« präsentiert. Der Text enthält einige
Anspielungen auf Milena Jesenskás Biographie. Im Spiel mit
der Erzählperspektive zwischen erster und dritter Person werden Erzählerin und Figur (Milena) z. T. bis zur Übereinstimmung aufeinandergeschoben und dann wieder in zwei Positionen geteilt, wodurch ein Wechsel zwischen Nähe und Distanz
hergestellt wird. Dieses Verfahren, das die Spiegelung einer
Frau in einer anderen beschreibt, eignete sich gut zur Darstellung einer Annäherungsbewegung, die nicht in einer glatten
Identifikation aufginge. Nur geht es in dem Text von Endres
nicht eigentlich um eine Annäherung an Milena. Die Perspektive Milenas begründet vielmehr eine Schreibkonstellation für
die Rede der Autorin mit Kafka. Das Schreibmotiv scheint
primär in einer Faszination für Kafka und seine Literatur zu
liegen; es ist ein Liebestext an Kafka, für den die Autorin in
die Maske einer seiner Briefpartnerinnen geschlüpft ist. Dadurch aber wird Milena Jesenská einmal mehr auf die Position

der Freundin (und Übersetzerin) eines großen Dichters festgelegt, wohinter ihre eigene Geschichte und ihre eigene Stimme verschwinden. Sie ist nur noch in eingestreuten Assoziationen, atmosphärischen Bildern oder Metaphern im Text vorhanden. Lange Zeit war Milena Jesenská in Deutschland nur als Adressatin von Kafkas Liebes-Briefen bekannt. In den letzten Jahren sind endlich ihre eigenen Texte, Feuilletons und Reportagen, erschienen wie auch Erinnerungen an sie, ein Buch ihrer Tochter Jana Černá und ein Buch der Freundin Margarete Buber-Neumann, die zusammen mit ihr im KZ Ravensbrück interniert war, wo Jesenská umgekommen ist. In der Sammlung ihrer Texte ist ein Artikel abgedruckt, den man als ihren *eigenen* Antwortbrief an Kafka lesen kann, einen Nachruf auf Kafka in der Prager Zeitung »Národní Listy« 1924.[1]

Inzwischen ist das Umschreiben männlicher Überlieferung und Kulturgeschichte aus der Perspektive von Frauen zu einem populären literarischen Motiv geworden. In die Bestsellerliste kam Christine Brückner mit ihrem Buch »Wenn du geredet hättest, Desdemona. Ungehaltene Reden von ungehaltenen Frauen« (1983), das fiktive Reden historischer Frauengestalten und mythischer Frauenfiguren enthält: Donna Laura, Christiane Vulpius, Katharina Luther, Effie Briest, Klytaimnestra u. a. In diesen erfundenen Reden geht es der Autorin nicht nur um die Überwindung der Sprachlosigkeit, sondern auch um den Gestus des Widersprechens bzw. des Widerstands. Was wäre geworden, wenn die Frauen widersprochen hätten? So lautet die leitmotivische Frage des Buches, das sich auf weite Strecken aber beim unterhaltsamen Effekt des Anekdotischen einer solchen Geschichte weiblichen Widerspruchs im Konjunktiv aufhält.

1. Milena Jesenská: »›Alles ist Leben‹. Feuilletons und Reportagen 1919–1939.« Frankfurt/M. 1984. S. 96–7. — Margarete Buber-Neumann: »Milena, Kafkas Freundin.« Frankfurt/M. 1977. — Jana Černá: »Milena Jesenská«. Frankfurt/M. 1985.

Luise Rinser dagegen geht es in ihrem Roman »Mirjam« (1983) um ein sehr ernsthaftes Anliegen, um die Feminisierung der christlichen Religion. Obwohl der Text das überlieferte Bild Maria Magdalenas korrigieren möchte, ist die eigentliche Hauptfigur männlich: Jesus, ein Mann, der die Idee eines feminisierten Christentums verkörpert, da er in sich das Weibliche nicht getötet habe. Maria Magdalena, aus deren Perspektive der Text geschrieben ist und die sich in ihrer Bewunderung für die Gestalt Jesus' diesem vollständig unterordnet, ist die fiktive Stimme der Autorin, mit deren Hilfe sie *ihr* Jesus-Bild entwirft. Die Perspektive der ›Feminisierung‹ universeller Konzepte wird oft und gern auch von männlichen Philosophen praktiziert, wobei sie häufig die Funktion der Rettung erhält. Wie bei Rinser der Feminisierung des Christentums ja auch die Bedeutung einer Rettung zufällt, so hatte Herbert Marcuse beispielsweise in seiner Rede »Marxismus und Feminismus« (1974) Weiblichkeit als neue revolutionäre Energie in einen alten revolutionstheoretischen Diskurs eingesetzt, dessen Wirksamkeit durch zeitgenössische Sozialbewegungen überholt zu werden drohte.[1] Luise Rinsers Idee, die sie in ihrem Jesus-Bild gestaltet hat, zielt allerdings auf Einheit, auf die Vereinigung aller Gegensätze; sie reproduziert damit einen alten Weiblichkeitsmythos.

Die genannten Textbeispiele zeigen, daß mit der formalen Übernahme einer weiblichen Erzählperspektive der intendierte Blickwechsel in der Wahrnehmung nicht notwendig verbunden sein muß. Gerade jene Literatur, die sich mit den weiblichen ›Nebenfiguren‹ einer männlichen Überlieferung beschäftigt, bringt dabei ein eigentümliches Paradox hervor. Nur durch ihre Nähe zu großen Namen sind rudimentäre Kenntnisse über diese Frauen in die Geschichtsschreibung

---

1. Herbert Marcuse: »Zeit-Messungen.« Frankfurt/M. 1975. — Vgl. dazu. »Weiblichkeitsbilder. Gesprächsteilnehmer: Herbert Marcuse, Silvia Bovenschen, Marianne Schuller.« In: »Gespräche mit Herbert Marcuse.« Frankfurt/M. 1978.

eingegangen, welche sie zugleich auf ihre Plätze am Rande verweist. Ragen sie dadurch aber andererseits aus der Menge der namenlos gebliebenen Frauen heraus, so speist sich das Interesse an ihnen aus den Bedeutungseffekten, die durch ihre Beziehung zu den großen Namen zustandekommen. Sollen sie nun aus ihrem Platz am Rande, wo ihnen nur ein uneigentliches Interesse zuteil wurde, befreit werden, so werden sie zum Gegenstand eines solchen Unternehmens doch wiederum erst aufgrund ihrer über den großen Namen vermittelten Bekanntheit. Dieser Ort im Abglanz des Männer-Namens reproduziert sich schon in der Neugier an ihrer Person. Denn mit welchem Interesse könnte z. B. das fiktive Findebuch einer bislang namenlosen Frau rechnen? Gerade in fiktionalen Entwürfen, die von historischen Gestalten handeln, werden diese komplexen Voraussetzungen leicht in imaginären Konstellationen vergessen. Als besonders schwierig erweist es sich, über Frauen zu schreiben, die selbst keine oder kaum Texte hinterlassen haben, so daß alle Zeugnisse immer Dokumente *über* sie sind.

10.3. Inszenierungen

Statt das Porträt einer historischen Frauengestalt zu entwerfen, hat Ursula Krechel in einem Hörspiel den schwierigen Ort von Frauen in der Kunstproduktion als Inszenierung gestaltet. In »Der Kunst in die Arme geworfen«[1] geht es nicht um die Situation einer bestimmten Frau, sondern das Hörspiel stellt exemplarisch Übergänge zwischen dem Schweigen und Schreiben bzw. Reden von Frauen dar und verwendet

1. Südwestfunk 1982, Hessischer Rundfunk 1984. (Mir liegt ein Exemplar vom Sender Freies Berlin o. J. vor.)

dafür Szenen aus dem Leben so unterschiedlicher Gestalten wie Elise Lensing und Karoline von Günderrode. Es entsteht nicht das Bild eines bestimmten weiblichen Charakters, sondern eher ein Porträt *der* schreibenden Frau, das sich als Geflecht von Möglichkeiten und Unmöglichkeiten im Hinblick auf die Entwicklung weiblicher Kreativität darstellt. Als Genrebezeichnung hat Krechel »Kantate für Sprecherstimmen« gewählt, womit sie auf die Vielstimmigkeit ihres Textes hinweist. Angeregt worden sei sie dazu durch die Lektüre des »Lexikons deutscher Frauen der Feder«[1], dessen Diktion im Hörspiel z. T. ironisch zitiert ist. Die kategoriale Behandlung von Frauen-Leben in der lexikalischen Darstellung wird durch szenische Verlebendigungsversuche kontrastiert. Dadurch, daß der Text sich nicht am Leitfaden eines Namens bewegt, können auch Facetten aus der Existenz schreibender Frauen aufgenommen werden, die unbekannt geblieben sind, anonym oder unter einem männlichen Pseudonym veröffentlicht haben.

Als eine Art historisches Porträt weiblicher Kunstproduktion jenseits eines biographischen Darstellungsmodus ähnelt Krechels Text Christa Wolfs »Büchner-Preis-Rede« (1980). Wolfs Erzählung von »Rosetta unter ihren vielen Namen« (S. 8) beschreibt die Geschichte vom Eintritt der Frauen in die »Zitadelle der Vernunft«. Es ist ein Weg, der sie aus dem unsichtbaren, sprachlosen Raum, »den die Welt, der auch sie angehört, beim besten Willen nicht wahrnehmen kann« (S. 7), herausführt, um sie an seine Seite zu stellen, wo sie, ihr eigenes Talent unterdrückend, »unter vielen Namen, deren einige Ihnen geläufig sein werden, das Genie des denkenden, dichtenden, malenden Mannes« unterstützt (S. 8), bis sie schließlich in seine Welt eintritt, in seine Sprache, in die »Denk- und Sehraster, die er ausgebildet hat.« — »Da gibt es die ersten feinen Risse, die man ihrer Überempfindlichkeit zuschreibt.« (S. 9) — Die Beschreibung Wolfs nimmt von einer literari-

---

1. Hg. v. Sophie Pataky (1898). 1971.

schen Figur ihren Ausgang, von der Rosetta in Büchners melancholischem Lustspiel »Leonce und Lena«, und tauscht, indem sie ihre Geschichte erzählt, deren Namen gegen eine Reihe anderer Namen aus, Namen literarischer und historischer Frauengestalten. Rosettas Tanz mit ihren aus-dem-Takt-der-Zeit-tanzenden-Füßen wird dabei zum Bild für den Ort von Frauen in der Kulturgeschichte, wobei sich die Figuren ebenso wie die Gestalten dieses »Tanzes« verschieben und dabei exemplarische historische Veränderungen und Bewegungs-Varianten durchlaufen.

Mit dieser Schreibweise gelingt es Wolf, die strukturelle Problematik kultureller Produktivität von Frauen darzustellen, ohne sich der Redeweise einer verallgemeinernden begrifflichen Analyse bedienen zu müssen. Ins Bild gesetzt, wird die Problematik verlebendigt, ohne in einer einfachen Metapher aufzugehen. Der Tendenz zur Erstarrung und Festlegung, welche der literarischen Operation der Metaphorisierung innewohnt, wird hierbei durch eine metonymische Bewegung mit Hilfe der Namens-Reihe begegnet. In diesem vielgestaltigen Reigen von Frauen, in dem so unterschiedliche Namen wie Nora, Rosa (Luxemburg) und Marlene erscheinen, hat die Frau viele Gesichter, und dennoch wird dabei eine für Frauen spezifische Lage als Struktur sichtbar. Weder wird hier in der Form einer Abstraktion über *die* Frau gehandelt, noch der Versuch unternommen, einer einzelnen Frau gerecht werden oder gar eine reale Frau darstellen zu können. Die Geschichte vom Eintritt der Frauen in die Zitadelle der Vernunft ist in Wolfs Text in der Form einer Mythe präsentiert, als Geschichte von »Rosetta unter ihren vielen Namen«. Indem diese Erzählung sich auf eine Reihe legendärer Namen stützt, ohne deren Aura [1] zu entzaubern, bezieht sie die damit assoziierten Weiblichkeitsmythen ein und bringt sie in der sich vervielfachenden Rosetta in Bewegung. (Vgl. 9.2.)

1. Zur Bedeutung von Namen vgl. Ingeborg Bachmann: »Der Umgang mit Namen«, die vierte der »Frankfurter Vorlesungen«. S. 4/238–254.

Es ist wohl kein Zufall, daß Wolf die Figur des Tanzes und einen Reigen von Namen benutzt, um einen historischen Weg zu gestalten. Auch wenn ihr Text, als Prosatext, diese Figur *be*schreibt, nähert sich die »Büchner-Preis-Rede« einer Inszenierung. Ausgehend vom Bildcharakter von ›Weiblichkeit‹, von der Beobachtung also, in wie starkem Maße unsere Vorstellungen vom ›Weiblichen‹ literarisch codifiziert und durch bildliche Darstellungen geprägt sind, muß die Frau, die aufbricht, die sich auf den Weg macht, auch diese Bilder in Bewegung bringen. Bei der Durchquerung der Bilder werden die Vorstellungen (im Kopf) in der Form von Vorstellungen (Inszenierungen) lebendig. In dem zweiten Kapitel ihres Romans »Malina« hat Ingeborg Bachmann in einem solchen Wortspiel mit der Doppelbedeutung von »Vorstellungen« versucht, die komplexe Struktur des weiblichen Imaginären darzustellen. In ihren Träumen erscheint der Ich-Erzählerin ihr Leben unter dem Gesetz des Vaters als Theater, in dem sie eine Rolle spielt, für die keine Stimme geschrieben wurde. »Ich habe die Aufführung gerettet, aber ich liege mit gebrochenem Genick zwischen den verlassenen Pulten und Stühlen.« (S. 3/189)

Lassen sich Frauenbild und -wirklichkeit nicht säuberlich voneinander trennen, weil die Weiblichkeitsimagines und -szenarios ihren festen Platz im weiblichen Imaginären haben, so scheinen szenische oder theaterförmige Genres besonders gut für eine Beschäftigung mit legendären Frauengestalten geeignet zu sein. Ist das Theater traditionell der Ort zur Vorführung anmutiger oder tragischer Frauengestalten, so wurde in jüngster Zeit das Theater immer mehr von Frauen genutzt, um ihre eigenen Vorstellungen in Szene zu setzen. Obwohl »fürs Theater schreiben«[1] noch längst nicht heißt, daß die Stücke auf die Bühne kommen, hat die Präsenz von Frauen

1. So der Titel der Nr. 29/30 der Zeitschrift »Schreiben. Frauen Literatur Forum«. Bremen 1986. Der Band enthält eine gute Übersicht »über zeitgenössische deutschsprachige Theaterautorinnen« mit guten bibliographischen Hinweisen zum Thema.

im Theaterbetrieb in den letzten Jahren sichtbar zugenommen. Das Theater als Institution wurde zwar von den kulturellen Auswirkungen der Frauenbewegung in der Bundesrepublik, im Vergleich zum Film etwa, relativ spät beeinflußt, denn das Staats- und Stadttheater wird fast durchweg von Männern bestimmt. Aber durch freie Frauen-Theatergruppen und durch eigenständige Produktionen von Schauspielerinnen, Dramaturginnen und Regisseurinnen hat sich abseits des Staatstheaters eine vielfältige Theaterpraxis von Frauen entwickelt, die jetzt auch durch den organisatorischen Zusammenschluß in dem Verband »Frauen im Theater« (FiT) eine Öffentlichkeit erhalten hat und auf das Staatstheater zurückwirkt.[1] Zudem haben sich in dem Bereich zwischen Sprechtheater und Tanztheater, der sich im letzten Jahrzehnt enorm differenziert hat, besonders viele Frauen hervorgetan. Hier überkreuzen sich Darstellungsformen einer ›weiblichen Ästhetik‹, die mit Hilfe nicht-symbolischer Ausdrucksmittel wie Klang, Stimme, Rhythmik, Körpergestik und -sprache arbeiten, mit Avantgarde-Konzepten, die sich von solchen traditionellen Genres und künstlerischen Praktiken entfernen, welche auf die Abbildung von Wirklichkeit zielen. Das Festival der »Anderen Avant Garde«, das 1983 in Linz stattfand und als Präsentation weiblicher Avantgarde gemeint war, konnte die Vielfalt dieses Spektrums demonstrieren, angesichts dessen die Buchstabenkunst von Frauen als geradezu anachronistisch erschien.[2]

Mit ihrem Stück »Was geschah, nachdem Nora ihren Mann verlassen hatte oder Stützen der Gesellschaft« (1977, Uraufführung 1979) hat Elfriede Jelinek geradezu programmatisch eine Frauenperspektive ins Theater eingebracht. Nora, als

1. Vgl. »Schwerpunkt: Frauen am Theater« in »TheaterZeitSchrift« Nr. 9 / Herbst 1984 und Nr. 10 /Winter 1984/1985. — Dramaturgische Gesellschaft (Hg.): »Frauen im Theater (FiT). Dokumentation 1984« und »Dokumentation 1985«. Berlin.
2. »Andere Avant Garde«. Katalog zum Festival. Linz 1983.

Verkörperung weiblichen Aufbruchs zum klassischen Eman-
zipationsmythos geworden, wird von der Autorin destruiert,
indem die Situation *nach* dem heroischen Aufbruchsgestus –
als Gegenbild zum tragischen Frauen-Opfer noch mit diesem
verwandt – befragt wird, womit zugleich Jelineks Skepsis gegenüber der zeitgenössischen Emanzipationsästhetik formuliert ist. Das Stück spielt in den zwanziger Jahren, entnimmt
sein Personal beiden Ibsen-Dramen, auf die es sich bezieht,
und zeigt Nora in der Fabrik und im Schlafzimmer, an beiden
Orten gleichermaßen ausgebeutet. Nora ist hier weder Heldin
noch Opfer, sie kommentiert ihre Lage sehr bissig, wird von
den anderen Frauen als zu häßlich und zu radikal abgewehrt
und kann mit ihrem ›Wissen‹ dennoch ihrer Lage nicht entge-
hen. Vor allem hat die Autorin ihrer Figur den Schleier ästhetischer Schönheit zerrissen. Desillusionierung und die Zerstörung verklärter Bilder sind wesentliche Motive in den
Theaterstücken Jelineks. In ihrem Stück »Burgtheater. Posse
mit Gesang« (1982) z. B. destruiert sie einen österreichischen
Mythos, indem sie Wiener Publikumslieblinge in ihrer Arbeit
während der Nazizeit vorführt.

Während eine Synthese aus Schönheit und Leiden das klassische Bild einer Bühnenheldin ausmacht, ist das Leid der
weiblichen Hauptfiguren bei Jelinek durchaus nicht schön
dargestellt. In »Clara S. musikalische Tragödie« (1981) bleibt
nichts von dem romantischen Bild Clara Schumanns, die ihre
eigene Begabung für die Kunst ihres Mannes opferte. Jelinek
geht es auch nicht darum, ein historisch genaues Porträt der
berühmten Pianistin zu geben. Das wird schon dadurch deutlich gemacht, daß die Handlung zeitlich und räumlich verlagert ist. Die Szenen spielen in der Villa des d'Annunzio, in
einer morbiden, machistischen Atmosphäre. Der Dichter tritt
als Mäzen auf, der von Frauen umgeben ist, die ihm sexuell zu
Diensten sind in der Hoffnung auf eine Unterstützung ihrer
künstlerischen Karriere. Clara S. aber bittet um Unterstützung für die Kunst ihres Mannes. In ihrer Figur ist die Dop-
pelfunktion von Künstlerin und Mutter als Zerreißprobe für

die Frau gestaltet. Von ihrem Vater mit männlichen Genie-
vorstellungen erzogen, zugleich zur entwirklichten Idealfigur stilisiert, dann hinter das Genie ihres Mannes zurückge-
treten und, während der Wahnsinn bei ihm ausbricht, seine
künstlerischen Interessen vertretend, treffen sich in ihrer
Gestalt unvereinbare Kunstauffassungen. Obwohl der Text
z. T. aus Briefen Robert und Clara Schumanns zitiert, geht
es um eine paradigmatische Situation. Zwischen den Weiblichkeitsnormen, mit denen sie konfrontiert wird, dem auf
sie gerichteten männlichen Begehren, in dem sich ein ambi-
valentes Verhältnis des Künstlers zur Natur ausagiert, und
eigenem Ehrgeiz findet die Frau keinen eigenen Ort. Obwohl Clara S. in dem Stück leidet, ist sie nicht in der Position des Opfers fixiert. Jelinek läßt ihre Figur extreme Gefühle ebenso wie schonungslose Analysen ihrer Lage aus-
sprechen. Dabei stehen Weiblichkeitsmuster, die aus der
männlichen Perspektive übernommen wurden, und deren
Kritik nebeneinander:

»CLARA *überspannt*: Die geschlechtliche Seite ist es, die uns alle
umbringt. Auch Sie, Ariel! Diese Krankheit, die von Natur aus tötet. Sie ruiniert selbst die tiefste Innigkeit zwischen Mann und Frau.
Das sagten mein Vater und Robert einstimmig. Die Abtötung meiner Person erfolgte rasch dadurch, daß man mich zur Heiligen
machte, zur Idealfigur. Zur passiven Gegenwart, fern und ungefähr-
lich. Ich habe folglich die ganze Zeit über nicht gelebt. Um aber
meines völligen Ablebens sicher sein zu können, hat mich Robert mit
seinem Genie vollends erschlagen.«[1]

Körperlos geworden, begehrt man doch nur noch ihren Körper, der zudem durch die innere Zerrissenheit aus der Fassung
zu geraten droht. Auch die Männerfiguren sprechen die durch
sie vertretenen ›Männerphantasien‹ in aller Klarheit aus, so
z. B. d'Annunzio, genannt »der Commandante«:

1. Elfriede Jelinek: »Theaterstücke«. Köln 1984. S. 79.

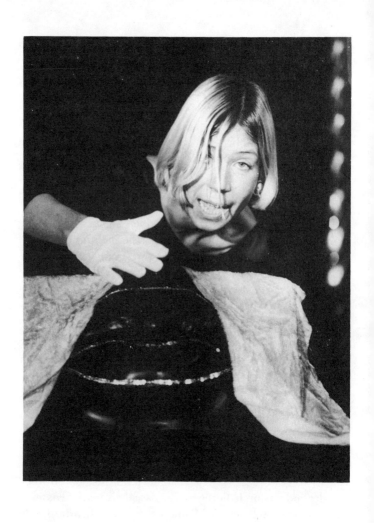

Ginka Steinwachs beim Berliner Theatertreffen 1984.

»Wahrscheinlich ist die Frau doch eher das Nichts. Das Nichts! Man kann sie im Grunde nicht berühren. Lieber die reine Flamme stundenlang anschauen als sich in die Frau hineinarbeiten. Die Frau hat nämlich eine unersättliche Gier, die der Mann nie befriedigen kann. Die Folge: Angst! Man muß das Weib deshalb zu etwas Ekelhaftem, womöglich gar Verwesendem machen, damit es einem graust.« (S. 84)

In »Clara S.« ist der unmögliche Ort der Frau in der Kunstproduktion dargestellt, wobei die von der Autorin betriebene Entheroisierung teils satirische Züge trägt. Mit dem gleichen Ziel der Entheroisierung, aber genau entgegengesetzten sprachlichen Mitteln arbeitet Ginka Steinwachs. Ihre Texte rücken heroischen Figuren mit spielerischen Mitteln zu Leibe. Die Versteinerung ihrer Heldin zur Statue ist Ausgangspunkt ihres Textes »George Sand. eine frau in bewegung, die Frau von stand« (1980). Schon der Titel ist mehrdeutig; spielt er einerseits auf den sozialen Ort George Sands zwischen adligem Stand und ihrer Position in der oppositionellen französischen Bohème an, außerdem auf den Gegensatz von Ehe und freier Liebe, so bezeichnet er zugleich verschiedene Aneignungsweisen und Literaturbegriffe. Der Text beginnt und endet mit dem Motiv der Statue. Wird am Ende mit dem Tod der Schriftstellerin diese durch eine Statue ersetzt und damit die »bloß lebendige« zu einer »unsterblichen«, »aus einer Frau in Bewegung die Frau von Stand« (S. 144), so nimmt die Inszenierung Ginka Steinwachs' von dieser Situation ihren Ausgangspunkt und bringt durch ihren Text ihre Figur wieder in Bewegung. Die Szenen verweisen dabei auf exemplarische Konstellationen in der Geschichte George Sands, ohne auf historische Genauigkeit zu achten. Eher benutzen sie die überlieferten Bilder des Personals aus der Umgebung der Schriftstellerin als Spielmaterial.

Der Text ist in zwei Teile geteilt, »I. eine frau in bewegung«, und »II. eine frau von stand«, die jeweils in sechs Szenen untergliedert sind. Dabei ist eine Dialektik zwischen Bewegung und Stand komponiert, die in einer Szene auch explizit beschrieben ist. In der dritten Szene steht G(e)orge auf einer Felsspalte zwischen dem Geliebten Jules und dem Ehemann Casimir: »george, im wechsel von spielbein und standbein: (...) bleibt auf dem standbein stehen, balanciert: (...) wechselt auf das spielbein über, das so zum standbein wird« (S. 33). In dieser Bewegung geraten einfache Gegensätze in eine Wechselbewegung. Die Szenen des ersten Teils sind jeweils in Szenen des zweiten Teils gespiegelt, wobei der Text klassische Themen aus der Sand-Biographik durchquert: die Frau mit den vielen Liebhabern, die hosentragende Amazone, die Liebhaberin der Marie Dorval, die Frau, die vom Schreiben zu leben versucht, die Gesellschaftsdame, die Geliebte de Mussets, die Lohnschreiberin, die Geliebte und Pflegerin Chopins, die Emanzipierte, die sich scheiden läßt, und die Mutter der Revolution. In all diesen Aspekten ist die Figur als maßlos dargestellt. Eine durch die Sinne bestimmte Atmosphäre wird vor allem durch den Sprachgebrauch der Autorin hergestellt; es ist eine Sprech-, Laut- und Wortspiellust, die den Text kennzeichnet. Er ist gespickt mit Namen und Zitaten, die durch Großschreibung hervorgehoben sind und immer sogleich einer spielerischen Verwandlung unterworfen werden. Die vierte Szene beispielsweise »Homolulu: Treibhaus de la Paix«, spielt in einem gläsernen Gewächshaus, in dem »Mallarmébüsten« und »Baudelairestatuen« aufgestellt sind. Marie Dorval und George Sand rauchen Haschisch:

»george: MARIE: mich deucht, süße luft wird feucht.
marie: GEORGE: nieselregen bringt epiphyten segen.
george: schau, die kandelaber der wände tragen hände.
marie versucht zu verbessern.
SYMPHONIE DER SYMPATHIE. solche töne hörten meine wimpern nie.
marie: orchideendüfte schwängern lüfte.« (S. 47)

Und von den Nebentischen echot es: »es lispeln mit lippen lisben. (...) Es rasseln mit raspeln lasben. (...) es stechen wie wespen lesben« (S. 48). Ginka Steinwachs hat ihr Konzept, in

Anspielung auf Schillers Rede von der moralischen Anstalt, »oralische Anstalt« genannt, um damit das Sprech- und Lautbegehren als treibende Energie ihrer Texte zu bezeichnen. Ihre poetische Praxis folgt eher der Dynamik der *Sinne* als der Herstellung von *Sinn*, der Bewegung der Signifikanten eher als der Mitteilung von Botschaften. Im Anschluß an Praktiken der ›écriture automatique‹ im Surrealismus und mit Bezug auf Konrad Bayer hatte Steinwachs 1975 ihr »konzept der dichtungsmaschine« formuliert. Darin erläutert sie ihr Schreibmodell für den Montageroman »marylinparis« als Dichtungsmaschine, bei der in der Überblendung verschiedener Ebenen im Text sich quasi die Energien — pschoanalytisch gesprochen: die Besetzungen oder Innervationsströme[1] — entladen, mit der sie jeweils im Unbewußten aufgezeichnet sind:

»wie man sieht, geht der produktion ein rezeptives verhalten, das ich nach den beiden tätigkeiten des registrierens und konsumierens aufschlüsseln möchte, voraus. wenn das bewußte registrieren und konsumieren vorüber ist, stelle ich das bewußtsein ab und schalte (mich in) das unbewußte ein. dieses hat die aufgabe, die gesetze der anziehung und abstoßung zwischen banalen und poetischen elementen einerseits und stereotypen andererseits zu erforschen. es gibt jedesmal einen stromstoß, wenn der funken überspringt.«[2]

Im fünften Abschnitt der »George Sand«, in der »Mansarde der Libidostadien«, wo die Schriftstellerin in Schreib-Aktion gezeigt ist, wird diese Vorstellung vom künstlerischen Produktionsprozeß wiederholt:

»(...) was für ein genialer irrtum, das ES gesagt zu haben, überall sind maschinen am werk
im blick auf den rang:
ECRITURE-MASCHINEN, LEKTÜRE-MASCHINEN.

1. Vgl. etwa Sigmund Freud: »Die Notiz über den Wunderblock.« In: »Psychologie des Unbewußten.« Studienausgabe. Frankfurt/M. 1975. Bd. III.
2. In: »Sprache im technischen Zeitalter.« Nr. 55, 1975. S. 206–207. — Zu Steinwachs s. auch 10.1.

AKTEUR-maschinen, SPEKTATEUR-MASCHINEN.
im ORALEN WELTTHEATER DES GAUMENS sind alle
bastler. (...)« (S. 55)

Damit grenzt sie sich gegen ein Konzept ab, in dem angenommen wird, daß das Unbewußte sich als Mitteilung oder *Botschaft* im Schreiben ausdrücke. Vielmehr erhält das Unbewußte hier seine Bedeutung für das Schreiben darin, eine andere Logik in Gang zu setzen, eine Bewegung, die als »Strömen« bezeichnet wird. Hierin zeigt sich eine Differenz zum Surrealismus, indem Steinwachs wohl an dort entwickelte Praktiken künstlerischer Produktivität anknüpft, nicht aber an die damit verbundenen Perspektiven, die im wesentlichen um Weiblichkeits- und Naturmythen kreisen. Dagegen berührt sich ihre Rede vom »Strömen« mit Überlegungen Luce Irigarays zu einer »›Mechanik‹ des Flüssigen«, die sich auf Artikulationen jenseits einer phallischen, ödipalen Ordnung bezieht.

Indem Steinwachs den Mund als wichtigstes Organ der Kunstproduktion begreift, behandelt sie die (Verbal)Sprache selbst als Körpersprache. Da diese Sprache sich allerdings nicht auf die Produktion sinnvoller Worte und Sätze reduziert, spricht Steinwachs von »Mundsprache«.[1] Hier stehen also nicht die Gebärden des Körpers als andere Ausdrucksweise einer ›weiblichen Ästhetik‹ im Mittelpunkt, sondern die Körperlichkeit der Sprache selbst, der Sprach-Körper sowie das Körperorgan, das an der Sprachbildung wesentlich beteiligt ist. Kann man dies als eine Variante des ›Semiotischen‹ im Sinne Kristevas verstehen, da es sich um eine Äußerung der Triebe im Apparat der Sprache handelt, so bevorzugt die poetische Praxis Ginka Steinwachs' orale Triebe und erinnert damit vor allem an die ›Glossolalie‹. Dennoch werden andere Sinneswahrnehmungen nicht vernachlässigt; es gibt in den Szenen der »George Sand« Hinweise auf Gerüche

---

1. »Alles plus eine Tomate. Interview von Sonia Nowoselsky mit Ginka Steinwachs.« In: »Fürs Theater schreiben.« A. a. O.

und zahlreiche Filmeinblendungen, deren Wirkung allerdings von der medialen Realisierung abhängig ist. Der Text wurde z. B. für den Rundfunk als Hör-Spiel bearbeitet, wobei die akustischen Effekte herausgearbeitet wurden.[1] Für die Präsentation einzelner Szenen aus dem Stück oder auch aus anderen Texten hat Steinwachs ihre Idee vom »Gaumentheater des Mundes« wörtlich umgesetzt und sich eine kleine Mundbühne gebaut. Damit und mit Handschuhen ausgestattet, repräsentiert sie ihre Texte mit dem eigenen Körper, womit das Stück, welches als Bühnenrealisierung aufwendiger Mittel bedürfte, auf kleinstem Raum vorgeführt wird. In einer solchen Performance sind Körper-Sprache und Sprach-Körper tatsächlich miteinander verbunden.

»George Sand« von Steinwachs ist kein Text *über* diese Schriftstellerin, sondern er knüpft an weibliche künstlerische Arbeit im Sinne einer produktiven Rezeption an. Die im erstarrten Bild der George Sand eingeschlossenen Momente von Kreativität werden in den Szenen von Steinwachs' Text freigesetzt und fortgeschrieben. Damit stellt dieser Text keine ergänzende Korrektur zur herrschenden Literaturgeschichtsschreibung dar, sondern eine gänzlich andere Aneignungsweise.

1. Hörspielfassung Hans Gerd Krogmann. Westdeutscher Rundfunk 1981.

Postskriptum

Ich werde an dieser Stelle nicht versuchen, eine Zusammenfassung zu schreiben oder gar eine Bilanz zu ziehen. Das Verfahren, die Geschichte der Gegenwartsliteratur von Frauen in einer Serie von Textbeispielen darzustellen, ist zum Ende hin so offen wie diese Geschichte selbst – nichts Abgeschlossenes, und auch nicht in einem Resümee zu verallgemeinern.

Während der Arbeit an diesem Buch mußte ich mich immer wieder dem Autoritätsdruck eingefleischter Normen der fachwissenschaftlichen Disziplin widersetzen, die sich hinter meinem Rücken geltend machen wollten, die dem gewählten Verfahren aber grundlegend widersprechen. Dies betrifft vor allem den Anspruch auf Vollständigkeit und Repräsentativität. Immer wieder drängten sich mir Namen von Autorinnen und Buchtitel auf, um sich darüber zu beklagen, daß sie nicht berücksichtigt worden seien. Ständig umgab ich mich mit Stapeln von Büchern, die ich mir absichtsvoll ins Blickfeld legte, um sie noch einmal zu lesen und zu überprüfen, ob sie nicht wichtige, bislang vernachlässigte Beispiele für meine Darstellung abgäben. Ganz abgesehen von den zahlreichen Texten, die während der Arbeit an dem Buch erschienen und unbedingt noch gelesen sein wollten. Ich spürte immer deutlicher, daß ich an einem unabschließbaren Projekt arbeitete und mußte die notwendigen Grenzziehungen oftmals mit einiger Gewalt vornehmen – ebenso wie den vorläufigen Abschluß der Untersuchungen und der Lektüre.

Bibliographie

1. Literatur von Frauen

AICHINGER, ILSE: Meine Sprache und ich. Erzählungen. Frankfurt/M. 1978.
 dies.: Die größere Hoffnung. Roman (1948). Frankfurt/M. 1974.
 dies.: Kleist, Moos, Fasane. Frankfurt/M. 1987.
ALBERTSEN, ELISABETH: Das Dritte. Reinbek bei Hamburg 1977.
ALEXANDER, ELISABETH: Die törichte Jungfrau. Köln 1978.
ALMS, BARBARA (Hg.): Blauer Streusand (Lyrik und Prosa Wiener Autorinnen). Frankfurt/M. 1987.
ALVES, EVA-MARIA: Neigung zum Fluß. Frankfurt/M. 1981.
 dies. (Hg.): Ansprüche. Verständigungstexte von Frauen. Frankfurt/M. 1983.
ARENS, BRIGITTA: Katzengold. München 1982.
BACHÉR, INGRID: Das Paar (1980). Frankfurt/M. 1982.
BACHMANN, INGEBORG: Werke. Hg. v. Christine Koschel/Inge von Weidenbaum/Clemens Münster (1978). München 1982.
 dies.: Wir müssen wahre Sätze finden. Gespräche und Interview. Hg. v. Christine Koschel/Inge von Weidenbaum. München 1983.
 dies.: Bilder aus ihrem Leben. Mit Texten aus ihrem Werk. Hg. v. Andreas Hapkemeyer. München 1983.
BAUM, RENATE (Hg.): Helena's Schwestern. Frauenreisen und -leben in Griechenland. Bonn 1987.
BAUR, MARGIT: Ausfallzeit. Frankfurt/M. 1983.
BECKERLE, MONIKA: Das Kartenhaus. Landau/Pfalz 1983.
BEER, ANNETTE: Nachts sind alle Katzen breit. Erzählungen aus Berlin-Kreuzberg. Hamburg 1986.
 dies.: Flamingos und andere schwarze Vögel. Hamburg 1987.
BEHRENS, KATJA: Die weiße Frau. Erzählungen (1978). Frankfurt/M. 1981.
 dies.: Die dreizehnte Fee. Düsseldorf 1983.
 dies.: Von einem Ort zum andern. Pfaffenweiler 1987.
BERGER, RENATE (Hg.): «Und ich sehe nichts, nichts als die Malerei.» Autobiographische Texte von Künstlerinnen des 18.–20. Jahrhunderts. Frankfurt/M. 1987.
BERKEWICZ, URSULA: Josef stirbt. Frankfurt/M. 1982.
 dies.: Michel, sag ich. Frankfurt/M. 1984.
 dies.: Adam. Frankfurt/M. 1987.

dies.: Maria, Maria. Frankfurt/M. 1988.

BEUTLER, MAJA: Die Wortfalle. Zürich, Köln 1983.

dies.: Fuß fassen. Bern 1980.

BLUM, LISA-MARIE: Marionetten. Erzählungen. Duisburg 1978.

BLUMENBERG, BETTINA: Vor Spiegeln. München, Wien 1983.

dies.: Verführung. München, Wien 1985.

BRAATZ, ILSE: Betriebsausflug. Roman einer imaginären Reise in das Portugal von 1975. Münster 1978.

dies.: Vielleicht nach Holland. Basel, Frankfurt/M. 1982.

dies.: Geschieht ein Hochzeitsfest. Basel, Frankfurt/M. 1984.

BREITLING, GISELA: Die Spuren des Schiffs in den Wellen. Eine autobiographische Suche nach den Frauen in der Kunstgeschichte (1980). Frankfurt/M. 1986.

BRONNEN, BARBARA: Die Tochter. München 1980.

dies. u. MANFRED GRUNERT: Liebe ist deine Liebe nicht. Psychogramm einer Ehe. München 1972.

BRÜCKNER, CHRISTINE: Wenn du geredet hättest, Desdemona. Ungehaltene Reden ungehaltener Frauen. Hamburg 1983.

BRUNK, SIGRID: Der Magier. Köln 1979.

BRUNNER, CHRISTINA: Aglaia. 3 Erzählungen. Bern 1978.

BUBER-NEUMANN, MARGARETE: Milena, Kafkas Freundin (1977). Frankfurt/M. 1985.

BUCK, INGE: Gegen die Scheibe. Berlin 1986.

BÜHRMANN, TRAUDE: Flüge über Moabiter Mauern. Berlin 1987.

BUHMANN, INGA: Ich habe mir eine Geschichte geschrieben. München 1979.

dies.: das eine und das andere. Hamburg 1980.

dies.: 1971: Makedonischer Grenzfall. Brackwede bei Bielefeld 1984, Hamburg 1987.

dies.: Geschichten um Herrn Vonderwand. Erotische Farce. Hamburg 1986.

COSTA-HÖLZEL, LUISA/ELENI TOROSSI (Hg.): Freihändig auf dem Tandem. 30 Frauen aus 11 Ländern. Eine Anthologie zur Literatur der Ausländerinnen in der BRD. Kiel 1985.

CURTIUS, MECHTHILD: Jelängerjelieber. Köln 1983.

CZURDA, ELFRIEDE: Diotima oder Die Differenz des Glücks. Reinbek bei Hamburg 1982.

dies.: Signora Julia. Reinbek bei Hamburg 1985.

dies.: Kerner. Ein Abenteuerroman. Reinbek bei Hamburg 1987.

DACH, MARGIT VON: Geschichte vom Fräulein. Ein Wörterbuch. Aarau 1982.

DAMM, SIGRID: Cornelia Goethe. Frankfurt/M. 1988.

DEMSKI, EVA: Karneval. München, Wien 1981.

dies.: Scheintod. München, Wien 1984.

dies.: Hotel Hölle, guten Tag. München, Wien 1987.

DIEDERICH, ELLEN: «...und eines Tages merkte ich, ich war nicht mehr ich selber, ich war ja mein Mann.» Eine politische Autobiographie. Offenbach 1981.

DISCHEREIT, ESTHER: Joëmis Tisch. Eine jüdische Geschichte. Frankfurt/M. 1988.

DOMIN, HILDE: Das zweite Paradies. Roman in Segmenten. München 1968.

dies.: Das zweite Paradies (1968). München 1986.

dies.: Von der Natur nicht vorgesehen. München 1974.

dies.: Aber die Hoffnung. Autobiographisches aus und über Deutschland. München 1982.

DORPAT, CHRISTEL: Welche Frau wird so geliebt wie du. Eine Ehegeschichte. Berlin 1982.

DREWITZ, INGEBORG: Gestern war Heute. Hundert Jahre Gegenwart (1978). 1981.

dies.: Oktoberlicht oder Ein Tag im Herbst (1981). Frankfurt/M. 1983.

dies.: Eis auf der Elbe. Tagebuchroman. Düsseldorf 1982.

DUDEN, ANNE: Übergang. Berlin 1982.

dies.: Das Judasschaf. Berlin 1985.

DÜNNEBIER, ANNA: Lindhoops Frau. München 1981.

ELSNER, GISELA: Die Zerreißprobe. Erzählungen. Reinbek bei Hamburg 1980.

dies.: Abseits. Reinbek bei Hamburg 1984.

ENDRES, RIA: Am Ende angekommen. Dargestellt am wahnhaften Dunkel der Männerporträts des Thomas Bernhard. Frankfurt/M. 1980.

dies.: Milena antwortet. Ein Brief. Reinbek bei Hamburg 1982.

ERLENBERGER, MARIA: Der Hunger nach Wahnsinn. Ein Bericht. Reinbek bei Hamburg 1977.

dies.: Ich will schuld sein. Eine Gedankensammlung. Reinbek bei Hamburg 1980.

dies.: Hoffnung auf Erinnern. Erzählung. Reinbek bei Hamburg 1982.

dies.: Singende Erde. Ein utopischer Roman (1980). Reinbek bei Hamburg 1981.

FETH, MONIKA: Examen (1980). Reinbek bei Hamburg 1981.

FITTKO, LISA: Mein Weg über die Pyrenäen. Erinnerungen 1940/41. München, Wien 1985.

347

dies.: Ich bin Israelin. Erfahrungen in einem orientalischen Land. Hamburg 1982.

FLEISCHMANN, LEA: Dies ist nicht mein Land. Eine Jüdin verläßt die Bundesrepublik. Hamburg 1980.

FRANCK, BARBARA: Trotzdem leben. Reportagen über die Angst. Hamburg 1983.

dies.: Ich schau in den Spiegel und sehe meine Mutter. Gesprächsprotokolle mit Töchtern. Hamburg 1979.

FRISCHMUTH, BARBARA: Die Klosterschule (1968). Reinbek bei Hamburg 1983.

dies.: Die Mystifikationen der Sophie Silber (1976). München 1979.

dies.: Amy oder Die Metamorphose (1978). München 1982.

dies.: Kai oder Die Liebe zu den Modellen (1979). München 1981.

dies.: Entzug – ein Menetekel der zärtlichsten Art. Pfaffenweiler 1979.

dies.: Das Verschwinden des Schattens in der Sonne (1973). München 1980.

dies.: Bindungen (1980). München 1983.

dies.: Die Frau im Mond (1982). München 1985.

dies.: Kopftänzer (1984). München 1989.

FRITZ, MARIANNE: Die Schwerkraft der Verhältnisse. Frankfurt/M. 1978.

FUESS, RENATE: Kein Brief aus Amerika. Reinbek bei Hamburg 1985.

GAHSE, ZSUZSANNA: Zero. München 1983.

dies.: Stadt Land Fluß. München 1988.

GEIGER, RUTH u. a. (Hg.): Frauen, die pfeifen. Verständigungstexte. Frankfurt/M. 1978.

GÖBELSMANN, CHRISTEL/JOCHEN SCHIMMANG (Hg.): Liebesgeschichten. Verständigungstexte. Frankfurt/M. 1982.

GRILL, EVELYN: Rahmen Handlungen. Wien 1983.

HAAG, LINA: Eine Handvoll Staub (1947). Frankfurt/M. 1981.

HAIDEGGER, CHRISTINE: Zum Fenster hinaus. Eine Nachkriegskindheit. Reinbek bei Hamburg 1979.

HANNSMANN, MARGARETE: Der helle Tag bricht an. Ein Kind wird Nazi. Hamburg 1982.

HARTLAUB, GENO: Der Mond hat Durst (1966). Frankfurt/M. 1986.

dies.: Das Gör (1980). Frankfurt/M. 1982.

dies.: Muriel. Bern, München, Wien 1985.

dies.: Die Uhr der Träume. Ausgewählte Erzählungen. Bern, München 1986.

HAUSHOFER, MARLEN: Die Tapetentür (1957). München o. J.

dies.: Wir töten Stella. Novelle (1958). Düsseldorf 1984.

348

dies.: Die Wand (1963). Düsseldorf 1983.

dies.: Die Mansarde (1968). Frankfurt/M. 1986.

dies.: Begegnung mit dem Fremden. Erzählungen. Düsseldorf 1985.

dies.: Eine Handvoll Leben (1955). München o. J.

dies.: Himmel, der nirgendwo endet (1969). Frankfurt/M. 1986.

HEIDERICH, BIRGIT: Mit geschlossenen Augen. Tagebuch. Frankfurt/M. 1980.

HEINRICH, JUTTA: Das Geschlecht der Gedanken (1977). München 1978.

dies.: Mit meinem Mörder Zeit bin ich allein. München 1981.

dies.: Eingegangen. Berlin 1987.

HERZOG, MARIANNE: Nicht den Hunger verlieren. Berlin 1980.

dies.: Von der Hand in den Mund. Frauen im Akkord. Berlin 1976.

dies.: Suche. Darmstadt 1988.

HINN, VILMA: mannundfrauspielen. Von einer die auszog das Frausein zu lernen. Eigenhändig geschriebener Bericht in fünf Büchern. Zürich 1982.

HOFFMANN, FREIA (Hg.): Ledige Mütter. Frankfurt/M. 1976.

HONIGMANN, BARBARA: Roman von einem Kinde. Sechs Erzählungen. Darmstadt 1987.

HUBER, MARGARETHA: Rätsel. ich schaue in den geheimnisvollen Raum eines verschollenen Denkens, dessen Tür die Romantik einen Spalt weit geöffnet hat. Frankfurt/M. 1978.

HUNTER, BRIGITTE: Kitty. Basel, Frankfurt/M. 1981.

HUTMACHER, RAHEL: Dona. Geschichten. Darmstadt, Neuwied 1982.

dies.: Die Tochter. Darmstadt, Neuwied 1983.

dies.: Wildleute. Darmstadt 1986.

HUTTEN, KATRINE VON: Im Luftschloß meines Vaters. Zürich 1983.

INGRISCH, LOTTE: Das Fest der hungrigen Geister. Wien, Hamburg 1971.

IRGANG, MARGRIT-HEIDE: Einfach mal ja sagen. Eine Geschichte. Reinbek bei Hamburg 1981.

JAKOB, ANGELIKA: Flieg, Schwesterlein, flieg! Erzählungen. Siegen 1984.

JANNBERG, JUDITH: Ich bin ich. Aufgezeichnet v. Elisabeth Dessai. München 1980.

JELINEK, ELFRIEDE: Die Liebhaberinnen (1975). Reinbek bei Hamburg 1976.

dies.: Die Ausgesperrten. Reinbek bei Hamburg 1980.

dies.: Die Klavierspielerin. Reinbek bei Hamburg 1983.

dies.: Theaterstücke. Köln 1984.

dies.: Oh Wildnis, oh Schutz vor ihr. Prosa. Reinbek bei Hamburg 1985.

dies. u. a.: Was geschah, nachdem Nora ihren Mann verlassen hatte? Acht Hörspiele. Hg. v. Helga Geyer-Ryan. München 1982.

dies.: Die endlose Unschuldigkeit. Prosa – Hörspiel – Essay. Schwifting 1980.

dies.: Krankheit oder Moderne Frauen. Köln 1987.

JOHANSEN, HANNA: Die Analphabetin. München, Wien 1982.

dies.: Trocadero. München 1980.

dies.: Zurück nach Oraibi. Zürich 1986.

dies.: Ein Mann vor der Tür. München 1988.

JONAS, ANNA: Sophie und andre Pausen. Berlin 1984.

dies.: Das Frettchen. Eine Biographie. Berlin 1985.

KAMENKO, VERA: Unter uns war Krieg. Autobiographie einer jugoslawischen Arbeiterin. Mitgearbeitet Marianne Herzog. Berlin 1978.

KASCHNITZ, MARIE LUISE: Gesammelte Werke in sieben Bänden. Hg. v. Christian Büttrich u. Norbert Miller. Frankfurt/M. 1981–1985.

KERSCHBAUMER, MARIE-THÉRÈSE: Der weibliche Name des Widerstands. Sieben Berichte (1980). München 1982.

dies.: Schwestern (1982). München 1985.

KIRSCH, SARAH: Die Pantherfrau. Fünf Frauen in der DDR (1973). Reinbek bei Hamburg 1980.

dies./Irmtraud Morgner/Christa Wolf: Geschlechtertausch. Drei Geschichten über die Umwandlung der Verhältnisse (1980). Darmstadt, Neuwied 1982.

KNAUSS, SIBYLLE: Ach Elise oder Lieben ist ein einsames Geschäft. Hamburg 1981.

dies.: Das Herrenzimmer. Hamburg 1983.

dies.: Erlkönigs Töchter. Hamburg 1985.

KÖHLER, MONIKA: Die Früchte vom Machandelbaum. München 1980.

KÖNIG, BARBARA: Die Personenperson. München 1967.

KOLB, ULRIKE: Die Rabe. Münster 1984.

dies.: Idas Idee. Frankfurt/M. 1985.

dies. (Hg.): Die Versuchung des Normalen. Frankfurt/M. 1986.

KOSCHEL, CHRISTINE: Zeit von der Schaukel zu springen. Gedichte. München 1975.

KRAUSS, ANGELA: Das Vergnügen. Erzählung. Frankfurt/M. 1988.

KRECHEL, URSULA: Nach Mainz! Gedichte. Darmstadt, Neuwied 1977.

dies.: Zweite Natur. Szenen eines Romans (1981). Frankfurt/M. 1983.

dies.: Der Kunst in die Arme geworfen. Hörspiel. Südwestfunk 1982.

dies.: Rohschnitt. Gedicht in 60 Sequenzen. Darmstadt 1983.

KRONAUER, BRIGITTE: Frau Mühlenbeck im Gehäus (1980). München 1984.

dies.: Rita Münster. Stuttgart 1983.

dies.: Berittener Bogenschütze. Stuttgart 1986.

dies.: Aufsätze zur Literatur. Stuttgart 1987.

KUCKUCK, ANKE/HEIDE WOHLERS (Hg.): Vaters Tochter. Von der Notwendigkeit, den Frosch an die Wand zu werfen. Reinbek bei Hamburg 1988.

LANDER, JEANNETTE: Ein Sommer in der Woche der Itke K. (1971). Frankfurt/M. 1974.

dies.: Die Töchter. Frankfurt/M. 1976.

dies.: Ich, allein. München 1980.

dies.: Auf dem Boden der Fremde. Frankfurt/M. 1972.

dies.: Ein Spatz in der Hand. Sachgeschichten. Frankfurt/M. 1973.

LANGE-MÜLLER, KATJA: Wehleid – wie im Leben. Erzählungen. Frankfurt/M. 1986.

dies.: Kasper Mauser – die Feigheit vorm Freund. Köln 1988.

LANGNER, ILSE: Dramen I. Hg. v. Günter Schulz. Würzburg 1983.

LAUTENSCHLAG, MAROCKH: Der Wald. Erzählungen. Frankfurt/M. 1980.

dies.: Araquin. Frankfurt/M. 1981.

LEUTENEGGER, GERTRUD: Vorabend (1975). Frankfurt/M. 1980.

dies.: Ninive (1977). Frankfurt/M. 1981.

dies.: Lebewohl, Gute Reise. Ein dramatisches Poem. Frankfurt/M. 1980.

dies.: Meduse. Frankfurt/M. 1988.

LINDEMANN, KARIN: Irrgänger. Geschichten. Olten 1984.

MARON, MONIKA: Flugasche. Frankfurt/M. 1981.

dies.: Die Überläuferin. Frankfurt/M. 1986.

dies.: Das Mißverständnis. Vier Erzählungen und ein Stück. Frankfurt/M. 1982.

MASCHMANN, MELITA: Fazit. Mein Weg in die Hitler-Jugend (1963). München 1981.

MAYRÖCKER, FRIEDERIKE: Ein Lesebuch. Hg. v. Gisela Lindemann. Frankfurt/M. 1979.

dies.: Die Abschiede. Frankfurt/M. 1980.

dies.: Magische Blätter. Frankfurt/M. 1983.

dies.: Das Herzzerreißende der Dinge. Frankfurt/M. 1985.

dies.: Reise durch die Nacht. Frankfurt/M. 1986.

dies.: Mein Herz, mein Zimmer, mein Name. Frankfurt/M. 1988.

MECHTEL, ANGELIKA: Wir sind arm wir sind reich (1977). Reinbek bei Hamburg 1981.

dies.: Gott und die Liedermacherin. München 1983.

dies.: Die andere Hälfte der Welt oder Frühstücksgespräche mit Paula. München 1980.

MEINHOF, ULRIKE MARIE: Bambule. Fürsorge – Sorge für wen? Berlin 1971.

dies.: Die Würde des Menschen ist antastbar. Aufsätze und Polemiken. Berlin 1980.

MERIAN, SVENDE: Der Tod des Märchenprinzen. Frauenroman. Hamburg 1980.

MEYER, ANNEGRET: Ferne Grüße – Frauen erzählen von ihren Reisen. Buchschlag bei Frankfurt 1986.

MITGUTSCH, WALTRAUD: Das andere Gesicht. Düsseldorf 1986.

MÖHRMANN, RENATE/NATASCHA WÜRZBACH (Hg.): Krankheit als Lebenserfahrung. Frankfurt/M. 1988.

MÖRIKES LÜFTE SIND VERGIFTET. Lyrik aus der Frauenbewegung 1970–1980. Gesammelt von Cristel Göbelsmann. Bremen 1981.

MONÍKOVÁ, LIBUŠE: Eine Schädigung. Berlin 1981.

dies.: Pavane für eine verstorbene Infantin. Berlin 1983.

dies.: Die Fassade. München, Wien 1987.

MOOG, CHRISTA: Aus tausend grünen Spiegeln. Düsseldorf 1988.

MOOSDORF, JOHANNA: Freundinnen (1977). Frankfurt/M. 1988.

dies.: Sieben Jahr sieben Tag. Gedichte von 1950 bis 1979. München 1979.

MORGNER, IRMTRAUD: Leben und Abenteuer der Trobadora Beatriz nach Zeugnissen ihrer Spielfrau Laura. Roman in dreizehn Büchern und sieben Intermezzos (1974). Darmstadt, Neuwied 1981.

MÜLLER, HERTA: Niederungen. Prosa (1982). Berlin 1984.

dies.: Der Mensch ist ein großer Fasan auf der Welt. Berlin 1986.

dies.: Barfüßiger Februar. Berlin 1987.

MUHR, CAROLINE: Depressionen. Tagebuch einer Krankheit (1970). Frankfurt/M. 1980.

dies.: Freundinnen (1974). Frankfurt/M., Berlin, Wien 1976.

dies.: Huberts Reise oder Kein Übel ist größer als die Angst davor. Köln 1978.

NELKEN, DINAH: Die ganze Zeit meines Lebens. Geschichten, Gedichte, Berichte (1981). Frankfurt/M. 1983.

NEUMANN, RONNITH: Heimkehr in die Fremde. Zu Hause in Israel oder zu Hause in Deutschland? Hamburg 1985.

NOACK, BARBARA: Liebesgeschichten. Vier Romane. München, Wien 1975.

NOVAK, HELGA M.: Die Eisheiligen. Darmstadt, Neuwied 1979.

dies.: Vogel federlos. Darmstadt, Neuwied 1982.

dies.: Grünheide Grünheide, Gedichte 1955–1980. Darmstadt, Neuwied 1983.

dies.: Legende Transsib. Darmstadt 1985.

ÖZAKIN, AYSEL: Die Preisvergabe. Hamburg 1982.

dies.: Die Leidenschaft der Anderen. Hamburg 1983.

dies.: Soll ich hier alt werden? Hamburg 1982.

dies.: Das Lächeln des Bewußtseins. Hamburg 1985.

ÖZKAN, HÜLYA / ANDREA WÖRLE (Hg.): Eine Fremde wie ich. Berichte, Erzählungen, Gedichte von Ausländerinnen. München 1985.

OFFENBACH, JUDITH: Sonja. Eine Melancholie für Fortgeschrittene (1980). Frankfurt/M. 1981.

OGUNTOYE, KATHARINA u. a. (Hg.): Farbe bekennen. Afro-deutsche Frauen auf den Spuren ihrer Geschichte. Berlin 1986.

OPITZ, ELISABETH: Horch in das Dunkel. Ein Bericht über eine Depression. Köln 1979.

PALFRADER, MAGDALENA: Das Diplom. Basel, Frankfurt/M. 1981.

PAUSCH, BIRGIT: Die Verweigerungen der Johanna Glauflügel. Berlin 1977.

dies.: Bildnis der Jakobina Völker. Düsseldorf 1980.

dies.: Die Schiffschaukel. Novelle. Darmstadt, Neuwied 1982.

PEDRETTI, ERICA: Valerie oder das unerzogene Auge. Frankfurt/M. 1986.

dies.: Sonnenaufgänge, Sonnenuntergänge. Erzählungen. Frankfurt/M. 1984.

dies.: Heiliger Sebastian. Frankfurt/M. 1981.

dies.: Veränderungen. Frankfurt/M. 1977.

PETERSEN, KARIN: Das fette Jahr. Köln 1978.

PLESSEN, ELISABETH: Mitteilung an den Adel (1976). München 1980.

dies.: Kohlhaas. Zürich, Köln 1979.

dies.: Stella Polare. Frankfurt/M. 1984.

PUGANIGG, INGRID: Laila. Eine Zwiesprache. Frankfurt/M. 1988.

RACHINGER, JOHANNA: Orpheus würgt daran. Geschichten von Frauen. Wien 1988.

RADZIWILL, KONSTANZE: Eine Art von Verwandtschaft (1979). Frankfurt/M. 1981.

RAKUSA, ILMA: Die Insel. Erzählung. Frankfurt/M. 1982.

dies.: Miramar. Erzählungen. Frankfurt/M. 1986.

RASP, RENATE: Ein ungeratener Sohn. Köln, Berlin 1967.

dies.: Junges Deutschland. Gedichte. München, Wien 1978.

dies.: Zickzack. München, Wien 1979.

REHMANN, RUTH: Paare. Erzählungen (1978). München 1983.

dies.: Der Mann auf der Kanzel. Fragen an einen Vater (1979). München 1983.

dies.: Die Schwaigerin. München 1987.

REINIG, CHRISTA: Die himmlische und die irdische Geometrie (1975). München 1978.

dies.: Entmannung. Die Geschichte Ottos und seiner vier Frauen (1976). Darmstadt, Neuwied 1981.

dies.: Müßiggang ist aller Liebe Anfang. Gedichte (1979). München 1980.

dies.: Der Wolf und die Witwen. Erzählungen und Essays (1979). München 1981.

dies.: Die Prüfung des Lächlers. Gesammelte Gedichte. München 1980.

dies.: Die Frau im Brunnen. München 1984.

dies.: Im Gespräch mit Marie Luise Gansberg: Erkennen, was die Rettung ist. München 1986.

REINSHAGEN, GERLIND: Himmel und Erde (1974). Frankfurt/M. 1981.

dies.: Das Frühlingsfest. Elsas Nachtbuch. Annäherungen. Ein Stück. Frankfurt/M. 1980.

dies.: Sonntagskinder. Frankfurt/M. 1981.

dies.: Die Clownin. Ein Spiel. Frankfurt/M. 1985.

dies.: Die flüchtige Braut (1984). Frankfurt/M. 1984.

RESCHKE, KARIN: Memoiren eines Kindes (1980). Berlin 1982.

dies.: Verfolgte des Glücks. Findebuch der Henriette Vogel. Berlin 1982.

dies.: Margarete. Berlin 1987.

RHEINSBERG, ANNA: Hannah. Liebesgeschichten. Hamburg 1982.

dies.: Herzlos. Kerlsgeschichten. Darmstadt 1988.

dies.: Marthe und Ruth. Erzählung. Darmstadt 1987.

RINSER, LUISE: Den Wolf umarmen. Frankfurt/M. 1981.

dies.: Nina. Mitte des Lebens (1950). Abenteuer der Tugend (1957). Frankfurt/M. 1979.

dies.: Zölibat und Ehe. Würzburg 1967.

dies.: Unterentwickeltes Land Frau (1970). Frankfurt/M. 1987.

dies.: Gefängnistagebuch (1946). Frankfurt/M. 1973.

354

dies.: Der schwarze Esel. Frankfurt/M. 1974.

dies.: Mirjam. Frankfurt/M. 1983.

dies. (Hg.): Laßt mich leben. Schreibende Frauen im Knast. Dortmund 1987.

ROTH, FRIEDERIKE: Ordnungsträume. Darmstadt, Neuwied 1979.

dies.: Ritt auf die Wartburg (1981). Frankfurt/M. 1983.

dies.: Das Buch des Lebens. Ein Plagiat. Erste Folge: Liebe und Wald. Darmstadt, Neuwied 1983.

dies.: Die einzige Geschichte. Frankfurt/M. 1985.

dies.: Ritt auf die Wartburg. / Klavierspiele. Frankfurt/M. 1984.

dies.: Von schief nach schräg. Frankfurt/M. 1987.

RUNGE, ERIKA: Frauen. Versuche zur Emanzipation. Frankfurt/M. 1969.

RUPPRECHT, IMME: Thola versuchte sich auf Lisa zu freuen. Bei Lisa wußte man nie... Texte, Gedichte. Berlin 1981.

SANDER, HELKE: Die Geschichten der drei Damen K. München 1987.

SCHEINHARDT, SALIHA: Frauen die sterben ohne daß sie gelebt hätten. Berlin 1983.

dies.: Und die Frauen weinten Blut. Berlin 1985.

dies.: Von der Erde bis zum Himmel Liebe. Frankfurt/M., Wien 1988.

dies.: Drei Zypressen. Berlin 1984.

SCHENK, HERRAD: Abrechnung. Reinbek bei Hamburg 1979.

dies.: Die Unkündbarkeit der Verheißung. Düsseldorf 1984.

dies.: Die Rache der alten Mamsell. Eugenie Marlitts Lebensroman. Düsseldorf 1986.

SCHLAG, EVELYN: Beim Hüter des Schattens. Frankfurt/M. 1984.

dies.: Brandstätters Reise. Erzählung. Frankfurt/M. 1985.

dies.: Die Kränkung. Erzählung. Frankfurt/M. 1987.

SCHMIDT, HEIDI: Anfälle. Tagebuchfragmente. Hamburg 1976.

SCHRIBER, MARGIT: Vogel flieg. Frauenfeld 1980.

dies.: Muschelgarten (1984). Frankfurt/M. 1987.

SCHROEDER, MARGOT: Ich stehe meine Frau. Frankfurt/M. 1975.

dies.: Der Schlachter empfiehlt noch immer Herz. München 1976.

dies.: die angst ist baden gegangen. poem (1976). Berlin 1979.

dies.: Die Vogelspinne. Monolog einer Trinkerin. München 1982.

dies.: Wenn die Holzpferde lachen. Bremen 1985.

SCHUTTING, JUTTA: Am Morgen vor der Reise. Die Geschichte zweier Kinder (1978). Reinbek bei Hamburg 1980.

dies.: Der Vater (1980). Reinbek bei Hamburg 1983.

dies.: Reisefieber. Erzählung. Salzburg 1988.

dies.: Traumreden. Gedichte. Salzburg 1987.

dies.: Salzburg retour. Erzählung. Graz 1978.

SCHWAIGER, BRIGITTE: Wie kommt das Salz ins Meer (1977). Reinbek bei Hamburg 1979.

dies.: Lange Abwesenheit (1980). Reinbek bei Hamburg 1982.

dies.: Der Himmel ist süß. Eine Beichte. Reinbek bei Hamburg 1986.

dies.: Mit einem möcht ich leben. Lyrik. München 1987.

dies.: Mein spanisches Dorf. Prosa. Frankfurt/M. 1978.

SCHWARZER, ALICE: Der «kleine Unterschied» und seine großen Folgen. Frauen über sich. Beginn einer Befreiung. Frankfurt/M. 1975.

SHERMAN-ZANDER, HILDE: Zwischen Tag und Dunkel. Mädchenjahre im Ghetto. Frankfurt/M., Berlin, Wien 1984.

SPERR, MONIKA: Die Freundin (1980). München 1983.

STEFAN, VERENA: Häutungen. Autobiografische Aufzeichnungen Gedichte Träume Analysen (1975). München 1976.

dies.: Mit Füßen und Flügeln. Berlin 1980.

dies.: Wortgetreu ich träume. Geschichten und Geschichte. Zürich 1987.

STEINWACHS, GINKA: Mythologie des Surrealismus oder die Rückverwandlung von Kultur in Natur. Basel, Frankfurt/M. 1985.

dies.: marylinparis. montageroman (1978). Basel, Frankfurt/M. 1979.

dies.: George Sand: eine frau in bewegung, die frau von stand (1980). Frankfurt/M., Berlin, Wien 1983.

dies.: Berliner Trichter. Berliner Bilderbogen. Wien 1979.

dies.: Der schwimmende Österreicher. Graz 1985.

dies.: Erzherzog – Herzherzog. München 1985.

STERN, MONIKALISA: Am weißen Sonntag trugen Mädchen schwarze Lackschuhe. Berlin 1979.

STOJKA, CEIJA: Wir leben im Verborgenen. Erinnerungen einer Rom-Zigeunerin. Wien 1988.

STORZ, CLAUDIA: Jessica mit Konstruktionsfehlern (1977). Frankfurt/M. 1979.

dies.: Auf der Suche nach Lady Gregory. Zürich 1981.

dies.: Geschichte mit drei Namen. Zürich 1986.

STREIT, MONICA: Joschi. Eine Kindheit NachdemKrieg. Hamburg 1984.

dies.: Issi Marokka. Erzählungen über Gewalt. Berlin 1982.

STRIPPEL, JUTTA: Kreide trocknet die Haut aus. Frankfurt/M. 1982.

STRUCK, KARIN: Klassenliebe (1973). Frankfurt/M. 1980.

dies.: Trennung. Frankfurt/M. 1978.

dies.: Die Mutter (1975). Frankfurt/M. 1978.

dies.: Lieben (1977). Frankfurt/M. 1979.

dies.: Kindheits Ende. Journal einer Krise. Frankfurt/M. 1982.

dies.: Zwei Frauen. Münster 1982.

dies.: Finale. Geschichte eines unentdeckten Pferdes (1984). Reinbek bei Hamburg 1986.

dies.: Glut und Asche. Eine Liebesgeschichte (1985). Reinbek bei Hamburg 1987.

STRUZYK, BRIGITTE: Caroline unterm Freiheitsbaum. Ein Porträt der Caroline Böhmer-Schlegel-Schelling. Darmstadt, Neuwied 1988.

TASCHAU, HANNELIES: Landfriede (1978). Frankfurt/M. 1980.

dies.: Erfinder des Glücks. Zürich, Köln 1981.

dies.: Mein Körper warnt mich vor jedem Wort. Vier Erzählungen. Leonberg 1984.

dies.: Strip und andere Erzählungen. München, Gütersloh, Wien 1974.

TAWADA, YOKO: Nur da wo Du bist da ist nichts. Tübingen 1987.

TORKAN: Tufan. Brief an einen islamischen Bruder. Hamburg 1983.

dies.: Kaltland. Wah'schate Ssard. Hamburg 1984.

dies.: Allnacht. Roya und Alp-Traum. Hamburg 1987.

TROTTA, MARGARETHE VON: Die bleierne Zeit. Hg. v. Hans Jürgen Weber/Ingeborg Weber. Frankfurt/M. 1981.

TUCKERMANN, ANJA: Mooskopf. Darmstadt 1988.

VENSKE, REGULA: Ach Fanny. Vom jüdischen Mädchen zur preußischen Schriftstellerin. Berlin 1988.

VESEKEN, POLA: Altweibersommer? Basel, Frankfurt/M. 1982.

VOGT, KARIN: Schnee fällt auf Thorn. Frankfurt/M. 1983.

WABERER, KETO VON: Der Mann aus dem See. Erzählungen. Köln 1983.

dies.: Blaue Wasser für eine Schlacht. Köln 1987.

WALSER, JOHANNA: Vor dem Leben stehend (1982). Frankfurt/M. 1983.

WALTHER, J. MONIKA: Verlorene Träume. Geschichten nach dem Hochzeitslied. München 1978.

dies.: Die Traurigkeit nach dem Singen. Ein Roman über das Ende des Dritten Reiches und die Nachkriegszeit. Münster 1981.

WANDER, MAXIE: Leben wär eine prima Alternative. Tagebuchaufzeichnungen und Briefe. Hg. v. Fred Wander (1979). Darmstadt, Neuwied 1983.

WEBER, ANNEMARIE: Rosa oder Armut schändet (1978). Frankfurt/M. 1980.

WEIL, GRETE: Tramhalte Beethovenstraat (1963). Frankfurt/M. 1983.

dies.: Meine Schwester Antigone (1980). Frankfurt/M. 1982.

dies.: Generationen (1983). Frankfurt/M. 1985.

dies.: Der Brautpreis. Zürich, Frauenfeld 1988.

WERKKREIS LITERATUR DER ARBEITSWELT: Liebe Kollegin. Texte zur Emanzipation der Frau in der Bundesrepublik. Hg. v. Britta Noeske u. a. Frankfurt/M. 1973.

ders.: Für Frauen. Ein Lesebuch. Hg. v. Gerlinde Engelmann u. a. Frankfurt/M. 1979.

WILL, GERTRAUD: Daß du untergehst wenn du dich nicht wehrst das wirst du doch einsehen. Nachrichten aus einem westdeutschen Gefängnis. Ein Bericht über Gertraud Will. München 1976.

WIMMER, MARIA: Die Kindheit auf dem Lande (1978). Reinbek bei Hamburg 1981.

WINKLER, GERTRUD: Einen Vater aus Wörtern machen. Zürich 1970.

WINTER, MONA: Mondlicht im Prisma. München 1985.

WOHMANN, GABRIELE: Ein unwiderstehlicher Mann. Erzählungen (1966). Reinbek bei Hamburg 1976.

dies.: Ausflug mit der Mutter (1976). Darmstadt, Neuwied 1982.

WOLF, CHRISTA: Nachdenken über Christa T. (1968). Darmstadt, Neuwied 1980.

dies.: Kindheitsmuster (1976). Darmstadt, Neuwied 1981.

dies.: Kein Ort. Nirgends. Darmstadt, Neuwied 1979.

dies.: Lesen und Schreiben. Neue Sammlung. Essays, Aufsätze, Reden. Darmstadt, Neuwied 1980.

dies.: Gesammelte Erzählungen (1981). Darmstadt, Neuwied 1982.

dies.: Voraussetzungen einer Erzählung: Kassandra. Frankfurter Poetikvorlesungen. Darmstadt, Neuwied 1983.

dies.: Kassandra. Darmstadt, Neuwied 1983.

dies.: Störfall. Nachrichten eines Tages. Darmstadt, Neuwied 1987.

dies.: Die Dimension des Autors. Essays, Aufsätze, Reden und Gespräche. Darmstadt, Neuwied 1987.

WOLFF, CHARLOTTE: Flickwerk. München 1977.

dies.: Augenblicke verändern uns mehr als die Zeit. Eine Autobiographie. Weinheim, Basel 1982.

WOLTER, CHRISTINE: Stückweise leben. Zürich 1980.

WYSOCKI, GISELA VON: Die Fröste der Freiheit. Aufbruchsphantasien. Frankfurt/M. 1980.

dies.: Auf Schwarzmärkten. Prosagedichte. Fotografien. Frankfurt/M. 1983.

dies.: Abend Land Leben oder Apollinaires Gedächtnis – Spiele aus Neu Glück. Frankfurt/M. 1987.

WYSS, LAURE: Ein schwebendes Verfahren. München 1981.

dies.: Tage der Verlorenheit. Frauenfeld 1984.

dies.: Liebe Livia. Zürich 1985.

ZEEMANN, DOROTHEA: Einübung in Katastrophen. Leben von 1913 bis 1945. Frankfurt/M. 1979.

dies.: Jungfrau und Reptil. Leben zwischen 1945 und 1972. Frankfurt/M. 1982.

ZIES, GISELA: Siebenjahr. Novelle. Münster 1981.

ZÜRN, UNICA: Der Mann im Jasmin: Eindrücke aus einer Geisteskrankheit (1977). Dunkler Frühling (1969). Frankfurt/M., Berlin, Wien 1982.

dies.: Das Weiße mit dem roten Punkt. Berlin 1981.

dies.: Das Haus der Krankheiten (1958). Berlin 1986.

dies.: Gesamtausgabe in vier Bänden. Hg. v. Günter Bose und Erich Brinkmann. Berlin 1988 ff.

2. Zeitschriften

2.1. Frauen- und Literatur-Zeitschriften

Ariadne. Almanach des Archivs der deutschen Frauenbewegung. Kassel (seit 1985).

Beiträge zur feministischen Theorie und Praxis (seit 1978).

Die Eule. Diskussionsforum für feministische Theorie (1978–1984).

Eva & Co. Eine feministische Kulturzeitschrift. Graz (seit 1983).

Feministische Studien (1982–1986 und seit 1988).

Forum Homosexualität und Literatur. Siegen (seit 1987).

Frauen in der Literaturwissenschaft. Rundbrief. Hamburg (seit 1983).

Frauenjahrbuch (seit 1975, unregelmäßig, verschiedene Erscheinungsorte).

Frauen Kunst Wissenschaft Rundbrief (seit 1987).

Frauen Offensive Journal (1975–1978).

Frauen und Film (seit 1974).

Mamas Pfirsiche – Frauen und Literatur (Nr. 1/1976–Nr. 11).

Schreiben. Frauenliteraturzeitschrift (Nr. 1/1977–Nr. 21/1982).

Schreiben. Halbjahresschrift für Frauenliteratur (ab Nr. 22/1983).

Die Schwarze Botin (1976–1987).

Virginia. Frauenbuchkritiken (seit 1986).

Wissenschaft und Zärtlichkeit (seit 1977).

Women in German Yearbook. Feminist Studies and German Culture (seit 1985).

2.2. Schwerpunkthefte anderer Zeitschriften

alternative 108/109: Das Lächeln der Medusa. Frauenbewegung – Sprache – Psychoanalyse. Juni/August 1976.

alternative 139: Unversöhnlich. Frauen zwischen Befreiung und Vereinnahmung. Oktober 1981.

alternative 143/144: Projektionsraum Romantik. April/Juni 1982.

Amsterdamer Beiträge 10: Gestaltet und gestaltend. Frauen in der deutschen Literatur. 1980.

Das Argument 132: Frauen und Revolution. März/April 1982.

Das Argument 138: Frau und Kultur. März/April 1983.

Das Argument 169: Feministische Wirklichkeitsarbeit. Juni 1988.

Ästhetik und Kommunikation 25: Frauen/Kunst/Kulturgeschichte. September 1976.

Ästhetik und Kommunikation 37: Weibliche Utopien – männliche Verluste. Oktober 1979.

Ästhetik und Kommunikation 47: Weibliche Produktivität. April 1982.

Der Deutschunterricht 3/1986: Frauen in Sprache und Literatur.

Diskussion Deutsch 68: Frauenliteratur und Frauensprache. 1982.

Englisch-Amerikanische Studien 1/1987: Women's Studies.

Freibeuter 2: Thema: Frauen in der Gesellschaft. 1979.

die horen 131: Die Frauen mit Flügeln, die Männer mit Blei? Bd. 3. 1983.

die horen 132: Die Frauen mit Flügeln, die Männer mit Blei? Bd. 4. 1983.

Konkursbuch 12: Frauen Macht. 1984.

Konkursbuch 20: Das Sexuelle, die Frauen und die Kunst. 1988.

Kürbiskern 1/1978: Emanzipation in der Krise.

kulturRevolution 9: Nicht mehr als zwei Geschlechter? Juni 1985.

Kursbuch 17: Frau, Familie, Gesellschaft. Juni 1969.

Kursbuch 47: Frauen. März 1977.

Loccumer Protokolle 6, 1981: Deutsche Väter. Über das Vaterbild in der deutschsprachigen Gegenwartsliteratur.

Loccumer Protokolle 1, 1985: Kunst und Kultur von Frauen.

Modern Austrian Literature Nr. 3/4, 1979: Austrian Women Writers.

New German Critique Nr. 27. Fall 1982. Women Writers and Critics.

Notizbuch 2: Verrückte Rede – gibt es eine weibliche Ästhetik? 1980.

Randgänge der Pädagogik 13: Frauenforschungsprojekt Marburg. September 1980.

Soziologische Revue. Sonderheft 2, 1987: Frauen. Soziologie der Geschlechterverhältnisse. Besprechungen neuerer Literatur.

TheaterZeitSchrift 9: Schwerpunkt: Frauen am Theater. Herbst 1984.
TheaterZeitSchrift 10: Schwerpunkt: Frauen am Theater (2). Winter 1984/1985.

3. Essays, Untersuchungen, Theoretische Literatur

Die Bibliographie stellt Titel zum Thema zusammen. Sie ist nicht identisch mit den in diesem Buch verwendeten bzw. zitierten Publikationen. Aufsätze und Beiträge aus Sammelwerken, die in die Bibliographie aufgenommen sind, werden nicht noch einmal einzeln aufgeführt.

ABEL, ELISABETH (Hg.): Writing and Sexual Difference. Chicago 1982.

ADORNO, THEODOR W.: Ästhetische Theorie. Frankfurt/M. 1970.

ders.: Minima Moralia. Reflexionen aus einem beschädigten Leben. Frankfurt/M. 1969.

ders.: Negative Dialektik. Frankfurt/M. 1973.

ALER, JAN/CHARLOTTE PRAAG (Hg.): Frauen über Frauen. Amsterdam 1982.

ANDERSON, EDITH: Feministische Utopien. In: Sinn und Form 34, 1982, H. 2.

ANSELM, SIGRUN u.a.: Theorien weiblicher Subjektivität. Frankfurt/M. 1985.

dies. u. BARBARA BECK (Hg.): Triumph und Scheitern in der Metropole. Zur Rolle der Weiblichkeit in der Geschichte Berlins. Berlin 1987.

BACHMANN, INGEBORG. Text und Kritik Sonderband. München 1984.

BAGDADI, NADIA/IRENE BAZINGER (Hg.): Ewig lockt das Weib? Bestandsaufnahme und Perspektiven feministischer Theorie und Praxis. Weingarten 1986.

BARNOW, DAGMAR: «Sweet Daughters of Chaos». Frauen über Frauen in den 70er Jahren. In: Lili 9/1979. H. 35. S. 43–59.

BARTA, ILSEBILL u.a. (Hg.): Frauen, Bilder, Männer, Mythen. Kunsthistorische Beiträge. Berlin 1987.

BARTHES, ROLAND: Mythen des Alltags (1957). Frankfurt/M. 1982.

ders.: Am Nullpunkt der Literatur. Frankfurt/M. (1959). 1982.

ders.: Kritik und Wahrheit (1966). Frankfurt/M. 1967.

ders.: Die Lust am Text. Frankfurt/M. (1973). 1974.

ders.: Fragmente einer Sprache der Liebe (1977). Frankfurt/M. 1984.

BEAUVOIR, SIMONE DE: Das andere Geschlecht (1951). Reinbek bei Hamburg 1976.

BENARD, CHERYL: Die geschlossene Gesellschaft und ihre Rebellen. Die Internationale Frauenbewegung und die Schwarze Bewegung in den USA. Frankfurt/M. 1981.

dies. u. EDIT SCHLAFFER: Liebesgeschichten aus dem Patriarchat. Von der übermäßigen Bereitschaft der Frauen, sich mit dem Vorhandenen zu arrangieren. Reinbek bei Hamburg 1981.

BENDKOWSKI, HALINA/BRIGITTE WEISSHAUPT (Hg.): Was Philosophinnen denken. Eine Dokumentation. Zürich 1983.

BENJAMIN, WALTER: Gesammelte Schriften. Hg. v. Rolf Tiedemann/ Hermann Schweppenhäuser (1974). Frankfurt/M. 1980.

ders.: Das Passagenwerk. Hg. v. Rolf Tiedemann. 2 Bde. Frankfurt/ M. 1982.

BENOIST, JEAN-MARIE (Hg.): Identität. Ein interdisziplinäres Seminar unter Leitung von Claude Lévi-Strauss. Stuttgart 1980.

BERGER, RENATE: Malerinnen auf dem Weg ins 20. Jahrhundert. Kunstgeschichte als Sozialgeschichte (1980). Köln 1982.

dies. u. a. (Hg.): Frauen – Weiblichkeit – Schrift. Berlin 1985.

dies. u. INGE STEPHAN (Hg.): Weiblichkeit und Tod in der Literatur. Köln, Wien 1987.

BESTANDSAUFNAHME GEGENWARTSLITERATUR. Sonderband. Text und Kritik. München 1988.

BIOGRAFIEN. Die Geschichte einer anderen Frau schreiben. Schreiben 22. 1983.

BLINN, HANSJÜRGEN (Hg.): Emanzipation und Literatur. Texte zur Diskussion. Ein Frauen-Lesebuch. Frankfurt/M. 1984.

BLUMENBERG, HANS: Arbeit am Mythos (1979). Frankfurt/M. 1984.

BOCK, ULLA: Androgynie und Feminismus. Frauenbewegung zwischen Utopie und Institution. Weinheim 1988.

BÖHMER, URSULA: se dire – s'écrire: Frauen, Literatur, Psychoanalyse in den siebziger Jahren in Frankreich. In: Lili 9/1979. H. 35. S. 61–81.

BOHRER, KARL HEINZ (Hg.): Mythos und Moderne. Begriff und Bild einer Rekonstruktion. Frankfurt/M. 1983.

BOVENSCHEN, SILVIA: Die imaginierte Weiblichkeit. Exemplarische Untersuchungen zu kulturgeschichtlichen und literarischen Präsentationsformen des Weiblichen. Frankfurt/M. 1979.

BRAATZ, ILSE: Zu zweit allein – oder mehr? Liebe und Gesellschaft in der modernen Literatur. Münster 1980.

BRAUN, CHRISTINA VON: Nicht Ich Ich Nicht. Frankfurt/M. 1986.

BRINKER-GABLER, GISELA: Deutsche Dichterinnen vom 16. Jahrhundert bis zur Gegenwart. Frankfurt/M. 1978.

dies.: Deutsche Literatur von Frauen. 2 Bde. (Erster Band: Vom Mittelalter bis zum Ende des 18. Jahrhunderts. Zweiter Band: 19. und 20. Jahrhundert). München 1988.

BROWN, CHERYL L./KAREN OLSEN (Hg.): Feminist Criticism. London 1978.

Brügmann, Margret: Amazonen der Literatur. Studien zur deutschsprachigen Frauenliteratur der 70er Jahre. Amsterdam 1986.

Buci-Glucksmann, Christine: Walter Benjamin und die Utopie des Weiblichen. Hamburg 1984.

Bürger, Christa (Hg.): «Zerstörung, Rettung des Mythos durch Licht». Frankfurt/M. 1986.

Bürger, Peter: Theorie der Avantgarde. Frankfurt/M. 1974.

Chasseguet-Smirgel, Janine (Hg.): Psychoanalyse der weiblichen Sexualität. Frankfurt/M. 1974.

Cixous, Hélène: Die Unendliche Zirkulation des Begehrens. Berlin 1977.

dies.: Weiblichkeit in der Schrift. Berlin 1980.

Cocalis, Susan/Kay Goodman (Hg.): Beyond the eternal feminine. Critical Essays on Women and German Literature. Stuttgart 1982.

Conrad, Judith/Ursula Konnertz (Hg.): Weiblichkeit in der Moderne. Ansätze feministischer Vernunftkritik. Tübingen 1986.

Damm, Sigrid/Jürgen Engler: Notate des Zwiespalts und Allegorien der Vollendung. In: Weimarer Beiträge 7/1975, S. 37–69.

Deleuze, Gilles/Felix Guattari: Kafka. Für eine kleine Literatur. Frankfurt/M. 1976.

Derrida, Jacques: Freud und der Schauplatz der Schrift. In: Die Schrift und die Differenz. Frankfurt/M. 1972. S. 302–350.

ders.: Grammatologie (1967). Frankfurt/M. 1974.

ders.: Semiologie und Grammatologie. In: R. Brütting/B. Zimmermann (Hg.): Theorie – Literatur – Praxis. Arbeitsbuch zur Literaturtheorie. Frankfurt/M. 1975. S. 144–164.

ders.: Sporen – die Stile Nietzsches (Venedig 1976) o. O. o. J.

ders.: Mémoires. Für Paul de Man. Wien 1988.

ders.: Wie Meeresrauschen auf dem Grund einer Muschel. Paul de Mans Krieg. Mémoires II. Wien 1988.

ders.: Geschlecht (Heidegger.) (1987). Wien 1988.

Dietze, Gabriele (Hg.): Die Überwindung der Sprachlosigkeit. Texte aus der neuen Frauenbewegung. Darmstadt, Neuwied 1979.

Dramaturgische Gesellschaft (Hg.): Frauen im Theater (FiT). Dokumentation 1984. Berlin 1984.

dies. (Hg.): Frauen im Theater (FiT). Dokumentation 1986/87. Berlin 1987.

Drewitz, Ingeborg: Frauenemanzipation in der deutschen Gegenwartsliteratur. In: Neue Deutsche Hefte 22. 1975. S. 773–784.

Duden, Anne/Sigrid Weigel: Schrei und Körper – Zum Verhältnis von Bildern und Schrift. Ein Gespräch über «Das Judasschaf». In:

Thomas Koebner (Hg.): Laokoon und kein Ende. Der Wettstreit der Künste. München 1989.

DUDEN, ANNE u. a.: «Oder war da manchmal noch etwa anderes?». Texte zu Marlen Haushofer. Frankfurt/M. 1986.

DURZAK, MANFRED (Hg.): Deutsche Gegenwartsliteratur. Stuttgart 1981.

EAGLETON, MARY (Hg.): Feminist Literary Theory. A Reader. Oxford 1986.

D'EAUBONNE, FRANÇOISE: Feminismus oder Tod (1975). München 1977.

EIBLMAYR, SILVIA u. a. (Hg.): Kunst mit Eigen-Sinn. Aktuelle Kunst von Frauen. Texte und Dokumentation. Wien, München 1985.

ELSNER, GISELA: Autorinnen im literarischen Ghetto. In: Kürbiskern, Heft 2, 1983, S. 136–144.

EZERGALIS, INTA: Women Writers. Devided self. Analysis of novels by Wolf, Bachmann, Lessing and others. Bonn 1982.

FISCHER, LUDWIG (Hg.): Literatur in der Bundesrepublik Deutschland bis 1967. Hansers Sozialgeschichte der deutschen Literatur. Bd. 10. München 1986.

FLITNER, ELISABETH/RENATE VALTIN (Hg.): Dritte im Bunde: Die Geliebte. Reinbek bei Hamburg 1987.

FOUCAULT, MICHEL: Die Ordnung des Diskurses (1974). Frankfurt, Berlin, Wien 1982.

ders.: Sexualität und Wahrheit. Der Wille zum Wissen. Frankfurt/M. 1977.

FRAKELE, BEATE u. a. (Hg.): Über Frauenleben, Männerwelt und Wissenschaft. Österreichische Texte zur Frauenforschung. Wien 1987.

FRANK, MANFRED: Was ist Neostrukturalismus? Frankfurt/M. 1984.

FRAUENPOLITIK ZWISCHEN TRAUM UND TRAUMA. Dokumentation der 7. Sommeruniversität für Frauen, Berlin. Hg. v. d. Vorbereitungsgruppe. Berlin 1984.

FRAUEN SEHEN IHRE ZEIT. Katalog zur Literaturausstellung des Landesfrauenbeirats Rheinland-Pfalz. Mainz 1984.

FRAUEN UND WISSENSCHAFT. Beiträge zur Berliner Sommeruniversität für Frauen. Juli 1976. Hg. v. einer Gruppe Berliner Dozentinnen. Berlin 1977.

FREUD, SIGMUND: Notiz über den «Wunderblock». In: Freud-Studienausgabe, Bd. III. Psychologie des Unbewußten. Frankfurt/M. 1981, S. 363–370.

ders.: Die Traumdeutung. Freud-Studienausgabe. Bd. II. Frankfurt/M. 1981.

FRIEDEN, SANDRA: Autobiography. Self into Form. Frankfurt/M. 1983.

GAUTHIER, XAVIÈRE: Surrealismus und Sexualität. Inszenierungen der Weiblichkeit (1971). Berlin 1980.

GEIGER, RUTH/SIGRID WEIGEL: Sind das noch Damen? Vom gelehrten Frauenzimmer-Journal zum feministischen Journalismus. München 1980.

GERHARDT, MARLIES: Kein bürgerlicher Stern, nichts, nichts konnte mich je beschwichtigen. Darmstadt, Neuwied 1982.
dies.: Stimmen und Rhythmen. Weibliche Ästhetik und Avantgarde. Darmstadt, Neuwied 1986.

GERHARDT, UTA/YVONNE SCHÜTZE (Hg.): Frauensituation. Veränderungen in den letzten zwanzig Jahren. Frankfurt/M. 1988.

GERSTL, ELFRIEDE (Hg.): eine frau ist eine frau ist eine frau... Autorinnen über Autorinnen. Wien 1985.

GILBERT, SANDRA M./SUSAN GUBAR: The Madwoman in the Attic (1979). New Haven, London 1980.

GNÜG, HILTRUD/RENATE MÖHRMANN (Hg.): Frauen Literatur Geschichte. Schreibende Frauen vom Mittelalter bis zur Gegenwart. Stuttgart 1985.

GÖLTER, WALTRAUD: Zukunftssüchtige Erinnerung. Aspekte weiblichen Schreibens. In: Freiburger literaturpsychologische Gespräche 3. Hg. v. J. Gremerius u. a. Frankfurt/M. 1984. S. 21–45.

GÖTTNER-ABENDROTH, HEIDE: Die Göttin und ihr Heros. Die matriarchalen Religionen in Mythos, Märchen und Dichtung. München 1980.
dies.: Die tanzende Göttin. Prinzipien einer matriarchalen Ästhetik. München 1982.

GÜRTLER, CHRISTA: Schreiben Frauen anders? Untersuchungen zu Ingeborg Bachmann und Barbara Frischmuth. Stuttgart 1983.

HAGEMANN-WHITE, CAROL: Frauenbewegung und Psychoanalyse. Frankfurt/M. 1979.
dies. u. MARIA RERRICH (Hg.): Frauen-Männer-Bilder. Bielefeld 1988.

HASSAUER, FRIEDERIKE: Niemals nur ‹eins› zu sein. Gibt es eine weibliche Ästhetik? In: Merkur. H. 7, 1981, S. 710–716.
dies. u. PETER ROOS (Hg.): Die Frauen mit Flügeln, die Männer mit Blei? Notizen zu weiblicher Ästhetik, Alltag und männlichem Befinden. Siegen 1986.

HAUBL, ROLF u. a. (Hg.): Die Sprache des Vaters im Körper der Mutter. Literarischer Sinn und Schreibprozeß. Göttingen 1983.

HAUSEN, KARIN/HELGA NOWOTNY (Hg.): Wie männlich ist die Wissenschaft? Frankfurt/M. 1986.

HEINRICH, KLAUS: Versuch über die Schwierigkeit nein zu sagen (1964). Basel, Frankfurt/M. 1985.

ders.: Dahlemer Vorlesungen. Basel, Frankfurt/M. 1981.

ders.: Vernunft und Mythos. Ausgewählte Texte (1982). Frankfurt/M. 1983.

ders.: Parmenides und Jona. Vier Studien über das Verhältnis von Philosophie und Mythologie. Basel, Frankfurt/M. 1982.

HERMANN, CLAUDINE: Die Sprachdiebinnen (1976). München 1977.

HEUSER, MAGDALENA (Hg.): Frauen, Sprache, Literatur. Düsseldorf 1982.

HILDEBRANDT, CHRISTEL: Zwölf schreibende Frauen in der DDR. Zu den Schreibbedingungen von Schriftstellerinnen in der DDR in den 70er Jahren. Hamburg 1984.

HILDEBRANDT, IRMA: Warum schreiben Frauen? Freiburg i. Breisgau 1980.

HILZINGER, SONJA: Christa Wolf. Stuttgart 1986.

HOHENDAHL, PETER-UWE/PATRICIA HEMMINGHOUSE (Hg.): Literatur der DDR in den siebziger Jahren. Frankfurt/M. 1983.

HOHM, BIRGIT: Die Entzauberung des Weibes. Versuch einer strukturtheoretischen Betrachtung von «Menschsein» und «Geschlechtsein» als Bezugspunkt feministischer Kritik. Pfaffenweiler 1985.

HOLLAND-CUNZ, BARBARA (Hg.): Feministische Utopien. Aufbruch in die postpatriarchalische Gesellschaft. Meitingen 1987.

HONEGGER, CLAUDIA/BETTINA HEINTZ (Hg.): Listen der Ohnmacht. Zur Sozialgeschichte weiblicher Widerstandsformen. Frankfurt/M. 1981.

HORKHEIMER, MAX/THEODOR W. ADORNO: Dialektik der Aufklärung (1944). Frankfurt/M. 1977.

HURRELMANN, BETTINA u. a.: Man müßte ein Mann sein...? Interpretationen und Kontroversen zu Geschlechtertausch-Geschichten in der Frauenliteratur. Düsseldorf 1987.

HUYSSEN, ANDREAS/KLAUS R. SCHERPE (Hg.): Postmoderne. Zeichen eines kulturellen Wandels. Reinbek bei Hamburg 1986.

IRIGARAY, LUCE: Waren, Körper, Sprache. Der verrückte Diskurs der Frauen. Berlin 1976.

dies.: Unbewußtes, Frauen, Psychoanalyse. Berlin 1977.

dies.: Das Geschlecht, das nicht eins ist (1977). Berlin 1979.

dies.: Speculum. Spiegel des anderen Geschlechts (1974). Frankfurt/M. 1980.

dies.: Römische Thesen. In: die tageszeitung, 11. 1. 1983. S. 10.

dies.: Zur Geschlechterdifferenz. Interviews und Vorträge. Wien 1987.

JACOBUS, MARY: Reading Women: Essays in Feminist Criticism. New York 1986.

JURGENSEN, MANFRED: Deutsche Frauenautoren der Gegenwart. Bern 1983.

ders. (Hg.): Frauenliteratur. Autorinnen, Perspektiven, Konzepte. Bern 1983.

KAMPER, DIETMAR / CHRISTOPH WULF (Hg.): Die Wiederkehr des Körpers. Frankfurt/M. 1982.

KASCHNITZ, MARIE LUISE: Materialien. Hg. v. Uwe Schweikert. Frankfurt/M. 1984.

KASSNER, ILSE / SUSANNE LORENZ: Trauer muß Aspasia tragen. Die Geschichte der Vertreibung der Frau aus der Wissenschaft. München 1977.

KITTLER, FRIEDRICH A.: Aufschreibesysteme 1800, 1900. München 1985.

ders.: Grammophon, Film, Typewriter. Berlin 1986.

KLEIBER, CARINE / ERIKA TUNNER (Hg.): Internationales Kolloquium Frauenliteratur in Österreich von 1945 bis heute. Bern, Frankfurt/M. 1986.

KOCH, GERTRUD: Zwitter-Schwestern. Weiblichkeitswahn und Frauenhaß. Jean-Paul Sartres Thesen von der androgynen Kunst. In: Sartres Flaubert lesen. Essays zu Der Idiot der Familie hg. v. Traugott König. Reinbek bei Hamburg 1980. S. 44–59.

dies.: Was ich erbeute, sind Bilder. Zum Diskurs der Geschlechter im Film. Basel, Frankfurt/M. 1988.

KOCH-KLENSKE, EVA: Das häßliche Gesicht der schönen Frau. Literarische Porträts. München 1982.

KOFMANN, SARAH: Schreiben wie eine Katze. Zu E. T. A. Hoffmanns «Lebens-Ansichten des Katers Murr». Graz, Wien 1985.

dies.: The Enigma of Woman. Women in Freud's Writings. Ithaca, London 1985.

dies.: Erstickte Worte (1987). Wien 1988.

KOHULA, ILSE: «Wir leiden nicht mehr, sondern sind gelitten.» Lesbisch leben in Deutschland. Köln 1987.

KONNERTZ, URSULA (Hg.): Zeiten der Keuschheit. Ansätze feministischer Vernunftkritik. Tübingen 1988.

KOTTHOFF, HELGA (Hg.): Das Gelächter der Geschlechter. Humor und Macht in Gesprächen von Frauen und Männern. Frankfurt/M. 1988.

KRECHEL, URSULA: Selbsterfahrung und Fremdbestimmung. Bericht aus der Neuen Frauenbewegung (1975). Darmstadt, Neuwied 1980.

dies.: Leben in Anführungszeichen. Das Authentische in der gegenwärtigen Literatur. In: Literaturmagazin 11. Schreiben oder Literatur. Reinbek bei Hamburg 1979, S. 80–107.

KRISTEVA, JULIA: Die Revolution der poetischen Sprache (1974). Frankfurt/M. 1978.

ders.: Die Chinesin (1974). Frankfurt/M., Berlin, Wien 1982.

ders.: Histoires d'amour. Paris 1983. (Engl. Übers.: Tales of Love. New York 1987).

KRISTEVA, ECO, BACHTIN u. a.: Textsemiotik als Ideologiekritik. Hg. v. Peter v. Zima. Frankfurt/M. 1977.

KÜHN, RENATE: Wider eine Regelpoetik des ‹Weiblichen›. Plädoyer für Shakespeares Schwester. In: Wirkendes Wort 2/1982, S. 88–103.

KURNITZKY, HORST: Ödipus. Ein Held der westlichen Welt. Über die zerstörerischen Grundlagen unserer Zivilisation (1978). Berlin 1981.

LACAN, JACQUES: Schriften I (1973). Frankfurt/M. 1975.

ders.: Schriften II. Olten 1975.

ders.: Schriften III. Olten 1980.

LAPLANCHE, J./J.-B. PONTALIS: Das Vokabular der Psychoanalyse. 2. Bde. Frankfurt/M. 1972.

LAURIEN, INGRID: «Man steht für die meisten Männer plötzlich da wie ein Monster». Schriftstellerinnen im Literaturbetrieb. In: H. L. Arnold (Hg.): Literaturbetrieb in der BRD. München 1981.

LE GRIF: Essen vom Baum der Erkenntnis. Weibliche Praxis gegen Kultur. Berlin 1977.

LENK, ELISABETH: Pariabewußtsein und Gesellschaftskritik bei einigen Schriftstellerinnen seit der Romantik. In: Wespennest, Heft 44, 1981, S. 23–32.

dies.: Die unbewußte Gesellschaft. Über die mimetische Grundstruktur in der Literatur und im Traum. München 1983.

LENNOX, SARA: Trends in Literary Theory – The Female Aesthetic and German Women's Writing. In: German Quarterly, Jan. 1981, p. 63–75.

dies. (Hg.): Auf der Suche nach den Gärten unserer Mütter. Feministische Kulturkritik aus Amerika 1970–1980. Darmstadt, Neuwied 1982.

LEVIN, TOBE JOYCE: Political Ideology and Aesthetics in Neo-Feminist German Fiction: Verena Stefan, Elfriede Jelinek, Margot Schroeder. London 1982.

LIBRERIA DELLE DONNE DI MILANO: Wie weibliche Freiheit entsteht. Eine neue politische Praxis. Berlin 1988.

368

List, Elisabeth/Herlinde Studer (Hg.): Denkverhältnisse. Feminismus und Kritik. Frankfurt/M. 1989.

Lüdke, Martin (Hg.): Nach dem Protest. Literatur im Umbruch. Frankfurt/M. 1979.

v. d. Lühe, Irmela (Hg.): Entwürfe von Frauen in der Literatur des 20. Jahrhunderts. Berlin 1982.

Lützeler, Peter-Michael/Egon Schwarz (Hg.): Deutsche Literatur in der Bundesrepublik seit 1965. Königstein/Ts. 1980.

Luhmann, Niklas: Liebe als Passion. Zur Codierung von Intimität. Frankfurt/M. 1982.

Maiworm, Angelika: Räume, Zeiten, viele Namen. Ästhetik als Kritik der Weiblichkeit. Weingarten 1984.

Marcuse, Herbert: Zeit-Messungen. Frankfurt/M. 1975.

Marcuse, Herbert/Silvia Bovenschen/Marianne Schuller: Weiblichkeitsbilder. In: Gespräche mit Herbert Marcuse. Hg. v. J. Habermas u. a. Frankfurt/M. 1978.

Mattenklott, Gert/Gerhart Pickerodt (Hg.): Literatur der siebziger Jahre. Berlin 1985.

Mauser, Wolfram (Hg.): Erinnerte Zukunft. Elf Studien zum Werk Christa Wolfs. Würzburg 1985.

Meise, Helga: Die Unschuld und die Schrift. Deutsche Frauenromane im 18. Jahrhundert. Marburg 1983.

Meyer, Eva: Zählen und Erzählen. Für eine Semiotik des Weiblichen. Wien, Berlin 1983.

dies.: Architexturen. Basel, Frankfurt/M. 1986.

Miermeister, Jürgen/Jochen Staadt (Hg.): Provokationen. Die Studenten- und Jugendrevolte in ihren Flugblättern 1965–1971. Darmstadt, Neuwied 1980.

Möhrmann, Renate: Die Frau mit der Kamera. Filmemacherinnen in der Bundesrepublik Deutschland. Situation, Perspektiven. Zehn exemplarische Lebensläufe. München, Wien 1980.

Moi, Toril: Textual/Sexual Politics. Feminist Literary Theory. London, New York 1986.

Nabakowski, Gislind/Helke Sander/Peter Gorsen: Frauen in der Kunst Bd. 1 und 2. Frankfurt/M. 1980.

Negt, Oskar/Alexander Kluge: Öffentlichkeit und Erfahrung. Zur Organisationsanalyse von bürgerlicher und proletarischer Öffentlichkeit. Frankfurt/M. 1974.

dies.: Geschichte und Eigensinn. Frankfurt/M. 1981.

Neuer Berliner Kunstverein: Androgyn. Sehnsucht nach Vollkommenheit. (Ausstellung und Katalog: Ursula Prinz.) Berlin 1986.

Nölle-Fischer, Karen (Hg.): Mit verschärftem Blick. Feministische Literaturkritik. München 1987.

Nölleke, Brigitte: In alle Richtungen zugleich. Denkstrukturen von Frauen. München 1985.

Opitz, Claudia (Hg.): Weiblichkeit oder Feminismus? Weingarten 1984.

Paulsen, Wolfgang (Hg.): Die Frau als Heldin und Autorin. Berlin, München 1979.

Pelz, Annegret u. a. (Hg.): Frauen – Literatur – Politik. Hbg. 1988.

Presber, Gabriele: Die Kunst ist weiblich. Gespräche mit Hanna Schygulla u. a. München 1988.

Prokop, Ulrike: Weiblicher Lebenszusammenhang. Von der Beschränktheit der Strategien und der Unangemessenheit der Wünsche. Frankfurt/M. 1976.

Psychoanalytisches Seminar Zürich (Hg.): Bei Lichte betrachtet wird es finster. FrauenSichten. Frankfurt/M. 1987.

Puknus, Heinz (Hg.): Neue Literatur der Frauen. Deutschsprachige Autorinnen der Gegenwart. München 1980.

Pulver, Elsbeth/Sybille Dallach: Zwischenzeilen. Schriftstellerinnen der deutschen Schweiz. Zürich 1985.

Pusch, Luise (Hg.): Feminismus. Inspektion der Herrenkultur. Frankfurt/M. 1983.

dies. (Hg.): Schwestern berühmter Männer. Zwölf biographische Porträts. Frankfurt/M. 1985.

Rentmeister, Cillie: Frauenwelten – Männerwelten. Für eine neue kulturpolitische Bildung. Opladen 1985.

Richter-Schröder, Karin: Frauenliteratur und weibliche Identität. Theoretische Ansätze zu einer weiblichen Ästhetik und zur Entwicklung der neuen deutschen Frauenliteratur. Meisenheim, Frankfurt/M. 1986.

Rieger, Eva: Frau, Musik und Männerherrschaft. Zum Ausschluß der Frau aus der deutschen Musikpädagogik, Musikwissenschaft und Musikausübung. Frankfurt/M., Berlin, Wien 1981.

Rinser, Luise: Materialien zu Leben und Werk. Hg. v. Hans-Rüdiger Schwab. Frankfurt/M. 1986.

Rossanda, Rossana: Einmischung. Gespräche mit Frauen über ihr Verhältnis zu Politik, Freiheit, Gleichheit, Brüderlichkeit, Demokratie, Faschismus, Widerstand, Staat, Partei, Revolution, Feminismus (1980). Frankfurt/M. 1981.

Rutschky, Michael: Erfahrungshunger. Ein Essay über die siebziger Jahre. Köln 1980.

370

SAUER, KLAUS (Hg.): Christa Wolf. Materialienbuch (1979). Darmstadt, Neuwied 1983.

SCHAEFFER-HEGEL, BARBARA/BRIGITTE WARTMANN (Hg.): Mythos Frau. Projektionen und Inszenierungen im Patriarchat. Berlin 1984.

SCHAPS, REGINA: Hysterie und Weiblichkeit. Wissenschaftsmythen über die Frau. Frankfurt/M., New York 1982.

SCHATZBERG, KARIN (Hg.): Frauenarchive und Frauenbibliotheken. Göttingen 1985.

SCHENK, HERRAD: Die feministische Herausforderung. 150 Jahre Frauenbewegung in Deutschland. München 1980.

SCHLESIER, RENATE (Hg.): Konstruktionen der Weiblichkeit bei Sigmund Freud. Zum Problem der Entmythologisierung und Remythologisierung in der psychoanalytischen Theorie. Frankfurt/M. 1981.
dies.: Faszination des Mythos. Studien zu antiken und modernen Interpretationen. Basel, Frankfurt/M. 1985.

SCHMID-BORTENSCHLAGER, SIGRID: La femme n'existe pas. Die Absenz der Schriftstellerinnen in der dtsch. Literaturgeschichtsschreibung. In: Georg Schmid (Hg.): Die Zeichen der Historie. Wien, Köln 1986.

SCHMIDT, RICARDA: Westdeutsche Frauenliteratur in den 70er Jahren. Frankfurt/M. 1982.

SCHMITZ, DOROTHEE: Weibliche Selbstentwürfe und männliche Bilder zur Darstellung der Frau in DDR-Romanen der 70er Jahre. Frankfurt, Bern 1983.

SCHMÖLZER, HILDE: Frau sein und schreiben. Österreichische Schriftstellerinnen definieren sich selbst. Wien 1982.

SCHNEIDER, MANFRED: Die erkaltete Herzensschrift. Der autobiographische Text im 20. Jahrhundert. München, Wien 1986.

SCHNELL, RALF: Die Literatur der Bundesrepublik. Autoren, Geschichte, Literaturbetrieb. Stuttgart 1986.

SCHÖNE, ALBRECHT (Hg.): Kontroversen, alte und neue. Akten des VII. Internationalen Germanisten-Kongresses, Göttingen 1985. Tübingen 1986. Bd. 6. Frauensprache – Frauenliteratur? – Für und wider eine Psychoanalyse literarischer Werke. Hg. v. Inge Stephan/Carl Pietzcker.

SCHULZ, HANS-JÜRGEN (Hg.): Frauen. Porträts aus zwei Jahrhunderten (1981). Stuttgart 1982.

SCHWAB, SYLVIA: Autobiographik und Lebenserfahrung. Versuch einer Typologie deutschsprachiger autobiographischer Schriften zwischen 1965 und 1975. Würzburg 1981.

SERKE, JÜRGEN: Frauen schreiben. Ein neues Kapitel deutschsprachiger Literatur. Hamburg 1979.

SHOWALTER, ELAINE: A Literature of their Own: British Women Novelists from Brontë to Lessing. Princeton 1977.

SICHTERMANN, BARBARA: Weiblichkeit. Zur Politik des Privaten. Berlin 1983.

dies.: Wer ist wie? Über den Unterschied der Geschlechter. Berlin 1987.

SOLANAS, VALERIE: Scum Manifesto. New York 1968.

STEPHAN, INGE/SIGRID WEIGEL: Die verborgene Frau. Berlin 1983.

dies. (Hg.): Feministische Literaturwissenschaft. Berlin 1984.

dies. (Hg.): Weiblichkeit und Avantgarde. Hamburg 1987.

STEPHAN, INGE/REGULA VENSKE/SIGRID WEIGEL: Frauenliteratur ohne Tradition? Neun Autorinnenporträts. Frankfurt/M. 1987.

STRUCK, KARIN. Hg. v. Hans Adler/Hans Joachim Schrimpf. Frankfurt/M. 1984.

FÜRS THEATER SCHREIBEN. Über zeitgenössische deutschsprachige Theaterautorinnen. Schreiben 29/30. 1986.

THEWELEIT, KLAUS: Männerphantasien Bd. 1 u. 2 (1977). Reinbek bei Hamburg 1982.

ders.: Buch der Könige. Bd. 1 Orpheus und Eurydike. Basel, Frankfurt/M. 1988.

THÜRMER-ROHR, CHRISTINA: Vagabundinnen. Feministische Essays. Berlin 1987.

TORTON BECK, EVELYN/PATRIZIA RUSSIAN: Die Schriften der modernen Frauenbewegung. In: Jost Hermand (Hg.): Literatur nach 1945. II. Themen und Genres. Wiesbaden 1979. S. 357–386.

TRÖMEL-PLÖTZ, SENTA: Frauensprache: Sprache der Veränderung. Frankfurt/M. 1982.

VÄTER. Schreiben 23. 1983.

VENSKE, REGULA: Mannsbilder – Männerbilder. Konstruktion und Kritik des Männlichen in zeitgenössischer deutschsprachiger Literatur von Frauen. Hildesheim, Zürich, New York 1988.

VOGT, MARIANNE: Autobiographik bürgerlicher Frauen. Würzburg 1981.

WALLINGER, SYLVIA/MONIKA JONAS (Hg.): Der Widerspenstigen Zähmung. Studien zur bezwungenen Weiblichkeit in der Literatur vom Mittelalter bis zur Gegenwart. Innsbruck 1986.

WARNER, MARINA: Monuments & Maidens. The Allegory of the Female Form. London 1985.

WARTMANN, BRIGITTE: Schreiben als Angriff auf das Patriarchat. In: Literaturmagazin 11. Schreiben oder Literatur. Reinbek bei Hamburg 1979. S. 108–132.

dies. (Hg.): Weiblich – Männlich. Kulturgeschichtliche Spuren einer verdrängten Weiblichkeit. Berlin 1980.

WEBER, SAMUEL M.: Rückkehr zu Freud. Jacques Lacans Entstellung der Psychoanalyse. Frankfurt/M., Berlin, Wien 1978.

WEIGEL, SIGRID: «Women Begins Relating to Herself». Contemporary Women's Literature. In: New German Critique. Nr. 31, 1984, p. 53–94.

dies.: Overcoming Absence – Contemporary Women's Literature. (Part two). In: New German Critique, Nr. 32, 1984, p. 3–22.

dies.: Mit Siebenmeilenstiefeln zur weiblichen All-Macht oder die kleinen Schritte aus der männlichen Ordnung. Eine Kritik literarischer Utopien von Frauen. In: Feministische Studien I/1985. S. 138–152.

dies.: Die nahe Fremde – Das Territorium des Weiblichen. Zum Verhältnis von ‹Wilden› und ‹Frauen› im Diskurs der Aufklärung. In: Die andere Welt. Studien zum Exotismus. Hg. v. Thomas Koebner/Gerhart Pickerodt. Frankfurt/M. 1987.

dies.: Traum – Stadt – Frau. Zur Weiblichkeit der Städte in der Schrift. In: K. Scherpe (Hg.): Die Unwirklichkeit der Städte. Großstadtdarstellungen zwischen Moderne und Postmoderne. Reinbek bei Hamburg 1988. S. 173–196.

dies.: Schrei und Körper – Zum Verhältnis von Bildern und Schrift. Ein Gespräch mit Anne Duden über «Das Judasschaf». In: Laokoon und kein Ende. Der Wettstreit der Künste. Hg. v. Th. Koebner. München 1989.

dies.: ‹Leib und Bildraum›. Zur Problematik und Darstellbarkeit einer weiblichen Dialektik der Aufklärung. In: Ch Kulke/E. Scheich (Hg.): Politische Konstellationen der Moderne – Vernunft, Wissenschaft, Weiblichkeit. (Im Druck)

WEINMAYER, BARBARA: Frauenromane in der BRD. In: Heinz Ludwig Arnold (Hg.): Geschichte der deutschen Literatur aus Methoden. Bd. III. Frankfurt/M. 1973.

WINKELS, HUBERT: Einschnitte. Zur Literatur der 80er Jahre. Köln 1988.

WOLF, CHRISTA. Text und Kritik. H. 46. München 1985.

WOOLF, VIRGINIA: Ein Zimmer für sich allein (1929). Berlin 1978.

WULF, CHRISTOPH (Hg.): Lust und Liebe. Wandlungen in der Sexualität. München 1985.

WUNDERLE, MICHAELA (Hg.): Politik der Subjektivität. Texte der italienischen Frauenbewegung. Frankfurt/M. 1977.

ZELLER, MICHAEL (Hg.): Aufbrüche/Abschiede. Stuttgart 1979.

Namenregister

374

Bildnachweise

Abb. S. 24:   Eva und die Zukunft. Hg. v. Werner Hofmann.
               Hamburg 1986. S. 341.
Abb. S. 68:   Kunsthistorisches Seminar der Universität Hamburg.
Abb. S. 93:   Gisela Ecker (Ed.): Feminist Aesthetics. London 1985.
Abb. S. 118:   Unica Zürn: Haus der Krankheiten. Berlin 1986.
Abb. S. 138:   Frida Kahlo und Tina Modotti. Ausstellungskatalog.
               Frankfurt/M. 1982.
Abb. S. 168:   Eva und die Zukunft. A. a. O. Tafel 39.
Abb. S. 224:   Kunsthistorisches Seminar der Universität Hamburg.
Abb. S. 250:   Künstlerinnen von der Antike bis zur Gegenwart.
               Hg. v. J. Kirschbaum/R. A. Zondergeld. Köln 1979.
               S. 215.
Abb. S. 262:   Anne Duden: Übergang. Berlin 1982. S. 123.
Abb. S. 266:   Kunsthistorisches Seminar der Universität Hamburg.
Abb. S. 272:   Kunsthistorisches Seminar der Universität Hamburg.
Abb. S. 275:   Kunsthistorisches Seminar der Universität Hamburg.
Abb. S. 291:   Kunsthistorisches Seminar der Universität Hamburg.
Abb. S. 300:   Marina Warner: Monuments of Maidens. The
               Allegory of the Female Form. London 1985. Abb. 80.
Abb. S. 338:   Schwarze Botin (Photograph: Jochen Clauss).

Ich danke dem Kunsthistorischem Seminar der Universität Hamburg,
daß es mir die Bildvorlagen zur Verfügung gestellt hat. – Ulrike Vedder
danke ich für die Unterstützung bei der Zusammenstellung der Bibliographie.